工业和信息化普通高等教育"十二五"规划教材立项项目

高等院校通识教育"十二五"规划教材

U0652823

# 信息素质教育

谭迺立 主编

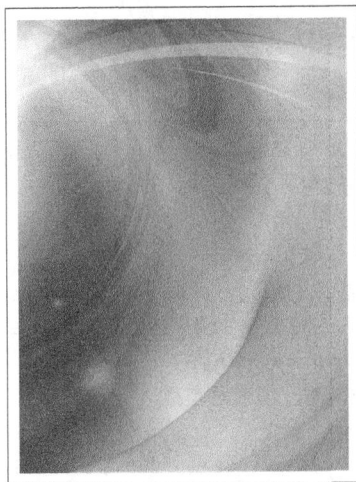

人民邮电出版社

北京

**图书在版编目（ＣＩＰ）数据**

信息素质教育 / 谭迺立主编. -- 北京 ：人民邮电
出版社，2015.5（2017.8重印）
高等院校通识教育"十二五"规划教材
ISBN 978-7-115-37051-8

Ⅰ．①信… Ⅱ．①谭… Ⅲ．①信息技术－素质教育－
高等学校－教材 Ⅳ．①G202

中国版本图书馆CIP数据核字(2014)第294058号

## 内 容 提 要

本书从当前大学生信息素质教育的概念和必要性开始论述，继而介绍信息检索的基本理论，图书馆的发展历史及现代化图书馆的利用，全文数据库、事实和数值型数据库、工具书和参考型数据库的利用，综合利用各类检索工具查找专题资料的方法，随后介绍大学生职业培训及职业信息的检索、学位论文的撰写，信息产权的保护等内容。全书内容结构合理，条理清晰，论述简明。

本书可作为高等院校信息素质教育课程的教材，也可以作为对信息检索有兴趣的社会公众的参考书。

◆ 主　　编　谭迺立
　　责任编辑　马小霞
　　执行编辑　刘　佳
　　责任印制　张佳莹　焦志炜

◆ 人民邮电出版社出版发行　　北京市丰台区成寿寺路 11 号
　　邮编　100164　　电子邮件　315@ptpress.com.cn
　　网址　http://www.ptpress.com.cn
　　固安县铭成印刷有限公司印刷

◆ 开本：787×1092　1/16
　　印张：17.25　　　　　　　　　2015 年 5 月第 1 版
　　字数：440 千字　　　　　　　2017 年 8 月河北第 3 次印刷

定价：39.80 元
读者服务热线：(010)81055256　印装质量热线：(010)81055316
反盗版热线：(010)81055315

# 本书编委会

主　编　谭迺立

**副主编**（按姓氏笔画排列）

付　瑶　刘鹤霞　李　兵

续建荣　魏云波

**编　委**（按姓氏笔画排列）

马晓晨　闫占弟　杨　明

赵跃亮　钟卫宏　潘丹丹

# 前 言 FOREWORD

1981 年 10 月，中华人民共和国教育部颁发《中华人民共和国高等学校图书馆工作条例》，第一次以部级文件的形式将文献检索课规定为高校图书馆工作任务之一，1984 年 2 月，以（84）教高一字 004 号文件的形式印发了《关于在高等学校开设文献检索与利用课的意见》，1985 年 9 月，颁发了《关于改进和发展文献课教学的几点意见》，今天，以该课程为主要内容的大学生信息素质教育在我国高等院校已走过了 30 余年风雨历程。30 多年间，一批批有志于此项工作的高校图书馆人励精图治、勤奋敬业，成就了今日高等院校大学生信息素质教育的新局面。

30 余年来，随着信息技术的发展和文献信息数字化进程的加快，该课程也经历了一次次相应的变革，首先是课程的名称从"文献检索与利用"演变为"文献信息检索与利用"，再到今天为大多数院校所认可的"大学生信息素质教育"。其次是课程的教学目的从教会同学使用各种类型的检索工具转化为以全面提高其信息素质为目的。第三是课程的形式从讲座、选修课、指定选修课、必修课发展到课堂内外各种授课形式相结合的全面的信息素质教育活动。目前，信息素质教育课在我国大多数高等院校已经形成有一定水平的师资力量，有适应各学科专业的配套教材与教学课件，有设施齐全的实习基地的完整的教学体系。

利用名牌院校雄厚的教学资源与社会力量合作创办实施本科层次教育的独立学院是我国高等教育的新生事物，作为独立学院的本科生，同样应该接受系统的信息素质教育。近年来，在北京地区的部分独立学院，已经开设了信息素质教育课，取得了一定的成果。但由于多种原因，与许多名牌院校相比，北京地区的独立学院无论是在课程开设的普及率、实习基地的建设还是教材的编写等方面尚有一定差距。为了进一步提高独立学院信息素质教育的普及率，提高该课的教学效果，北京地区各独立学院图书馆的领导和信息素质教育课的教师们意识到：除了师资的培养，实习基地建设等因素外，还应该编写一部适应信息时代发展，适合独立学院教学特色的信息素质教育课教材。经燕京理工学院图书馆刘鹤霞馆长、北京工业大学耿丹学院图书馆付瑶馆长和北京第二外国语学院中瑞酒店管理学院图书馆李兵馆长等人倡议，北京地区各独立学院图书馆的馆长们先后分别在北京工业大学耿丹学院、北京第二外国语学院中瑞酒店管理学院和人民邮电出版社对于编写大学生信息素质教育课教材的问题进行了 3 次认真热烈的讨论，初步确定了教材的名称、编写大纲的框架、编委会的组成及其他编写事宜，并委托首都师范大学科德学院图书馆谭酒立馆长草拟编写大纲初稿。

2013 年年初，在此前讨论所形成共识的基础上，在首都师范大学科德学院再次召开了北京地区独立学院信息素质教育教材建设研讨会，北京工商大学嘉华学院图书馆、北京邮电大学世纪学院图书馆、北京第二外国语学院中瑞酒店管理学院图书馆、北京工业大学耿丹学院图书馆、北京化工大学北方学院（今燕京理工学院）图书馆、首都师范大学科德学院图书馆的馆长及各馆信息素质教育课教师与人民邮电出版社的编辑会聚一堂，共同探讨在独立学院开展信息素质教育的相关问题，重点就教材编写大纲初稿进行了讨论，北京邮电大学世纪学院杨明老师、燕京理工学院钟卫宏老师等编委对编写大纲初稿提出了系统、中肯的修改意见，并形成了初步共识。会后，科德学院图书馆谭迺立老师根据会议参加者的意见对编写大纲进行了修改。通过人民邮电出版社向编委会成员征求意见，由谭迺立老师根据各位编委的意见再次对大纲进行修改，并制定了编写细则。

各校编委分别认领了编写任务：第 1 章由北京工商大学嘉华学院续建荣老师编写，第 2 章和第 3 章分别由北京第二外国语学院中瑞酒店管理学院潘丹丹老师和赵跃亮老师编写，第 4 章和第 7 章分别由首都师范大学科德学院闫占弟老师和谭迺立老师编写，第 5 章和第 6 章由北京邮电大学世纪学院杨明老师编写，第 8 章和第 9 章由北京工业大学耿丹学院马晓晨老师编写，第 10 章、第 11 章和第 12 章由燕京理工学院钟卫宏老师编写，初稿完成后由谭迺立老师进行统稿，提出修改意见，再由各位编委进行修改，最后由谭迺立老师定稿。

本书的编写出版，得到了有关各方的大力支持与帮助，人民邮电出版社的领导和各位编辑对于本书的出版起到关键的作用，首都师范大学科德学院副院长沈孝本教授在百忙之中出席教材建设研讨会，并对于本书的编写出版给予自始至终的关注与支持，北方国际大学联盟图书教材管理中心对本书的发行予以大力支持，科德学院图书馆的全体员工从多方面对本书的编写予以支持，其中党敏老师负责了教材建设研讨会的组织工作，在此一并表示衷心的感谢。本书在编写过程中参考了诸多相关文献，各位编委已将主要参考文献分别在其所编写的各章之后列出，在此向各位专家、同行致以真诚的谢意。

我们希望这部教材能够在培养当代大学生的信息意识、提高其信息素质、促使其掌握现代化检索手段、进而增强其走上社会以后自学与研究的能力等方面有所裨益。

因作者水平有限，不足甚至谬误之处在所难免，敬请各位读者斧正。

本书编委会
2014 年 12 月

# 目录 CONTENTS

# 第 1 章 大学生信息素质教育概论

信息，是人类传承文明、把握未来的载体。21 世纪是信息的时代，信息的传播速度加快，信息量呈爆炸式增长，信息的技术含量增大，复杂性增加。在信息时代中，人类在政治、经济、军事、文化、教育等各个领域，乃至个人生活中，始终贯穿着信息的获取、加工、传递和分配，知识和信息成为世界各国竞争的焦点，知识创新速度和获取所需信息的能力，是个人综合素质和竞争能力的重要体现，应该在各级教育活动中加以培养。

所谓信息素质，就是能认识到何时需要何类信息，并能有效地搜索、评估和使用。当今大学生所面临的一个重要课题，就是要努力提高自身的信息素质，掌握这门应该终身学习的技能，从浩瀚的信息世界中快速、准确、全面地获取到对自己有用的信息并加以有效地利用。大学生信息素质教育是整个素质教育体系中的一个重要组成部分，高校教育工作者的重要职责之一，就是加强大学生信息素质教育，培养他们良好的信息意识，使之具有系统的信息知识和较强的信息能力，养成良好的个人知识管理习惯。

本章将通过对信息素质教育相关知识（如信息、信息源、信息素质及其评价标准等）的介绍，使大学生和高校教育工作者对高等院校中的信息素质教育及其重要性有一个基本的认识。

## 1.1 信息与信息源

信息无处不在，无时不有，大自然每时每刻都在向我们传递各种各样的信息。"信息"是什么？社会在进步，科学在发展，信息涉足的领域越来越广，"信息"已成为一个内容丰富、意义深刻的概念，其定义因领域的不同而各不相同，以致人们很难给它下一个确切的定义。中国科学院编纂的《21 世纪 100 个交叉科学难题》一书中，第 88 个问题就是"信息是什么"。

信息源是个人为满足其信息需要而获得信息的来源。在当今这个信息密集的世界，信息的复杂程度高、载体形式多以及数量大，使得信息的收集、整理、利用变得越来越具有技术含量。信息源是信息的生产地，它内涵丰富，不仅包括各种信息载体，还包括各种信息机构；不仅包括传统印刷型文献资料，还包括现代电子图书报刊等。信息是信息源的知识内在体现，我们通过对信息的属性和特征进行分析，有助于了解信息源的基本内涵，加深对信息源的理解。

### 1.1.1　信息

**1．信息的含义**

"信息"一词，古已有之。《三国志》中，"诸葛恪围合肥新城，城中遣士刘整出围传消息。王子俭期日：'正数欲来，信息甚大。'"；唐朝诗人崔备《清溪路中寄诸公》中，"别来无信息，可谓井瓶沉"；杜牧的《寄远》一诗中，"塞外音书无信息，道傍车马起尘埃"；五代时期南唐诗人李中在他的《暮春怀故人》诗中也留下了"梦断美人沉信息，目穿长路倚楼台"的佳句。这里"信息"的含义为音信、消息。

"信息"一词作为科学术语，最早出现在哈特莱（R.V.Hartley）于 1928 年写的《信息传输》一文中。他认为"信息是指有新内容、新知识的消息"，"信息是代码、符号、序列所承载的内容"的说法，第一次提出了信息的概念，为信息论的创立提供了思路。

1948 年和 1949 年，美国著名数学家、信息论的创始人香农（C.E Shannon)先后发表《通信的数学理论》和《噪声下的通信》两篇论文，提出了信息量的概念和信息熵的计算方法，认为"信息是用以消除随机不确定性的东西。"这一定义被称为经典香农信息定义，香农也因此被称为"信息论之父"。

1948 年，美国著名数学家、控制论的创始人维纳（Norbert Wiener)出版了专著《控制论——动物和机器中的通信与控制问题》，创立了控制论。他认为"信息是人们在适应外部世界、控制外部世界的过程中同外部世界交换的内容的名称"，他指出："信息就是信息，既非物质，也非能量。"这就是经典的维纳信息定义。它深刻揭示了信息的重要地位——信息与物质、能量为客观世界的三大构成要素。

1981 年，美国哲学家德雷斯科（Fred Dretske）在《知识与信息流》一书中写到："信息是能够产生知识的商品，信息或信号所携带的正是我们需要知道的。"

1984 年，我国哲学家黎鸣在其发表的《论信息》一文中，把信息定义为："信息是物质的普遍属性；它表述它所属的物质系统，在同任何其他物质系统全面相互作用（或联系）的过程中，以质、能波动的形式所呈现的结构、状态和历史。"

2002 年，我国信息论专家钟义信在《信息科学原理》（第 3 版）一书中，把信息定义为"本体论层次的信息定义：某事物的本体论层次信息，就是该事物运动的状态和状态变化方式的自我表述、自我显示。"

我国《辞海》（2009 年版）将信息解释为：1.音信；消息；2.通信系统传输和处理的对象，泛指消息和信号的具体内容和意义。通常须通过处理和分析来提取。信息的量值与其随机性有关，如在接收端无法预估消息或信号中所蕴含的内容或意义，即预估的可能性越小，信息量就越大。

**2．信息的特征与性质**

（1）信息的特征

信息论专家钟义信从信息科学理论研究的角度，指出了信息的一些最重要和最基本的特征。

① 信息来源于物质，又不是物质本身；来源于精神世界，但是又不限于精神领域。

② 信息与能量息息相关，但是又与能量有着本质的区别：能量提供的是动力，信息提供的是知识和智慧。

③ 信息可以被提炼成为知识，具有知识的秉性，但信息本身不等于就是知识。

④ 信息是具体的，可以被传输、存储、提取、加工、变换、检索和利用等。

⑤ 信息是一种共享的资源，可以被复制，可以被共享。

（2）信息的基本性质

尽管从不同的角度出发对信息存在不同的定义，但是信息的一些基本性质还是得到了共识。

① 普遍性：信息在自然界、人类社会和人类的思维领域中普遍存在。事事有信息，时时有信息，处处有信息。

② 客观性：信息是客观现实的反映，不随人的主观意志而改变。

③ 相对性：对于同一事物，不同的观察者所能获得的信息内容及数量可能不同。

④ 传递性：任何信息只有从信息源出发，经过信息载体传递才能被信宿接收并进行处理和运用。

⑤ 动态性：信息具有动态性质，一切动态信息都会随时间而变化。事物是在不断变化发展的，信息也必然随之运动发展，其内容、形式、容量都会随时间而改变。

⑥ 时效性：由于信息的动态性，则一个固定信息的使用价值必然会随着时间的流逝而衰减。信息的价值与其所处的时间成反比，信息一经生成，其反映的内容越新，它的价值越大；反之，时间延长，价值随之减小，甚至消失。

⑦ 共享性：信息可由不同个体或群体共同享用，而且还能够无限地复制、传递。

⑧ 变换性：信息是可变换的，它可以由不同的载体用不同的方法来载荷。

⑨ 依附性：信息不能独立存在，需要依附于一定的载体之上，同一信息可以依附于不同的载体。

⑩ 转化性：从潜在的意义上讲，信息是可以转化的。它在一定的条件下，可以转化为物质、能量、时间及其他。

⑪ 价值性：信息可对社会经济活动产生有价值性的影响。可以满足人们对精神领域的需求，可以促进物质能量的生产和使用。

了解信息的这些特征与性质，一方面有助于对信息概念的进一步理解，树立信息需求意识；另一方面也有助于更好地发掘信息的价值，使人们更有效地掌握信息和利用信息。

### 3．信息的分类

信息可以从不同角度来分类。

（1）按照信息的性质，信息可以分为以下几种。

语法信息：考虑事物的存在方式和运动状态的形式因素的信息。它是信息的最基本、最抽象的一种形式，是认识主体感知或表述的事物运动状态和特征的形式化关系，它只表述客观事物运动状态而不考虑其意义的符号排列和组合。

语义信息：考虑事物的存在方式和运动状态的内容因素的信息。

语用信息：指与效用相联系的认识论信息。

（2）按照信息的地位，可以分为客观信息、主观信息。

（3）按照信息的作用，可以分为有用信息、无用信息和干扰信息。

（4）按照信息的应用部门，可以分为工业信息、农业信息、军事信息、政治信息、科技信息、文化信息、经济信息、市场信息和管理信息等。

（5）按照携带信息的信号的性质，可以分为连续信息、离散信息和半连续信息等。

（6）按照信息的价值，可以分为有用信息、无害信息和有害信息。

（7）按照信息的生成领域，可以分为宇宙信息、自然信息、社会信息、思维信息等。

（8）按照信息的反映形式，可以分为数字信息、图像信息和声音信息等。

（9）按照信息的载体，可以分为文字信息、声像信息和实物信息。

（10）按照信息的获取方式，可以分为直接信息和间接信息。

## 1.1.2　信息与知识、情报、文献的关系

### 1. 知识

知识，是人类在改造客观世界的实践中获得的认识与经验的总结，是人的主观世界对于客观世界的概括和如实反映，是人的大脑通过思维对客观事物本质与规律性的认识和掌握。

知识是人类通过信息对自然界、人类社会以及思维方式与运动规律的认识，是人的大脑通过思维加工重新组合的系统化信息的集合，它是对信息进行提炼、深化、抽象化、系统化的结果，是信息中最有价值的部分。因此，人类不仅要通过信息感知、认识和改造世界，而且要将所获得的部分信息升华为知识。可见，知识是信息的一部分，是信息加工的规律性产物。

（1）知识的特性

知识主要有以下六个特性。

① 信息性。知识来源于信息，信息是产生知识的原料。知识是被人们理解和认识并经大脑重新组织和系列化了的信息，信息提炼为知识的过程是思维。

② 意识性。知识是一种观念形态的东西，通常以概念、判断、推理、假说、预见等思维形式存在，是由人脑产生、认识和利用的。

③ 实践性。社会实践是一切知识产生的基础和检验知识的标准，科学知识对实践起指导作用。

④ 规律性。人们对事物的认识是一个无限的过程，人们获得的知识在一定层面上揭示了事物及其运动过程的规律性。

⑤ 渗透性。随着知识门类增多，各种知识可以相互交叉渗透，形成了许多新的知识门类，形成科学知识的网状结构体系。

⑥ 继承性。每一次新知识的产生，都是原有知识的深化与发展。知识被记录或被物化为劳动产品后，可以世代相传和利用。

（2）知识的不同类型

随着对知识内涵的认识加深，从不同的角度，知识可以有不同的类型。

① 按存在方式划分，可分为主观知识和客观知识。

② 按知识的属性划分，可分为显性知识和隐性知识。

显性知识：指用书面文字、图标和各学科公式等表示的知识。

隐性知识：指高度个性化而且难于格式化的知识，它存在于人们的头脑中，不能明确地观察到。工作诀窍、经验、思想、观点、价值体系等都属于这一类。

③ 按门类结构划分，可分为基础知识、技术知识和应用知识。

④ 按知识的运动状态划分，可分为实体知识和过程知识。

实体知识：用静态的观点来看，将知识看成一个个物质"实体"，在管理"实体知识"的

过程中，重点在于识别、收集、组织、分析知识。

过程知识：用动态的观点来看，将知识看成一个过程，注意力更多地集中于知识的共享、创新、适应、学习、运用和沟通这一动态过程。

⑤ 根据总部设在巴黎的著名国际经济组织经济合作与发展组织（OCED）发表的《以知识为基础的经济》报告中，将知识划分为：事实知识、原理知识、技能知识和人力知识。

事实知识：指关于事实方面的知识，这类知识通常近似地称为信息。

原理知识：指关于自然原理和规律方面的科学理论。

技能知识：指做某些事情的技艺和能力，被称为技术情报和商业秘密，其典型是企业开发和保存于其内部的技术诀窍或专有技术。

人力知识：指到何处去寻求知识的知识，侧重于创造思想、方法、手段、过程等的了解。

## 2. 情报

关于情报的定义，也有多种说法，但其基本内容应包含：情报是针对特定传递对象在特定的时间内有特定价值的信息或知识。

情报来源于知识或信息，是"活化"或"被激活"的知识或信息，是具有明显的针对性、适用性和相对的准确性、可靠性的知识或信息。必须在特定的时间内经过及时传递，并能为特定用户所接受和利用。

（1）情报的基础属性

情报的三个基本属性是：知识性、传递性和效用性。

① 情报的知识性：指情报的本质是知识。

人们在日常生活中，通过各种媒介手段随时都在接收、传递和利用大量的感性和理性知识，这些知识中就包含着人们所需要的情报。反过来说，没有一定的知识内容，就不能成为情报。

② 情报的传递性：指知识要变成情报，还必须经过传递。

无论多么重要的知识，如果不进行传递交流，人们就无法知道其是否存在，就不能成为情报。情报必须通过一定的传递手段传递给接收者，才能被利用，发挥其价值。因此，知识必须经过传递才能成为情报。

③ 情报的效用性：指运动着的知识不一定都是情报，只有那些能满足特定需要的运动的知识才可称之为情报。

例如，每天通过广播、电视等媒介传递的信息，是典型的运动的知识。但对其受众来说，这些内容只是消息，其中一部分人利用其内容解决了实际问题，这部分被发挥了效用的运动的知识才是情报。

（2）情报的特征

情报具有如下特征。

① 动态性。情报的生产和传递环境是多变的，要想在竞争环境中立于不败之地，必须及时获取动态的情报。

② 按特定方式传递。情报是由情报机构或人员收集、加工、制作开发的活的知识和信息，按情报的运行规律向特定的用户传递的。

③ 为特定的目的服务。情报具有适应特定需要的个性特征，其用户所需的情报是有特定要求和指向的。

④ 机密性。情报具有"秘密"的个性特征，它的内容只在特定的范围内传播，不宜公开。

### 3．文献

人们常说"文献信息"，这表明文献与信息是密不可分的。文献必须含有信息，信息也必须依附于一定的文献载体上；文献是信息的静态物质形式，信息则是文献的动态抽象形式。人们利用文献，实质上就是利用文献中的信息。图书馆是多层次、全方位的馆藏文献信息资源的集散地，是传播文献信息的枢纽，是最常见的信息服务机构。

国际标准化组织颁发的《文献情报术语国际标准》中对"文献"做了如下定义：在存储、检索、利用或传递记录信息的过程中，可作为一个单元处理的、在载体内、载体上或依附于载体而存储有信息或数据的载体。

我国国家标准《文献著录总则》对"文献"的定义：文献是记录有知识的一切载体。

（1）文献的基本要素

① 文献信息：文献的内容。

② 符号系统：信息的携带者等。

③ 文献载体：符号赖以依附的物质。

④ 记录方式：将文献的符号进入载体的方法和过程。

文献的特征分为外部特征和内部特征两大部分。

① 文献的外部特征包括：文献名称、著者、版本、出版地、出版者、出版期、载体形态、标准书号与刊号等。

② 文献的内部特征包括：分类号、主题词等。

（2）文献的类型

① 按载体形态划分为：印刷型文献、缩微型文献、声像型文献和电子型文献。

印刷型文献：以纸张为存储介质，以手写、印刷为记录手段而产生的一种文献形式。主要优点是易于携带和阅读，缺点为体积大、不易整理和保存。

缩微型文献：以感光材料为存储介质，以缩微摄影技术为记录手段而产生的一种文献形式。优点是体积小易保存、存储密度高，缺点是需借助专门的设备才可阅读。

声像型文献：一种非文字的文献，以磁性材料或感光材料为存储介质，借助专用机械装置直接记录声音信息和图像信息而产生的文献。其优点是直观形象，缺点是需借助专用设备。

电子型文献：是通过编码技术将信息转换为计算机可识别的语言，并将信息记录在磁带、磁盘、光盘等载体上的信息资源，通过计算机存取、处理和阅读的信息资源。优点是体积小，存储量大，存取速度快，可共享，但需要有相应的硬件设备。

② 按文献加工层次划分为一次文献、二次文献、三次文献和零次文献。

一次文献：也称原始文献，是以著者本人的研究或研制成果为依据而创作或撰写的文献。包括专著、期刊论文、科技报告、学位论文等。一次文献是人们学习参考的最基本的文献类型，是文献检索和利用的主要对象，是产生二、三次文献的基础。

二次文献：又称检索性文献，是将分散无序的一次文献进行加工整理，使之成为系统有序的信息资源。如文摘、索引、目录、题录等。二次文献具浓缩性、汇集性、有序性，是查找一次文献的工具，帮助人们在较短的时间内获得较多的文献信息，是重要的指示性信息源。

三次文献：又称参考性文献，指在一次文献和二次文献的基础上，进行分析、综合、研究和评述而编写出来的再生文献，如综述、述评、手册、年鉴、书目之书目等。

零次文献：指未经刊载、未经公开交流或未经正式出版发行的最原始的文献，包括个人通信、手稿、私人笔记、会议记录等。

③ 按文献的出版形式划分为图书、期刊、报纸、会议文献、专利文献、学位论文、科技报告、标准文献、档案文献、政府出版物、产品资料等。

图书：通过一定的方法与手段将知识内容以一定的形式和符号，按照一定的体例记录于一定载体上，用于保存和传播知识的出版物。每一种图书一般都有一组特定的标识即国际标准书号（ISBN）。

期刊：有固定名称、定期或不定期的连续出版物。其特点为出版周期相对较短，报道速度快，数量大，内容丰富新颖，能及时反映当代科技的发展水平和动向，是交流学术思想最基本的文献形式。期刊的特征是有刊名、卷号、期号、出版年度和国际标准刊号（ISSN）等。

报纸：一种连续出版物，是以刊登新闻和时事评论为主的定期连续向公众发行的散页出版物。报道及时，受众面广。

会议文献：指在各种会议上宣读或交流的论文、材料、讨论记录、会议纪要等文献。

会议文献学术性强、内容新颖，往往能代表某一领域的最新研究成果及水平，从中可了解国内外科技发展趋势，有较大的参考价值，是重要的信息来源。

专利文献：各国专利局以及国际性专利组织，在审批专利过程中产生的官方文件及其出版物的总称，专利文献包括专利申请书、专利说明书、专利局分开出版的各种检索工具书以及有相关的其他类别的文件，具有新颖性、实用性和创造性的特点。

学位论文：指高等院校或研究机构的毕业生为取得学位，在导师指导下撰写的学术论文，体现了毕业生的综合学习、科研能力。学位论文可分为学士论文、硕士论文、博士论文，一般具有一定的独创性，内容系统详尽，是启迪思路、开创新领域的重要研究资料。学位论文一般保存在授予学位的单位，近年许多学术数据库亦开始重视各类学位论文的收集。

科技报告：政府、科研、企业等部门围绕某一专题进行研究取得成果的总结，或研究过程中的阶段进展记录。科技报告是既像图书又像期刊的一次文献。其出版特点是各篇单独成册，统一编号，内容专深具体，往往是最新成果。科技报告能反映一个国家、某一学科领域、某一行业或某一部门的最新科研水平，是一种重要而又不易获取的信息资源。

标准文献：技术标准、技术规格和技术规则等文献的总称，是促进社会产品质量的三次文献；是一种经权威机构批准的规章性文献，具有一定的法律约束力。标准文献按使用范围分为：国际标准、区域性标准、国家标准、专业标准、企业标准。

档案文献：是国家机构、组织及个人在社会活动和生产建设中形成的，保存备查的文字、图像、声音及其他各种形式的原始记录，一般具有保密和内部使用的特点。

政府出版物：指各国政府部门及其所属机构编辑出版或授权指定出版商出版的文献，如：政府公报、会议文件、法规、法令、政策等。主要包括行政性文献和科技文献两种。政府出版物具有正式性和权威性的特点，对了解各国政治、经济、科技法有独特的参考作用。

产品资料：指国内外厂商为推销产品而编辑发行的各种商业性宣传品，如公司介绍、产品目录、样本、说明书等。产品资料是提供产品技术规格的一次文献。它是一种宝贵的科技信息源、商贸信息源和竞争情报源。

**4. 信息与知识、情报、文献的关系**

信息经人脑加工形成知识。如果没有信息也就根本无从谈起知识。知识是对信息的认识、理解和升华，是一种浓缩的系统化的信息。信息是知识的基础，知识是信息的核心。

知识被记录在载体上，形成文献。文献从内涵上讲是一种客体化、固态化的信息，它把人脑中的信息、经验等主观知识，通过符号系统物化于一定的载体上。知识包括隐形知识和显性知识两部分，文献记录的知识仅仅是显性知识，即客观知识。因此，文献只是知识的一部分。

文献是信息的重要有机组成部分，是信息多种存在形式中重要的一种，但不是全部的信息资源。信息与文献相比，其外延要宽广得多，信息可涵盖文献。而知识只有记录在物质载体上，才能构成文献。知识是文献和信息成为资源的关键所在，即知识是二者的实质内容。

情报是具有特定传递对象的特定知识或有价值的信息。信息包含了情报，情报是知识中的一部分，文献是情报的一种载体。

总的来说，信息是基础、是起源，它包含了知识和情报，是它们共同的本质联系的纽带。文献则是信息、知识、情报的存储载体和重要的传播工具，是重要的知识源、情报信息源。文献不仅是情报传递的主要物质形式，也是吸收利用情报的主要手段。

## 1.1.3　信息源概述

"信息源"从字面上可以解释为信息的来源。联合国教科文组织出版的《文献术语》一书将其定义为：个人为满足其信息需要而获得信息的来源，称为"信息源"。一切产生、生产、存储、加工、传播信息的源泉都可以看作是信息源。

### 1．信息源的属性

信息源具有以下几个属性。

（1）客观性

主要表现为信息源是实实在在的客观存在，不以人的主观意志为转移，总是存在于一定的时间和空间之中。

（2）共享性

大部分的信息源都是公开的，是全人类的宝贵财富。对于同一个信息源，任何组织或个人都可以自由地利用。唯一不同的是，他们从中获取的信息会不尽相同。

（3）可传递性

信息源是信息传播过程中的第一要素，只有通过传播到达接收者并得到利用，才能发挥其作用。

（4）可激活性

人脑对信息源的信息内涵进行感知、思维、分析、综合等的过程，就是激活信息源中的信息，使其总是处于不断传播与使用的循环中。在循环过程中，信息可以不断得到调整、补充、改编与重组，使其所含内容的针对性更强。

（5）复杂性

由于信息是一切物质的普遍性，所以信息源的类型、载体的形态都具有复杂性，它数量巨大、内容丰富、形式多样，随着人类社会的发展及科学技术的进步而迅速增长。

### 2．信息源的分类

（1）按照信息资源的开发程度划分

潜在信息源：储存于大脑中。

现实信息源：经个人表述后可为他人反复利用。

（2）按照对信息源的加工层次划分

①　一次信息源：所有物质均为一次信息源，也称本体论信息源。直接来自作者原创的，没有经过任何加工处理的信息。

②　二次信息源：也称感知信息源，是从一次信息源中加工处理提取的信息，主要储存于人的大脑中，传播、咨询、决策等领域。

③　三次信息源：又称再生信息源，以文献信息源（包括印刷型和电子型文献信息源）最为常用，如工具书（百科全书、手册、年鉴、书目之书目）等。

④　四次信息源：也称集约信息源，是文献信息源和实物信息源的集约化和系统化，如图书馆、档案馆、数据库、博物馆等。

（3）按信息依附的载体划分

①　文献信息源。文献信息源是指用一定的记录手段将系统化的信息内容储存在纸张、胶片、磁带、磁盘和光盘等物质载体上而形成的一类信息源。

根据不同的分类标准，文献信息源可分为不同的类型，其划分标准与具体内容与前所述文献的分类基本一致，此处不再详述。

②　非文献信息源。非文献信息源是与文献信息源相对应的社会信息源，是指信息以非记录形式存在的信息源，主要提供口头信息、实物信息等，具有直接、简便、新颖和生动形象的特点，见表1-1。

表 1-1　非文献信息源

| 非文献信息源的类型 | 实物信息源：现实存在的物化了的各种物质形态的信息，包括实物、样品或展览会的展品。凡是人类加工的产品和人工所创造的物质都属于这类信息源。其优点是信息真实可靠，内容丰富；缺点是信息挖掘、收集保管、传播困难 |
| --- | --- |
| | 实情信息源：现实存在的自然和社会现象的信息。它的表现形式不是实物，而是自然现象或者社会现象的状态及其发展过程 |
| | 口头信息源：指存在于人脑记忆中，通过交谈、讨论、演讲等方式交流传播的信息。它是所有沟通形式中最直接的方式，易丢失或忽略。其优点是内容新颖，传递迅速，具有高度的选择性和针对性；缺点是所获信息的满意度和完整性极不稳定，信息容易失真，传播范围小 |
| 非文献信息的获取方法 | 观察法：在自然条件下，通过感观或仪器，有目的、有意识地对事物或现象进行感知和认识的方法。一项观察通常由观察者、观察对象、观察工具三个要素构成 |
| | 模拟法：根据客体对象的本质和特性，人为地建立或选择一种与客体对象相似的模型，然后在模型上进行实验研究，并将研究的结果类推到原型中去，从而达到认识对象及其发展趋势目的的方法 |
| | 实验法：根据一定目的，运用仪器设备等物质手段，在人为控制的条件下，观察和研究自然现象和社会现象的本质和规律的一种实践活动，即实验法 |
| | 调查法：获得关于研究对象事实的一种有目的、有意识的认识活动，就是调查法。社会调查和科学考察是调查的两种基本类型 |
| 非文献信息的获取途径 | 人际交流、参加会议、参观考察、社会调查等 |

非文献信息通过观察、模拟、实验、调查等方法，可以转换为文献信息。信息记录下来就成为文献，便于管理，可以长期保存，反复利用。

# 1.2 信息素质概述

信息素质在世界各国已引起越来越广泛的重视，成为评价人才综合素质的一项重要指标。当今社会，信息素质是个人能力发展的重要基础，是终生学习的核心，它使人们在一生中都能够有效地搜寻、评价、使用和创建信息，以实现其个人与社会目标。面对复杂的信息环境，大学生必须具备获取、收集、评价、交流、加工信息等方面的能力。信息素质水平的高低，决定了当代大学生适应社会、参与社会竞争能力的高低。

了解信息素质的概念与发展，掌握信息素质的构成要素，有助于我们更好地理解信息素质的内涵，培养自己良好的信息素质。

## 1.2.1 信息素质的概念与发展

信息素质的提出可追溯到 1974 年。当时的美国信息产业协会主席保罗·泽考斯基（Paul Zurkowski）在其向美国全国图书馆和信息科学委员会提交的一份报告中最早提出了"信息素质"一词，并将信息素质概括为"利用大量的信息工具及主要信息源使问题得到解答的技术和技能"。他对具有信息素质的人做出以下描述："他们接受过信息资源应用培训，掌握了利用信息工具的技术和方法，能够应用广泛的信息资源解决实际问题。"

1979 年，美国信息产业协会（ILA）对信息素质的官方解释为："掌握了利用信息工具的知识与技能，并将其应用于解决实际问题。"

20 世纪 80 年代，计算机的普及应用为信息素质注入了新鲜的元素，信息素质的内涵发生了深刻的变化，人们不再单一地将信息素质界定为一种能力，而是意识到了信息素质其他几方面的品质，为信息素质教育的进一步发展奠定了基础。

1985 年，美国的科罗拉多大学丹佛分校图书馆结合图书馆对提高信息素质的作用对信息素质的定义进行了探讨。他们认为，"信息素质应该是一种综合性的技能，具有信息素质的人能超越对个别信息的探索，不但能对信息进行必要的和有效的处理，而且对其具有一定的理解和评价能力，懂得图书馆不是唯一的信息源"。

1989 年，美国图书馆协会（ALA）提出的信息素质的定义被人们普遍地接受，即"具有信息素质能力的人，能够充分地认识到何时需要信息，并能有效地检索、评价和利用信息。"

20 世纪 90 年代以后，人们对信息素质概念的认识和研究进一步深入，在强调信息素质作用的同时，已将信息素质放在人的整体素质的层面中去考虑。

美国学者瑞德教授（H. B. Rader）在《全球信息素质教员：图书馆管理员在 21 世纪的作用》专题报告中给出的定义是："信息素质是在解决问题和做决策时能有效地找到和评价信息的能力，包括在信息环境中求生存、谋发展的能力，迅速适应外部环境变化的能力，解决问题时能把合适的信息找出来的能力，还包括熟练使用计算机方面的能力。"

国内相关领域学者探讨信息素质及其教育始于 20 世纪 80 年代。此时，国外对信息素质概念的研究已奠定下了一定的理论基础，给国内学者提供了丰富的参考依据。

马海群在《论信息素质教育》一文中指出："信息素质可以广义地理解为在信息化社会中个体成员所具有的各种信息品质，包括信息智慧（涉及信息知识与技能）、信息道德、信息意识、信息觉悟、信息观念、信息潜能、信息心理等。"这是讨论信息素质问题较早的一篇文献，他提出的定义基本确定了国内关于信息素质概念的框架。

孙建军等认为，"信息素质是属于人文素质的一部分，是人文社会的信息知识、信息意识、接受教育、环境因素影响等所形成的一种稳定的、基本的、内在的个性、心理品质，它有明显的外在表现。信息素质的内涵既包含有理论知识素养，也包含信息实践能力和信息意识，在学习、工作中具有正确的治学能力和应用信息分析问题、解决问题的能力。信息素质主要包含两个层面，一是信息知识能力，它标志信息专业知识的水平；二是信息认识和意识，它表明信息认识水平，主要包括信息收集、整序、利用和评价方面的素养。"

肖自力将信息素质内涵概括为四个层面，即信息意识力、信息思考力、信息技能、相关的知识和道德修养。

吕庆阳等对信息素质所界定的概念为"信息素质是信息社会基本信息水准的测量尺度。它表明在信息收集、信息利用、信息整理、信息评价过程中所具有的综合信息能力，包含信息意识素质、信息知识素质、信息能力素质等要素。"

纵观国内外对信息素质概念认识的过程，可以看出，信息素质是一个综合性的、动态的概念。自 20 世纪 70 年代提出"信息素质"一词以来，随着社会的发展，新技术的不断出现，其内涵与外延也在不断地发展变化之中，人们对信息素质的认识已逐渐完善、逐渐统一。

## 1.2.2　信息素质的特性

信息素质所具有的特性如下。

**1．稳定性**

信息素质是个体自身素质的一部分，一旦形成，则相对稳定保持不变。

**2．操作性**

信息素质集中表现在操作能力上，具体落实在作用和操作上。只有在实践中，在应用信息的过程中它才能表现出来。

**3．普及性**

信息素质是社会每一个个体应该具备的一种基本素质，它没有性别、年龄、职务等的区分，没有绝对权威。

**4．发展性**

社会个体应随着信息技术的发展不断更新自身已有的信息知识，不断充实自己的信息容量，提高自己的信息能力。

**5．层次性**

个体之间的信息素质是具有层次性的。信息素质按照层次高低和应用范围可以分为公民通用的信息素质、工具性的信息素质以及职业性的信息素质。公民通用的信息素质是指作为信息社会的成员所应具备的最基本的素质，工具性的信息素质是指人们在其职业活动中能够应用一种或几种信息技术解决工作中的问题，职业性的信息素质是指信息技术系统开发设计人员所应具备的素质。

### 1.2.3 信息素质的构成要素

信息素质既是一种能力素质，更是一种基础素质，是个体与外界环境进行信息交流并作用于外界事物时所表现出来的稳定的个性素质。它主要包括四个方面：信息意识、信息知识、信息能力和信息道德。信息素质的这四个要素共同构成了一个不可分割的统一整体，信息意识是先导，信息知识是基础，信息能力是核心，信息道德是准则。

**1．信息意识**

信息意识是信息在人脑中的反映，是人们对各种信息的自我感悟，即人们对信息的识别、获取、分析、判断以及对信息的利用和评价素质。

信息意识的含义如下。

（1）信息意识是信息在人脑中的反映，是对信息功能的认同意识。

物质决定意识，意识是物质在人脑中的能动反映。信息社会里，信息活动已经融于各项社会活动之中，使人们逐步认识到其重要作用，激发了人们对信息的渴望敏感，信息意识应运而生。

（2）信息意识是对信息所特有的自觉反映，是对信息与信息价值所特有的感知力和感悟力。

信息意识是一种心理上的潜意识，人们对信息的心理需求越强，意识就越明确，自觉性、能动性就越大。

（3）信息意识是对信息来源的选择意识，是人们捕捉、判断、整理和利用信息的意识。

对信息的积极的内在的需求，使人们能够从纷繁复杂的各种信息流中分辨出对自己有用的信息，能将来自各方面的零散信息有机地联系起来，并能从中挖掘出所需信息，加以分析、判断及利用。

（4）信息意识是对信息敏锐的感受力、持久的注意力和对信息价值的判断力、洞察力，以及对信息的检索、利用和开发意识。

在收集整理和使用信息时，必须对信息的真实性和实用性进行甄别，只有满足了信息的适用条件，信息才能创造价值。

（5）信息意识是对现代技术的认知力。

信息社会里，信息技术（尤其是计算机技术和通信技术）的迅速发展，使得它成为人们获得信息的主要途径及信息源。

信息意识是信息素质中最根本的因素。如果一个人缺乏较强的信息意识，面对不懂的事物，他就不知道以何种方式去获取有价值的信息。而具备了较强信息意识的人，能充分地认识到信息的作用与价值，能从信息的角度来观察事物、思考问题，敏锐地捕捉有价值的信息，自觉地对客观存在的信息进行创造性思维，从而有效地提升自己，继而形成知识生产力。

**2．信息知识**

信息知识，是信息素质的基础，是有关信息的本质、特性、信息运动的规律、信息系统的构成及原则、信息技术、信息方法、信息检索等方面的基本知识，主要包括信息基础知识、信息技术知识、信息方法知识等在内的一切与信息及其处理有关的知识。

（1）信息基础知识。信息基础知识从广义上来说包罗万象。从狭义上特指信息工具知识，主要包括计算机知识、信息系统知识（信息的概念、内涵、特征，信息源的类型、特点）、网络知识、信息收集和管理的知识、信息组织的原理和方法知识、信息检索知识等方面。

（2）信息技术知识。信息技术是指有关信息的产生、存储、传递、处理、控制等技术。它主要包括传感技术、通信技术和电子计算机技术。

信息技术知识包括信息技术基本概念、信息系统结构及工作原理、信息技术历史与趋势、信息技术的作用、信息检索的工具及特点，以及计算机网络、数据库使用等方面的知识。人们掌握了信息技术知识，认识到信息技术的作用，就能在工作和日常生活中卓有成效地运用，并能不断地调整自己适应信息技术的发展。

（3）信息方法知识。所谓信息方法，就是运用信息的观点来分析自然、社会和人们思维中的问题和矛盾，把系统的运动过程看作是信息传递和转换的过程，通过对信息流程的分析和处理，来获得规律性认识的一种研究方法。

总的来说，信息知识不但可以改变人的知识结构，而且能够激活原有的学科专业知识，使文化知识和专业知识能有效地结合发挥出更大的作用。信息知识积累得越多，信息意识与信息能力也就越强。当代大学生应该努力学习信息知识，掌握各种信息技术，以适应社会、服务社会。

### 3．信息能力

信息能力，是指人们有效利用信息技术和信息资源认知信息、获取信息、处理信息、利用信息、创造信息的能力。信息能力，是信息素质的保证与核心，是现代人必备的技能之一。它具体包括以下几个方面能力。

（1）信息认知能力。信息认知能力是信息获取、处理、利用、创造的开端。人们生活在信息社会，接受了大量的信息，要想在海量的信息中对各种各样的信息进行判断、评价和选择，就得具有一定的信息认知能力。这些信息具有真假、有序和无序、正负价值之分，只有具备了良好的信息认知能力，才能处理好信息的质与量的关系。

（2）信息获取能力。信息获取能力是指利用一定的信息技术，及时、有效地获取本学科领域内的相关信息以及有关社会生产所需的各类信息的能力。它是人们利用信息的最基本的能力，可分为信息接受能力、信息收集能力、信息检索能力和信息索取能力。

（3）信息处理能力。信息处理能力是对获取的信息进行判断、整理，使之有序化、专业化的能力。它是信息分析、加工、组织能力的综合体现，通过对信息的去伪存真、去粗取精，获得真正有效的信息，再综合自身原有信息与选定信息进行整理，使信息有序化、系统化，为进一步利用信息做好准备。

（4）信息利用能力。信息利用能力是将认知、获取、处理的信息进行有效利用，应用于实践，并创造出新的知识和新的信息内容，使信息价值得以实现的能力。信息只有通过有效的利用，才能充分体现出它的价值。

总之，信息能力是信息素质诸要素中的核心，是信息素质内涵中最具体、最具操作性的能力，是衡量信息素质高低的标尺。身处信息时代，只有具有强烈的信息意识和丰富的信息知识，具备了较高的信息能力，才能有效地利用各种信息工具去收集、获取、传递、处理有价值的信息，才能在信息社会中更好地生存和发展。

### 4．信息道德

信息道德，指人们在信息活动中应遵循的道德规范，是信息创造者、传递者、服务者及使用者所必须遵守的行为规范的总和，如保护知识产权、尊重个人隐私、抵制不良信息等。

（1）信息道德的构成。信息道德由两方面构成。

① 信息道德的主观方面：个人信息道德，是指人类个体在信息活动中以心理活动形式表现出来的道德观念、情感、行为和品质。

② 信息道德的客观方面：社会信息道德，是指社会信息活动中人与人之间的关系以及反映这种关系的行为准则与规范。

（2）信息道德的层次。信息道德包含以下三个层次。

一为信息道德意识：集中体现在信息道德原则、规范和范畴之中，包括与信息相关的道德观念、道德情感、道德意志、道德理想等，是信息道德行为的深层心理动因。

二为信息道德关系：它是一种特殊的社会关系，是被经济关系和其他社会关系所决定、所派生出的人与人或组织之间的信息关系，这种关系建立在一定的权利和义务基础之上，并以一定的信息道德规范形式表现出来。

三为信息道德活动：这是信息道德的一个十分活跃的层次，包括信息道德行为、信息道德评价、信息道德教育和信息道德修养等。

（3）信息道德的特点。信息道德的特点如下。

① 信息道德是一种道德手段，是依靠社会舆论和内心信念形成的一种行为规范，是自发形成的，存在于人们的意识中，无特定的制定主体。

② 信息道德执行手段独特，它无任何机构或者组织来管理，而是依靠社会舆论、人们内心的信念、传统习惯和价值观来维持的，是通过人们内在的道德来自觉实现的。

③ 信息道德的作用范围较为广泛，它涉及信息活动的各个层次及社会生活的各个领域。

④ 信息道德功能的发挥是多方面的，它引导人们对自身信息行为的认识，调节信息活动中的各种关系，对人们信息意识的形成、信息行为的发生有很多教育功能。

（4）信息道德的要求。在组织和利用信息时，应遵循的信息道德要求如下。

① 个人信息活动与社会整体目标一致，承担相应的社会责任与义务。

② 遵循信息法律与法则，提高对信息的判断和评价能力，自觉抵制不良信息行为。

③ 尊重知识产权，保守信息秘密，尊重个人信息隐私，增强信息安全意识，正确处理信息创造、服务、使用三者之间的关系。

④ 合理使用与开发信息技术，不利用信息技术进行犯罪活动，准确合理地使用信息资源。

信息道德，是人类在信息技术发展过程中形成的一种自我要求和自我限制，是信息素质教育的重要内容，也是信息活动中必须遵守的基本准则。信息社会中，每个人都应遵循一定的信息伦理与道德准则来规范自身的信息行为，尊重他人的劳动成果，合理合法地获取信息，这是信息素质基本的道德标准。

# 1.3 大学生信息素质教育及其评价标准

信息素质，是大学生整体素质的重要组成部分，它为终身学习打下坚实的基础。良好的信息素质教育，能够使他们在各种不同的社会环境下，敏锐地捕捉到所需的信息，并能积极主动、有效地进行鉴别、检索和利用，提高他们学习与研究的能力。

高校图书馆在加强大学生信息素质教育方面拥有很多优势，应充分发挥高校图书馆在信息提供、信息咨询、信息检索等方面的独特作用，做好大学生的信息素质教育工作。

## 1.3.1 信息素质教育的概念、研究及意义

信息素质教育，就是一种旨在根据社会信息环境的需要，通过行之有效的途径和方法，培养和提高个体的信息知识、信息意识、信息能力和信息道德素质，从而激发个体信息智慧和信息潜能的教育。

信息素质教育是一种终身教育，它作为整个素质教育体系中的一个方面，贯穿于个体发展的每个阶段。不仅仅是培养了人们的信息检索技能和计算机应用技术，更重要的是培养了人们对信息环境的识别能力、理解能力、应变能力以及运用信息的自觉性、预见性、独立性和创造性，使其综合素质得以提高。

### 1. 信息素质教育的研究

1983 年，美国信息学家霍顿（Horton）认为，教育部门应开展信息素质教育，以提高人们对联机数据库、通信服务、电子邮件、数据分析以及图书馆网络的使用能力。

20 世纪 80 年代后期，信息素质教育的重要性受到美国各界人士的广泛认同，并且正式将信息素质教育纳入大学教学大纲之中作为一门课程，主要由大学图书馆来讲授完成。

1987 年，美国图书馆协会成立了信息素质教育委员会，其宗旨是明确信息素质在学生学习、终身教育和成为一个良好公民过程中的作用，设计图书馆对大学生开展信息素质教育模型。

20 世纪 90 年代之后，世界各国纷纷开展各种层次的信息素质宣传和培训活动。

1990 年，美国"国家信息素质论坛"建立，强调用户教育应向有效获取和利用信息为核心的信息素质方向发展。同年，美国高等教育委员会制定了"信息素质教育结果评估大纲"。

1998 年，全美图书馆协会和美国教育传播与技术协会在《信息能力：创建学习的伙伴》一书中，从信息素质、独立学习和社会责任三方面提出了学生学习的九条信息素质标准。（详见本节第3段）

2000 年 1 月，美国高校与研究型图书馆协会通过了《高等教育中信息素质能力标准》，对大学生的信息能力进行了具体的规范，包括 5 项标准和 22 项操作说明。（详见本书1.3.3）

2002 年，国际图联(IFLA)正式成立了专门的信息素养部门，致力于促进各类型图书馆在信息素质教育与培训方面开展广泛合作，促进信息素质教育在国际上的普及与发展。

2003 年，联合国教科文组织（UNESCO）和国际图联（IFLA）先后发表布拉格宣言和亚

历山大宣言，宣称信息素质是人们有效参与信息社会的一个先决条件，是终身学习的一种基本人权。

2008 年，联合国教科文组织（UNESCO）在世界各主要地区举办"信息素养培训者师资培训班"，以此来培养一批信息素质领域的教育工作者，并经由他们向各自所在的国家和地区提供信息素质的知识、经验与技能。

英国的信息素质教育在初等教育和中等教育时期即已开始。1988 年设立的国家课程中，信息技术已被列为中小学课程。

自 20 世纪 90 年代中期开始，信息素质教育就被引入澳大利亚许多大学的教学计划中。1994 年，澳大利亚高等教育委员会"在大学教育中培养终身学习者"的报告中指出，"信息素质是大学生课程体系中的四个必要元素之一"。

我国较为规范的信息素质教育始于 20 世纪 80 年代中期，主要是在高等院校中进行。1984 年、1985 年和 1992 年，教育部先后三次下发文件推动"文献检索与利用课"的开设与普及，为我国高校信息素质教育奠定了坚实的政策基础。

2002 年，在哈尔滨召开"全国高校信息素质教育学术研讨会"，正式用"信息素质教育"替代文献检索与利用课。同年，教育部颁布的《普通高等学校图书馆规程（修订）》明确要求"通过开设文献信息检索与利用课程以及其他多种手段，进行信息素质教育"。

### 2. 信息素质教育的意义

创新人才的培养，国民整体素质的提高，全社会信息化进程的推动，国家竞争力的加强等，这一切都离不开信息素质教育，因此，深入研究、广泛开展、系统强化信息素质教育，显然是非常重要的。

（1）信息素质教育是社会发展的需要。科技的进步，生产力的发展，使人类进入了信息社会，信息成为社会发展的决定力量和主导因素。这种情况使得信息素质成为人们在信息社会中生存与立足的必备条件。只有通过信息素质教育，才能不断培养和强化人们获取、利用和转换信息的各种基本能力。大学生只有接受系统的信息素质教育，培养良好的信息意识、具备较强的信息能力、具有较高的信息道德，才能适应知识经济时代发展的需要。

（2）信息素质教育是人的自身发展和终生学习的需要。发展的社会，需要终身学习的人，需要自身不断发展的人。信息素质教育就是"授人以渔"，使人们掌握获取知识的方法和渠道，学会合理利用信息资源解决各种现实问题，不断更新的知识与信息要求大学生在努力掌握好所学的专业知识之外，不断拓宽知识面，根据自己的实际需要整理、评价、利用、创新信息，有效地促进自己的学习。

（3）信息素质教育是教育改革的需要，是素质教育的重要组成部分。《中共中央、国务院关于深化教育改革全面推进素质教育的决定》中指出，"深化教育改革，全面推进素质教育，构建一个充满生机的有中国特色社会主义教育体系，为实施科教兴国战略奠定坚实的人才和知识基础。"强调"高等教育要重视培养大学生的创新能力、实践能力和创业精神，普遍提高大学生的人文素养和科学素质。"

素质教育就是以提高人的整体素质为目的的教育，信息素质教育是素质教育的重要组成部分，通过信息素质教育，使学生不但具有良好的思想道德素质和身心素质，还具有较高的文化素质、信息素质和业务素质。

（4）信息素质教育有助于推动全社会的信息化进程。信息化的社会要求高水平的信息素质人才。通过良好的信息素质教育培养出的全方位发展的大学生，不仅能够有效地获取信息、整理信息，而且能够充分地利用信息、创造信息，有力地推动全社会的信息化进程。

## 1.3.2　大学生信息素质教育的内容

开展信息素质教育是大学生自身发展的需要，也是历史赋予高校图书馆的重任。《普通高等学校图书馆规程（修订）》中明确指出，"开展信息素质教育，培养读者的信息意识和获取、利用文献信息的能力"是高等学校图书馆的主要任务之一，高校图书馆是学校的文献信息中心，拥有丰富的文献信息资源，拥有一支受过图书馆学、信息管理学等专业教育的人才队伍，应该和学校的专业教师队伍相结合，着重从以下几方面开展对大学生的信息素质教育。

**1．培养大学生的信息意识，提高大学生的信息能力**

信息意识是实现信息价值的初始和前提，要通过一系列理论与实践的教育，培养大学生的信息意识，使其养成信息思维的习惯，能时刻意识到自身的潜在信息需求。

（1）新生入馆教育。这是加强图书馆与读者之间联系的重要环节。利用新生入学教育的机会，通过组织学生参观图书馆，发放"图书馆读者指南"，开设"怎样使用图书馆"讲座等形式，对新生进行入馆教育，使学生了解学校图书馆的概况，知道如何利用图书馆，提高学生自觉利用图书馆的意识和能力。

（2）开展形式多样的信息素质教育活动。针对不同层次、不同需求的读者，图书馆可开设各种信息素质专题讲座与培训，如中外文数据库的利用、图书的检索与利用、网络信息资源的获取与文献传递等；还可举办"电子资源宣传月""读书竞赛""读者交流会"等丰富多彩的信息素质教育活动，培养学生的信息意识，使其能够明白自己的信息需求，通过有效利用图书馆的资源，全面提高自己的信息素质水平。

（3）开展媒体校园宣传活动。邀请计算机网络公司、学术数据库公司、信息化应用先进单位到校园内开展信息化宣传，展示新产品、新技术，通过讲解、演示包括各类学术数据库在内的信息产品的使用方法，使学生及时了解相关的新产品、新技术，普及信息化知识，形成浓重的信息素质教育氛围，促使大学生更多地从信息角度认识事物，全方位地提高他们的信息意识。

**2．将信息素质教育课程纳入教学计划，积极开展信息素质的课堂教育**

"授人以鱼，三餐之需；授人以渔，终生之用"，目前在高等院校中普遍开展的信息素质教育课程就是传授给学生捕鱼法，通过开设专门的信息素质教育课程，为学生讲授信息知识、信息技术、信息方法以及信息法律等方面的内容，教给学生信息检索与利用的技能，使学生充分掌握文献信息资源的检索能力。在课程的讲授中，还应注意将信息道德教育贯穿于整个教学活动中，优化学生的信息品质。

**3．指导学生毕业论文的写作**

毕业论文是高等院校应届毕业生在教师指导下独立完成的对 4 年学业进行总结的学术论文，它要求具有一定的科学性、创新性、专业性和通俗性。在这个阶段，应针对毕业生开设"毕业论文开题与写作指南"讲座，提高大学生在论文选题、相关资料的检索与整理、论文写作等方面的技能。（参阅本书 11.1、11.2、11.3）

### 1.3.3　大学生信息素质评价标准

信息素质评价标准，是衡量信息的主体即查找信息和利用信息的人是否达到特定的要求。它利于信息素质教育的规范化进行，是信息素质教育评价的依据，也是准确判断人们信息素质水平的标尺。信息素质评价标准的制定，有助于了解大学生的信息素质能力和信息素质教育的成果，以利于教学方式、方法的改进。对于信息素质评价标准的研究，国外已进行了较深入的研究，其成果已较成形，国内亦有相关的评价标准问世。

目前国内外主要信息素质评价标准如下。

**1．AASL 标准**

1998 年，美国学校图书馆协会(American Association of School Librarians，AASL) 在《信息能力:创建学习的伙伴》一书中，从 3 大类 9 项标准制定的《学生学习的九种信息素质评价标准》，是美国较早的关于信息素质评价标准的草案。

（1）信息素质

标准一：具有信息素质的学生能够有效地、高效地获取信息。

标准二：具有信息素质的学生能够熟练地、批判性地评价信息。

标准三：具有信息素质的学生能够精确地、创造性地使用信息。

（2）独立学习

标准四：作为一个独立的学习者具有信息素质，并能探求与个人兴趣有关的信息。

标准五：作为一个独立的学习者具有信息素质，并能欣赏作品和其他对信息进行创造性表达的内容。

标准六：作为一个独立的学习者具有信息素质，并能力争在信息查询和知识创新中做得最好。

（3）社会责任

标准七：对学习社区和社会有积极贡献的学生具有信息素质，并能认识信息对社会的重要性。

标准八：对学习社区和社会有积极贡献的学生具有信息素质，并能实行与信息和信息技术相关的符合伦理道德的行为。

标准九：对学习社区和社会有积极贡献的学生具有信息素质，并能积极参与活动来探求和创建信息。

**2．ACRL 标准**

2000 年，美国大学与研究图书馆协会（Association of College and Research Libraries，ACRL）颁布的《高等教育信息素质标准》是目前已有的信息素质评价标准中较为权威的一种，是目前被接受并使用最为广泛的标准，由 5 项标准、22 项表现指标构成，见表 1-2。

表 1-2　ACRL 标准

| | |
|---|---|
| | 1．定义和描述信息需求 |
| 标准一：能确定所需信息的性质和范围 | 2．找到多种类型和格式的信息来源 |
| | 3．权衡获取信息的成本和收益 |
| | 4．重新评估所需信息的性质和范围 |

| 标准二：能有效地获取所需的信息 | 1. 选择最适合的研究方法或信息检索系统来查找所需信息 |
| :-- | :-- |
| | 2. 构思和实现有效的搜索策略 |
| | 3. 运用各种各样的方法从网上或亲自获取信息 |
| | 4. 改进现有的搜索策略 |
| | 5. 学会摘录、记录和管理信息及其来源 |
| 标准三：能评估信息和它的来源，并把挑选的信息融合到个体的知识库和价值体系 | 1. 从收集到的信息中总结要点 |
| | 2. 清晰表达并运用初步的标准来评估信息和它的来源 |
| | 3. 综合主要思想来构建新概念 |
| | 4. 通过对比新旧知识来判断信息是否增值，或是否前后矛盾，是否独具特色 |
| | 5. 决定新的知识对个人的价值体系是否有影响，并采取措施消除分歧 |
| | 6. 通过与他人讨论来验证对信息的诠释和理解 |
| | 7. 决定是否应该修改现有的查询 |
| 标准四：能有效利用信息来实现特定的目标 | 1. 能够把新旧信息应用到策划和创造某种产品或功能中 |
| | 2. 能够调整产品或功能的开发步骤 |
| | 3. 能够有效地与别人就产品或功能进行交流沟通 |
| 标准五：熟悉与信息使用有关的经济、法律和社会问题，并能合理合法地获取信息 | 1. 了解与信息和信息技术有关的伦理、法律和社会经济问题 |
| | 2. 遵守有关的法律、规定、机构性政策和礼节 |
| | 3. 在宣传产品或性能时声明引用信息的出处 |

### 3．ANZIIL 标准

2001 年，澳大利亚与新西兰高校信息素质联合工作组（Australian and New Zealand Institute for Information Literacy，ANZIIL）正式发布了《澳大利亚与新西兰信息素养框架：原则、标准及实践》，2004 年该工作组又对 2001 年的标准进行了修订。该指标体系由 6 个一级指标、19 个二级指标和 67 个三级指标组成，是澳大利亚与新西兰高校图书馆共同认可与使用的高校信息素质能力指标体系。

标准一：能确认信息需要并决定所需信息的信息种类和程度。

标准二：能够高效地获取所需信息。

标准三：能够批判地评价信息和搜寻信息过程。

标准四：能够管理所收集或者产生的信息。

标准五：能将初始信息和新的信息应用到构建新概念或者创新知识中。

标准六：能在使用信息时，懂得和遵守与使用信息有关的文化、道德、经济、法律和社会问题。

### 4．SCONUL 标准

1998 年，由英国的国家与大学图书馆标准协会（Society of College, National and University Libraries，SCONUL）提出信息素质能力模式。该模式名称上不是指标体系，但其实质依然是一个高校信息素质能力的指标体系，由 7 个一级指标和 17 个二级指标组成，在英国高校信息素质教育中影响广泛。

指标一：识别、明确信息需求的能力。

指标二：辨别信息源的能力。

指标三：拟定信息策略的能力。

指标四：检索并存取信息的能力。

指标五：比较信息和评估信息的能力。

指标六：组织信息和应用信息的能力。

指标七：信息的整合和创新的能力。

### 5.《北京地区高校信息素质能力指标体系》

2003 年至 2005 年，由清华大学图书馆、北京航空航天大学图书馆承担北京地区高校图工委立项研究课题"北京地区高校信息素质能力示范性框架研究"，参照国外已有的标准，2005年正式发布《北京地区高校信息素质能力指标体系》。该指标体系由 7 个维度、19 项指标、61条指标描述组成，是我国第一个比较完整、系统的信息素质能力体系，见表1-3。

**表 1-3　北京地区高校信息素质能力指标体系**

| 维度一：能够了解信息以及信息素质能力在现代社会中的作用、价值与力量 | 1. 具有强烈的信息意识 |
| --- | --- |
| | 2. 了解信息素质的内涵 |
| 维度二：能够确定所需信息的性质与范围 | 1. 能够识别不同的信息源并了解其特点 |
| | 2. 能够明确地表达信息需求 |
| | 3. 能够考虑到影响信息获取的因素 |
| 维度三：能够有效地获取所需要的信息 | 1. 能够了解多种信息检索系统，并使用最恰当的信息检索系统进行信息检索 |
| | 2. 能够组织与实施有效的检索策略 |
| | 3. 能够根据需要利用恰当的信息服务获取信息 |
| | 4. 能够关注常用的信息源与信息检索系统的变化 |
| 维度四：能够正确地评价信息及其信息源，并且把选择的信息融入自身的知识体系中，重构新的知识体系 | 1. 能够应用评价标准评价信息及其信息源 |
| | 2. 能够将选择的信息融入自身的知识体系中，重构新的知识体系 |
| 维度五：能够有效地管理、组织与交流信息 | 1. 能够有效地管理、组织信息 |
| | 2. 能够有效地与他人交流信息 |
| 维度六：能够有效地利用信息来完成一项具体的任务 | 1. 能够制定一个独立或与他人合作完成具体任务的计划 |
| | 2. 能够确定完成任务所需要的信息 |
| | 3. 能够通过讨论、交流等方式，将获得的信息应用到解决任务的过程中 |
| | 4. 能够提供某种形式的信息产品（如综述报告、学术论文、项目申请等） |
| 维度七：了解与信息检索、利用相关的法律、伦理和社会经济问题，能够合理、合法地检索和利用信息 | 1. 了解与信息相关的伦理、法律和社会经济问题 |
| | 2. 能够遵循在获得、存储、交流、利用信息过程中的法律和道德规范 |

# 1.4 大学生个人知识管理

知识的价值在于应用，大学生不仅要学习知识，更重要的是学习如何获取知识、管理知识的手段，只有将所掌握的知识最大化地转化为价值，才能相应地提升个人价值。

知识资源数量不断增多、类型日趋复杂，获取知识最有效的方法就是进行个人知识管理。个人知识管理是一种新的知识管理的理念和方法，能将个人拥有的各种资料、信息变成更具价值的知识。借助良好的知识管理技能，可以快速有效地从个人知识库中提取所需的专业知识资源，完善自己的专业知识体系，更好地展示个人的学习能力和工作能力。

## 1.4.1 个人知识管理的概念

个人知识管理（Personal Knowledge Management，PKM）的概念最早是由美国密西根大学的 Paul A. Dorsey 教授于 1998 年初提出的，他认为，"个人知识管理应该被看作既有逻辑概念层面又有实际操作层面的一套解决问题的技巧与方法"。之后，Dorsey 教授在此基础上完善并发展了个人知识管理的理论框架，概括出 7 项核心个人知识管理技能：信息检索、信息评估、信息组织、信息分析、信息表达、信息安全和信息协同。

1998 年，美国加利福尼亚大学洛杉矶分校（UCLA）的贾森·弗兰德（Jason Frand）和卡洛尔·希柯森（Garol Hixon）开始利用个人知识管理的概念来说明信息与知识管理的实践活动，在他们的 MBA 教学中，他们将个人知识管理定义为："它是一种概念框架，指个人组织和集中自己认为重要的信息，使其成为我们知识基础的一部分。它还提供某种将散乱的信息片段转化为可以系统性应用的东西的（个人）战略，并以此扩展我们的个人知识。"

我国相关领域学者在此方面亦有所研究，赖纯胜、卢泽辉在《个人知识管理方法的初探》（2000 年）中认为，"个人知识管理是自我管理的一部分，面对着当今异常大量的多学科的而且正在不断地进行快速更新的知识，应结合我们自身的长处、性格特点和价值观念，进行人生的规划，以此为基础，对知识进行合理性的选择和取舍，快速地吸收有用的知识，及时地清理过时的知识，同时坚决拒绝其他不太相关的知识的诱惑。"

孔德超在《论个人知识管理》（2003 年）中指出"个人知识管理包括 3 层含义：其一，对个人已经获得的知识进行管理；其二，通过各种途径学习新知识，吸取和借鉴别人的经验、优点和长处，弥补自身思维和知识缺陷，不断建构自己的知识特色；其三，利用自己所掌握的知识以及长期以来形成的观点和思想再加上别人的思想精华，去伪存真，实现隐含知识的显性化，激发创新出新的知识。"

综上所述，我们可以得出结论：个人知识管理就是个体通过收集、整理、加工、吸收、创新知识的过程，将获取的各种零散的和随机的信息转化为可系统利用的个人知识，并将隐性知识有效地转化为显性知识，构建起个人知识库，以利于个人知识的存储、使用和交流。大学生要树立个人知识管理的理念，通过有意识、有目标的知识学习和对知识的有效管理，对知识创新应用，从而有效提高自己的价值和竞争力。

## 1.4.2  大学生个人知识管理的意义

大学生学习的专业针对性、学习途径的多样性等特征，使得大学生必须对个人知识进行有效的管理，以便整合知识资源，提高学习效率。

### 1．应对知识经济时代的挑战

21 世纪是一个以知识和信息为基础的经济时代。在这个知识经济时代，信息技术飞速发展，科学技术得到广泛应用，知识成为个人、团体、社会进步与发展的活力源泉，大学生担负着建设社会的重任，就应该努力成为优秀的知识管理者，学习知识、掌握知识、利用知识、创新知识，以便更好地应对知识经济时代的挑战。

### 2．提升自身信息素质的要求

信息时代，要求大学生具备一定的信息能力，尤其是独立自主解决问题的能力，这就要求大学生具备一定的信息素质，它是个人知识管理的前提。具备了一定的信息素质和个人知识管理的能力，就能够对个人知识进行有效的管理。而通过有效的个人知识管理，大学生就能够轻松获得知识、提取知识，利用知识提高其学习效率和自主学习的能力，使学习成为更具自我导向和控制的过程，从而进一步提高大学生的信息素质水平。

### 3．建立与完善个人专业知识体系的需要

在校期间，大学生必须通过各种途径补充在课堂学习中没有涉及或涉及不够的大量专业知识，但由此获得的专业知识资源往往是杂乱无章的，要理顺所学专业的知识体系，就需进行有效的个人知识管理。大学生要把分散的知识资源通过组织、管理，进行有效地存储、利用，建构起系统化、可操作性强的个人知识库。日常的课程学习大多侧重于课本知识等一些经验性知识的学习，而运用个人知识管理，就能够挖掘出潜在的隐性知识，并将其转化为显性知识，加深大学生对专业知识的认识，更好地促进专业学习。

科技的飞速发展，要求大学生要有意识、有目的地对个人知识进行管理、整合与补充，及时更新和完善个人知识体系。在个人知识管理过程中，知识之间的碰撞会给大学生带来灵感，从而促进新知识的创造，这样不仅能丰富个人专业知识体系，而且能够实现知识共享。

### 4．提升大学生核心竞争力

当今社会，大学生在面对激烈的社会竞争和变革时，要使自身保持持续稳定的竞争优势，就得具备一定的核心竞争力，而知识是个人核心竞争力的重要组成部分。要想时刻立于不败之地，就必须不断提升学习知识和利用知识的能力。大学生个人知识管理为其提升自身学习能力提供了有效的途径，通过个人知识管理，大学生可以有意识、有目的地对知识进行有效管理，可以整合、更新个人专业知识资源，使隐性知识显性化，提高学习、应变和创新能力。

### 5．树立终身学习的理念

知识在不断积累，更新周期在不断缩短，这就要求大学生要及时更新和完善个人知识体系。坚持终身学习的理念，不断完善自己，使自身具备可持续发展的能力。大学生通过个人知识管理，通过有目的地获取、应用和创新知识，从而成为具备自主学习能力和协作学习能力的终身学习者，在将来迈入社会时，也能不断学习、应用、创造、更新已有的知识和技术。

## 1.4.3　大学生个人知识管理的方法

个人知识的不断累积增加，需要有行之有效的方法进行管理，大学生掌握了个人知识管理的方法，就能认真规划知识管理过程，充分利用知识提高自身的学习质量和效率。

### 1．分析个人知识资源需求，选择合适信息渠道获取知识，构建个体学习网络

知识需求是知识管理的基础，是个人知识管理的出发点。大学生在进行知识学习之前应结合自身情况，深入分析自身掌握的知识资源，根据自己的专业方向、兴趣爱好等及时调整完善自己的知识需求体系，对知识进行合理地选择和取舍，避免盲目获取无用信息。

知识的获取是知识管理的首要环节。明确了个人的知识资源需求，通过详细分析各种信息渠道，确定知识门类及获取途径，选择合适的信息检索技术，有目的地从已知的信息源中选择、获取和积累可用知识资源。

如前所述，知识分为显性知识和隐性知识两大类，不同类别的知识可选择不同的途径获取。显性知识的获取主要是通过传统的学习途径、传统媒体及现代网络；隐性知识的获取更多的是通过人际交流来获得。一般来说，隐性知识与个人的生活、工作环境密切相关，体现在人的行为、价值观和情感之中，它们往往比显性知识更完善、更能创造价值，它的获取需要长期实践经验的积累，它的价值必须通过与显性知识的转化来实现，只有使其显性化、清晰化、成为显性知识，才能对其实施有效的管理。人际网络是一种无形的网络，往往可以成为获得最直接最深入问题信息的来源。因此，大学生要多与朋友交流、沟通和讨论，获取新知识，再结合自身相关知识，归纳总结出新的知识，并把它纳入个人知识体系，构建个体学习网络。

### 2．选择个人知识管理工具，分类存储知识，构建个人知识库

在全面分析对知识资源的需求获取知识后，大学生可以根据实际情况选择个人知识管理工具，对知识加以归类和组织，在个体知识管理过程中逐步建立起适合自己的个人知识库。

构建个人知识库需要借助于个人知识管理工具。个人知识管理工具是帮助大学生储存、组织、交流、与他人共享个人知识的工具。它可对个人知识进行归档存储、组织、查询、检索等，可随时把在学习中遇到的问题、产生的观点和体会等记录下来，避免知识信息的流失。针对不同的信息可以采用不同的管理工具，如 PKM2、Blog、MS Outlook、Office 等，只要简单易用，适合自己就行。比如，可以在个人计算机中用树形文件夹的方法来管理文件；利用 PKM2 将看到的所有文字、图片信息全部转储为 HTML 格式文档保存到数据库中；利用网络日志 Blog，与他人交流；利用 Ms Outlook 实现个人通信管理、人际交往资源管理等功能。

选择好适合的个人知识管理工具后，就要将杂乱无章的知识进行合理的存储，使其有序化和规范化，以便能及时应用。每个人的学习方法不同，对知识的分类也形成了自己的习惯，可根据个人的习惯爱好及自身的需求，进行条理化、系统化的设置。大学生在分类的实践过程中，要逐渐摸索出适合自己个人知识库的最佳分类方法。文件命名应简单明了，辅以数字编码、时间、出处等，使知识资源在分类存储和提取使用时一目了然。对所有知识资源进行命名、分类后，接下来所做的工作就是将个人知识分批放入个人知识库，并在以后的实践中逐步扩展和完善，建立起适合自己的个人知识结构体系。

### 3．不断进行知识的维护更新、交流共享与利用创新

构建个人知识库之后，还需定期对其进行维护和更新。信息在变化，知识也在不断地发

展，大学生需要不断地同化新知识。在学习过程中，个人的知识水平在不断提高，能力在逐步增强，对某些问题的看法在逐渐深入，使得个人知识系统也随之而变。因此，在知识管理的实践过程中，应逐步完善个人知识结构，不断对个人知识库进行调整与优化。

知识更新是一个知识不断积累的过程，它同时存在于知识的交流与共享的过程中。新学科、新知识的不断发展、社会分工的细化、知识内容的深化，使得大学生在获取知识时仅靠一己之力是不够的，只有彼此间相互交流、共享，才能高效地实现个人知识的更新。因此，大学生应当善于与他人交流，多参加各种社会实践和学术活动，通过交流活动，实现知识的共享。也只有在相互的交流中，才能使得个人知识得到发展，从而实现个人知识的有序管理。

在个人知识管理中获取、积累、组织知识的出发点就是对知识的利用，并在利用知识中进一步创新知识。知识只有在利用中才能创造价值。大学生通过不断地利用知识解决问题，通过对知识的分析和完善，去伪存真，得到经过实践检验的知识精华。知识创新是个人知识管理的最终目的。大学生在积累和利用知识的同时，应善于观察勤于思考，通过不断地修正知识，挖掘出适合新环境的新知识。人是不断成长的个体，应自我超越，实现终身学习，这样才能掌握个人知识管理的技巧，不断完善个人知识系统结构，更好地适应社会。

# 思考题

1. 简述信息、知识、情报、文献的概念以及四者之间的关系。
2. 简述信息素质的构成要素。
3. 国内外主要的信息素质评价标准有哪些？请重点阐述 ACRL 标准。
4. 请结合自身的学习体会，谈谈大学生个人知识管理的方法有哪些？

# 参考文献

[1] 陈庄，刘加伶，成卫. 信息资源组织与管理[M]. 北京：清华大学出版社，2005.

[2] 黎鸣. 论信息[J]. 中国社会科学，1984（4）.

[3] 钟义信. 信息科学原理[M]. 北京：北京邮电大学出版社，2002.

[4] 许家梁. 信息检索（第 2 版）[M]. 北京：国防工业出版社，2009.

[5] 周为谋，彭豪. 大学信息检索教程[M]. 北京：北京理工大学出版社，2010.

[6] 徐金铸. 信息源及其分类研究[J]. 现代情报，2001（6）.

[7] 贾玲玉. 高职院校学生信息素质教育途径研究[D]. 咸阳：西北农林科技大学，2009.

[8] 徐晓蕾，康晓伶. 信息素质知多少——信息素质理论研究的历史和发展[J]. 数字图书馆论坛，2005（2）.

[9] 王彩. 信息素质概念研究[J]. 现代情报，2005（6）.

[10] 成俊颖，朱莉. 信息共享空间与信息素养[J]. 图书馆论坛，2012（7）.

[11] 孙建军，郑建明，成颖. 面向 21 世纪的大学生信息素质教育[J]. 中国图书馆学报，

2000（6）.

[12] 吕庆阳，刘孝文. 国内外信息素质概念的界定[J]. 河北科技图苑，2008（2）.

[13] 李太平. 论信息素质及其培养[J]. 高等教育研究，2001（4）.

[14] 魏浩，张文娟. 信息素质教育的发展及优化策略[J]. 情报科学，2004（3）.

[15] 李耀俊. 中、美大学生信息素养能力标准管窥[J]. 高校图书馆工作，2011（1）.

[16] 娜日，吴晓伟，吕继红. 国内外信息素养标准研究现状与展望[J]. 图书情报工作，2010（3）.

[17] 黄娟. 信息时代的个人知识管理探微[J]. 现代教育技术，2005（3）.

[18] 赖纯胜，卢泽辉. 个人知识管理方法的初探[J]. 锦州医学院学报，2000（5）.

[19] 孔德超. 论个人知识管理[J]. 图书馆建设，2003（3）.

# 第 2 章　信息检索基础

德国柏林图书馆（全称为德国柏林国立普鲁士文化遗产基金会图书馆）门前镌刻着这样一段铭言："这里是知识的宝库，你若掌握了它的钥匙，这里的全部知识都是属于你的。"而这把钥匙就是信息检索的技能。本章将通过信息检索基础理论的介绍，进而阐述信息检索的原理、基本方法和检索工具等。

## 2.1　信息检索与信息检索系统

### 2.1.1　信息检索的概念

信息的无限增长和人们有效地利用信息之间的矛盾促使了信息检索的产生和发展。信息检索起源于图书馆的参考咨询和文摘索引工作，从 19 世纪下半叶开始发展，至 20 世纪 40 年代，索引和检索成已为图书馆独立的工具和用户服务项目。随着 1946 年世界上第一台电子计算机问世，计算机技术逐步走进信息检索领域，使得信息检索逐步迈向机械化和自动化。

从信息检索和获取的行为角度看，信息检索包括信息的存储与查找的全过程，因而对它的理解也有广义和狭义之分。

广义的信息检索全称为"信息存储与检索"，是指将信息按一定的方式组织和存储起来，并根据用户的需要找出有关信息的过程和技术。

狭义的信息检索是指从已存储的信息集合中查找出所需要信息的过程。

概括起来，信息检索就是信息用户为处理解决各种问题而查找、识别、获取相关的事实、数据、知识的活动及过程。随着信息社会的到来，信息检索的重要地位日益突出，因此我们有必要学习和研究信息检索相关知识，如信息检索原理、信息检索语言、信息检索工具和系统以及信息检索技术和方法等。信息检索的全过程包括信息存储和信息检索两个过程。存储过程就是将原始信息进行分析从而提炼出主题概念，通过信息检索语言对主题词进行标引，从而形成信息特征标识，再将众多信息特征标识进行排序，最终形成信息检索系统。检索过程则是对用户的信息需求加以分析从而提炼出检索主题，同样通过信息检索语言将主题概念转化为检索提问标识，然后在信息检索系统中循序匹配，当检索提问标识与信息特征标识一致或被它包含时，则为命中结果。

## 2.1.2 信息检索的原理

信息检索基本原理的核心是用户信息需求与文献信息集合的比较和选择,是两者匹配的过程。

### 1.信息检索原理

一方面是用户的信息需求,另一方面是组织有序的文献信息集合,检索就是从用户特定的信息需求出发,对特定的信息集合采用一定的方法、技术手段,根据一定的线索与规则从中找出相关的信息,如图 2-1 所示。

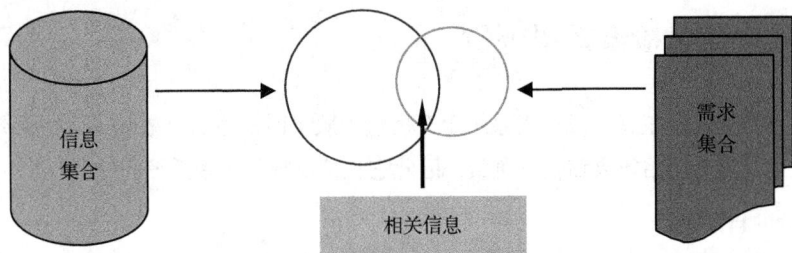

图 2-1 信息检索原理示意图

信息检索的过程往往需要一个评价反馈途径,经过多次比较匹配,以获得最终的检索结果,如图 2-2 所示。

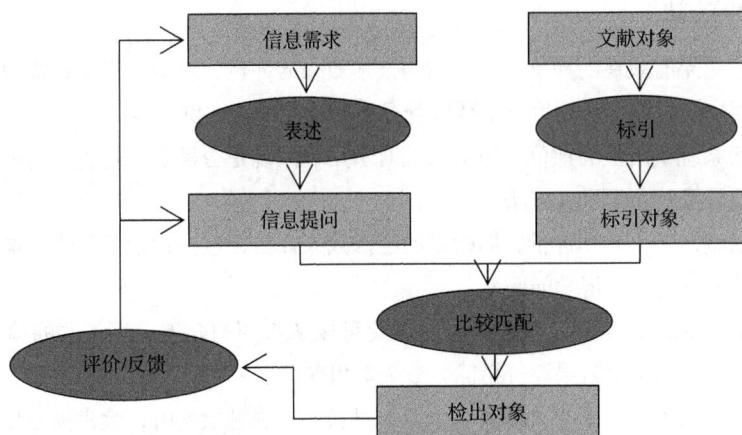

图 2-2 信息检索过程示意图

### 2.计算机信息检索原理

计算机信息检索是指利用一定的检索方法,借助于特定的检索工具,并针对用户的检索需求,从非结构化的数据中获取有用信息的过程。

计算机检索的基础是数据库,它是在计算机的存储设备上合理存放的相互关联的数据集合。数据库通常由一组相关的文档组成。文档的基本组成单位是记录,记录是作为一个单位来处理的信息单元的有关数据的集合,是对某一信息实体属性进行描述的结果。字段是记录的下级数据单位,用来描述某一专题的信息。一个字段与一个著录项目相对应,每个字段都可以是一条记录的检索途径。在图书文献数据库中,记录中含有题名、责任者、出版项、主题词、文摘等字段。有些字段因内容较多,通常被划分为若干子字段,如题名字段含有副题名、并列题名等,主题字段含有若干个主题词,出版字段含有出版地、出版者、出版年等。

计算机检索过程的主要步骤是：用户已知所需信息的特征，直接输入计算机查询，如果用户不知道信息的线索，就要先对检索课题进行主题分析和概念分析，参照系统语言（包括主题词表与分类表）确定检索词，或直接用自然语言作检索词，并且明确各检索词间的关系，从而编写出计算机能识别的检索表达式，输入计算机中。计算机执行检索程序，自动把检索词或检索表达式与数据库中文档的信息特征标识进行比较、匹配、运算，凡信息特征标识与检索词一致且满足检索表达式的信息单元就属检索命中，计算机即把这些信息单元的记录作为信息检索结果按照某种顺序显示输出。

## 2.1.3　信息检索效果评价

检索效果是指检索工具（或检索系统）开展检索服务时产生的有效结果。检索效果评价着眼于整个检索系统的使用效果和服务质量，因此它直接反映了检索系统的性能。

### 1．评价的目的

评价检索工具（或检索系统）的检索效果的目的是为了准确地掌握工具（或检索系统）的各种功能、特点及其使用方法，找出影响检索效果的各种因素，以便有的放矢地改进系统，提高系统质量。

### 2．评价的方法

（1）检索结果有效性的评价，即检索的技术效果的评价，这是对检索系统检出相关文献满足用户提问要求能力的一种测度，主要以查全率和查准率为评价标准。

（2）检索系统实用性的评价，包括系统对于用户来说是否需要，是否实用和有多大的实用效果，其中要涉及社会学及其方法。

（3）检索费用——效率评价，即检索的经济效果评价，包括检索服务的成本和时间消耗，这涉及信息检索系统的经济学问题。

由于检索效果的评价涉及许多问题，因此可以从不同的角度采用不同的检索效果评价方法。其中，最常用的检索效果评价指标为查全率和查准率。

查全率（表示为 R）是用户利用检索系统进行某一课题检索时，检索出的相关信息量与该系统信息库中存储的相关信息总量的比率，即

$$R = （检出的相关信息量／信息库内相关信息总量）\times 100\%$$

查准率（表示为 P）是用户利用信息系统进行某一检索时，检出的相关信息量与检出信息总量的比率，即

$$P = （检出的相关信息量／检出的信息总量）\times 100\%$$

查全率是用来描述检索系统检出相关文献的能力，查准率用来描述检索系统拒绝非相关文献的能力，两者之间具有互逆的关系。在具体评价检索系统的检出效果时，一般应将查全率与查准率结合起来，否则难以准确反映检索系统的功能和检索效果。

虽然查全率与查准率能够较好地反映一个检索系统的检索效果，但是，它们也存在一些固有的缺陷和局限性。首先，一个检索系统中总共有多少相关文献难以确切计算。其次，对于全部相关文献对用户的价值是建立在假定具有同等价值上的，然而实际上并非如此。不同的用户对相关文献的认识也不可能一致，因此存在着太多的主观成分和一些模糊概念，所以说明上述方法求得的查全率与查准率并不是绝对的，而只能是相对近似地描述检索效果。

与查全率和查准率相对应的指标是漏检率和误检率。漏检率（表示为 M）是指用户利用检索系统进行某一课题检索时，没有被检出的相关信息量与该系统信息库中存储的相关信息总量的比率，即

$$M =（未检出的相关信息量／信息库内相关信息总量）\times 100\%$$

误检率（表示为 N）是指用户利用检索系统进行某一课题检索时，检出的非相关信息量与检出的相关信息总量的比率，即

$$N =（检出的非相关信息量／检出的相关信息总量）\times 100\%$$

**3．影响检索效果的因素**

查全率和查准率与文献存储及信息检索两方面的因素关系密切，也就是说与数据库的规范建设、收录范围、设置的检索途径以及建库人员素质等都有着非常密切的关系。

（1）影响查全率的因素。影响查全率的因素从文献存储来看，主要有：没有使用规范著录标准录入数据；标引不详或前后标引不一致；收录的相关文献不全；词间关系模糊或不正确；标引人员误解了原文的重要概念或用词不当等。从检索来看，主要有：检索策略不正确；选词和进行逻辑组配不当；检索业务不熟练，不能全面地描述检索要求等。

（2）影响查准率的因素。影响查准率的因素主要有：索引词不能准确表达文献主题和检索要求；组配规则不严密；检索时所用检索词（检索式）专指度不够；检索式中允许容纳的词数量有限；检索式中使用逻辑"或"不当等。

实际上，影响检索效果的因素是非常复杂的。查全率与查准率是矛盾的两个方面，要查全，势必放宽检索范围和限制，其结果是会有很多不相关的文献，影响了查准率，而要查准，则会对检索内容进行限制，又影响查全率。要同时达到查全率和查准率是很不容易的。应当根据具体课题要求，合理调整检索策略，保证检索效果。

在实际的信息检索工作中，了解检索工具，熟练掌握其使用方法，根据自己的情况制定有效的检索策略，选择适当的检索方法与检索步骤，对提高查全率和查准率都有一定的效果。

## 2.1.4 信息检索系统

信息检索系统是指为满足信息用户的信息需求而建立的，存储经过加工了的信息集合，拥有特定的存储、检索与传送的技术装备，提供一定存储与检索方法及检索服务功能的一种相对独立的服务实体（包括人和检索工作单位），统称为信息检索系统（Information Retrieval System，IRS）。其三个基本要素是人、检索工具（包括设备）和信息资料。其作用就是对数据系统进行有效管理和利用。

信息检索系统按照内容可分为报刊信息检索系统、图书信息检索系统、学位论文检索系统、专利信息检索系统、标准信息检索系统、会议论文检索系统等；按照学科可分为综合信息检索系统、专业信息检索系统等；按照操作方式可分为手工检索系统和计算机检索系统；按照形式可分为搜索引擎和数据库检索系统等。

# 2.2　检索语言及其标引方法

## 2.2.1　检索语言的概念

检索语言是组织文献与检索文献所使用的语言。也就是说，文献存储时，文献的内容特征（如分类、主题）和外表特征（如书名、刊名、篇名、开本、装订等）按照一定的语言来加以描述，检索文献时的提问也按照一定的语言来加以表达，这种在文献的存储和检索过程中，共同使用、共同理解的语言就是检索语言，它是根据信息检索的需要而创造的人工语言，是经过规范化的人工语言。

检索语言是根据信息检索的需要创造出来的一种人工语言，是在文献检索领域中用来描述文献特征和表达信息检索提问的一种专用语言，它依据一定的规则对自然语言进行规范，将其编制成表，供信息标引以及检索时使用。

检索语言需要具备以下三个基本要素：

（1）有一套用于构词的专用字符；

（2）有一定数量的基本词汇来表达各种基本概念；

（3）有一套专用语法规则和排列规则来表达各种复杂的概念表示系统。

## 2.2.2　检索语言的种类

检索语言包含描述文献外表特征、内容特征两大范畴。这两大范畴的语言又可细分为若干具体的语言，如图 2-3 所示。本节主要介绍描述信息内容特征的检索语言。

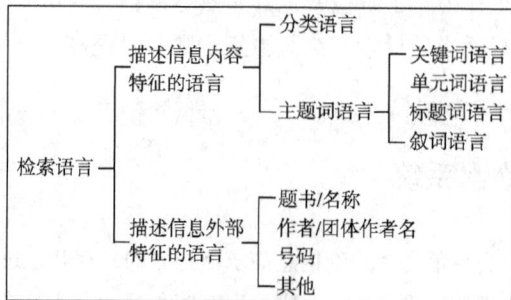

图 2-3　检索语言分类

**1. 分类检索语言**

分类检索语言是用分类号来表达信息中所含有的学科概念。其具体体现为文献分类方法（图书分类法），是按照文献内容的学科属性组织和检索资料的方法。它是图书情报部门日常用以类分文献、组织藏书的工具。在一部分类法中，除了要将不同学科属性的文献资料按一定的方式加以区分排列之外，还要给每一个类目一个固定的名称，叫作类名，为了体现类目之间的等级关系，便于检索，还要将每一个类目以一定的符号（一般以数字或字母表示），称为类号。

（1）我国古代分类法

我国最早的文献分类法是西汉年间刘向、刘歆父子编撰的《七略》，它是我国历史上第一部系统全面反映国家藏书的分类目录，全书分为七个部分：辑略、六艺略、诸子略、诗赋略、兵书略、术数略、方技略。其中，辑略是概论，论述分类源流，不包含具体图书，其余六略将所著录的图书按内容分为六个大类，被称为"六分法"。每大类下又细分若干小类（称为"种"），共 38 种，每种下再细分为"家"，共 603 家。共著录图书 13 000 余卷。

西晋荀勖在《中经新簿》中将所有的图书分为甲、乙、丙、丁四部，东晋李允在此基础上编制《晋元帝四部书目》，从而确立了四分法。唐代魏徵等人在《隋书·经籍志》中继承并发展了前人成果，明确用经、史、子、集作为四部名称。清乾隆时纪昀等人编撰的《四库全书总目》，在经、史、子、集四部下列出 44 类，类下又分出 67 个子目，使四分法更系统、全面。如果要检索和利用古代文献，就必须了解四分法，熟悉经、史、子、集各类的收录范围。

经部收录《易》《书》《诗》《周礼》《仪礼》《礼记》《春秋左氏传》《春秋公羊传》《春秋谷梁传》《论语》《孝经》《尔雅》《孟子》13 部历代封建王朝所推崇的儒家经书及其有关注疏。

史部主要收录历史类以及政治、法律、外交、地理、教育等方面的著作。

子部收录诸子百家的哲学、社会科学、自然科学、应用科学、艺术等著作。

集部主要收录中国古代诗词歌赋文等文学作品集。

（2）我国近代分类法

1840 年鸦片战争后，随着西方科技文化的引入和渗透，西方资产阶级思想和文化大量涌入中国，当时翻译书籍剧增，原有的四分法已不能满足需要，浙江徐树兰的《古越藏书楼书目》（改编版）的出现打破了传统的四分法，将所有藏书分为学、政两部。1910 年，孙毓修在《教育杂志》上首次介绍了美国图书馆学家杜威的《杜威十进分类法》，此法的引入极大影响了中国图书分类法的编制，相继出现仿杜、补杜、改杜等各种图书分类法，我国这一时期编制的分类法影响较大的有：沈祖荣、胡庆生《仿杜威十进分类法》；王云五《中外图书统一分类法》；杜定友《世界图书分类法》；皮高品《中国十进分类法》；刘国钧《中国图书分类法》等。

1949 年后，我国图书分类法的编制工作受到高度重视，各大图书馆和信息情报机构结合自身情况编制了具有科学性、实用性、思想性，适合本系统使用的图书分类法，其中影响较大的有《中国科学院图书馆图书分类法》（以下简称《科图法》）、《中国图书馆分类法》（以下简称《中图法》）等。

① 《中国科学院图书馆图书分类法》

《科图法》由中国科学院图书馆 1954 年编制，1958 年正式出版。1994 年 12 月出第三版，由于其自然科学部分的类目设置有独到之处，故许多科研系统的信息情报部门一直使用《科图法》。《科图法》的标记符号采用纯数字符号，分为 5 大部 25 个大类。25 个大类序列如下：

00　马克思列宁主义、毛泽东思想

10　哲学

20　社会科学

21　历史、历史学

27　经济、经济学

31　政治、社会生活

34　法律、法学

36　军事、军事学

37　文化、科学、教育、体育

41　语言、文字

42　文学

48　艺术

49　无神论、宗教学

50　自然科学

51　数学

52　力学

53　物理学

54　化学

55　天文学

56　地球科学（地学）

58　生物科学

61　医药、卫生

65　农业科学

71　工程技术

90　综合性图书馆

②《中国图书馆分类法》

该分类法是目前国内使用最为广泛的分类法，20 世纪 70 年代初由北京图书馆（今国家图书馆）倡议，全国各系统 36 个图书情报单位协作编制，1975 年 10 月科技文献出版社正式出版，当时名为《中国图书馆图书分类法》，自 1980 年出第二版起改由书目文献出版社（今国家图书馆出版社）出版，1999 年出版第四版时更名为《中国图书馆分类法》（仍简称《中图法》），同时推出电子版；目前《中图法》最新版本为 2010 年出版的第五版。修订后的《中图法》吸收了建国以来各分类法的优点，类目设置科学系统，能够及时充分反映新学科、新技术，标识灵活易用，较好地解决了各类型图书馆图书分类问题。

《中图法》按知识门类分为 22 个基本大类。

A　马克思主义、列宁主义、毛泽东思想、邓小平理论

B　哲学、宗教

C　社会科学总论

D　政治、法律

E　军事

F　经济

G　文化、科学、教育、体育

H　语言、文字

I　文学

J　艺术

K　历史、地理

N　自然科学总论

O　数理科学和化学

P　天文学、地球科学

Q　生物科学

R　医药、卫生

S　农业科学

T　工业技术

U　交通运输

V　航空、航天

X　环境科学、安全科学

Z　综合性图书

《中图法》标识符号采用汉语拼音字母与阿拉伯数字相结合的混合制号码，用一个字母代表一个大类，以字母的顺序反映基本大类的序列。字母后面的阿拉伯数字表示大类下类目的划分。数字的设置采用层累制，分类号码每三位间隔一个小圆点，使分类号清晰易记，为了补充数字号码表示类目的不足，采用了辅助号码增强标引功能。如"a"用作推荐符号；"—"为总论复分号；"/"为起止符号；"[　]"为交替类号；"："为组配复分号；"（　）"为国家区分号；"="为时代区分号等。

（3）国外分类法概述

国外的分类法发展历史悠久，曾出现不少优秀的分类法。在此仅选择其中有代表性的两种分类法进行简单介绍。

① 《杜威十进分类法》（Dewey Decimal Classification，DDC）

DDC 是由美国图书馆学家麦威尔·杜威（Melvil Dewey，1851～1913）编制，它是历史上出现最早、用户最多的分类法，在图书分类发展史上具有里程碑的意义，至 2011 年已出第 23 版。

DDC 将全部学科知识分为 9 类，用 1～9 这 9 个阿拉拍数字表示，属于综合性的图书归为总论，用"0"表示，这样就形成了 10 个大类，其基本大类如下：

000（总论）、100（哲学）、200（宗教）、300（社会科学）、400（语言学）、（500）自然科学、600（技术科学）、700（美术）、800（文学）、900（史地）。

每大类下又细分为 9 小类，小类下再细分，层层展开，形成等级列举式类目体系。DDC 采用的标记符号是单纯的阿拉伯数字，并首次在分类表中采用小数标记制，应用复分和仿分技术。

② 《国际十进分类法》（Universal Decimal Classification，UDC）

UDC 是由比利时人奥特勒（Paul Otlet）和拉封丹（Henri LaFontaine）发起编制的，现在 UDC 由国际文献工作联合会负责修订，又称《通用十进制分类法》，它已被世界上几十个国家用于科技文献信息等的标引和检索，许多国家的科技文献出版物和标准文献都印有 UDC 号。

UDC 是在 DDC 基础上发展而成的，它将全部知识门类分为 10 个大类，再遵循从一般到特殊的原则，每个大类逐级细分，标记符号采用单纯的阿拉伯数字。其基本大类如下：

0（总类论）、1（哲学、形而上学、心理学）、3（社会科学）、5（数学、自然科学）、6（应用科学、医学、技术）、7（艺术、娱乐、游艺、体育）、8（语言学、文学）、9（地理、传记、历史）。

**2. 主题检索语言**

主题检索语言是以词语（主题词）作为概念标识，按其字顺编排的检索语言，即用一定的词汇通过恰当的组配方式来表征信息个体的主题概念。

主题词指的是信息中所论述的主要内容及主要对象，它是规范化的、具有检索功能、能够表达主题概念的词语。将主题词作为信息主题标引和检索标识的编排方法称为主题法，是以自然语言中的词语或规范化的词语作为揭示文献主题的标识，并以此标识编排组织和查找文献的方法。

（1）主题检索语言的主要类型

按语词标识的组配特点可分为先组式和后组式。先组式是标引前预先在词表中固定组配号，用来表达复杂主题的词语或语句的组配方式，多用于手工检索。后组式则是根据信息检索的需求，把表达复杂主题的词语按照一定原理进行组配的方法，多用于计算机检索。

主题检索语言根据其结构原理分为：标题词检索语言、单元词检索语言、叙词检索语言和关键词检索语言。

① 标题词检索语言

标题词检索语言是最早出现的检索语言，故亦称传统式主题法。它是以标题词作为信息的标识和检索的方法。所谓标题词，它不是书名或篇名，而是事物定型的名称，如计算机、图书、教育等。

标题词检索语言采用规范化名词术语作为标识，直接表达信息所论述或涉及的事物主题，不管信息是从何角度、何学科来论述该事物，它将全部标识按字顺排列。

在标题词检索语言中把表示事物本身概念的词作为主标题，把表示事物各个方面的词作为子标题，如"货币—人民币"，"货币"就是主标题，"人民币"就是子标题，主标题与子标题是在编制标题表时预先组配好的，是一种先组式检索语言，专指度高。

② 单元词检索语言

单元词又称元词，它是从信息中抽取出来的最基本的、在字面上不能再分的、具有独立概念的名词术语。如"信息"和"检索"都是单元词，因为它们在概念上不能再进一步分解，而"信息检索"则不是单元词，它们可以再分解为"信息"与"检索"两个基本概念，单元词可以是一个单纯词，也可以是一个合成词。单元词表由表示基本概念的单元词组成，标引时把分解出来的单元词进行组配轮排，将不同的单元词变为检索词，便于从多角度检索。

③ 叙词检索语言

叙词是指从信息内容中提取的经过规范化处理表达信息基本概念的词语。叙词检索语言是以规范化名词术语为基础，以字顺和分类系统为词汇显示的基本手段，以语词的概念组配为重要特征的一种标引和检索信息的方法。叙词检索语言是在前面几种检索语言的基础上发展而来的，扬长避短，保留了单元词检索语言的单词组配的基本原理；采用了组配分类法的概念组配代替单元词检索语言的字面组配；对语词规范化的方法取自标题法；进一步完善了标题法的参照系统；采用体系分类法的基本原理编制叙词分类索引（范畴索引）和等级索引（词族索引），使其成为一种结构完备、功能丰富的检索语言。

（2）《汉语主题词表》

《汉语主题词表》是我国编制的第一部大型综合性词表，主要供各类型图书馆、科技情报部门建立计算机信息检索系统，也可用来组织卡片式主题目录或书本式主题索引，为建立我国统一的计算机信息检索体系奠定了基础。

全表共分三卷十册，第一卷为社会科学部分（共两册），第二卷为自然科学部分（共七册），第三卷为附表。全表共收词 108 568 条，其中正式主题词 91 158 条，非正式主题词 17 410 条。全表由主表、附表、辅助索引三大部分组成。

主表是《汉语主题词表》的主要部分，包括社会科学主表和自然科学主表，叙词和非叙词构成款目主题词，主表的叙词款目和非叙词款目均按款目词的汉语拼音字顺排列。

参照项主要显示款目主题词和其他主题词的不同语义关系，这些语义关系包括等同关系、相关关系、属种关系，如参照符号"Y"（用）表示从非叙词指向叙词；"D"（代）表示叙词的同义词；"F"（分）表示叙词的下分词；"S"（属）表示叙词的上属词；"Z"（族）表示叙词所属的族首词；"C"（参）表示与叙词有关系的词。

附表为第三卷，其中的主题词属于专有名词，按字顺进行编排，依主题词的属性附表分为四部分：一为世界各国政区名称；二为自然区划名称；三为组织机构；四为人物。

《汉语主题词表》有三个辅助索引：范畴索引、词族索引、英汉对照索引，可从不同途径检索主题词。

范畴索引又称范畴分类索引，它总共设置 58 个大类，其中社会科学 15 个，自然科学 43 个，类目根据叙词所属的学科的词义范畴来划分，大类下再细分 675 个二级类目、1081 个三级类目。类目之间相互关系采用从总到分、从简单到复杂、从一般到具体的逻辑次序排列，并配以相应的标记符号。

范畴索引收录主表中的叙词和非叙词，非叙词用参照符号"Y"指引到叙词，如果叙词是族首词，则在叙词右上角加"*"号表示，便于用户进行族性检索，范畴索引为用户提供了从分类角度检索信息的途径。

词族索引又称族系索引，排除了主表和附表中具有等同和相关语义关系的叙词，只将具有属分关系的叙词按字顺展开显示它们之间等级关系的索引。同等级符号"·"表示级位。

英汉对照索引是将主表和附表中全部主题词的英文译名按英文字母排列的索引，它是标引和查找英文信息时，通过英文译名来选定主题词的一种辅助工具。每条款目由英文名、汉语叙词组成，英文名对应几个汉字主题词时，将对应的词全部列在英译名下。

### 3．分类检索语言和主题检索语言的异同点

分类检索语言与主题检索语言相比较既有共性，又有特性。

（1）相同点

① 揭示和检索的对象都是各种类型的文献、信息。

② 都是从文献、信息的内容这个途径进行揭示和检索的。

（2）不同点

① 体系结构不同。前者按文献信息的学科属性划分等级，揭示了事物的从属关系和派生关系，便于读者从学科系统进行族性检索。后者的体系结构是字顺系统，便于读者按事物名称的字顺进行特性检索。

② 揭示事物的角度不同。前者主要揭示某一文献信息属于什么学科，下面又有哪些分支学科，后者主要揭示某一具体事物（主题），不分学科及其关系。

③ 对于文献信息的集中与分散不同。前者把同一学科的文献加以集中，可以鸟瞰学科全貌。后者则把从不同学科论述同一事物（主题）的文献信息集中于同一主题之下。

④ 标识符号不同。前者是间接的号码标识系统，以字母、数字作为各级类目的标识符号，并按号码顺序组织排列相关文献。后者是直接的语言标识系统，以规范的或不规范的自然语言作为文献信息主题的标识符号，比较直观。

⑤ 组织文献的功能不同。前者可以用来编排分类目录，也可以按分类号排列架上之图书文献。后者亦可用来编排主题目录、主题索引和计算机检索系统，但一般不用于组织藏书排架。

分类法的特点可以概括为"三性"，即：系统性、间接性和严密性，其中系统性为其主要特征。主题法的特点也可以概括为"三性"，即：专指性、直接性和灵活性，其中专指性为其主要特征。分类法与主题法取长补短，相辅相成，是信息检索的两种主要方法。（参见 2.2.4）

# 2.3　计算机检索技术

在实际检索过程中，许多时候并不是简单的计算机操作就能够完成所需信息的查检，特别是在检索较复杂的信息时，没有经验的用户会因为一些技术问题而耽误许多时间，这就需要掌握检索的基本技术。根据需要，选择最适合自己的检索技术，能有效提高查全率和查准率。检索基本技术主要有以下几种。

## 2.3.1　布尔逻辑检索

布尔逻辑检索（booleanlogic）是一种比较成熟的较为流行的检索技术，检索信息时通过布尔逻辑表达特定信息需求。在计算机信息检索系统中采用的逻辑组配算符是布尔代数中的逻辑算符 AND、OR 和 NOT，故称布尔算符。布尔逻辑算符在检索表达式中能把一些具有简单概念的检索单元组配成为一个具有复杂概念的检索式，准确地表达用户的信息需求。

### 1．逻辑"与"

用逻辑算符 AND 表示，也可以写作"*"，表示它所连接的两个检索词必须同时出现在检索结果中。增强了检索的专指性，缩小了检索范围。

### 2．逻辑"或"

用逻辑算符 OR 表示，也可以写作"+"，表示它所连接的两个检索词中在检索结果里出现任意一个即可。逻辑"或"可使检索范围扩大，使用它相当于增加检索主题的同义词。

### 3．逻辑"非"

用逻辑算符 NOT 表示，也可写作"-"，表示它所连接的两个检索词应从第一个概念中排出第二个概念。逻辑"非"用于排出不希望出现的检索词，它和逻辑"与"的作用类似，能够缩小检索中文献范围，增强检索的准确性。

## 2.3.2 截词检索

对于词干相同而词尾不同的词，如 library、libraries、librarian、librarianship 等和一些不同拼法的词，如 defence、defense 等，如果检索时将这类词全部输入进去，不仅费时而且增大费用，采用截词法就能节约时间和节省费用。

截词，是指用户将检索词在认为合适的地方截断；截词检索（truncation/wildcats），则是用截词的词的一个局部进行的检索，并认为满足这个词局部中的所有字符（串）的文献，都为命中的文献。

截词检索是一种常用的检索技术，在西文检索中使用最为广泛。西文语言虽然彼此间有差别，但它们存在着一个共同特点，即构词灵活，在词干上加上不同性质的前缀和后缀，就可以派生出很多新的词汇。由于词干相同，派生出来的词在基本含义上是一致的，形态上的差别多半只是有词法上的意义。正是由于这个原因，用户如果不在检索式中列出一个词所有派生形式，在检索时就很容易出现漏检。截词检索是防止这种类型漏检的有效方法，大多数检索系统都提供有截词检索的功能。

# 2.4 信息检索途径、方法和步骤

要准确、快捷地把所需的文献查找出来，就必须按照一定的检索程序，采用科学的检索方法，通过各种不同的检索途径才能达到目的。文献检索程序，也就是完成某一检索课题的具体检索步骤。

## 2.4.1 分析检索课题

进行文献检索，首先必须对检索课题进行分析，明确检索目标，确定检索范围，制定检索策略。对检索课题进行分析还有助于把握关键，有的放矢，这样才能找到所需要的文献，从而保证检索目的、检索方案和检索效果三者之间的一致性。分析检索课题在整个检索过程中是准备阶段，课题分析得越准确，检索的效果便越好。

## 2.4.2 选择检索工具

任何一种检索工具都有其检索范围和特点，在分析清楚检索课题后，还要熟悉检索工具的类型、特点和功用。如馆藏目录主要用于检索某一馆或多馆收藏的文献资料；索引、文摘主要用于检索各类文献中的具体内容，一般来说，查找比较专深的文献尽可能先用专业性检索工具。要根据检索课题的需要，选择最权威、最全面、最方便的检索工具。

## 2.4.3 选择检索方法

检索方法，简言之就是利用检索工具依照一定的规则从不同的途径查找课题所需的文献资料的方法。

### 1．直接法

直接法又称常用法或普通法，是直接利用检索工具检索文献的一种方法。它又可分为顺查法、倒查法和分段法。

（1）顺查法，是按照检索课题的时间范围，利用检索工具由远及近，从前往后顺序检索文献的一种方法。它适用于围绕特定主题，普查一定时期、一定范围的文献资料。其优点是漏检率小，检全率高；缺点是费时费力，检索效率低。

（2）倒查法，也称逆查法，是按照检索课题的时间范围，利用检索工具由近及远逆时检索文献的一种方法。它适用于检索新学科、新知识、新理论方面的文献资料。其优点是针对性强、省时间、效率高；缺点是获得的文献不如顺查法获得的文献全面、系统、容易漏检。

（3）分段法，是根据检索课题的要求直接利用检索工具，检索某一特定文献的一种方法。这种方法适合于检索人员对所需文献的存在情况和检索工具比较了解，且检索课题时间要求紧迫，对资料的全面性、系统性要求不高的情况下使用。其优点是省时省力，检索效率高；缺点是检全率差。

### 2．追溯法

追溯法是利用文献后附的参考文献为线索逐一追踪、不断扩展的一种检索方法，又称"扩展法"。这种方法是从已有文献入手逐一检索原始文献，再从原始文献的参考文献进一步扩检，如此反复地向前追溯检索，就像"滚雪球"一样检索到越来越多相关的文献资料。它适合于开创性课题以及从学科内容性质不易判断的文献入手的检索，尤其是追溯一个作者，一篇文献的学术渊源时，这种方法更有效。

### 3．循环法

循环法是分段法和追溯法结合使用的一种综合检索法。一般先用分段法检索出一批文献，然后再利用这些文献所附的参考文献用追溯法进行扩展检索，从而得到更多的有用文献，如此分期分段交替循环，直到满足检索要求为止。循环法兼有直接法和追溯法的优点，可解决因检索工具不全造成的漏检，检索率不高等问题。

一般来说，当检索工具比较全时，可采用"直接法"；当检索工具不全且馆藏文献不多时，可选择"循环法"；当检索课题对资料全面性、系统性要求不高，时间紧迫，可选用"分段法"；遇到涉及多学科、多主题的复杂课题时，则应综合运用各种方法进行检索。

## 2.4.4 确定检索途径

检索途径，是指从哪个角度或哪个方向进行文献检索。由于各类检索工具揭示文献的角度不同，也就形成了不同的检索途径。

### 1．题名途径

题名途径是从文献题名（书名、刊名、篇名等）入手检索文献的一种途径。检索工具习惯上把文献题名作为标目，然后按其形序或音序排列组织而形成检索体系。题名途径符合读者的检索习惯，在已知文献题名的情况下，通过题名途径来检索是十分方便的。

### 2．著者途径

著者途径是从文献的著者（包括译者、编者、绘图者等）入手检索文献的一种途径。著者包括个人著者和团体著者。在以研究某学者的生平著述及学术思想等为对象的各种检索课题中，著者途径有其他检索途径难以取代的独特功能。通过著者途径可将著者分散在不同学科、不同主题范围的著述全部检索出来，便于了解著者的整体学术思想。

**3．分类途径**

分类途径是从反映文献内容学科属性的类名或类号入手检索文献的一种检索途径。分类途径以概念体系为中心对文献分类排检，体现出学科的系统性及事物的关联性，它能把学科内容相同的文献集中同一类目下，能起到体系分明、触类旁通的作用。（参见 2.2.2）

**4．主题途径**

主题途径是从文献中有代表内容实质的主题词入手检索文献的一种检索途径。

主题途径同分类途径一样都是以文献内容特征为检索线索的，但主题途径是以规范化词语作为检索标志，把分散在各个学科的有关某一主题的文献资料集中在同一主题之下。通过主题途径能检索到与该主题词有关的各学科文献。满足人们对文献特性检索的需求（参见 2.2.2）。

除以上四种途径外，还有引文途径、时序途径、地序途径等，在此不一一列举。

## 2.4.5　获取原始文献

在检索途径确定后，利用有关的检索工具，就可以检索到所需要的文献资料了。在许多情况下，从检索工具中检索到的只是文献线索，如利用书目、索引等得到的检索结果，我们还需要通过这些文献线索查找原始文献收藏单位，联系借阅或下载、复制。

以上五个步骤只是检索文献的一般程序，并非每个检索课题都要经过上述五个步骤，有的由于检索课题和所需检索工具比较熟悉，则可跨越几个步骤，直接从有关书刊中获取文献。当研究人员花了很多时间仍查不到所需文献时，可以求助于图书馆的参考咨询人员。在较大的图书馆，一般都有专职的参考咨询、检索服务人员，他们的任务就是向读者介绍文献的查找方法，帮助读者解决文献检索中存在的困难和问题。

# 思考题

1．什么是信息检索？简述信息检索的基本原理。
2．列举《中国图书馆图书分类法》的 22 个基本大类。
3．信息检索的方法和途径都有哪些？如何最终获取原始文献？

# 参考文献

[1] 王新荣. 文献检索与利用[M]. 上海：上海交通大学出版社，2006.

[2] 韩颖. 信息检索与利用[M]. 北京：石油工业出版社，2003.

# 第3章　现代化图书馆的利用

图书馆是每一名大学生在校学习期间的第二课堂，随着信息技术的飞速发展，传统意义上的图书馆正在受到数字化图书馆、网络图书馆、文献信息数字化等一系列新概念的猛烈冲击。图书馆的服务理念、服务内容与服务手段都随之发生了前所未有的变化。作为一名当代大学生，了解图书馆的发展历史和现代化图书馆的基本情况，掌握高校图书馆公共检索系统、图书馆门户网站及其他现代化服务手段的使用是十分必要的。

## 3.1　图书馆概述

### 3.1.1　图书馆的概念

什么是图书馆？许多人认为"图书馆就是借书的地方。"这话不能算错，但是不够全面，因为借书还书只是图书馆工作的一个方面。为了更好地去利用图书馆，我们有必要将图书馆的概念加以明确。在不同的历史阶段，由于社会政治、经济、文化等环境不同，人们对图书馆的认识程度和对它的表述也不尽相同。

近现代关于图书馆概念比较有代表性的观点有以下几种。

美国图书馆学家巴特勒提出："图书馆是将人类记忆的东西移植于现在人们的意识之中的一个社会装置。"巴特勒主要是从哲学和心理学的角度来概括图书馆的性质的。

美国图书馆学家谢拉认为："图书馆是这样的一个社会机关，它用书面记录的形式积累知识，并通过馆员将知识传递给团体和个人，进行书面交流。因此，图书馆是社会中文化交流体系中的一个重要机关。"谢拉是从他"社会认识论"的思想，从图书馆与知识之间的联系的角度来认识图书馆的，他指出了图书馆的功能在于交流知识，图书馆是实现知识交流的社会机关。

曾提出"图书馆社会学"理论的德国学者卡尔施泰特则认为："图书是客观精神的容器，图书馆是把客观精神传递给个人的场所。客观精神的作用就在于它能够建立和维持各种社会形象。因此，图书馆就是在维持社会形象中，使世代结合的纽带。"在这个意义上，图书馆就是使文化的创造和继承成为可能的社会机构。

《中国大百科全书》将图书馆描述为："收集、整理和保存文献资料并向读者提供利用的科学、文化、教育机构。"

北京大学信息管理系的吴慰慈教授在《图书馆学概论》（1985）一书中提出："图书馆是收集、整理、保管和利用书刊资料，为一定社会的政治、经济服务的文化教育机构。"这个定义反映了 20 世纪 90 年代以前人们对图书馆的认识，它是对传统图书馆本质的概括。

吴慰慈教授在修订版的《图书馆学概论》（2002）中又提出："图书馆是社会记忆（通常表现为书面记录信息）的外存和选择传递机制。"换句话说，图书馆是社会知识、信息、文化的记忆装置、扩散装置。

关于图书馆的概念有很多，对于其中的侧重点我们可以加以分析比较，而对于大多数人来说，了解图书馆的目的是为了更方便地利用图书馆，因此，我们建议采用这样一个定义：图书馆是收集、保管和利用各种类型的馆藏，促进信息资源与设施的利用，以满足用户在信息获取、科学研究、教育、文化娱乐方面需求的机构。

## 3.1.2 图书馆的起源和发展

图书馆是人类社会发展到一定阶段的产物。人类社会信息交流的需要是图书馆产生的前提，文献的出现是图书馆产生的直接原因，而科学技术的发展则是图书馆事业发展的根本动力。

### 1．图书馆的产生

文字的产生和文献的出现，是人类社会进入文明阶段的重要标志。当人类意识到需要将经验和知识用文字记录下来以供利用时，最古老的文献便产生了。当人们认识到需要对已产生的文献进行连续不断的收集，并将收集到的、有一定数量的文献有序地存放在一起以便长久保存和利用时，最早的图书馆便应运而生。

考古发现，在约公元前 3000 年的古巴比伦王朝的一座寺庙废墟附近，有大批泥板文献被集中在一起，这应该是世界上已知最早的图书馆。公元前 7 世纪，亚述巴尼拔国王在尼尼微建立了藏有大约 2.5 万块泥板文献的皇宫图书馆。古埃及最迟在约公元前 23 世纪前的古王国时期，就有了王室图书馆和寺院图书馆。古希腊、古罗马时期也都有为贵族知识分子保存资料的图书馆。

公元前 4～前 1 世纪，占据埃及的托勒密王朝曾建立了规模宏大的亚历山大图书馆，鼎盛时期该馆藏书达 90 万卷，是当时世界上藏书最丰富、文种最多、书目记录最全的图书馆。

我国也是图书馆历史悠久的国家之一，春秋时期的著名思想家老子就曾经当过周王室管理图书典籍的官员——柱下史。汉代时，国家图书馆已初具规模，经学大师刘向曾奉命率领一批学者对保存在图书馆的图书典籍进行了大规模的整理校订工作。到宋代，随着经济文化的发展，不仅有藏书丰富的官方藏书楼——崇文院，还出现了书院藏书，当时著名的岳麓书院、白鹿洞书院、应天书院、嵩阳书院等都建有自己的藏书机构。至明清两代，私人藏书趋于繁盛，建有一批私人藏书楼，如浙江宁波范钦的天一阁、江苏毛晋的汲古阁等，与此同时，官方藏书楼亦有所发展，清朝乾隆年间所编修的《四库全书》，共抄写了 7 部，分藏于北京故宫的文渊阁等 7 座官方藏书楼之中。

当时，不论是埃及托勒密王朝的皇家图书馆，还是中国封建社会的官方与私人藏书楼，尽管藏书丰富，但都是为少数人服务，实际上都奉行重藏轻用办馆理念，普通老百姓很难利用到其中的藏书。

## 2．图书馆的发展

17～18世纪，由于欧洲文艺复兴和启蒙运动的影响，在西方出现了面向大众、具有近代意义的图书馆和图书馆学。公共图书馆是资本主义社会发展的产物。随着生产力的不断发展，资产阶级需要大批有文化的工人和市民。免费的、开放的公共图书馆的建立，在图书馆事业发展史上具有划时代的意义。1850年，英国国会通过了英国第一部公共图书馆法，1852年建立了曼彻斯特公共图书馆。至1900年，英国已有360所公共图书馆。美国的公共图书馆是由各州根据立法而设置的，第一所规模较大的公共图书馆是1854年建成的波士顿公共图书馆，斯堪的纳维亚各国的公共图书馆借鉴英、美的经验一直办得较好。

我国具有近代意义的图书馆起步较晚，1902年，浙江徐树兰依照西方图书馆模式建立的古越藏书楼，已具有近代图书馆的雏形。1909年，清政府推行"新政"，筹建京师图书馆，1912年正式对外开放，即今天国家图书馆前身。

解放后，中国图书馆事业进入了一个新的发展时期，以北京图书馆为代表，涌现出一大批各类型图书馆，面向公众的程度亦大幅度提高。无论是馆舍的建设、藏书的规模、工作人员的业务素质都达到了一定水平。北京大学和武汉大学等一批高校还分别建立了专门培养图书馆高级管理人才的信息管理专业。

进入21世纪以来，随着信息技术的飞速发展，出现了数字化图书馆的新概念。数字化图书馆，就是以电子计算机技术、网络存储与传播技术等为手段，使馆藏文献数字化，数字化资源传输网络化、信息资源社会化，最后达到最大限度的文献信息资源的共建共享。目前，中国国家图书馆正在进行的国家数字图书馆建设已初具规模，绝大多数图书馆也都不同程度实现了图书馆各项工作的自动化管理，包括电子图书、电子期刊、多媒体资料、各种类型的数据库等在内的数字化文献在馆藏文献中所占的比重越来越大，馆际间数字化资源的共建共享程度大幅度提高。

当然，从目前的发展情况来看，各类纸质文献在各图书馆的收藏、使用还占有相当比重，从人们的阅读习惯和图书馆保存文化遗产这一任务来看，在今后相当长的一段时间内，图书馆存在形式还是传统化与数字化共存互补有机地结合于一体，应用传统技术和现代信息技术对印刷型文献、电子文献和网络信息资源进行收集、管理、转换、利用的复合型图书馆（参见本章第3节）。

## 3．古今世界著名图书馆简介

（1）埃及亚历山大图书馆

亚历山大图书馆（见图3-1）始建于托勒密一世（约公元前367～前283年），是世界上最古老的图书馆之一。馆内收藏了公元前400～前300年时期的各类手稿，拥有十分丰富的历史文献收藏，曾经同亚历山大灯塔一样闻名于世。

图3-1　建于1996年的亚历山大图书馆新馆

当年的亚历山大图书馆凭借埃及国王托勒密一世及其继任者的重视与优越的地理位置，将图书、人员、设备、方法完美地融合在一起，缔造了几个世纪的辉煌，其所承担的社会文献信息整理、贮存与传递的工作，推动了社会文明的高度发展，引起社会各界对图书馆事业发展的重视，提高了图书馆的社会地位。亚历山大图书馆通过文献的收集、整理与交流，文献目录编制，二次文献编撰和利用，古籍的考证与校订等一系列工作，缔造了图书馆工作专业化，为其后图书馆工作发展奠定了基础。同时，古亚历山大图书馆力求将当时国内外文献收集齐全的思想与方法，影响了西方图书馆的藏书建设传统，对近现代许多著名图书馆的藏书建设产生了极大的影响。

历史上的亚历山大图书馆曾几经兴废，今天的埃及亚历山大图书馆建于 1996 年，是一座建筑面积达 8 万余平方米，拥有 200 余万册藏书的现代化图书馆。

（2）宁波天一阁

天一阁（见图 3-2）位于我国浙江宁波市区，是我国现存最早的私家藏书楼，也是亚洲现有最古老的图书馆和世界最早的三大家族图书馆之一。天一阁占地面积 2.6 万平方米，建于明朝中期，由当时退隐的兵部右侍郎范钦主持建造。天一阁现收藏各类古籍近 30 万卷，丰富的地方志是其馆藏特色。值得一提的是，今天的天一阁还入藏了当代作家铁凝、黄亚洲、叶辛、高洪波、雷达、王宏甲、王剑冰、韩作荣、陈源斌、王旭峰、叶文玲、陈祖芬 12 位作家的书稿，共计 14 部，是天一阁迄今第一次成批量收藏当代通俗类文学作品。这是古老的藏书楼走向开放、走向现代、增进社会参与性的表现。

图 3-2　宁波天一阁

（3）美国国会图书馆

美国国会图书馆（Library of Congress）（见图 3-3）与美国国立农业图书馆、美国医学图书馆并称美国三大国家图书馆，是全球著名的图书馆之一。馆藏 3000 万种书籍，涵盖了 470 种语言，超过 5800 万份手稿，是美国最大的稀有书籍珍藏地点，其中包括了《古登堡圣经》、超过 100 万份美国政府出版物、100 万份跨越三个世纪的来自世界各地的报纸、3.3 万份报刊的合订本、50 万个微缩胶片卷轴、480 万张地图、270 万首音乐。它的馆藏量居全球首位。整个国会图书馆由托马斯·杰斐逊大楼、约翰·亚当斯大楼、詹姆斯·麦迪逊大楼三座建筑物组成，坐落于华盛顿特区。

图 3-3　美国国会图书馆

### 3.1.3　图书馆的职能、类型和作用

**1. 图书馆的职能**

职能，就是指人、事物或机构在一定的范围内应该起到的作用，即组织系统存在的目的。图书馆的职能，从整体来讲，大致有以下五个方面。

（1）社会文献信息流整序的职能

社会文献信息的产生具有连续性和无序性两个明显的特征，社会文献信息的这种连续运动状态，用形象化的语言来描述就叫做"文献信息流"。而文献信息流的无序状态给使用者带来了极大的不便，为了使人们能够合理地、有效地利用文献，就需要对其加以整序，图书馆就是这样一种能够对文献信息流进行整序的社会机构。

（2）传递文献信息的职能

图书馆传递文献信息的职能，是由图书的中介性所规定的。有研究者认为：图书馆主要通过传递文献的内容信息、馆藏书目信息、网络信息及主动与被动结合起来的传递信息等方式传递文献信息。图书馆传递文献信息的职能主要是通过流通阅览、参考咨询、网页发布、定题服务等形式实现的。

（3）开发智力资源，进行社会教育的职能

图书馆馆藏文献是人类文化科学技术思想的结晶，它也为图书馆从事智力开发，进行社会教育提供了丰富的文献基础。智力资源的开发，主要包含三层意思：一是开发馆藏文献资源；二是开发网上信息资源；三是启发用户的智力，培养用户进行科学思维的能力。此外，图书馆进行智力开发还体现在对用户进行的如何利用图书馆教育上。这些教育包括：书目知识教育、传统文献检索方法教育、网络信息检索方法教育、阅读方法教育和学习方法教育等。

（4）收集和保存人类文化遗产的职能

保存人类文化遗产的职能是图书馆最古老的职能。直到现在，保存文化的职能仍然是图书馆其他职能的基础。可以说，如果图书馆没有保存文化遗产的职能，它也就不可能完成文献信息流整序、文献信息传递和教育、娱乐的职能。

（5）满足社会成员文化欣赏娱乐消遣的职能

图书馆所提供的文学作品、音乐美术作品、影视作品、游戏软件等文献，体现了其满足社会成员文化欣赏、娱乐消遣需求的职能。今后，图书馆要充分利用计算机和互联网开拓服务领域，满足用户的多方面需求。

**2．图书馆的类型与作用**

在图书馆事业的发展进程中，相继出现了各种不同类型的图书馆。这些图书馆的具体任务和服务对象不同，对书刊文献资料的收集、整理、保管和传播的内容和形式方法也各有差异，了解各类型图书馆的不同特点和功能，有助于我们更好地利用图书馆。

目前我国图书馆的类型主要有：国家图书馆、公共图书馆、高等院校图书馆、科研机构图书馆、专业图书馆、企事业单位图书馆、军事图书馆、中小学图书馆、儿童图书馆、盲人图书馆、少数民族图书馆等。在上述各类型图书馆中，通常认为公共图书馆、科研机构图书馆、高等院校图书馆是我国图书馆事业的三大支柱。

（1）国家图书馆

国家图书馆是由国家建立的，广泛收集国内外各类型文献资料，并代表一个国家与国外图书馆界进行交流的，面向全国的中心图书馆，亦属于公共图书馆的范畴，在很大程度上代表着一个国家图书馆事业的发展水平。我国国家图书馆的前身是正式开放于 1912 年的京师图书馆，解放后以北京图书馆之名行使国家图书馆的职责，至 20 世纪末，正式更名为中国国家图书馆（The National Library of China）。

我国国家图书馆的主要任务还有编制现行及回溯性的《中国国家书目》，编辑并向全国发行新书编目数据，保存《四库全书》等珍贵的历史文化遗产等。国家图书馆在国家信息系统中还应起三个主要作用：提供必要的中心图书馆服务；领导国家信息系统中的图书馆成员；积极参加国家信息系统建设和制定全面发展规划。

世界各国大都建有自己的国家图书馆，如美国国会图书馆、德国柏林普鲁士文化遗产基金会图书馆以及英国国家图书馆等，都是世界上馆藏文献丰富、久负盛名的国家图书馆。

国际图书馆联合会（IFLA）每年都要召集一次世界性的大会，世界各国的国家图书馆代表和图书馆界人士汇聚一堂，共同探讨图书馆的发展方向。1996 年，我国在北京承办了第 62 届国际图联大会。

（2）公共图书馆

公共图书馆是由各级政府文化部门建立的，为社会公众服务的图书馆。公共图书馆担负着为科学研究服务和为大众服务的双重任务，在促进国家经济、科学、文化、教育事业的发展，提高全民族科学文化水平方面起着重要的作用。1975 年，国际图书馆联合会将公共图书馆的社会职能概括为 4 条：保存人类文化遗产；开展社会教育；传递科学信息；开发智力资源。

世界各国的国家图书馆、地方图书馆一般都属于公共图书馆的范畴，如我国的国家图书馆、北京市的首都图书馆、上海市的上海图书馆等。其馆藏文献是综合性的，并带有明显的地方特色。如首都图书馆建有地方文献研究中心，其所收藏的北京地方文献完整、系统，包括大量珍贵的历史文献。

（3）科研机构、专业图书馆

这类图书馆属于专门性图书馆，它们往往同时是本专业的信息中心，即图书馆与信息中心一体化。这种专门图书馆，是依靠一些专门人才及其所掌握的专业知识，用科学的方法收集、整理、保存、提供信息资料的机构。科研机构、专业图书馆是交流科学信息的机构，它在为科学研究服务方面，起着重要的作用。

我国的专业图书馆有中国科学院文献情报中心、中国社会科学院图书馆等。

（4）高等院校图书馆

高等院校图书馆是高等院校的文献信息中心，它根据高等院校教学和科研工作的需要，收集、整理和提供各种载体的文献、信息，为广大师生服务。其藏书一般均有一定数量要求（一般为生均 100 册左右），与学校教学相关的书籍应有一定标准的复本量，馆舍面积应达到生均 2 平方米左右，一般高等院校的各院系都设有资料室或分馆，为本院系师生提供与本专业相关的信息服务。

高等院校教学工作的特点，使其在读者需求方面具有一些共同的特点，如高校专业设置和教学内容相对稳定，导致了读者需求的相对稳定。而在教学过程中各个时段，如新生入学、期末考试、撰写毕业论文、实习就业等又导致了读者需求的阶段性等。

高等院校图书馆之间的馆际合作与资源共享工作也比较深入，如全国高校系统于 1998 年成立了中国高等教育文献保障体系（CALIS），北京市属高校于 2002 年成立了北京高校网络图书馆，北京地区高校于 2007 年成立北京地区高校图书馆文献资源保障体系（BALIS），在书目数据、数字化文献信息的共建、共享等方面起到了很大的作用。

高等院校图书馆一般还承担信息用户（即校内师生）教育工作，其内容包括入学新生如何利用图书馆的教育、对本科生和研究生开设信息检索与利用课等工作。

北京大学图书馆（见图 3-4）、清华大学图书馆、复旦大学图书馆等都是国内久负盛名的高等院校图书馆。

图 3-4　北京大学图书馆

# 3.2　图书馆门户网站的利用

随着信息技术的发展和信息资源的丰富，远程访问图书馆门户网站获取电子资源、信息成为读者和用户使用图书馆的主要方式之一。图书馆门户网站是由信息资源系统与服务系统组成的开放体系资源和服务，经过整合集成后通过统一的入口提供给用户。而众多高校图书馆采用的 OPAC 系统（公共检索系统）可以让用户进入个性化界面以获取日趋个性化的服务，查看检索结果、保存有效信息、与其他读者共享知识等。（参阅本书 4.4）

## 3.2.1 图书馆门户网站概述

图书馆门户网站是读者利用资源与服务的总门户，是展示图书馆形象与综合实力的窗口，也是图书馆与读者交流互动的平台。图3-5所示为北京电影学院图书馆门户网站的首页。

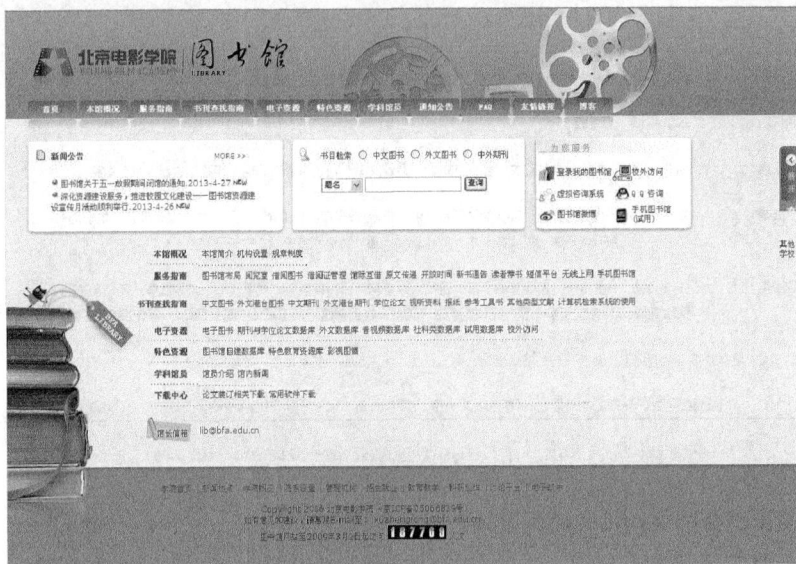

图3-5 北京电影学院图书馆主页

### 1．图书馆门户网站的功能定位

在网络时代，高等院校图书馆网站是高等院校师生认识和利用图书馆的窗口，其形式有的是作为校园网的一个主要子门户网站，也有的是独立面向学校和社会的。图书馆门户网站的质量已成为衡量一座高等院校图书馆服务与发展水平的重要指标。

图书馆网站作为传统图书馆向网络环境的延伸不但起着揭示图书馆资源、提供多样化信息服务的作用，也是实体图书馆在网络环境下的形象代表，左右着用户对整个图书馆的印象。同时，图书馆网站还是潜在用户通过搜索引擎检索或通过链接了解该图书馆相关情况的重要媒介，担负着对外交流的重要职责。

图书馆门户的资源管理与门户软硬件管理、用户管理一起构成了图书馆门户网站实施策略的主要内容，可以为全校师生和校外潜在用户提供其所需的大量信息和其他相关服务，从而确保高校核心竞争力的提升。

### 2．图书馆门户网站的内容

向数字化图书馆方向发展的高校图书馆门户网站与一般部门的门户网站和商业门户网站不同，其建设要突出信息服务和数字资源建设的特点。在内容结构上必须简洁明了，学科信息导航清晰，以方便不同层次的读者对信息的获取。

作为高校图书馆门户网站应该以网络信息服务为中心，更多地为读者进行交互式服务，并且为读者提供大量的数字资源。

图书馆门户网站实际上是整个数字资源网站的入口点，也是虚拟图书馆的前门，为读者提供了一个内容丰富的基于 Web 浏览的用户界面，在这个用户界面里既有资源信息又有资源链接。整个门户网站建设内容应包括：网站结构与界面设计、信息资源建设及发布、信息资源的统一检索平台、统一的身份认证及个性化服务、数字参考咨询平台、网站论坛、Web 站点内部内容管理、与后台系统的集成等。图 3-6 所示为中山大学图书馆站点地图。

| 本馆概况: | 简介　馆长致辞　图书馆分布图　部门设置　馆徽创意　馆舍风貌　馆训 |
|---|---|
| 规章制度: | 入馆须知　参观须知　证件管理办法　文献资源合理利用规范 |
| 咨询台 | 常见问题 |
| 个人图书馆: | 什么是个人图书馆　如何定制个人图书馆　Portlet功能介绍　MyIlas |
| 在线帮助 | 下载中心　留言板 |
| 资料查找: | 图书　期刊　报纸　学位论文　多媒体资源　会议文献　科技报告　标准　年鉴　古籍　特色馆藏 |
| 电子资源: | 关于版权的公告　西文电子期刊导航平台　电子资源/数据库　西文电子期刊　中文电子期刊　电子图书 学位论文　最新数据库　试用数据库　VOD视频点播　免费网络资源　校外访问 |
| 服务指南: | 外借阅览　书目查询　馆际互借　新书通报　读者培训　科技查新　代查代检　定题服务　无线局域网 网络导航(常用搜索引擎)　国内高校图书馆　国外高校图书馆　网上报告　其他网站)　复印服务　温馨伞 |
| 开放时间　馆藏分布　新书通报　新书荐购　站点地图　论文提交　论文检索　文献传递　馆际互借 |
| 中山大学　北校区图书馆　东校区图书馆　珠海校区图书馆　学科分馆　CALIS华南地区中心　CASHL华南区域中心　科技查新站 |

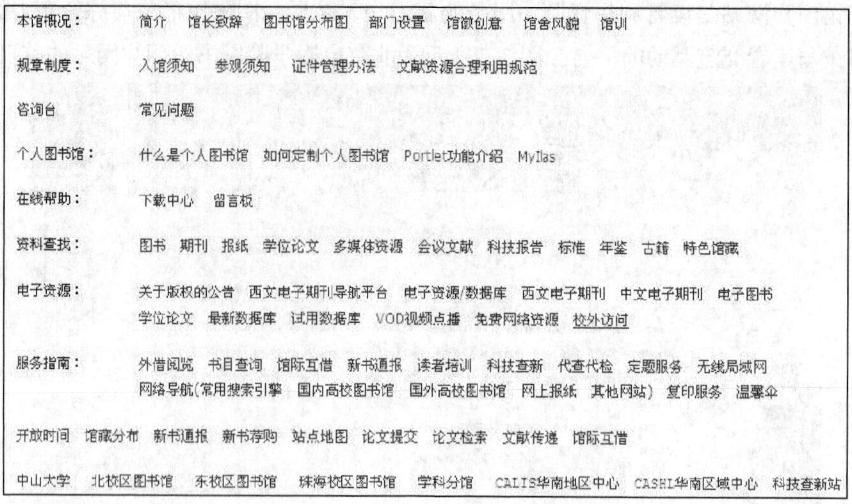

图 3-6　中山大学图书馆站点地图

一般情况下高校图书馆门户网站应具有以下内容与功能。

（1）信息资源建设及发布

数字化信息资源是目前高校图书馆文献资源的重要组成部分，按语种可分为中文资源和外文资源，按数据源可分为镜像数据和 Web 数据库数据。各图书馆可根据本学校的教学、科研需求向数据提供商购买数字资源或自建信息数据库，并通过各自的 Web 发布系统发布到网上。

这些数字化资源可能分布在不同的服务器上，运行在不同的系统环境中，读者要获取相关信息需分别进入各资源信息系统进行逐个检索，十分不便。为此，图书馆需要为读者提供一个可一次性检索并获取各数据源中所有相关信息的系统平台——统一的跨库检索平台。

（2）跨库检索平台

跨库检索平台，是一个用于同时调用多个数据库和搜索引擎进行资料检索的软件系统，它可以帮助用户同时在多个数据库中进行检索，并同时得到多个数据库的检索结果，避免了需要逐个登录数据库、分别输入检索条件的麻烦，使用方便、快捷。

跨库检索平台的工作原理是：当用户提出检索请求后，其请求被交给服务器端的一个称为"智能搜索器"的程序，这个"智能搜索器"针对不同的数据库，将用户请求转化为符合其规定的格式，然后将请求发送到各数据库。在得到数据库的返回结果后，"智能搜索器"再将不同数据库的结果转化为统一的格式，并发送到浏览器端显示给用户。

（3）个性化服务

随着图书馆数字资源和广大读者对所需信息的个性化要求的不断增加，越来越多的系统需要用户认证。是让用户频繁登录还是将用户名和密码内置在程序中呢？前者难以让用户接受，后者因用户名和密码的更改而无法实现。为了方便读者使用，许多图书馆门户网站为读者提供了一站式的个性化登录窗口。

（4）图书馆概况及服务内容介绍

图书馆概况主要指是本校图书馆简介、整体布局、机构设置、规章制度等方面的介绍。服务主要包括图书借阅、借阅证管理、馆际互借、原文传递、开放时间、新书通报、读者荐书、短信平台、无线上网、手机图书馆等。

（5）其他内容

其他内容包括新闻动态、馆务公告、站点论坛、友情链接、学科导航等，在每个导航栏目下面列出细化的本栏目资源等内容。用户界面、栏目名称尽可能不使用读者不易理解的专业词汇，所有内容一目了然，使读者能很方便地找到所需信息。

## 3.2.2　图书馆门户网站的利用

### 1.图书馆门户网站利用

（1）整合资源，提供利用

图书馆门户网站为图书馆资源整合提供了一个实现的平台。门户的特征之一就是整合（集成），包括资源、服务、技术等的整合。门户对信息资源的整合要求图书馆要建立基于不同服务模式的整合系统，按照门户的框架对资源进行多层次、多个系统的无缝集成，构成一个高效合理的信息资源体系，以实现信息资源的整体利用价值。

图书馆门户网站对各类资源内容（如图书、期刊、专利文献、数字化资源、特殊资源、开放资源等）进行了整合，尤其是开放资源方面的内容是建设的热点。以四川大学图书馆门户网站为例，其首页设立了一个栏目"网络免费学术资源"，包含"开放存取学术文献""专利""标准""科技报告""统计数据""学生资源搜索门户网站""专业学术论坛"等细化项目。此外，相应的资源栏目下还包含了一些免费的资源内容，如"会议论文"栏目下列出了"网络免费会议论文""会议日程信息"等。后续的门户完善过程中会不断整合成熟可用的开放资源。

（2）向用户介绍图书馆的各类在线服务

图书馆门户网站存在的根本目的是向广大用户提供各类信息服务，如提供数据库资源查找服务、网上借阅服务、新书通报服务、科技查新、定题服务及其他根据各馆情况而提供的个性化服务项目，以往通过传统方式进行的服务内容很多已经可以利用图书馆门户网站进行了。

（3）让用户了解图书馆，与用户联系沟通的平台

图书馆门户网站的一个主要功能是及时向读者发布图书馆的各类动态信息，以方便他们及时利用图书馆的资源。图书馆门户网站还可以承载各类与读者互动的系统，如读者留言与回复、论坛、同步咨询系统服务、QQ、微博、飞信平台等，均可成为图书馆与读者开展交流的互动平台，通过互动平台提高图书馆文献资源的使用效率。

### 2.高校图书馆书目检索系统（OPAC）的利用

（1）OPAC 的概念

OPAC 的全称是 Online Public Access Catalogue，即"联机公共目录查询系统"，指通过公共终端或工作站访问的、描述图书馆或图书馆系统拥有的图书或其他资料的书目记录所组成的数据库。

读者可以通过网络在 OPAC 系统实现图书的查找和预约，并完成一些实用性的操作。正确使用 OPAC 可加快文献查找的速度，提高工作与学习的效率。

（2）公共检索系统的作用

公共检索系统除了能检索到馆藏书刊信息外，整合馆藏目录与数据库资源也是其重要

的功能。随着电子资源的类型和数量在图书馆资源中所占比例不断增加，用户对电子资源的需求和依赖程度也在提升。读者期望通过 OPAC 检索入口从一次检索行为中得到所需的所有信息。

OPAC 是联系图书馆服务整合用户需求的一个重要纽带，它在图书馆自动化、网络化管理系统中的地位是举足轻重的，一个 OAPC 编制质量的高低，往往成为评价一个管理系统是否应用成功的关键指标，随着用户需求的变化以及技术的发展，整合到 OPAC 的功能也越来越多，成为面向用户或网络办公的一个资源门户和办公平台。

目前，部分高校图书馆实现了在 OPAC 馆藏目录中整合各类中外文电子图书、电子期刊及其他学术数据库的功能，实现了馆藏目录到相应电子书刊的全文链接，并取得了很好的效果。

（3）OPAC 的操作流程

了解 OPAC 的根本目的是为了熟练地去运用，各高校图书馆一般均有自己的网页，图书馆主页上面多有 OPAC 系统的链接，用户可登录图书馆主页单击使用各自的 OPAC 系统。现以北京第二外国语学院中瑞酒店管理学院图书馆使用的汇文 OPAC 系统为例，介绍该系统的主要操作方法。

① 简单检索

OPAC 系统主要的功能之一查找图书期刊，如图 3-7 所示为汇文 OPAC 系统的简单检索界面，我们可以输入检索词"设计"，查看结果，如图 3-8 所示。

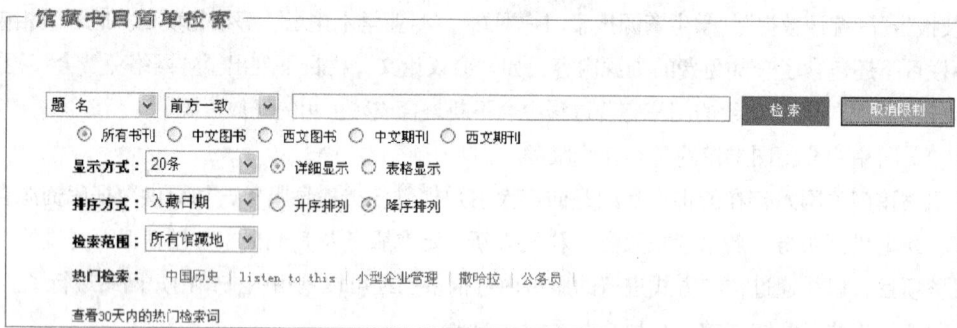

图 3-7　汇文 OPAC 系统简单检索界面

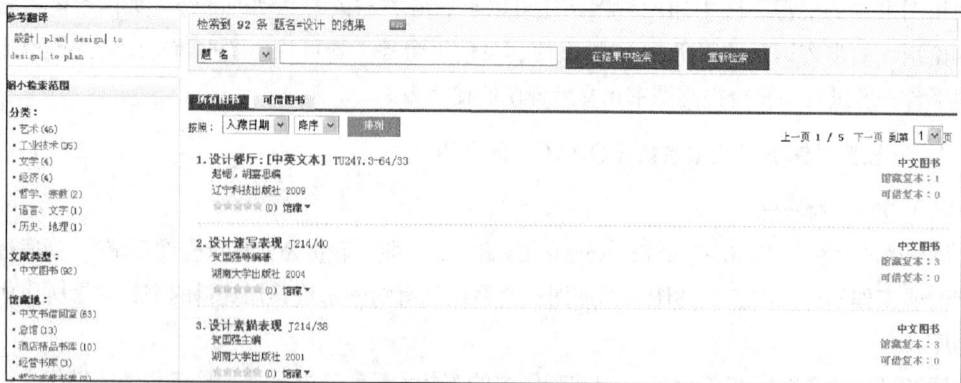

图 3-8　检索结果

逐个点开列表条目，即可浏览相关书目信息。

② 多字段检索

如图 3-9 所示，多字段检索是指可以通过多个检索途径入手查找文献，如题名、责任者、出版社、索书号等，知道任一信息即可作为检索条件。

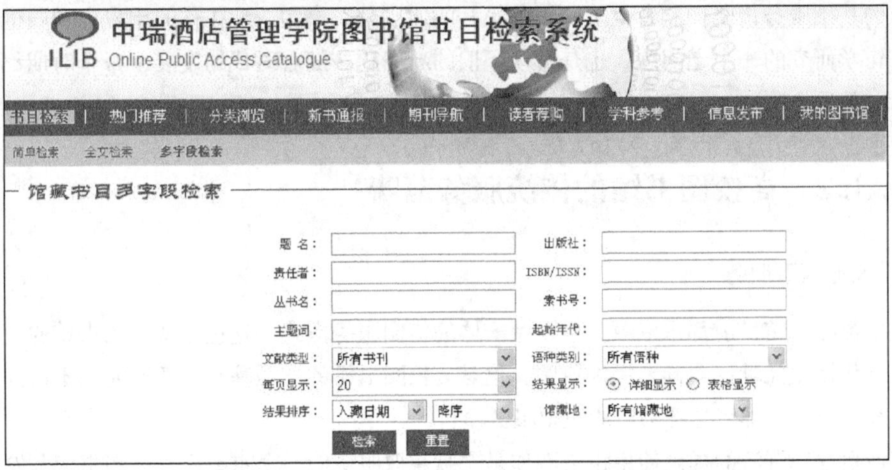

图 3-9 多字段检索

如前所述，新技术条件下的 OPAC 系统已不仅仅局限于书目查找这一功能，如热门图书推荐、新书通报、读者荐购、学科参考、查找经过整合的数字化资源等多种功能均可以在许多高校图书馆的 OPAC 系统中实现，此处不再详述，授课老师可根据所在高校图书馆 OPAC 系统的具体情况做出专门讲解。

# 3.3 高校图书馆的服务内容

在电子计算机及其网络技术飞速发展的今天，高校图书馆的发展前景如何，有人认为数字化图书馆是唯一的发展方向，也有人认为，在今后相当长的历史阶段内，仍应该是数字化文献和传统纸质文献相结合的复合型图书馆。我们认为不论是数字化图书馆还是复合型图书馆，都不是目的，而只是服务手段。图书馆的目的是服务，离开了服务，图书馆就失去了存在价值和发展动力。只有坚持服务，才能推动图书馆的全面发展，与社会建立和谐的不可分割的关系。

## 3.3.1 图书馆服务释义

南开大学柯平教授认为："理解图书馆服务要从两个方面来说，一方面是从读者的角度，他（她）会考虑，什么是图书馆？图书馆提供了什么样的服务？有的读者已经有了一个很明确的概念，有的读者只有一个模糊的概念。另一方面是从馆员的角度理解图书馆服务，有人说我们天天做服务工作，谁还不知道服务？为什么还要理解图书馆服务呢？"他认为不管读者有没有图书馆服务这个概念，作为图书馆馆员一定要有这个概念，一定要理解图书馆服务，如果连馆员都理解不清楚的话，就做不好服务工作。

美国图书馆学专家谢拉说："服务，这是图书馆的基本宗旨。"服务是贯穿图书馆发展的主线，是图书馆的核心价值观。图书馆现代化发展的最终目的就是提供更好的服务，同社会上其他行业的服务相比，图书馆服务有着特定的原则及内涵。

服务是图书馆的永恒主题，在任何情况下不能动摇图书馆服务，任何先进设备都不能取代图书馆的基础服务；坚持读者至上，服务第一的原则是图书馆一切工作的出发点和归宿。服务是图书馆学研究的一个老问题，也是常谈不旧的新问题。随着时代的发展，每个时期都有它新的理念、新的方法。

## 3.3.2 高校图书馆的传统服务范畴

### 1. 文献获取服务

大多数图书馆目前都采取藏、借、阅一体的借阅服务方式，这也是现代图书馆的一个重要标志。宣传馆藏文献，向读者提供借阅，这是高校图书馆的一项基本服务职能。不仅是过去，今后很长一段时间都将是图书馆的主要服务项目。

商业数据库资源的提供使用也可看作是文献获取服务的一个重要部分，图书馆与发展成熟的数据库商之间的合作为高校用户提供了良好的资源获取平台。

同样，图书馆帮助读者完成期刊、报纸、工具书、多媒体文献的查找获取也是文献获取服务的一部分。

### 2. 参考咨询

图书馆参考咨询工作是图书馆服务的核心内容之一。参考咨询工作体现了图书情报工作的专业化、智能化和知识化程度，是图书馆人文精神的集中展示，被誉为"图书馆心脏"。参考咨询工作的水平高低已成为衡量一个图书馆现代化水平的重要标志之一。

参考咨询服务的具体工作有以下几项。

（1）利用图书馆公共检索系统和其他检索工具帮助读者了解馆藏文献布局，方便读者查询借阅。

通过对图书资料的详尽信息检索，可以使读者快速、直接地查询到自己所需的资料文献，为读者节省大量时间。

（2）开展定题服务。以读者座谈会等形式，为读者解答深层次的问题，使读者更加深入地了解图书馆工作，了解图书馆馆藏资料信息。同时，也可以通过读者反馈回来的信息更好地丰富图书馆馆藏，做好与读者的沟通，使图书馆工作保持良性健康的发展。

（3）建立基本问题咨询解答库，提高服务效率，降低服务成本。在参考咨询过程中会遇到多个读者对同一问题的咨询，建立基本问题咨询解答库就可以统一、精确地回答读者的类似问题。

（4）定期在全校范围内举办讲座和读者培训。通过普遍开展文献检索与利用等与图书馆相关的课程，可以有效提高图书馆及馆藏文献的利用率，对初到高校的新生，这种辅导尤其重要。

### 3. 宣传推广与用户辅导

为了充分发挥馆藏文献的作用，扩大图书馆在高校内的影响，提高服务质量，图书馆在做好文献获取服务的同时，还经常性的开展宣传辅导工作。其目的在于向用户揭示馆藏，让用户更好地利用图书馆文献资源，提高文献利用率，降低文献拒借率。

宣传文献的常用方式有新书通报、书刊展览、报告会、讲座、书评征文等活动。阅读辅导包括读书内容的辅导和读书方法的辅导两个方面。读书内容的辅导主要是向用户推荐优秀的书刊，辅导用户正确地理解图书的内容，帮助用户从优秀的书刊中汲取有益的营养；读书方法的辅导主要是引导用户有目的地阅读书刊，克服某些用户阅读存在的盲目性和不健康倾向。

宣传文献和辅导阅读两者是紧密结合在一起的。宣传文献能够巩固和扩大阅读辅导的效果，阅读辅导则又直接影响文献宣传的范围和文献的利用。

#### 4．科技查新

随着社会信息化的发展，海量数字资源迅猛增长，这些海量数字资源为我们带来丰富信息的同时，也为我们提出了一个挑战：如何从中准确、有效地查询和获取我们所需要的信息？这对高校图书馆的信息服务提出的新的要求。因此，依据用户的特定需求，为其提供集成化、个性化、多层次的信息服务产品是信息服务的发展趋势。

科技查新作为科技管理的一项基础工作，为科研管理部门和有关专家进行科技成果和新产品的鉴定、奖励、专利申请及科研立项的评审等提供了可靠的文献依据。因此，受到有关部门的高度重视。科技查新报告已成为有关部门进行科技成果评价和科研立项中必不可少的材料之一。目前，国内许多知名高校的图书馆已经开展了此项服务工作。

#### 5．原文传递

原文传递又称文献传递或全文传递，指通过馆际互借或信息服务机构的渠道为用户提供原始文献的服务。图书馆的原文传递服务，在业务上整合了图书馆的多项服务，在流程上，需要其他图书馆及信息机构的帮助与配合。

原文传递是一种非返还式馆际之间的文献传递，是为了解决因学术期刊价格持续上涨与高校书刊资源购置经费相对不足的矛盾，为读者提供所需要而本馆缺藏的文献原文的一种服务。原文传递可以在一定程度上弥补本馆馆藏资源的不足，满足读者对文献的需求。当读者需要的文献在本单位的纸本资源和电子资源中无法找到时，可以通过平台申请原文传递服务。目前主要的原文传递平台有 BALIS（北京地区高等教育文献保障体系）、CALIS（中国高等教育文献保障体系）、国家科技图书文献中心，北京地区的各独立学院图书馆均参加了 BALIS 的原文传递活动。

#### 6．馆际互借

任何一座图书馆都无法做到仅依靠本馆馆藏就能满足读者的文献需求。任何一座图书馆的馆藏对于浩瀚的文献资源来说都是有限的。读者对文献的需求不但特定而且多样。靠书刊采购丰富馆藏并不能解决所有问题，尤其是文献的时效性无法保障，有的还无处购买。而馆际互借与文献传递，能有效地提高图书馆的文献保障率。目前，北京地区的绝大多数高校图书馆都参加了各种形式的馆际互借活动。

### 3.3.3　新环境下高校图书馆服务的趋向

高校图书馆担负着为教学、科研提供文献信息保障的重任，是文献收集、管理、服务"三位一体"的教育服务中心。20 世纪中期以来，图书馆的服务模式正在由传统的纸质印刷品服务，转向以计算机为中心，以电子信息为载体，以网络服务为手段，以服务用户为目的的新型的图书馆信息服务模式。

在信息时代，网络已成为人们获取信息的重要来源，图书馆的网络化、数字化是图书馆未来发展的趋势。如何充分利用网络和数字资源的优势，努力为图书馆用户提供他们需要的服务，使用户能够以最快的速度、最便捷的方式、最低的成本获得相关问题的全面信息，已成为新时期高校图书馆服务工作面临的重要课题。经过分析，本书认为新环境下高校图书馆服务的发展趋势主要表现在以下五个方面。

### 1．开展网络信息导航服务

互联网信息内容庞杂，分布广泛，质量良莠不齐，没有统一的文献信息存储标准，信息检索效果难以控制，给用户的利用造成了一定的困难。在这种情况下，高校图书馆广泛开设网络信息导航服务，引导用户正确使用网络信息资源。

每一个网站都需要导航，图书馆网站也同样需要导航栏目来引导读者使用信息服务。最常见的是"网页地图"的形式，按照网站建立时设立的项目框架和层次结构列出整个网站中的资源目录，并且可以随时扩充和修改。图书馆的门户网站一般均设有网络信息导航系统，把常用数据资源或与专业相关主题的网上资料汇集起来，为用户查询网络资源提供各种服务。

### 2．个性化服务

信息服务的最终目的是满足用户的个体信息需要，高校图书馆面对的是信息需求日趋多元化、个性化的用户。个性化信息服务包括两个层面的涵义：一是通过对用户个性使用习惯的分析而主动地向用户提供其可能需要的信息服务，如个性化信息送达、信息服务定制等；二是个性化信息服务应能够根据用户的知识结构、心理倾向和行为方式等来充分激励用户需求，促进用户有效检索和获取信息，使用户在对信息有效利用的基础上进行知识创新。

高校图书馆有其特定的读者群，目前许多高校图书馆开展针对不同读者群体的个性化信息服务。如通过 E-mail 或用户选择的其他方式向用户推送期刊目次的个性化主动信息服务，允许用户通过多种搜索组合进行用户定制（如字母顺序、主题、出版社等），允许用户可以通过系统收集和组织自己常用的电子资源，允许用户查看图书馆服务项目和更新内容。用户无需为查找最新资料而耗费时间，一些符合个人需要的新书、期刊论文等相关资料会通过事先的用户定制主动找到相应的用户。

### 3．知识服务

网络化知识服务是与信息资源的网络化和知识经济、技术创新的社会背景息息相关的，也是信息检索服务发展的必然结果。20 世纪 90 年代之后，随着网络技术的发展和普及，图书馆的数字化、信息资源的网络化、信息系统的虚拟化，以及各种公益性的、非公益性的信息机构将包括文献信息检索、传递在内的信息服务直接提供给最终用户，导致信息交流体系和信息服务市场的重组，图书馆对信息服务的垄断地位也不复存在。这些都促使图书馆必须迅速调整和充实服务的内容和策略，使现有的以信息检索为核心的服务方式向网络化知识服务方式转变，以保证其在数字化、网络化环境中的社会贡献、用户来源和市场地位。

网络化知识服务是图书馆信息服务的高级阶段，是一种基于网络平台和各类信息资源（馆藏物理资源和网络虚拟资源）、以用户需求目标驱动的、面向知识内容的、融入用户决策过程中并帮助用户找到或形成问题解决方案的增值服务。网络化的知识服务具有个性化、专业化、决策性、整合性和全球化等特征，基本属于单向或多向主动型服务。

#### 4．学科化服务

学科化服务是以用户为核心，主体通过图书馆的学科馆员，依托图书馆和公共信息资源，面向特定机构和用户，建立基于科研与教学、面向一线用户的一种新的服务模式和服务机制，向用户提供个性化、专业化的服务，为教学科研提供有力的信息保障与支撑。

学科化服务是新信息环境下图书馆转型的重要表现形式和创新发展的出路，也是用户信息服务的必然要求，真正体现了新时期图书馆的价值、地位和作用。

学科化服务是由学科馆员来完成的，学科馆员是学科文献服务专家，是受过专门训练和拥有某一学科丰富知识的图书馆员，主要负责图书馆某一学科专业文献的选择和评价及学科信息服务和书目文献的组织。一般来说，高校图书馆学科馆员的职责主要有：作为图书馆和院系/所之间的联络人；参考咨询服务；学科信息资源服务；学科信息素质教育；馆藏资源建设等。

#### 5．应用新技术服务图书馆，与用户建立完善的沟通渠道

互联网技术的迅速发展，为图书馆的发展带来了技术支撑。以微博为例，全国各地越来越多的图书馆相关部门及学科馆员开设微博，将其作为信息发布的渠道、参考咨询服务的平台、馆员与读者互动的空间。由此，图书馆信息服务时效性、互动性、影响力都得以大大提升，微博在推荐服务、促进读者交流方面发挥了重要作用。

此外，许多高校图书馆已经开始将微信、博客、Lib2.0、手机图书馆、移动图书馆等理念与技术应用到图书馆服务中来，为图书馆完善服务内容、产生新服务点创造了很好的实践经验。相信会有越来越多的高校图书馆加入这一进程中来。

## 3.3.4　高校图书馆现代化设备与技术的应用

#### 1．自助借还系统

自助服务是图书馆界一种新的服务趋向，其理论基础是用户对"非中介性"的需求。非中介性就是由于不想等候以及隐私等原因，不经过图书馆工作人员的中介和帮助，直接获取图书馆的资源和服务。

目前在我国相当多的高校图书馆都使用了图书自助借还设备，当图书流通量太大或读者觉得更方便及有必要保护自己隐私的时候，即可使用该设备进行图书的自助借还。

#### 2．移动图书馆设备

信息技术的发展和互联网络的应用普及，改变了人们的阅读方式与途径，也改变了图书馆的服务模式与手段，到图书馆去阅读已不再成为人们唯一的阅读选择，走出图书馆大门、延伸图书馆服务，开展移动服务成为图书馆服务的重要组成部分。

移动图书馆译自 Mobile Library 一词，原指我们现在广为熟知的"汽车图书馆"。但在移动设备逐渐普及后，移动图书馆逐渐从实体的流动图书馆发展成为用户将电子书、有声书等数字化馆藏资源下载到手机等可持移动设备上进行阅读和使用的一种服务方式。随着无线网络的发展，利用手机、PDA 等移动终端设备，以无线方式接收图书馆服务的服务模式逐渐成为移动图

书馆新的业务服务模式，手机突破了之前仅仅作为资源载体的功能，成为用户和图书馆之间进行信息与资源交互的工具，对移动图书馆的内涵也有了更新更准确的诠释。

目前，移动图书馆是指所有通过智能手机、Kindle、iPad、MP3／MP4、PSP 等移动终端设备（手持设备）访问图书馆资源、进行阅读和业务查询的一种服务方式。它是移动通信技术和图书馆融合的产物，不仅将图书馆原有服务和功能移植到移动互联网上，而且对其进行了一定的扩展和延伸，可以说是另一种形式的数字图书馆。

2003 年 12 月，北京理工大学图书馆开通了国内最早的手机图书馆短信服务平台，2006 年 7 月，湖南理工学院开通了国内第一家 WAP 手机服务的图书馆。2010 年 9 月，国家图书馆在 101 年馆庆之际，推出了改版后的手机门户 WAP 网站"掌上国图"。目前，各种类型的电子图书借阅机已广泛应用于许多高校图书馆，如"歌德电子书借阅机""云屏数字借阅机"等，都可通过下载安装配套的手机客户端实现全天候的电子图书自助借阅，方便、快捷，颇受读者欢迎。

### 3．座位管理系统

近年来，许多高校图书馆将校园一卡通系统与图书馆自动化系统实现了互联。在此基础上设计一套图书馆自习区或阅览区座位资源管理系统，实现了图书馆座位资源的数字化管理，提高了管理人员的工作效率，科学合理地解决了长期以来困扰许多高校图书馆的读者占座问题。

图书馆座位资源管理系统的设计与实现，成为高校图书馆解决学生占座问题的突破口。该类系统在国内部分高校图书馆运行情况表明，采用现代管理方式不但能解决占座问题，而且对建设和谐图书馆，营造良好的借阅环境具有积极意义。

以上介绍了现代化高校图书馆的办馆理念、服务内容与服务手段，对于广大同学来说，在图书馆这个知识海洋中遨游，应该掌握的技能还有很多，要想熟练地利用图书馆，还应该加强实践环节，以更便捷地从图书馆获取更多的知识与信息。

# 思考题

1．高校图书馆的服务内容有哪些？
2．对于你所在学校图书馆网站的页面设计你有何建议？
3．高校图书馆所提供的服务与应用技术之间有何关系？

# 参考文献

[1] 吴慰慈. 图书馆学概论[M]. 北京：北京图书馆出版社，2008.

[2] 王子舟. 图书馆学基础教程[M]. 武汉：武汉大学出版社，2006.

[3] 盛剑锋. 图书馆知识管理与服务研究[M]. 北京：科学出版社，2012.

# 第4章 网络信息资源的检索与利用

以手工检索为特征的传统信息检索，是以纸质文献为主要检索对象，以工具书为主要检索工具的信息查找过程。国际互联网的迅速发展导致了一大批以网络为依托的电子信息资源的产生，不仅催生了新的检索工具、检索方法和检索技术，也使传统的信息检索内涵发生了巨大的变化。

## 4.1 网络信息资源概述

### 4.1.1 网络信息资源的概念

随着 Internet 的迅速发展，网络信息资源在所有信息资源中所占比重越来越大，内容涉及政治、经济、军事、文化、科学、娱乐等各个方面；其媒体形式多种多样，包括文本、图形、图像、声音、视频等；其范围覆盖社会科学、自然科学、人文科学和工程技术等各个领域。

广义的网络信息资源是通过计算机网络可以利用的各种信息资源的总和，包括与网络相关的信息内容、信息网络、信息人才、信息系统、信息技术等资源。狭义的网络信息资源是指所有以电子数据形式把文字、图像、声频、视频、动画等多种形式的信息存储在光、磁等非纸介质的载体中，可在计算机技术、通信技术及多媒体技术相互融合而形成的网络上发布、查询与存取利用的信息资源的总和。

在今天的社会环境中，网络信息资源是我们学习、工作、生活中利用率最高的信息资源之一。对网络信息资源的利用是终身学习的需要，也是个人信息素养中的重要内容。相对于纸质文献信息资源的检索利用，对我们的学习、工作影响更为深远。

### 4.1.2 网络信息资源的特点

网络信息资源除具备信息资源所共有的特征外，还具有如下特点。

**1．数量巨大而庞杂**

国际互联网是一个基于 TCP/IP 协议连接各国、各机构计算机网络，集各种信息资源为一体的信息资源网，由于政府、机构、企业、个人都可以在网上发布信息，因此成为数量巨大而庞杂的信息源。

**2．类型多样、内容丰富**

网络信息资源无所不包，而且类型丰富多样，覆盖不同学科、不同领域、不同地区、不同语言的信息资源，包括文本、图像、声音、软件、数据库等。

**3．传播范围广、共享程度高**

由于信息存储形式及其数据机构具有通用性、开放性和标准化的特点，在网络环境下，时间和空间范围得到了最大限度的延伸和扩展。不同的用户可以同时共享同一份信息资源。

**4．结构复杂，具有交互性**

按知识单元及其关系建立起的立体网络结构，完全冲破传统的知识线性组织的局限，通过各个知识点把整个网络上的相关知识链接起来。通过各种搜索引擎使信息检索与利用变得方便快捷，阅读信息时可以以跳跃的方式进行。

**5．增长迅速，动态发展**

网络信息资源具有高度动态性，不但各种信息处于不断产生、更新、淘汰的状态，它链接的网络、网站、网页也都处在变化之中，任何网络资源都有可能在短时间建立，更新、更换地址或者消失，使得网络上的信息瞬息万变。

**6．质量良莠不齐**

网络上相当部分资源并不像正式出版的图书和期刊那样经过编辑和出版部门的审核，而且网络资源的提供不易受到任何组织和制度的控制，导致网上信息资源质量良莠不齐。

**7．信息有序与无序并存**

从某个局部来看，如某个网站、网页、数据库，信息是有控制的、相对集中、有序和规范的；但从宏观来看，由于互联网上的信息没有统一的控制，网上信息是分散、无序、不规范的。这种局部有序总体无序的特点，凸显了网络信息组织与整合的重要性。

**8．信息技术成为信息获取能力的重要成分**

信息获取能力指信息用户从信息资源中得到所需信息的能力，主要包括选择能力、判断能力和获取技术三个方面。以往信息选择和判断能力主要由用户所在领域的知识储存和图书馆学知识决定，信息获取技术仅指用户利用各种文献机构借、阅、复制文献的技能。而网络信息资源是数字化和网络存取的信息，使得信息技术成为影响用户信息获取能力的重要因素。

## 4.1.3 网络信息资源的组织方式

信息组织方式要顾及信息检索界面，即面向用户，是利用各种信息技术和信息组织方法将信息组织起来的具体形式，如文件方式、数据库方式、搜索引擎方式、主题指南方式等。其中信息技术包括文件技术、数据库技术、超文本链接技术等。

### 1．文件方式

采用主题组织法的思想，以文件名标识信息内容，用文件夹组织信息资源，并通过网络实现信息传播，是成熟的文件操作技术与网络传输技术相结合的产物。用户界面就是人们熟悉的文件夹窗口，浏览和下载信息操作简单。

### 2．数据库方式

在数据库方式中，数据的最小存取单位是信息项（字段），可以根据用户需求灵活地调整查询结果及的大小，从而降低网络数据传输负载。

### 3．搜索引擎方式

使用自动搜索引擎程序访问网络中的公开区域，对网络信息资源进行不间断收集，利用索引软件对收集到的信息进行自动标引，创建一个基于 Web 的索引数据库，向用户提供按关键词查询的简洁的检索界面，如百度、Google 等。

### 4．主题指南方式

综合使用主题法与分类法，利用超文本链接技术将相关网络信息以节点为基本单位组织成为检索系统。用户检索时从较大的类目开始，通过超链接的指引，逐层单击浏览，直到所需信息。

## 4.1.4　网络信息资源的分类

### 1．按信息内容的表现形式和内容划分

（1）全文型信息

它指直接在网上发行的电子期刊、网上报纸、电子图书、印刷型期刊的电子版、政府出版物、标准全文等。

（2）事实型信息

各学科名词术语、事件、人物、机构名称、公式、天气预报、节目预告、交通信息、城市或景点介绍、工程实况、IP 地址等。

（3）数值型信息

主要是指各种统计数据。

（4）数据库类信息

如中国知网、万方知识服务系统等，是传统数据库（如光盘数据库）的网络化。

（5）微信息（Web2.0 特征）

如博客、微博、微信、邮件讨论组、网络新闻组等。

（6）其他类型

投资行情和分析、图形图像、影视广告等。

### 2．按所采用的网络传输协议划分

（1）Web 信息资源

它使用 http，建立在超文本、超媒体技术基础上的集文本、图形、图像、声音为一体的，以直观的图形用户界面展示和提供的一类信息。Web 信息资源能方便迅速地浏览和传递分布于

网络各处的文字、图像、声音和多媒体超文本信息。现已成为最主要、最常见的信息形式，是网络信息资源的主流。

（2）FTP 信息资源

它使用 FTP，该协议是国际互联网中使用比较广泛的一种服务。主要用于联网计算机之间传输文件。FTP 相当于在网络上两个主机之间复制文件，目前仍是发布、传递软件和文件的主要方法。在国际互联网成千上万的 FTP 主机中存储着唯以计数的信息、数据、软件。人们只要知道特定的信息资源的主机地址，就可以用匿名 FTP 登录获取所需的信息。

（3）Telnet 信息资源

Telnet 是指基于网络通信协议从远程计算机对外开放的资源中所获取的信息资源。Telnet 信息资源包括硬件资源（打印机、绘图仪等）和软件资源（大型数据库、图形处理软件等）。通过 Telnet 方式提供信息资源的主要有政府部门、研究机构对外开放的数据库，如图书馆的公共检索系统、信息服务机构的综合信息系统等。

（4）Gopher

Gopher 是一种基于菜单驱动的因特网信息服务资源。通过 Gopher 可以进行文本文件信息查询、电话簿查询、多媒体信息查询、专有格式的文件查询等。Gopher 提供了一系列的菜单，根据这些菜单用户可以得到任何类型的文本信息。

### 3．按信息存取方式划分

（1）邮件型信息资源

邮件型信息资源指以特定的个人或群体为对象的非实时信息传播的方式，以电子邮件和邮件列表为代表。电子邮件是目前使用较为广泛的一种获取信息的方式，使用电子邮件可以访问国际互联网网上几乎所有的信息资源。

（2）即时交互型信息资源

即时交互型信息资源指以特定的个人或群体为对象的即时信息传播方式，以会话、讨论、交互网中继对话、微博、微信、网上虚拟咨询等为代表。这些通信形式所传递和交流的信息资源是网络上最具有开放性的资源。

（3）揭示板型信息资源

揭示板型信息资源指以不特定的大多数网络利用者为对象的非即时性信息传播方式，如BBS、网络新闻、匿名 FTP 登录等。通过这种方式可以获得在网上发布和传播的大量信息，以及关于某学科的最新知识。

（4）文献服务型信息资源

文献服务型信息资源指网络图书、网络报刊、专利、标准等文献服务部门提供在网上的文字、图形、视频信息。这些资源都是对一次信息进行系统组织后所产生的二次文献或三次文献数据库。

### 4．按信息加工层次划分

鉴于在网上发布信息的自由性和任意性，传统的人类信息交流链格局和信息组织方式也随之发生了变化，各种信息源产生的信息交织在一起，信息生产、发布与信息接受、使用的角色也很难区分清。按照传统的信息加工层次标准分，网络信息资源可分为四个层次。

（1）网络零次信息

网络零次信息即在网络上产生未经过信息组织者系统加工过的信息，如聊天记录，邮件等。

（2）网络一次信息

网络一次信息是指经过初步加工整理并存放在网上的信息产品，如各种文献的电子版。

（3）网络二次信息

网络二次信息是根据一定的方法将分散、无序的网络零次信息和网络一次信息加以整理、归纳，揭示其特征，形成有组织、有系统的信息系统，如网络版目录、书目、指南、文摘、题录，网上信息资源指引库和搜索型工具等。

（4）网络三次信息

网络三次信息即在一、二次资源信息的基础上，通过评价、筛选和按不同功能组织加工所形成的信息产品，如网上百科全书、词典、机构名录、邮件列表、全文数据库等。数字图书馆和部分虚拟图书馆也可以视为特殊的网络三次信息产品。

**5．按网络信息资源的主题划分**

可分为新闻信息资源、商业信息资源、法律信息资源、教育信息资源、体育信息资源、娱乐信息资源等。

**6．按可使用程度以及网络信息资源的安全级别划分**

（1）全公开的信息资源：这一类信息资源每个用户均可使用。例如：各类网站发布的新闻和可以通过免费注册而获得的信息等；

（2）半公开的信息资源：这一类信息资源可以有条件的获得。例如：通过注册以后通过缴纳一定的费用才可以获得的信息资源等；

（3）不对外公开的信息资源（机密信息资源）：这一类信息资源只提供给有限的具有一定使用权限的高级用户使用。例如：各军事机构和跨国公司等内部的通过网络交流的机密情报和信息等。

## 4.1.5 网络信息资源的发展趋势

**1．在应用领域**

网络信息资源利用的重心从各级政府及所属部门向更为广泛的大众转移，从政治和军事领域向包括经济文化、教育、体育以及人民的日常生活在内的所有领域转移。

**2．在资源建设方面**

随着网络信息资源行业竞争激烈程度的不断提升以及用户需求的多样化，网络信息资源的质量和数量将会大幅度地提升和丰富，成为信息资源建设的重要发展方向。

**3．在技术应用方面**

以数字化为主的处理技术、以知识挖掘为特征的检索技术、以数字信号为载体的存储技术和以网络为基础的虚拟图书馆技术，已广泛应用于网络信息资源开发利用领域，同时信息资源的大规模开发利用也反过来推进了新技术的进一步发展。

**4．在服务手段方面**

随着信息资源数字化程度的日益提高，网络资源的极大丰富以及网络传输和信息处理技术的快速发展，以网络为平台的信息服务环境正在逐步形成，出现了许多新的信息服务方式与手段。

# 4.2　网络信息资源的检索方法

网络信息资源检索是将网络信息资源按一定的方式存储起来，用科学的方法，利用现代化检索工具，为用户检索、揭示、传递知识和信息的业务过程。

## 4.2.1　网络信息资源获取方式

从大量未组织好的网络信息集中检索出所需信息，有以下几种检索的方式。

### 1．基于关键词的检索

通过单个词、词组、自然语言检索。关键词要能够表达查找资源的主题，通常情况下选用专业名词进行信息检索，同时注意使用同义词来约束该关键词，以确保检索结果的全面性和准确性。

### 2．模式匹配

模式是一组语法特征，是指具有某种结构的元素的集合，用于表示数据的组织结构。包括前缀模式、后缀模式、区间模式、子串模式、允许误差模式等。

### 3．结构查询

有的信息资源不是包含在文档的内容中，而是包含在结构之中，如邮件的发送者、接受者、日期、标题等，用户针对这些信息进行检索就是固定结构检索。

## 4.2.2　网络信息资源检索策略

要在浩如烟海的网络信息资源中检索到所需资料，需要利用各种类型的搜索引擎，综合性搜索引擎的特点是查找范围广而深，专业性不够。如果进行定题检索，就要利用知名综合性搜索引擎，实行"元搜索"。利用这种检索策略，既需要掌握知名综合性搜索引擎的使用方法，又需要了解专业引擎和元搜索引擎的特点。

### 1．制定检索策略的前提条件

（1）明确表达信息需求：明确检索目的、分析主题概念、确定学科范围等。

要明确检索目标，为什么检索，以确定检索词范围的大小；多利用反映具有个性和特征的概念作为关键词，使用更特定的词汇；注意搜索引擎对关键词识别上的特殊规定，是否区分字母大小写，是否有不支持停用词和过滤词（如中文"的""地""和"）；根据需要，适当增加关键词数量以进行精确检索，使用 2～3 个以上的特征关键词等。

确定检索词的基本方法：选择规范化的检索词；使用各学科在国际上通用的、国外文献中出现过的术语作检索词；找出课题涉及的隐性主题概念作检索词；选择课题核心概念作检索词；注意检索词的缩写词、词形变化以及英美的不同拼法；联机方式确定检索词。

（2）了解信息检索系统的基本性能，合理利用检索工具：选择正确的数据库、搜索引擎、专题 BBS、学科门户网站等。

（3）明确检索课题的内容要求和检索目的，遵循检索语言规则——布尔逻辑检索符、截词检索、限定检索等；不断调整检索策略。

（4）使用高级检索。

提问表达式的构造质量将直接影响检索质量，而检索工具是通过利用其高级检索功能来反映对提问表达式的精确与深度构造。所以从某种程度上讲，高级检索功能是反映其总体搜索水平高低的重要指标。所以要学会用布尔逻辑、限制检索等高级检索的技术。

（5）注意搜索引擎中有一些特殊的语法命令，掌握它们可以使检索更高效。

### 2．产生误检、漏检的原因

（1）产生误检的原因可能有：检索词一词多义；检索词与英美人的姓名、地址名称、期刊名称雷同；不严格的位置算符的运用；检索式中没有使用逻辑非运算；截词运算不恰当；组号前忘记输入指令"s"；逻辑运算符号前后未空格；括号使用不正确；从错误的组号中打印检索结果；检索式中检索概念太少等。

（2）产生漏检的原因或检索结果为零的原因可能有：没有使用足够的同义词和近义词或隐含概念；位置算符用得过严、过多；逻辑"与"用得太多；后缀代码限制得太严；检索工具选择不恰当；截词运算不恰当；单词拼写错误、文档号错误、组号错误、括号不匹配等。

### 3．提高查全率、查准率的方法

（1）提高查准率的方法有：使用下位概念检索；将检索词的检索范围限定在篇名、叙词和文摘字段；使用逻辑"与"或逻辑"非"；运用限制选择功能；进行进阶检索或高级检索。

（2）提高查全率的方法有：选择全字段中检索；减少对文献外表特征的限定；使用逻辑"或"；利用截词检索；使用检索词的上位概念进行检索。

# 4.3 搜索引擎

正如手工检索离不开书目、索引、文摘等各种工具书，网络信息资源检索也需要专门的信息检索工具。网络信息资源检索工具一般以网站的形式存在，信息收集的对象是 Internet 上各种类型的信息资源。例如：搜索引擎、数据库、学科信息门户、行业协会网站、印刷型工具书的网络版、搜索软件等。

搜索引擎是国际互联网发展的产物，在诸多网络信息资源检索工具中，搜索引擎始终是重要的工具。早期的搜索引擎系统大部分基于字符界面，由于应用不便难以普及。1994 年，第一代真正基于 Web 的搜索引擎 Lycos 诞生。到 1995 年，商业化的搜索引擎开始大规模地开发，产品的代表是 Yahoo、Excite 、Infoseek、AltaVista 等。搜索引擎从最初仅局限于企业数据库、增值网络服务、桌面文件浏览和检索数据集的工具变成各种 Web、FTP 文档、新闻组、Gopher、E-mail 以及多媒体信息等网络信息资源的浏览和检索工具。

## 4.3.1　搜索引擎的定义

搜索引擎就是互联网上提供的具有信息发现、组织、检索、导航及其他相关服务功能的各种软件系统或工具的总称。具体地讲，搜索引擎是 Web 环境下一种信息检索的工具。它利用某种软件（如网络"蜘蛛"spiders）对互联网上的信息进行自动跟踪和发掘，把收集到的所有网页进行分类存储和标引，并向用户提供查询入口。用户通过这个查询入口在浩如烟海的信息海洋中找到自己所需的信息。它以 Web 为基础，具有自动采集、组织信息以及为用户提供信息服务的功能。

## 4.3.2　搜索引擎的分类

### 1．目录式搜索引擎

目录式搜索引擎是以人工方式或半自动方式收集信息，主要通过人工整理信息，使用等级式主题目录来组织信息的一类搜索引擎。它把因特网中的资源服务器的地址收集起来，由其提供的资源的类型不同而分成不同的目录，再一层层地进行分类，形成可供浏览的树状结构，类似图书馆的分类主题目录，用户可以不进行关键词查询，通过层层单击浏览也可以找到所需要的信息。目录式搜索引擎以 Yahoo 雅虎为代表，国内还有搜狐、新浪、网易等，国外有 Open Directory Project (DMOZ)、LookSmart、About 等。

目录式搜索引擎的特点是由于加入了人工智能，所以信息准确、查准率高，但是搜索范围较小，查全率低，信息更新不及时，而且当目录中包含太多的分类和链接时，目录本身不便于浏览。

在检索学科专业属性特征明显的信息时利用这种方式极为方便，但搜索引擎信息归类的质量和用户对信息类别了解程度将直接影响到查询结果。

### 2．全文搜索引擎

全文搜索引擎即搜索（网页）型搜索引擎，是指能够对各网站的每个网页中的每个词进行搜索的引擎，使用关键词（Keywords）匹配方式检索。用户使用关键词对网页进行搜索时，系统通过蜘蛛机器人自动在选定范围内进行检索，并将所检索到的信息自动标引导入索引数据库中，匹配所检索中的网页，并输出匹配结果。有代表性的如 Google、百度、AltaVista、AllTheWeb 慧聪等。

该类型搜索引擎并不对网页文本的内容进行分析，只是根据单词在网页标题和文本中的位置和出现的频度来决定所在网页在包含同一单词或者意义相似的单词的所有网页中的排列级别。如当搜索单词 computer 时，一个在正文中出现 18 次 computer 的网页会排在出现 5 次 computer 的网页前，而一个用 computer 作为标题的网页在搜索结果中的级别高于标题中没有 computer 的网页。

利用关键词搜索速度快，用户易学易用，但其不对内容处理的工作方式导致搜索结果数量庞大，这就要求用户在设计构造检索表达式及对反馈结果的限制选择上做一定的技术处理，因而对用户的检索能力要求相对来说反而高些。

目前，全文搜索引擎与目录搜索引擎有相互融合渗透的趋势，一些纯粹的全文搜索引擎现在也提供目录搜索，如 Yahoo! 通过与 Google 等合作扩大搜索范围。

### 3. 元搜索引擎

元搜索引擎，原意是搜索引擎之搜索引擎。到目前为止，网上任何一个搜索引擎搜索 Web 范围都是有限的。不同搜索引擎的索引数据库包含不同的 Web 文档集，采用了不同索引和检索技术，有不同的检索界面和查询语法，检索效果也不同，在一个搜索引擎上找不到的信息却可能在另一个搜索引擎上找到。所以用户为了得到所查信息常常需要切换多个搜索引擎进行检索，并需要了解多个搜索引擎。一些科研机构和公司针对这种情况开发了元搜索引擎。

这类搜索引擎没有自己的索引数据，它将用户的查询请求同时向多个搜索引擎递交，将返回的结果进行重复排除、重新排序等处理后，作为自己的结果返回给用户。如 Vivisimon、Ixquick、InfoSpace、万纬搜索、Dogfile 等。

元搜索引擎一般不需要建立和维护自己的索引数据库，也不要设计复杂的查询机制；旧用户而言，元搜索引擎提供了一个能同时查询多个搜索引擎的集成界面，将各个搜索引擎的位置、检索界面、查询语法等细节进行屏蔽，同时有助于提高查准率和查全率。其优点是能同时搜索多个搜索引擎，能在一定程度上提高查询的广度。缺点是因为有时候并不能对一个搜索引擎全部查完，有时候也会漏掉一些重要信息。

一个真正的元搜索引擎应该具备以下各项条件：

（1）对被调用的搜索引擎的检索必须是并行的；

（2）必须整合从不同搜索引擎得到的结果，而不是简单地排列；

（3）必须删除不同搜索引擎找到的彼此重复的结果；

（4）支持逻辑查询；

（5）如果被调用的搜索引擎为检索结果提供了简述或摘要，元搜索引擎不能将其省略；

（6）所调用的搜索引擎细节对用户是透明的；

（7）元搜索引擎应该能获取所调用的搜索引擎搜索出来的所有结果。

## 4.3.3  常用搜索引擎的特色功能

### 1. Yahoo

（1）Yahoo! 网站概述——http://www.yahoo.com/

1994 年 4 月，Yahoo! 诞生。Yahoo!是最大的人工编辑的目录，可检索目录、Web 网页、相关新闻、网络时间等。信息采集是用人工和 Yahoo! 的蜘蛛软件不定期地在 Web 的 "What's new" 网站上发现新文件，并鼓励用户利用联机表格提交自己的网页地址。索引人员对收集到的信息进行严格的审查和分类，根据提交的注册表的信息建立索引，包括 URL、题名和目录。

（2）Yahoo! 的类目体系

Yahoo 由 14 个基本大类组成，包括 Art & Humanities（艺术与人文）、Business & Economy（商业与经济）、Computers & Internet（电脑与网际网络）、Education（教育）、Entertainment（娱乐）、Government（政府）、Health（健康与医药）、News & Media（新闻与媒体）、Recreation & Sports（休闲与运动）、Reference（参考资料）、Regional（国家与地区）、Science（科学）、Social

Science（社会科学）、Society&Culture（社会与文化）。

　　每一个基本类目根据其拥有的信息或者网站的多寡以及知识结构的需要程度，细分不同层次的子类目。子类目还可继续划分下一级子类目，由此一个有基本类目和各级子类目构成的可供浏览的详尽的目录等级结构。等级高的类目中网站或网页主题比较宽泛，越往下的子类目中主题越明确。

　　（3）Yahoo！的搜索途径

　　Yahoo！能够提供族性检索和特征检索。前者主要检索其分类结构中的一级目录，后者可使用关键词构成布尔逻辑式进行检索，其检索软件主要由 OpenText 公司提供。一个提供强大的高质量的主题指南目录，另一个则提供高水平的检索工具。而且，Yahoo 在检索时，也不只是检索自身的主题目录，同时也会相应地检索 OpenText 公司提供的收有 100 万 Web 文件的 OpenText 数据库。

　　Yahoo 在检索方式上存在着一些缺陷，如只能进行关键词检索，并且只支持布尔算符 and 和 or，未提供 near 等，但通过在其主页的末尾提供了其他引擎（如 AltaVista、Lycos 等）的超链接，指引用户进入这些地方去搜索，从而弥补了 Yahoo 的若干缺陷。因此，从总体上说来，Yahoo 仍然是 WWW 上最流行的查询工具之一。

## 2．Google

　　（1）Google 简介

　　Google 是美国斯坦福大学的 Sergey Brin 和 Lawrence Page 于 1998 年研发的搜索引擎。Google 的目标就是构建高性能、高可扩展性的基础设施来支持其产品。Google 搜索界面简洁，提供高级检索和基本检索功能。支持多语种和多媒体信息检索，如图 4-1 所示。

图 4-1　Google 搜索界面

　　（2）Google 的搜索规则

　　① 以关键词搜索时，返回结果中包含全部及部分关键词；

　　② 进行短语搜索时默认以精确匹配进行；

　　③ 不支持截词检索；

　　④ 字母不区分大小写，默认全部为小写。

　　Google 的搜索结果显示包括网页标题、链接以及网页字节数，匹配的关键词以粗体字显示。

　　（3）Google 的工作原理

　　Google 是一种机器人搜索引擎，它的工作几乎是依靠程序完成。Google 系统结构如图 4-2 所示。

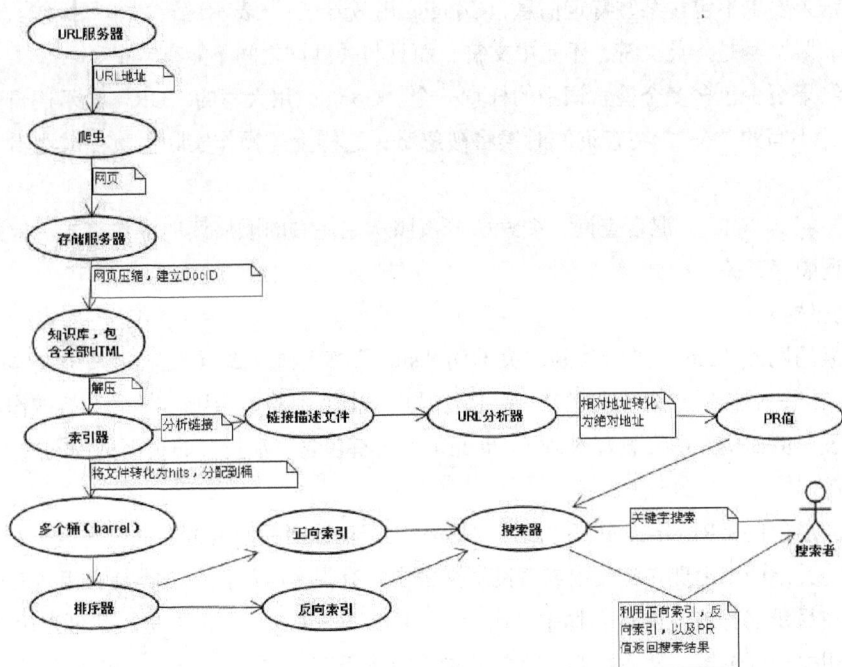

图 4-2　Google 系统结构

① 网页爬取，Google 使用高速的分布式爬行器定时地遍历网页，将遍历到的网页送到存储服务器中。存储服务器使用 zlib 格式压缩软件将遍历到的网页进行无损压缩处理后存入数据库中。数据库获得每个网页的完全 Html 代码后，对其压缩后的网页及 URL 链接进行分析，记录下网页长度、网页内容、URL、URL 长度，并赋予每个网页一个文档号（doc ID）。

② 网页标引，索引器从数据库中读取数据。

③ 锚链处理和 PR（PageRank）值计算

④ 生成倒排档，排序器对数据桶的顺排档索引重新进行排序，生成以关键词（word ID）为索引的倒排挡索引。

⑤ 执行检索时，Google 通常将检索词转化成相应的 word ID；利用索引词典检索出包含该 word ID 的网页的 doc ID；根据与索引词典相连的倒排档索引，分析各网页中的相关索引项的情况，计算各网页和检索词的匹配程度，必要时调用顺排挡索引；根据各网页的匹配程度，结合根据"锚链"数据库产生的相应网页的 PageRank 情况，对检索结果进行排序。调用文档索引中的 doc ID 及其相应的 URL，将排序结果生成检索结果的最终列表，提供给检索者。

用户检索包含多个检索词的情况与以上单个检索词的情况类似：先做单个检索词的检索，然后根据检索式中检索符号的要求进行必要的布尔操作或其他操作。

（4）Google 的检索功能

① 最基本检索

利用 Google 最基本检索，即查询包含单个关键词的信息，只要在检索文本框中输入检索词即可。

② 简单检索

检索结果要求包含两个或两个以上关键词，Google 不必用"+"来表示逻辑"与"，只要空格就可以了。

检索结果要求不包含某些特定信息，Google 用减号"–"表示逻辑"非"操作。注意：这里的"+"，"–"号是，英文符，不是中文符，而且与关键词之间不能有空格。

检索结果至少包含多个检索词中的任意一个。Google 用大写的"OR"表示逻辑"或"操作。注意：小写的"or"，在查询的时候将被忽略；这样上述操作实际上就变成逻辑"与"的操作了。

"+"，"–"，"OR"，混合查询，搜索引擎按照从左往右的顺序读取操作符号。检索结果数量和关键词顺序无关。

③ 高级检索

对搜索的网站（site）进行限制，关键词"site："表示检索结果受限于某个具体网站或者网站频道。Site 后的冒号为英文字符，而且冒号后不能有空格，否则，"site："将被作为检索的关键词处理。例如检索中文教育科研（edu.cn）上所有包含"演讲"的页面。提问式为："演讲 site:edu.cn"

检索词包含在 URL 链接中，关键词"inurl："查询返回的网页链接中包含第一个查询关键词，后面的关键词则出现在链接中或者网页文档中。有很多网站把某一类具有相当属性的资源名称显示在目录名称或者网页名称中，比如"MP3""Gallary"等，于是，就可以用"inurl："找到这些相关资源链接，然后用第二个关键词确定是否有某项具体资料。"inurl："能够提供非常精确的专题资料。

### 3．百度

（1）百度简介

百度搜索是目前全球最大的中文搜索引擎，2000 年 1 月由李彦宏、徐勇两人创立于北京中关村，致力于向人们提供"简单，可依赖"的信息获取方式。"百度"二字源于宋代词人辛弃疾的《青玉案·元夕》："众里寻他千百度"，象征着百度对中文信息检索技术的执着追求。

它使用了高性能的"网络蜘蛛"程序自动在国际互联网中搜索信息，在中国各地和美国均设有服务器，搜索范围涵盖了中国海峡两岸、港澳地区以及新加坡等华语地区和北美、欧洲的部分站点。百度拥有目前世界上最大的中文信息库，达到 20 亿页以上。其采用的超链分析技术就是通过分析链接网站的数量来评价被链接网站的信息质量，使用率高者排在前面，使用户在利用百度进行搜索时，得到高质量的信息。

百度目前提供网页搜索、图片搜索、新闻搜索、百度贴吧、百度知道、地图搜索、百度百科等主要产品和服务。

（2）百度的检索方式

百度提供简单检索和高级检索两种检索方式。百度默认的主页就是简单检索的界面。包括新闻、网页、贴吧、图片、视频等页面。可在检索框中直接输入检索词进行检索，也可以在检索框中输入经过组合的带有字段限定名称和算符代码的检索式进行检索。还可以单击页面上的"更多"进入列出了百度所有服务的栏目表，进行相关检索。

百度的高级检索页面提供了检索词的布尔逻辑、时间、显示结果、语言、文档格式、关键词位置和网站域名限定项。如利用文档格式限定，用户可准确地找到网上特定类型的文件。

（3）百度服务项目举要

① 百度快照

如果无法打开某个搜索结果，或者打开速度特别慢，以及遇到网站服务器暂时故障或网络传输堵塞时，可以通过"百度快照"快速浏览页面文本内容。且在百度快照中，用户查询关键词均已用不同颜色在网页中标明，一目了然。使用百度快照寻找资料要比常规链接的速度快得多。

② 相关搜索

百度的"相关搜索"，就是根据用户确定搜索词引出与其相似的一系列查询词。百度相关搜索排布在搜索结果页的下方，按搜索热门度排序。

③ 书名号《》的使用

书名号是百度独有的一个特殊查询语法。在其他搜索引擎中，书名号会被忽略，而在百度，中文书名号是可被查询的。加上书名号的查询词，有两层特殊功能，一是书名号会出现在搜索结果中；二是被书名号扩起来的内容，不会被拆分。书名号在某些情况下特别有效，例如，查名字很通俗和常用的那些电影或者小说。查电影"苹果"，如果不加书名号，很多情况下出来的是水果或手机，而加上书名号后，《苹果》查询结果就都是关于电影《苹果》方面的内容了。

④ 百度地图搜索

百度地图搜索是百度提供的一项网络地图搜索服务，覆盖了国内近400个城市。在百度地图中可以查询街道、机构、商城、学校、银行、公园的位置等。以及公交换乘、驾车导航的查询功能，为出行提供最便捷、少换乘的路线规划，而且标明了要找的目标位置，详述前往的路线与时间。百度地图还提供了完备的地图功能，如搜索提示、全屏、测距等。

⑤ 百度百科

百度百科是百度公司推出的一部内容开放的网络百科全书，旨在创造一个涵盖各领域知识的中文信息收集平台。百度百科强调用户的参与，充分调动并汇聚互联网用户的力量，积极进行交流和分享。同时，百度百科实现与百度搜索、百度知道的结合，从不同的层次上满足用户对信息的需求。

## 4.3.4　搜索引擎使用技巧

**1．关键词查询**

在搜索引擎中输入关键词，然后点击"搜索"，系统很快会返回查询结果，这是最简单的查询方法，使用方便，但是查询的结果却不准确，可能包含着许多无用的信息。

**2．使用双引号用（" "）**

给要查询的关键词加上双引号（半角状态下输入），可以实现精确的查询，这种方法要求查询结果要精确匹配，不包括演变形式。

**3．使用加号（+）**

在关键词的前面使用加号（+），则搜索结果中必须同时包括所限定的关键词。例如，在搜索引擎中输入"+报纸+期刊"就表示要查找的内容必须要同时包含"报纸、期刊"这两个关键词。

使用减号（-）。在关键词的前面使用减号，也就意味着在查询结果中不能出现该关键词，例如，在搜索引擎中输入"神话-希腊神话"，它就表示最后的查询结果中一定不包含"希腊神话"。

### 4．使用通配符（*和?）

通配符包括星号（*）和问号（?），前者表示匹配的数量不受限制，后者匹配的字符数要受到限制，主要用在英文搜索引擎中。（*）表示任意字符，（?）表示单个字符。

### 5．使用布尔检索

布尔检索，是指通过标准的布尔逻辑关系来表达关键词与关键词之间逻辑关系的一种查询方法，这种查询方法允许我们输入多个关键词，各个关键词之间的关系可以用逻辑关系词来表示。

and，称为逻辑"与"，用 and 进行连接，表示它所连接的两个词必须同时出现在查询结果中。例如，输入"computer and book"，它要求查询结果中必须同时包含 computer 和 book。

or，称为逻辑"或"，它表示所连接的两个关键词中任意一个出现在查询结果中就可以，例如，输入"computer or book"，就要求查询结果中可以只有 computer，或只有 book，或同时包含 computer 和 book。

not，称为逻辑"非"，它表示所连接的两个关键词中应从第一个关键词概念中排除第二个关键词，例如输入"automobile not car"，就要求查询的结果中包含 automobile（汽车），但同时不能包含 car（小汽车）。

near，它表示两个关键词之间的词距不能超过 $n$ 个单词。

在实际的使用过程中，你可以将各种逻辑关系综合运用，灵活搭配，以便进行更加复杂的查询。

### 6．使用元词检索

大多数搜索引擎都支持"元词"（meta words）功能，依据这类功能用户把元词放在关键词的前面，这样就可以告诉搜索引擎你想要检索的内容具有哪些明确的特征。例如，你在搜索引擎中输入"title:图书馆"，就可以查到网页标题中带有"图书馆"的网页。在键入的关键词后加上"domain:org"，就可以查到所有以 org 为后缀的网站。

其他元词还包括：image:用于检索图片，link:用于检索链接到某个选定网站的页面，URL:用于检索地址中带有某个关键词的网页。

### 7．区分大小写

这是检索英文信息时要注意的一个问题，许多英文搜索引擎可以让用户选择是否要求区分关键词的大小写，这一功能对查询专有名词有很大的帮助，例如：Web 专指万维网或环球网，而 web 则表示蜘蛛网。

# 4.4　学科门户网站

近年来，随着国际互联网网上网站数和网页数量的迅猛增长，门户网站（Web Portal）应运而生。门户网站提供个性化的单点网络接入，对本地和远程的信息进行集成，使信息高度组织化，以便用户查找和发现信息。学科门户网站将特定学科领域的网上信息资源、工具和服务集成到一个整体中，为用户提供一个方便的信息检索和服务入口。学科信息门户与搜索引擎最大的不同在于信息资源经严格选择。

## 4.4.1 学科信息门户概念

学科信息门户是将特定学科领域的信息资源、工具和服务集成为整体（独立的或分布集成的信息门户网站），为用户提供方便的信息检索和服务入口，用以满足用户对科研和教育的信息需求。学科信息门户采用多种信息技术（网络索引、搜索服务、当地数据或图书馆联机公共检索系统等），对分散的分布式的学科网络信息资源进行收集、分析、整理和合并，提供信息资源的链接，使用户很容易地访问国际互联网；其服务是基于资源的描述，但不必显示所有的描述内容；通过学科结构浏览资源是其重要特征之一。

学科信息门户的概念可追溯到由 T.Koch 等人提出的学科信息网关（Subject Gateway，SG）概念。由于 IT 界 Portal 概念的兴起，学科信息网关的建设已逐渐转向为学科信息门户的形式。对学科信息门户的研究、试验与推广，在欧洲进行得最为深入和广泛。休闲娱乐体育旅游类（ALTIS）和地理环境类（GE source）等八大学科信息门户。美国威斯康星—麦迪逊大学还开发了 SPT（Subject Portal Toolkit）学科信息门户免费软件包，已被广泛用于学科信息门户的开发。

我国一些高校和专业图书馆也进行了此项工作。如中国科学院的国家科学数字图书馆门户及其子门户物理数学学科信息门户、化学学科信息门户、生物学科信息门户，武汉理工大学图书馆的材料复合新技术信息门户等。综合来看，当前国内外学科信息门户多处在不断完善功能的发展阶段，个性化、智能化和高度集成的高级信息门户还处在实验阶段。

## 4.4.2 学科信息门户的特点

学科信息门户具有以下特点。
① 专业性，主要针对学术研究信息和教育科研用户等特定的专业领域。
② 集成性，可把专业领域所需要的各种资源与服务凝聚到一个知识体系中。
③ 知识性，可根据对知识内容及其关系的分析来选择、描述和组织资源和服务。

## 4.4.3 国内学科信息门户介绍

### 1. CALIS 重点学科网络资源导航门户

"重点学科网络资源导航库"是 CALIS"十五"重点建设项目之一。它以教育部正式颁布的学科分类系统作为学科分类基础，构建了一个集中服务的全球网络资源导航数据库，为高校师生提供重要学术网站的导航和免费学术资源的导航。

该项目由全国 54 家高校图书馆联合建设，目前导航资源覆盖 77 个一级学科，包含记录 14 万多条。导航库的每条记录都是面向学术研究的、专门标引的高质量网络信息资源，目的是向读者提供可靠的、值得信赖的因特网资源。

**2．中国科学院国家科学数字图书馆学科信息门户**

国家科学数字图书馆（Chinese Science Digital Library，CSDL）是中国科学院知识创新工程重大建设项目之一，于 2001 年 12 月正式启动。CSDL 从开放数字信息服务机制出发，建立多个分布的学科信息门户网站，提供权威的和可靠的学科信息导航，整合学科信息资源与服务系统。CSDL 学科信息门户按学科大类组建，目前已建成并投入使用的学科信息门户有：数学学科、化学学科、生命科学等学科。

**3．国家科技图书文献中心网络导航**

国家科技图书文献中心（National Science and Technology Library，NSTL）网络导航为用户提供国内外主要科技机构和科技信息机构的网站介绍及导航。该栏目广泛收集、整理了有代表性的研究机构、大学、学会、协会以及公司的网站资源，并对这些网站进行了有组织的揭示，目的在于帮助用户从总体上把握各学科领域科技机构和科技信息机构的发展现状、资源特色和资源获取途径。覆盖的学科有：数理科学、工程技术、交通运输、环境工程、生物工程等。

# 4.5　开放存取（OA）运动

开放存取（Open Access，OA），是国际学术界、出版界与信息传播界为推动科研成果利用网络自由传播于 20 世纪末发起的运动。是在基于订阅的传统出版模式以外的另一种选择。它是通过新的数字技术和网络化通信，任何人都可以及时、免费、不受任何限制地通过网络获取各类文献。允许任何用户阅读、下载、复制、发布、打印和查找，或者提供对这些论文文本的链接、对他们进行索引、将它们作为素材纳入软件，以及其他任何法律许可的应用。开放存取运动是一种新的学术信息交流的方法。

OA 资源必备的两个要素：一是免费的版权和著作权。作者和版权所有者授权所有用户对作品的免费和长期访问的权限，并允许他们以任何数字媒体形式对作品进行公开复制、使用、传播、展示以及在原作品的基础上创作和传播其演绎作品。二是长期的数字化保存。作品的完整版本以一种标准的数字格式存储，以确保作品通过互联网的开放存取、自由传播、统一检索和长期存档。

## 4.5.1　OA 出版形式

**1．OA 期刊**

OA 期刊是基于 OA 出版模式的期刊，既可能是新创办的电子版期刊，也可能是由已有的传统期刊转变而来。开放获取期刊大都采用作者付费，读者免费获取方式。旨在使所有用户都可以通过国际互联网无限制地访问期刊论文全文。论文版权由作者保留。开放存取期刊不再利用版权限制获取和使用所发布的文献，而是利用版权和其他工具来确保文献可永久公开获取。

**2．OA 存储也称为 OA 知识库，包括基于学科的存储和基于机构的存储**

（1）学科 OA 存储

最早出现在物理、计算机、天文等自然科学领域，采取预印本的形式在网上进行专题领域的学术交流。于是一些学术组织开始自发地收集这些可共享的学术信息，将其整理后存放于服务器中供用户免费访问和使用。发展至今，很多学科 OA 仓储仍主要以预印本资源库的形式存在，对某一学科领域或多个学科领域中的所有研究者开放，提供免费的文献存取和检索服务，以供交流、学习。

（2）机构 OA 存储

主体一般为高校图书馆、科研院所或学术组织，存储对象为组织或机构的内部成员在学术研究过程中产生的各种有价值资源，如项目研究成果（包括开题报告、中期报告、结题报告等）、调查研究报告、硕/博士学位论文、会议论文，甚至包括课程讲义等。这些资料虽不一定曾经正式发表出版，但是作为学术研究活动过程中的产出，仍具有一定的学术价值。

### 3．其他 OA 资源

除上述两种形式外，各种其他形式的 OA 资源也陆续涌现，如个人网站、电子图书、博客、学术论坛、文件共享网络等。但这些资源的发布较为自由，缺乏严格的质量保障机制，较前两类开放存取出版形式而言，随意性更强，学术价值参差不齐。

## 4.5.2　国外开放存取实例

### 1．Registry of Open Access Repositories（ROAR）

ROAR 是一个开放存取机构库注册的网站，由英国南安普敦大学的 Tim Brody 编制维护，目前已收录各种类型的机构典藏库 780 多个，是获取机构典藏库资源的重要网站，用户可通过国家、内容类型、所使用软件的类型来浏览所需要的机构典藏库资源，该网站还提供快速检索功能，方便用户检索。

### 2．开放存取资源搜索引擎 OAIster

OAIster 由美国密执安大学数字图书馆制作服务部承担，是一个提供电子图书、电子期刊、录音、图片及电影等数字化资料"一站式"检索的门户网站。资料源自几百多家机构，用户可按字顺浏览机构，每个机构下面列出了所收录记录的数量、访问的网址和简单的描述信息。用户还可按关键词、题名、创作者、主题或资源类型进行检索。检索结果含资源描述和该资源的链接。标引对象包括国会图书馆美国记忆计划、各类预印本及电子本文献服务器、电子学位论文等。

### 3．Dialog Open Access

Dialog 国际联机检索系统是目前世界上最大的联机检索系统之一，包括近 600 种各学科的数据库。Open Access 是 Dialog 国际联机检索系统的公开网站，在该网站可以免费查找各学科最新研究动态、论文被 SCI、EI 等数据库收录情况，论文在 SCI、SSCI、AHCI 数据库中被他人引用的情况，以及标准、专利和各种市场商情等题录信息。（参阅本书 6.3.1）

### 4．Directory of Open Access Jounrals（DOAJ）

DOAJ 是由瑞典隆德大学图书馆与学术出版和学术资源联盟于 2003 年联合创建的开放获取期刊数据库。收录 8000 余种期刊，80 余万篇文献，提供期刊浏览和文章名称关键词检索。发表的论文大多数是经过同行评议或严格评审的，质量高，与期刊发行同步，且能免费下载全文。

### 5．Open J-Gate

Open J-Gate（www.openj-gate.com）是印度的 Informatics（India）Ltd 公司于 2006 年创建的目前世界上最大的英语开放存取学术期刊集成门户。收录 9732 种开放存取期刊，其中有 6509 种是经过同行评议的学术性期刊。提供基于开放存取期刊的免费检索和全文链接，检索方式有快速检索、高级检索和期刊浏览，在不同的检索方式下，可通过刊名、作者、摘要、关键字、地址／机构等进行检索。

## 4.5.3　国内开放存取实例

### 1．教图公司 Socolar 平台

Socolar 是中国教育图书进出品公司提供的资源集成平台，对世界上重要的开放存取期刊和开放存取仓储资源进行了收集和整理。收集 OA 期刊数目 11 739 种；OA 仓储数目 1 408 个；平台收录文章总计达 23 864 101 篇。提供刊名浏览、篇名关键词检索以及全文链接服务。

### 2．开放存取（OpenAccess）期刊共享集成平台

开放存取（OpenAccess）期刊共享集成平台是由西安交通大学图书馆创建，收录了开放存取期刊 17 361 种，提供刊名浏览、篇名关键词检索服务。

### 3．CNKI 高校机构知识库建设平台

CNKI（中国知网）的 Institutional Reposity Platform（CIRP）是 CNKI 开发的高校机构知识库建设平台，依托 CNKI 收录的学术资源数据，为用户进行知识库内容获取服务、知识库内容管理服务和知识库应用服务。

## 4.5.4　OA 的影响

开放存取运动对于学术的发展具有意义深远的影响：读者获取学术论文或学术成果完全没有价格障碍和访问障碍；作者可以持有版权，使作者保留在非商业目的的前提下分发自己的作品的权利；科研人员的研究成果可以得到快速、广泛的传播和利用，同时为之提供了存档、保存的机制；出版商出版模式多样化，为作者投稿提供更多的选择；为提供出版物从传统的订阅模式向开放获取过渡提供实践的机会，文章发表时间缩短了；降低了出版成本；学术期刊的影响力、被引率大大提高。

# 思考题

1．网络信息资源获取的途径有哪些？
2．简述国内学科信息门户网站建设的现状。
3．"开放存取"对于你的学习有何影响？

# 参考文献

[1] 张琪玉主编，侯汉清副主编. 情报检索语言实用教程. 武汉：武汉大学出版社，2003.

[2] 肖珑译，数字信息资源的检索与利用. 北京：北京大学出版社，2003.

[3] 马张华，黄智生. 网络信息资源组织. 北京：北京大学出版社，2007.

[4] 李晓明，阎宏飞，王继民. 搜索引擎——原理、技术与系统. 北京：科学出版社，2005.

[5] 董晓英，马张华. 互联网信息资源的检索利用与服务. 北京：北京大学出版社，2003.

[6] 黄西安. 利用"百度"搜索网络信息资源. 科技情报开发与经济，2005(4).

# 第5章 全文数据库的利用

本章由文献数据库的概述性介绍入手，着重介绍常用中外文期刊以及学术论文、会议论文、电子图书等全文数据库的检索方法，通过对各类型全文数据库检索方法和检索案例的揭示，使学生熟悉并掌握中外文全文数据库的检索技巧。

## 5.1 全文数据库概述

### 5.1.1 文献数据库及其分类

在网络信息技术迅速发展的今天，数字化信息资源逐渐成为各类文献信息资源中受众占有率最高的信息资源。目前，很多传统印刷型文献都有了其电子版产品，而国内外许多图书馆、出版商、电子厂商、学术机构等都纷纷加入对传统文献的数字化再加工的行列中来，通常我们习惯性将这些电子版产品、数字产品称为"文献数据库"或者"网络数据库"。

数据库是在计算机存储设备上按照数据结构存储，并提供给特定用户共享的相互关联的数据集合。例如一些高校图书馆或数据库厂商建立的电子图书数据库，就是把馆藏的（或者已购得版权的）印刷型文献的基本信息（如书名、作者、出版社、ISBN 等）存放在一个数据表中，形成"数据集合"，数据库中的每一条记录就是每一种电子图书的相关信息，而书名、作者、出版社、ISBN 等就成为了该数据库的检索字段。

文献数据库按照文献信息资源的组织结构及内容，可分为参考型数据库、源数据库和混合型数据库。

参考型数据库是存储各类数据、信息或知识的原始来源和属性的数据库。用户通过此类数据库检索后可获得文献的存放地点、文摘提要等信息，然后再根据这些信息要素进一步获取原文或其他资料。（详见本书 7.2、7.3）

源数据库是能够为用户提供原文或具体数据的数据库。源数据库可分为事实与数值型数据库（详见本书第 6 章）、术语数据库、图像数据库、全文数据库等。

混合型数据库具有参考型数据库和源数据库共有的特点，按其载体形态可分为光盘数据库、多媒体数据库、超媒体数据库。

## 5.1.2　全文数据库及其分类与特点

全文数据库是文献数据库类型中源数据库的一种。目前，业界对于"全文数据库"一词还没有准确的定义，而众所周知，数据库是在计算机存储设备上按照数据结构存储，并提供给特定用户共享的相互关联的数据集合。基于此，我们认为全文数据库即是指按照文献信息的结构对文献全部内容进行组织、存储和管理的数据集合。从字面意义上理解，全文数据库就是记录文章全部内容的数据库。

### 1．全文数据库的分类

全文数据库按照不同的标准可分为多种类型。

（1）按照文献所收录的内容可分为：电子图书数据库、电子期刊数据库、学位论文数据库、会议论文数据库等。

（2）按照收费与否可分为：收费全文数据库、免费全文数据库。

（3）按照授权与否可分为：授权全文数据库、非授权全文数据库。

（4）按照文献语种可分为：中文全文数据库和外文全文数据库两种。

常用的中文全文数据库有中国期刊全文数据库（CNKI）、中文科技期刊数据库、万方数字化期刊全文数据库、超星电子图书数据库等；常用外文全文数据库有 EBSCOhost、Lexis-Nexis、ProQuest、Springer Link 、ELSEVIER 等。

### 2．全文数据库的特点

全文数据库经过多年的发展和完善，在现阶段呈现了以下新特点。

（1）强大的检索性能，检索结果处理多样化

全文数据库已不是简单意义上提供关键词检索和外部特征字段检索并提供全文检索。事实上，随着其检索入口和手段的不断丰富，各类索引技术的开发，全面提高了全文数据库的检索速度、查准率和查全率，检索功能不断加强。同时，许多数据库在检索结果的显示方式上灵活多样，更加人性化，主要表现为：显示记录数的限定；排序方式的多样化，可按相关度、出版时间、文献标题、著者、来源、语言、出版国等多种方式升序或降序排列；显示格式的多样化，可提供题录、题录＋文摘、全记录或选择字段等多种格式显示。

（2）类型多，收录文献全，数据库质量高

多数全文数据库提供了多种形式的链接，用户通过检索不但能看到全文，也为读者提供了其他服务线索，如引用与被引用文献、二次文献等；部分全文期刊数据库所收录的期刊从创始年开始收录，回溯检索与印刷型期刊同步发行与更新；数据标准、规范、多元，均支持 IE、Netscape 等通用浏览器，且支持功能强，数据更新及时，大多为日更新。数据库内全文资源通常使用 PDF 格式文档进行存储，可使用标准阅读器 Acrobat Reader 阅读器进行浏览。

（3）用户界面友好方便，易于理解，便于使用

数据库的用户界面设计通常直观清晰、图文并茂。例如，不同的文献类型用不同的图形符号表示。数据库往往设有专门的功能帮助键，帮助信息详略适当、清晰，便于查阅。

（4）增加了个性化服务内容

许多文献用户有其特殊的文献需求，一些全文数据库为用户提供强大的个性化服务内容。例如，EBSCO 的 host 文件夹就是一个强大的个性化服务工具，其功能包括保存结果列表

（Resuh List Items）、网络链接保存（Persistent Links to Searches）、检索历史保存与定制提醒（SavedSearches / Search Alerts）、期刊提醒（Journal Alerts）、资料整理网页（Web Pages）等。

在检索全文数据库资源时，必须清楚所需要的信息资源是否已经授权、是否收费，在此基础上，再分析采用哪个数据库、采用何种检索方法。国内大多高校、科研单位和公共图书馆会根据用户需求，购买所需数据库，将其链接于主页上，采用包库或镜像方式提供给局域网用户或者其他授权用户使用。下面主要介绍一些比较著名的中外文数据库的使用方法。

# 5.2　常用中文期刊全文数据库

## 5.2.1　CNKI 数据库

CNKI，全称为 China National Knowledge Infrastructure，即中国知识基础设施工程[①]，是由清华大学中国学术期刊（光盘版）电子杂志社主办，以实现全社会知识信息资源共享为目标的国家信息化重点工程，又称为：中国知网。CNKI 数据库是目前世界上最大的中文文献全文数据库，内容丰富，涵盖自然科学、工程技术、人文社科等各个学科领域。

早期的 CNKI 以网络出版学术期刊全文数据库为主，经过多年的发展，其收录范围已经扩展为期刊、博硕论文、会议论文、报纸、图片、年鉴、统计数据、专利、成果、标准、法规、古籍、工具书等多种文献类型，在 CNKI 网站（CNKI 网址：http://www.cnki.net）首页左上方设有各类型数据库的链接（见图 5-1）。

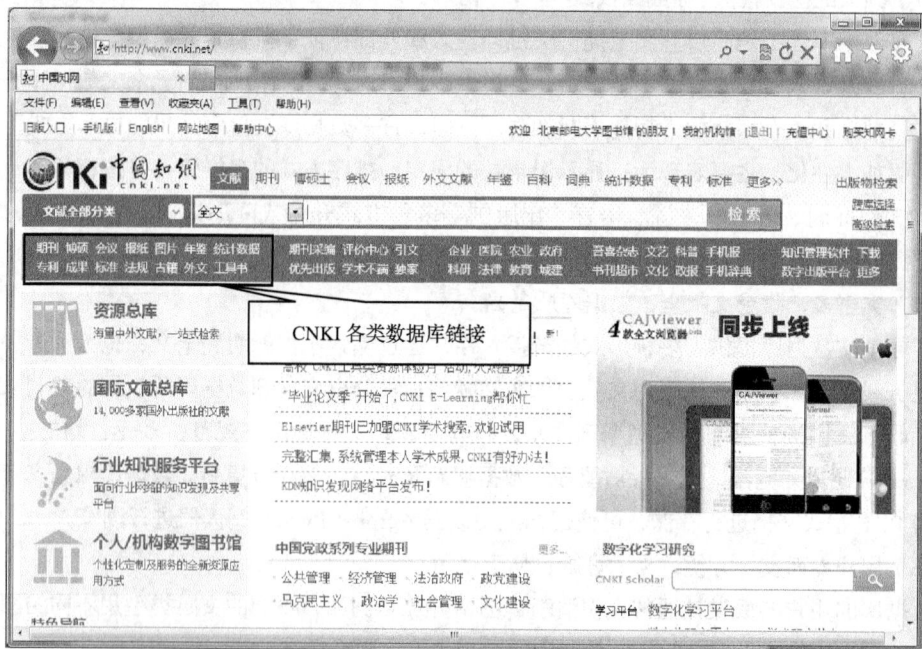

图 5-1　CNKI 网站首页截图

---

① 国家知识基础设施（National Knowledge Infrastructure）的概念，由世界银行于 1998 年提出。

利用 CNKI 网站首页上方的搜索功能可进行多文献类型资源的跨库检索。初次使用 CNKI 数据库，需要下载 CAJ 全文浏览器或 Acrobat PDF 浏览器。CNKI 的文献资源有 CAJ 和 PDF 两种格式，可以任意选择一种。如要下载 CAJ 浏览器，可在 CNKI 网站首页下方的"CNKI 常用软件下载"栏目下找到"CAJViewer 浏览器"的链接，单击下载，安装即可。

CNKI 数据库属于收费型，国内多数高校或单位采用包库方式购买后，采用 IP 限制技术，提供局域网范围内或授权用户使用。因此，用户在获取 CNKI 数据库资源前，需确认是否已经登录（见图 5-2）。如未登录，可在其网站登录页面上单击 IP 登录或者输入授权用户信息（见图 5-3）。

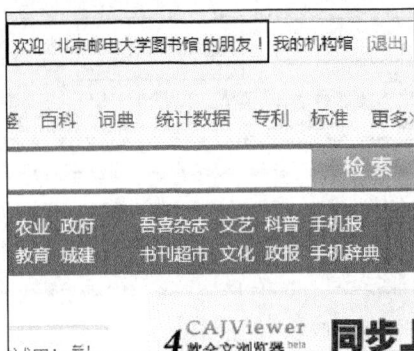

图 5-2 登录成功后页面

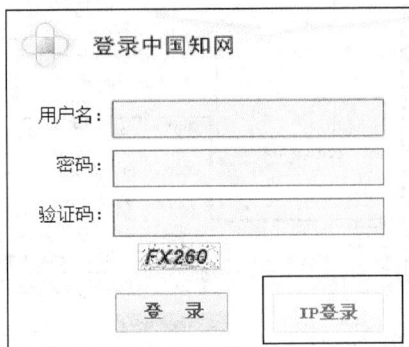

图 5-3 用户登录界面

由于 CNKI 数据库的内容比较繁杂，受篇幅限制，下面仅以 CNKI 中国学术期刊网络出版总库为例介绍 CNKI 数据库资源的使用方法。

### 1．中国学术期刊网络出版总库简介

中国学术期刊网络出版总库的英文全称为 China Academic Journal Network Publishing Database（简称 CAJD）。该库是世界上最大的连续动态更新的中文学术期刊全文数据库。数据库中收录了自 1915 年至今出版的期刊，部分期刊回溯至创刊。所收录期刊以学术、技术、政策指导、高等科普及教育类期刊为主，内容覆盖自然科学、工程技术、农业、哲学、医学、人文社会科学等各个领域，目前收录了国内学术期刊 7900 多种，全文文献总量 3 500 多万篇，其核心期刊收录率为 96%；特色期刊（如农业、中医药等）收录率为 100%；独家或唯一授权期刊 2300 余种，约占我国学术期刊总量的 34%。该库分为基础科学、工程科技 I、工程科技 II、农业科技、医药卫生科技、哲学与人文科学、社会科学 I、社会科学 II、信息科技、经济与管理科学十大专辑，专辑下分 168 个专题。

单击 CNKI 网站首页左上方"期刊"的链接进入"学术期刊"页面（见图 5-4）。

### 2．简单检索

如图 5-4 所示即为 CNKI 中国学术期刊网络出版总库的简单检索界面，其左侧为学科领域选择区，右侧为检索区。在学科领域选择区域，单击学科专辑前的" ⊞ "图标，可选择该学科专辑的分专题（见图 5-5）；单击专辑名或者专题名的链接，页面右侧下方将显示该专辑或专题下的文章（见图 5-6）；勾选专辑或专题前的复选框，则表示在该专辑内检索，可多选。

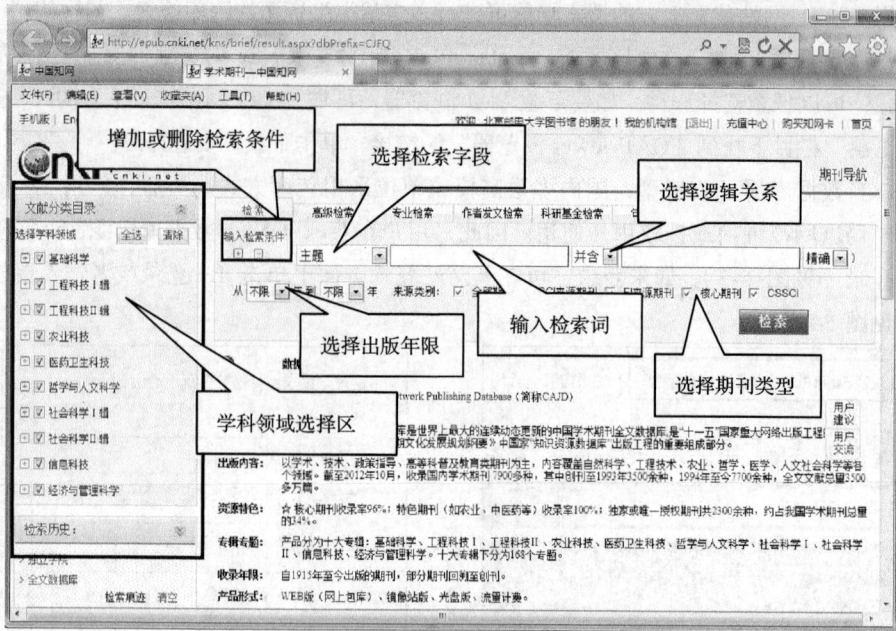

图 5-4　CNKI 中国学术期刊网络出版总库页面

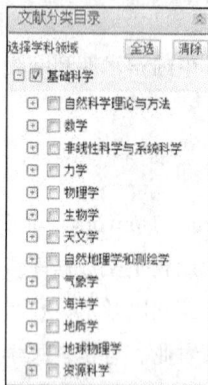

图 5-5　专辑下的分专题显示

图 5-6　专辑或专题下的文章显示

下面以"光通信原理"为检索词进行检索说明。

（1）选择检索字段

单击图 5-4 中的"选择检索字段"的下拉框，我们可看到系统中显示的可供选择的检索字段有主题、篇名、关键词、作者、单位、刊名等 14 个字段，可根据需要选择相应的字段（见图 5-7）。

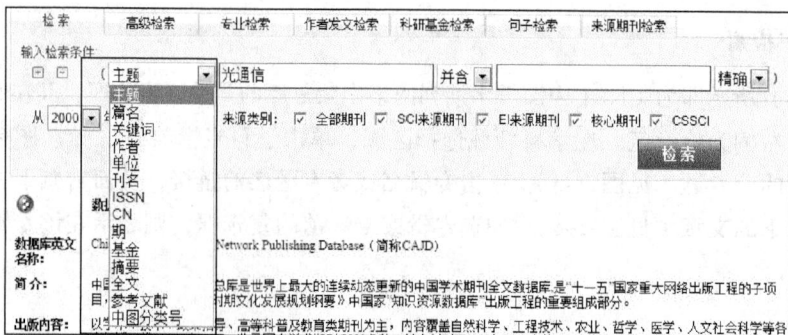

图 5-7　选择检索字段

（2）增加或删除检索条件

单击图 5-8 中的"⊞"图标可增加检索条件，单击"⊟"图标可删除刚刚增加的检索条件。增加检索条件后需要选择检索条件之间的逻辑关系，即与、或、非。另外，在同一检索条件可输入两个检索词，两个检索词之间可通过逻辑关系进行关联。

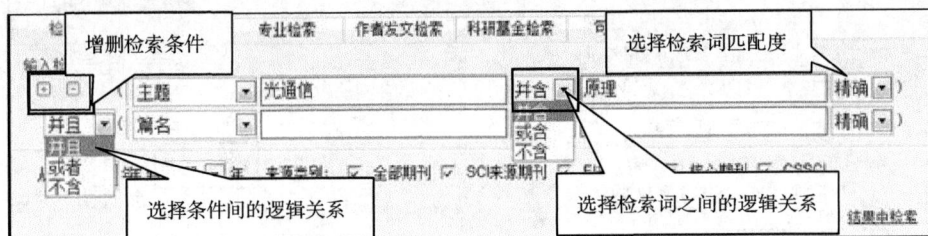

图 5-8　增删检索条件

（3）选择检索词的匹配度

单击图 5-8 中的检索词匹配度下拉框可选择"精确"或"模糊"查询，系统默认采用精确查询。下面我们看看两者的区别。我们以"篇名"为检索字段，以"光通信原理"为检索词，分别进行模糊查询和精确查询（见图 5-9 和图 5-10），发现模糊查询所得结果包含了精确查询的结果。经分析，模糊查询即将所要检索的内容进行分解，本例中就是将"光通信原理"分解为"光通信"和"原理"两个主题词，检索条件可表达为：篇名中含有"光通信"和"原理"的文章；而精确查询则不对检索内容进行分解，只是将检索内容当做整体主题词进行检索，其检索条件可表达为篇名中含有"光通信原理"的文章。

（4）选择其他限定条件

选择年限：如图 5-11 所示，单击年限的下拉框，可选择起始年份和终止年份，意为搜索选定的起止年份间出版的期刊文章。

选择来源类别：CNKI 检索系统中可供选择的期刊来源类别有全部期刊、SCI 来源期刊、EI 来源期刊、核心期刊、CSSCI 等，通过勾选"来源类别"前的复选框进行限定，可多选，系统默认为全选。这相当于限定检索期刊的出版级别。

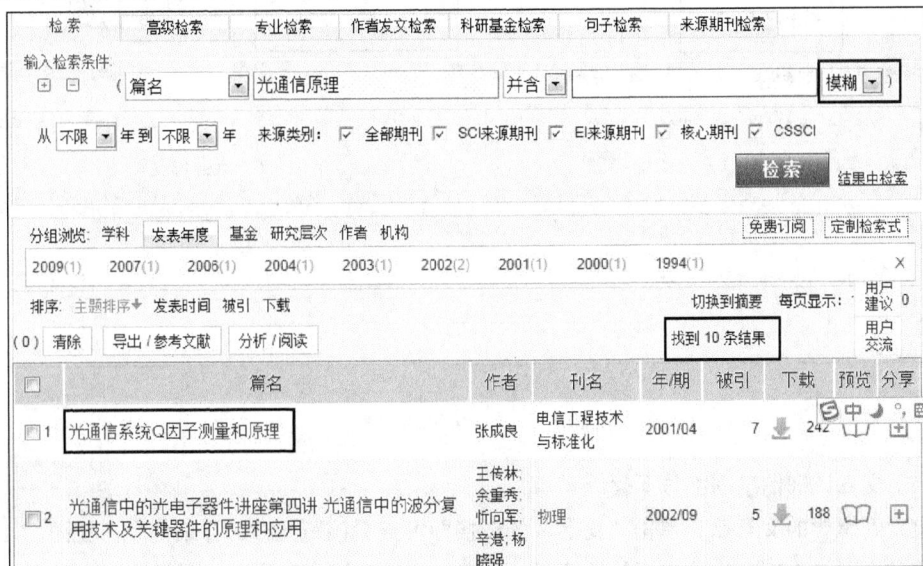

图 5-9　模糊查询结果

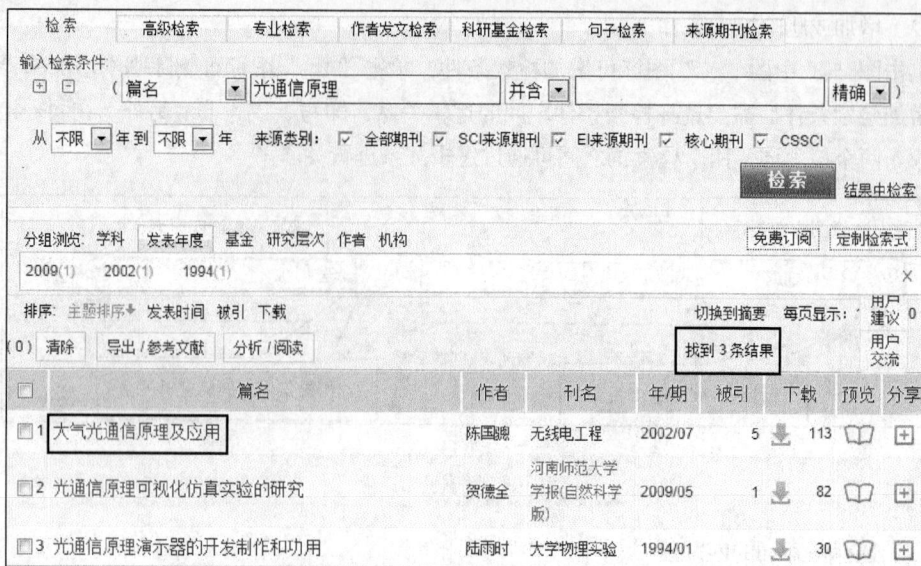

图 5-10 精确查询结果

图 5-11 选择年限和来源类别

（5）进行检索

填写所有限定条件和检索信息后，单击"检索"按钮进行检索，返回结果如图 5-12 所示。

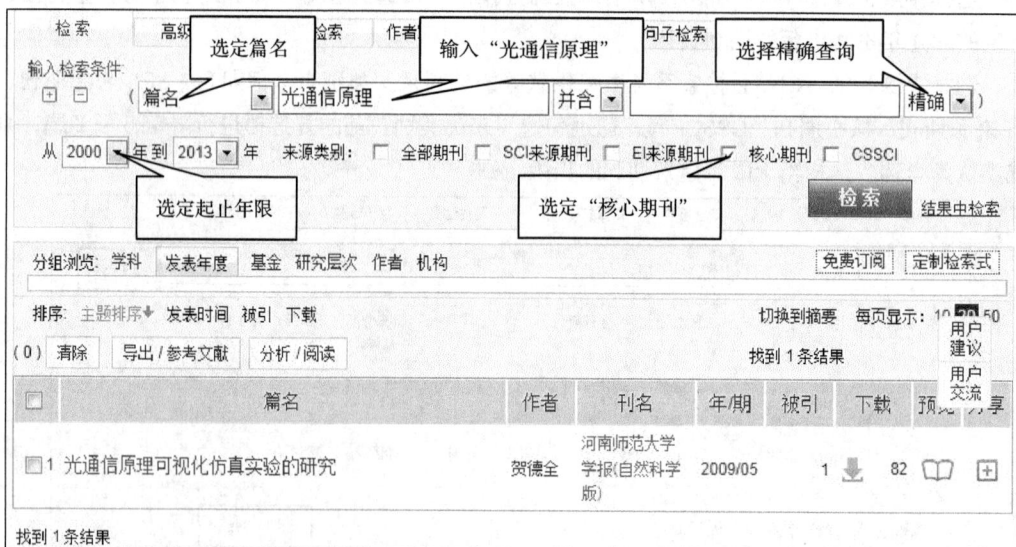

图 5-12 检索结果页面截图

（6）文章详细信息浏览与下载

检索到想要的文章后，单击"篇名"的链接即可查看该篇文章的详细信息（见图 5-13）。详细信息页面的上部分为该文章的的篇名、作者、机构、摘要等信息，下部分则分别列出了该文章的参考文献、相似文献、相关作者文献和相关机构文献等信息。接下来，根据用户个人的喜好，单击图示中的"CAJ 下载"或"PDF 下载"即可下载该文章的电子版文件（"CAJ 下载"是指下载该文章的 CAJ 格式文档，"PDF 下载"即为下载该文章的 PDF 格式文档）。

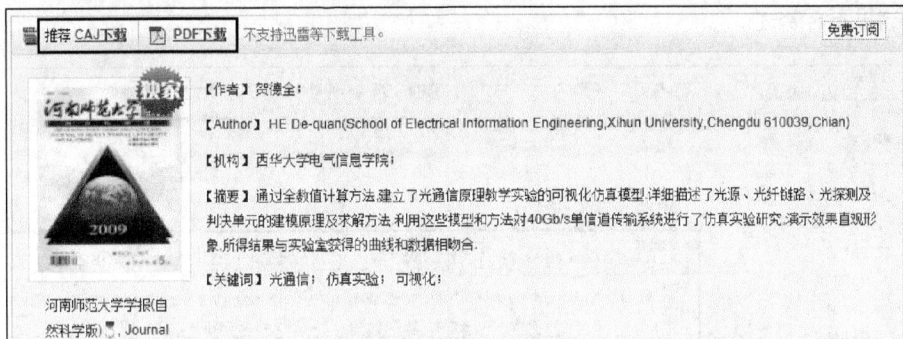

图 5-13　文章详细信息页面截图

## 3．高级检索

单击如图 5-4 所示页面中的"高级检索"选项卡按钮，即可进入高级检索页面（见图 5-14）。

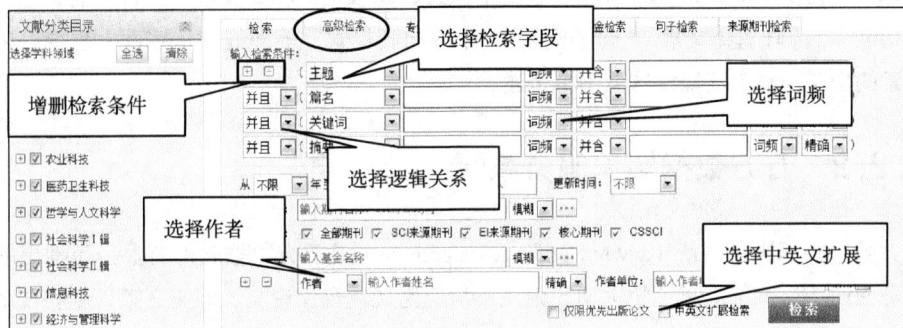

图 5-14　高级检索页面截图

由图 5-14 可知，高级检索即多个检索条件的逻辑组合检索。在高级检索页面中，系统为我们预设了主题、篇名、关键词、摘要四个检索项的逻辑与关系组合，我们也可以设定其他检索项和逻辑关系。较之简单检索，高级检索增加了如下限定检索功能：

（1）选择词频。单击"词频"下拉框，可限定检索词在文章中出现的次数。

（2）输入来源期刊。在"来源期刊"的文本框内，输入所知期刊的刊名，可限定在所输入的期刊内检索该文章。

（3）选择作者。单击"作者"下拉框，选择作者或第一作者，在其后面的文本框内输入作者姓名，可限定所检索的文章作者（或第一作者）范围，该限定条件也可增加。

（4）选择作者单位。用法同"选择作者"。

（5）选择中英文扩展。选中"中英文扩展检索"前的选框，系统将对输入的检索词进行中英文扩展。需要注意的是：选中此功能则不能使用"选择词频"功能，同样，选择使用词频功能则不能使用中英文扩展检索功能。

## 4．专业检索

单击图 5-4 页面上的"专业检索"选项卡按钮，可进入专业检索界面（见图 5-15）。

专业检索适合于对相关专业知识和检索方法较熟悉的专业人员使用。在如图 5-15 所示的专业检索页面中，单击"检索表达式"文本框右侧的"检索表达式语法"的链接可查看专业检索操作指南，在文本框下方有专业检索所需各检索字段的详细说明，用户可根据相关信息进行检索，这里不再赘述。

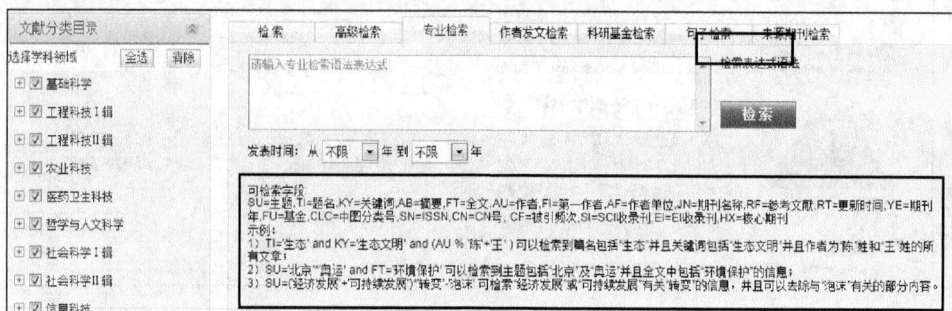

图 5-15 专业检索页面截图

### 5．其他检索功能

CNKI 期刊全文检索系统不仅提供了简单检索、高级检索和专业检索三种功能，还有"作者发文检索""科研基金检索""句子检索""来源期刊检索"等功能，从字面上也很好理解这几种检索的功能，限于篇幅，这里不再赘述。

## 5.2.2　万方数据知识服务系统

万方数据知识服务系统（www.wanfangdata.com.cn）是万方数据股份有限公司推出的科技信息服务网站。该系统汇集了学术期刊论文、学位论文、会议论文、外文文献、专利技术、中文标准、政策法规、图书、学者、机构、科技专家等数据库资源。其中，学术期刊论文、学位论文、会议论文、外文文献、专利等为全文数据库资源。

万方数据知识服务系统所收录知识领域广泛，服务功能齐全，不仅提供数字资源全文，还提供知识脉络分析、论文相似性检测、学术统计分析、科技查新、科技文献分析等服务。

受篇幅的限制，这里主要介绍万方期刊全文数据库的检索方法，其他数字资源的检索方法与之类似。国内各高校和单位购买万方数据库的情况有所不同，使用前请仔细阅读学校或单位图书馆主页上的有关介绍。

### 1．访问万方数据知识服务平台网站

用户可通过所在高校图书馆（或单位）网站中的"万方数据库"相关链接或者直接访问g.wanfangdata.com.cn，来进入万方数字资源库（见图 5-16）。

同 CNKI 一样，万方数字资源也属于收费型数据库，用户需确认是否已经取得授权，如图 5-16 所示，万方网站提示已经以单位名义登录成功，即表示已经取得访问授权。

### 2．"一站式"统一检索

"一站式"统一检索，是指在万方所有数字资源中，检索数据库中任意检索字段与用户输入的检索词相匹配的记录。

图 5-16 万方数据知识服务平台网站截图

在万方数据知识服务平台内，无论是"一站式"检索还是单库检索均有简单检索、高级检索和专业检索三种方式。

万方数据知识服务平台网站首页默认显示的即一站式简单检索界面，在检索词的文本框内输入想要检索的内容，然后单击"检索"即可。如输入"通信"，然后直接进行检索，检索结果的列表如图 5-17 所示。我们可以清楚地看到：检索结果中包含了期刊论文、学位论文、会议论文、外文期刊论文、外文会议论文等诸多文献类型，且检索结果详细记录集中每条记录的篇名或摘要等检索字段内均含有所输入的检索词，这在很大程度上提高文献查全率，实现了万方数字资源的跨库检索。

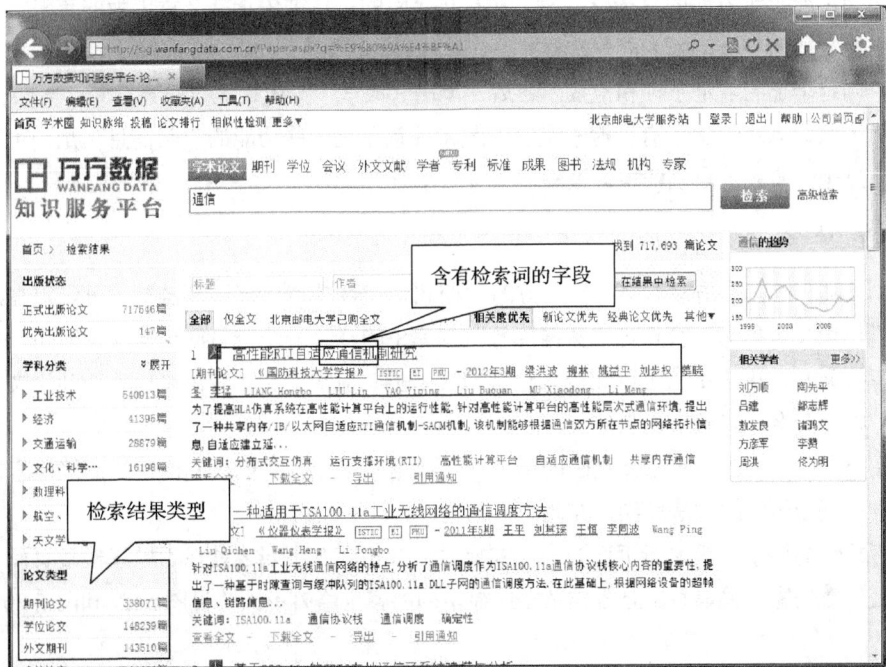

图 5-17 "一站式"检索结果页面截图

单击"检索"按钮右边的"高级检索"的链接，即可进入"一站式"检索的高级检索页面（见图 5-18）。高级检索界面由选择文献类型区、检索区和帮助说明区构成。用户可通过单击检索栏前的 ⊞ 和 ⊟，进行简单检索与高级检索的转换。高级检索的步骤如下。

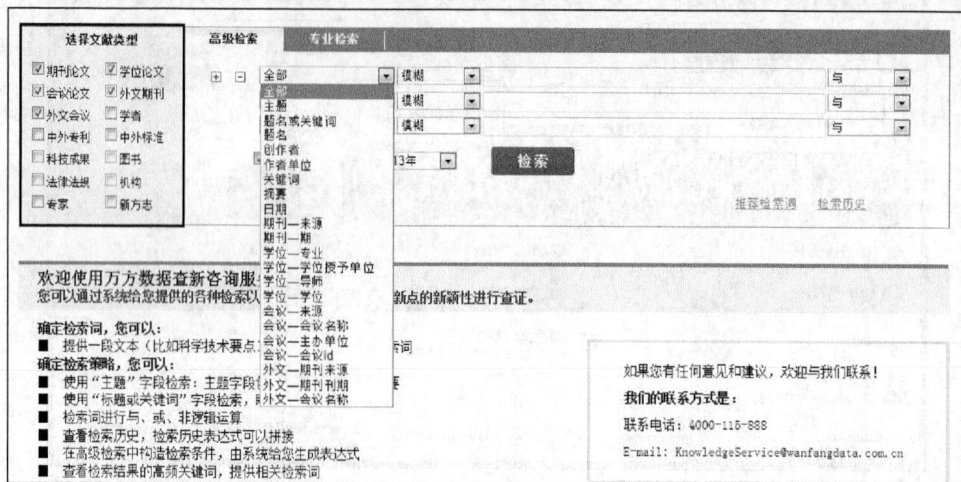

图 5-18　高级检索页面截图

（1）勾选选择文献类型区内的所需数据库前的复选框（可多选），系统会自动将所选数据库添加到检索范围中。

（2）单击检索项的下拉框，选择检索字段（选择的文献类的不同，检索字段下拉框的可供选项也有所不同）。

（3）单击检索方式的下拉框，选定对检索词的模糊检索或精确检索。

（4）在检索词文本框内输入想要检索的内容。

（5）单击逻辑运算符的下拉框，选择检索字段之间的逻辑关系。

（6）勾选起止年限前的复选框，然后在起止年限的下拉框中选择文章出版的年限，若不勾选则表示检索任何年份出版的期刊文章。

（7）确定全部的限定条件和检索内容后，单击"检索"按钮，执行检索。

页面下方，系统给出了有关检索字段、逻辑关系和起一些功能的说明信息，用户可通过这些帮助信息进一步确定自己的检索策略。

### 3．单库检索

在图 5-16 中，单击检索文本框上方的"期刊""学位""会议"等链接，可限定在期刊数据库、学位论文数据库、会议论文数据库等数据库中的任意一个进行简单检索，当用户选择期刊数据库检索时，用户不仅可以在输入检索词后单击"检索论文"按钮来检索期刊论文，还可以单击"检索刊名"来检索期刊。

在图 5-18 中的选择文献类型区内单选一个数据库，即可实现单库检索的高级检索，与一站式检索中高级检索的方法相同，在此不再赘述。

单库检索的检索结果显示页面与一站式检索大致相同，不同之处在于单库检索页面左下方显示的是各数据库相关信息，且各类数据库显示的内容也略有不同（见图 5-19 和图 5-20）。

| 年份 | ≫展开 |
| --- | --- |
| 近一年 | 42504篇 |
| 近三年 | 114195篇 |
| 近五年 | 180236篇 |
| **按刊分类** | ≫展开 |
| 通信世界 | 11342篇 |
| 数字通信 | 9165篇 |
| 中国新通信 | 8181篇 |
| 通信技术 | 7073篇 |
| 信息安全与通… | 6976篇 |
| 移动通信 | 5862篇 |
| 通信世界B | 5018篇 |

| 授予学位 | |
| --- | --- |
| 硕士 | 136062篇 |
| 博士 | 11917篇 |
| 博士后 | 257篇 |
| **年份** | ≫展开 |
| 近一年 | 6639篇 |
| 近三年 | 36768篇 |
| 近五年 | 72305篇 |

图5-19　期刊数据库检索结果页面左下方截图 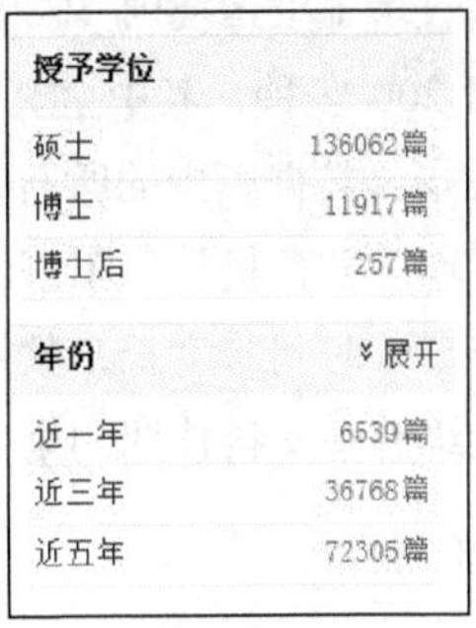　　图5-20　学位论文数据库检索结果页面左下方截图

#### 4．检索结果的进一步筛选及在线浏览与全文下载

按照上述方法执行检索后，系统将以详细列表方式列出检索结果（见图5-17），但所显示的结果条目为系统中收录的与检索词相关的全部记录，如要浏览本单位已购买的资源，需单击页面上的"××单位已购全文"的链接（见图5-21）。

在检索结果页面的上方，系统提供了二次检索功能（见图5-21）。在二次检索的检索字段文本框输入检索词，单击"在结果中检索"按钮，可实现对检索结果的进一步筛选。单击检索结果页面左侧的学科分类中各类的链接，可浏览该分类下的资源，系统默认显示含有结果篇数较多的分类，单击"展开"可查看含有检索结果的全部分类。

单击每条检索结果下面的"查看全文"，可在线浏览；如若下载可单击"下载全文"，万方的全文资源均采用PDF格式存储，在线浏览和下载全文前请下载安装PDF阅读器。当然也可以单击篇名的链接浏览该文章的详细信息，在详细信息页面不但可以查看和下载全文，还可以浏览系统中收录的该文章的参考文献、相似文献等资源。

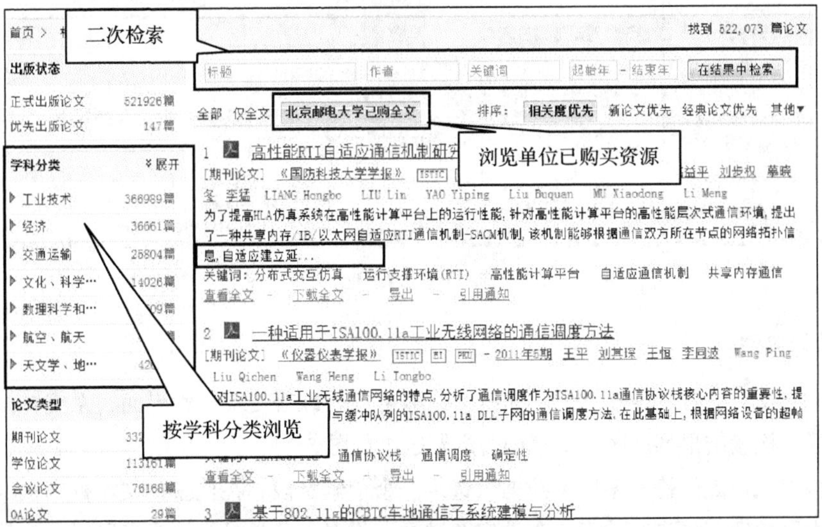

图5-21　单位已购买的资源列表

## 5.2.3 维普中文科技期刊全文数据库

《维普中文科技期刊全文数据库》是由重庆维普资讯有限公司制作的科技期刊全文数据库。该数据库收录了中国境内 1989 年以来公开发行和内部发行的中文期刊 12 000 余种，包含港台核心期刊 200 多种，其中全文 3 000 余万篇，引文 4 000 余万条，分为全文版、文摘版、引文版三个版本。数据库中的所有文献分为社会科学、自然科学、工程技术、农业科学、医药卫生、经济管理、教育科学、图书情报 8 个专辑，并按照《中国图书馆分类法》进行分类。该数据库内容丰富，时间跨度长，数据每日更新，近年来每年的数据增量为 260 余万条。

下面介绍维普中文科技期刊全文数据库的使用方法。

### 1．基本检索

单击网站中维普科技期刊数据库的链接或者在 IE 中输入网址：http://www.cqvip.com/（如所在高校图书馆是 CALIS 成员馆，可访问 http://vip.calis.edu.cn/），即可访问维普中文科技期刊全文数据库网站，该页面即为数据库的快速检索界面。如图 5-22 所示，单击检索字段的下拉框，有题名或关键词、关键词、刊名、作者、第一作者、机构、题名、文摘、分类号、作者简介等 15 个检索字段可供选择，选定一个检索字段后通过检索条件左上的"＋与－"或右上的"－"可增加或减少限制条件，并通过逻辑运算对限制条件进行关联。在检索文本框内输入想要检索的内容，单击"检索"按钮即可进行检索。

图 5-22　维普中文科技期刊全文数据库主页

### 2．传统检索

单击图 5-22 中的"传统检索"的链接，即可进入维普传统检索界面，系统界面分为检索区、导航区、检索结果列表区、文章内容浏览区（见图 5-23）。

单击检索入口处的检索字段下拉框，选定一个检索字段，在检索词文本框内输入检索词，单击"检索"按钮即可进行检索。当选定关键词、作者、分类号等检索字段时，可单击检索文本框后的"模糊"检索下拉框进行模糊检索和精确检索功能的转换。

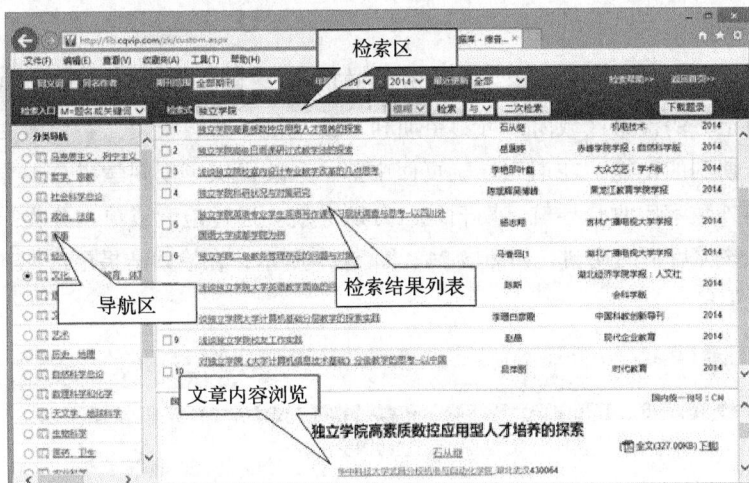

图 5-23　传统检索界面及检索实例

在传统检索系统中，可通过选择一些限定检索范围的功能来筛选检索结果，如限定年限范围、期刊范围等。

（1）限定年限。在如图 5-23 所示的检索区内，可通过"年限"后的两个下拉框来选择起止年限的限定，系统默认的限定范围是自 1989 年至今。通过"最近更新"后的下拉框选择更新频率的限定，可选择的有全部数据、最近一周、最近半月、最近三月、最近半年，选定了"全部数据"外的其他更新频率选项后，年限限定功能将失效。

（2）限定期刊来源。在如图 5-23 所示的检索区内，通过"期刊范围"后的下拉框来限定期刊来源，可供选择的有全部期刊、重要期刊、核心期刊、EI 来源期刊、SCI 来源期刊、CA 来源期刊、CSCD 来源期刊、CSSCI 来源期刊。

### 3．高级检索

单击图 5-22 中的"高级检索"的链接，即可进入维普高级检索界面（见图 5-24），系统默认设定了关键词、作者、分类号、机构、刊名等五个检索字段的逻辑与运算关系的组合检索，用户也可以自由选择检索字段，然后在检索文本框内输入检索内容，选择相应的逻辑运算关系，多个检索条件设定好后执行组配检索。

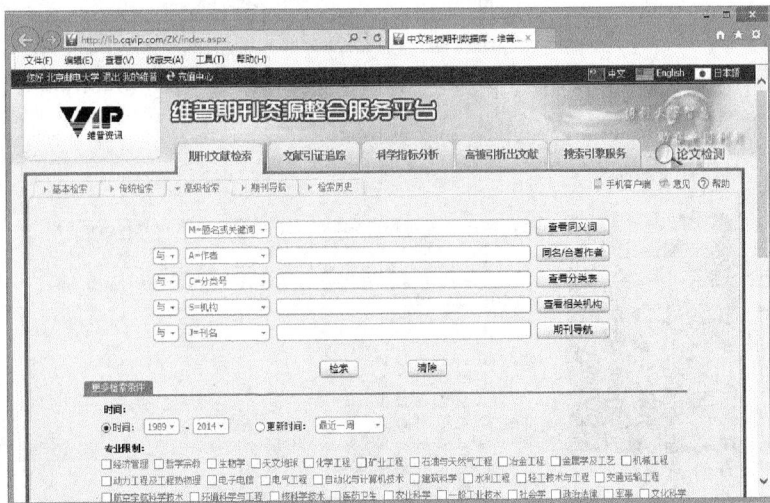

图 5-24　高级检索界面

#### 4．期刊导航

单击图 5-22 中的"期刊导航"的链接，即可进入维普期刊导航界面（见图 5-25）。在期刊导航页面上方的检索区域内，可利用期刊名或 ISSN 进行检索，在检索文本框下方提供了按字顺查期刊的功能。在期刊导航页面中部，系统提供了期刊学科分类导航、核心期刊导航、国内外数字库收录导航、期刊地区分区导航。通过检索或单击分类导航内条目的链接即可查看该类目下的期刊，如图 5-26、图 5-27 所示，在检索结果单击期刊名链接可查看该刊的出版信息。

图 5-25　分类检索界面

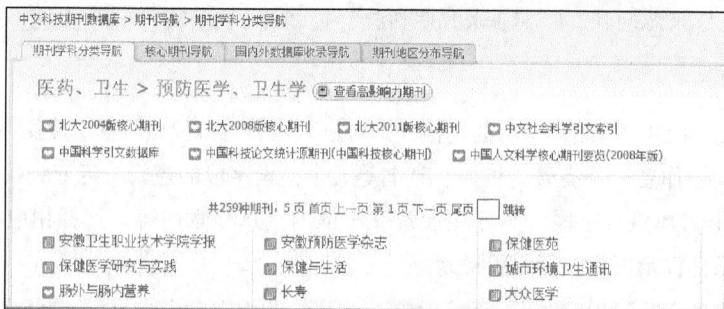

图 5-26　期刊导航页面

图 5-27　期刊列表页面

**5．检索结果的全文下载**

利用上述方法检索的文献列表结果，如图 5-28 所示，可单击题名链接查看该文章的详细信息，如图 5-29 所示，单击题名页面的"下载全文"即可下载该文章的 PDF 文件。

图 5-28　期刊详细信息页面

图 5-29　检索结果列表页面

# 5.3　常用英文全文数据库

## 5.3.1　Ebscohost 数据库

Ebscohost 数据库是美国 EBSCO 公司的三大数据库系统之一，是目前世界上比较成熟的全文检索数据库之一。EBSCOhost 全文数据库包括：综合学科参考类全文数据库（Academic Search Premier，ASP）和商业管理财经类全文数据库（Business Source Premier，BSP）等九个数据库。

ASP 全文数据库是世界上著名的多学科学术数据库，收录了自 1887 年出版的 4600 余种期刊及近 400 种非期刊类全文出版物，如图书、会议论文等。几乎覆盖学术研究的每个领域，包括社会科学、教育、法律、医学、语言学、人文、工程技术、工商经济、信息科技、通信传播、生物科学、教育、公共管理、社会科学、历史学、计算机、传播学、法律、军事、文化、卫生、宗教与神学、生物科学、艺术、表演艺术、心理学、哲学、妇女研究、各国文学等。

BSP 全文数据库是著名的全文商业数据库，收录了自 1886 年出版的 3300 余种期刊，其中逾 2125 种全文期刊及 10 435 种的非刊全文出版物。几乎包括国际商务、经济学、经济管理、金融、会计、劳动人事、银行等所有与商业相关的主题范畴。

单击所在单位网站中电子资源栏目下外文数据库的 EBSCO 数据库的链接，即可进入该数据库网站（见图 5-30），检索前需确认是否登录成功。

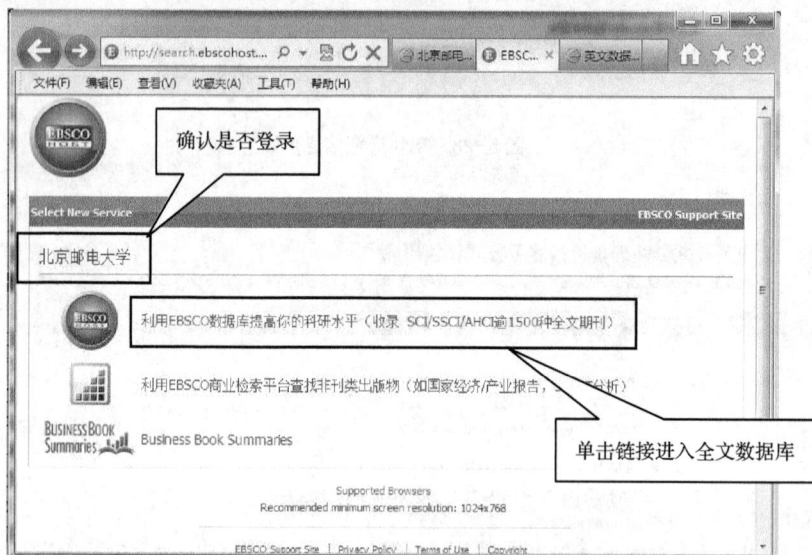

图 5-30　进入 EBSCO 数据库镜像站

如图 5-30 中所示，单击"利用 EBSCO 数据库……"的链接进入 Ebscohost 全文数据库页面。Ebscohost 数据库的检索方式包括基本检索、高级检索两种，具体检索方法介绍如下。

### 1．基本检索

勾选想要检索的数据库前面的复选框，选定一个或多个数据库做为被检索对象（见图 5-31），然后，单击"继续"按钮进入检索界面，此时系统默认显示的是高级检索页面（在后面将详细讲解高级检索），单击检索框下方的"基本检索"链接，则可进入基本检索页面（见图 5-32）。

基本检索界面分为检索区（见图 5-32）和检索选项限定区（见图 5-33）。检索区的检索文本框中输入检索词或者检索运算式，单击"搜索"按钮即可检索。

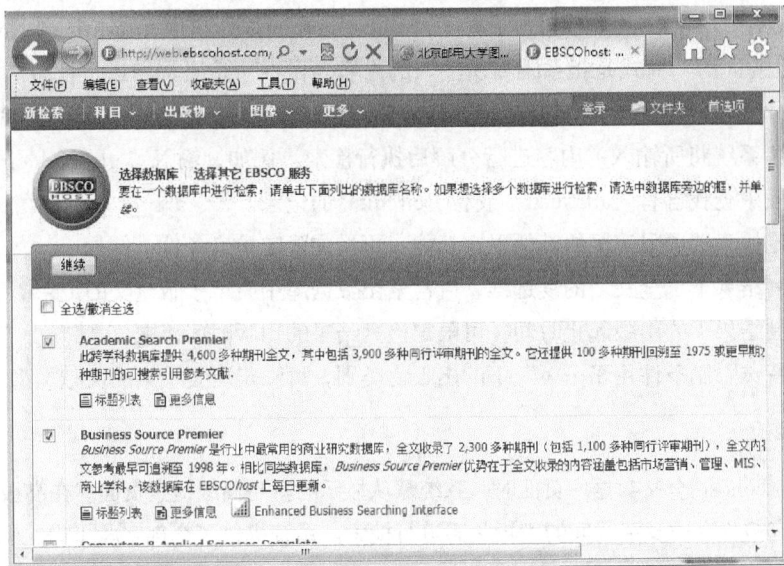

图 5-31　选定检索数据库

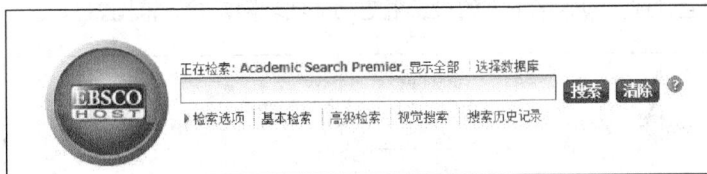

图 5-32　基本检索界面的检索区

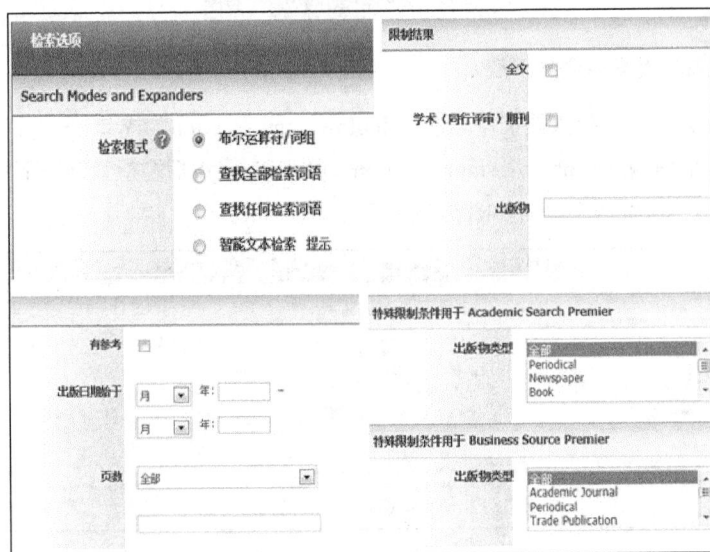

图 5-33　检索选项区拼图

检索文本框内输入内容的方式需要根据检索选项限定区内选定的检索模式来决定。系统默认选定的检索模式为"布尔运算符/词组"，在此模式下，所输入的关键词或词组之间可用布尔算符（AND，OR，NOT）连接，也可以用"（ ）"括起来进行优先运算。基本检索在所有字段中进行检索。检索举例：检索数据库字段中含有"photo-communication"或者"artificial circuit"的文章，则应在检索文本框内输入：photo-communicatio OR （artificial AND circuit）。"查找全部检索词语"模式是指系统将所输入的内容当做一个检索词组进行检索。例如，输入"artificial circuit"，系统将在检索字段中查找含有"artificial circuit"的记录。"查找任何检索词语"模式是指系统将所输入的内容进行分解后执行检索。例如，输入"artificial circuit"，系统将在检索字段中查找含有"artificial"或者"circuit"的记录。

通过选定检索选项限定区的其他限定功能，可增加限定检索条件，例如：

勾选限制结果下"全文"的复选框，可检索出数据库中有电子版全文的记录。

选择限制结果下的出版起止时间，可限定检索结果的出版时间范围。

选择"特殊限制条件用于……"下的出版物类别，可限定所要检索的文献类型。

### 2. 高级检索

进入 Ebscohost 全文数据库页面时，系统默认显示的就是高级检索页面。在高级检索中，用户可通过选定检索字段及字段间的逻辑关系进行检索。系统提供了全部字段（TX All Text）、作者（AU Author）、题名（TI Title）、主题词（SU Subject Terms）、刊名（SO Source）、文摘（AB Abstract）、国际标准刊号（IS ISSN）7 个检索字段（见图 5-34）。与基本检索一样，在高级检索界面，用户可以通过选择检索区下方的检索限定功能实现限定检索范围。

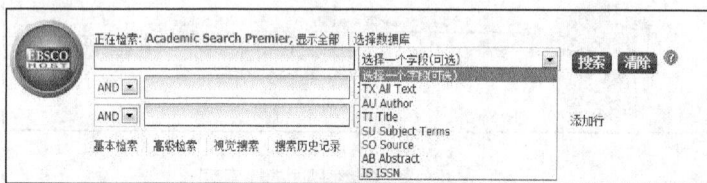

图 5-34　高级检索的检索区截图

### 3. 检索结果的浏览与全文下载

利用高级检索功能，检索题名中含有"photo-communication"或者"radio"的文章，操作方法为：在文本框内输入：photo-communication OR radio，然后在检索字段下拉框中选择"TI Title"，执行检索，检索结果页面如图 5-35 所示。

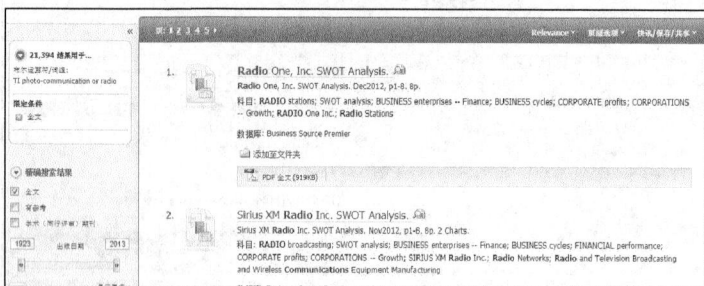

图 5-35　检索结果页面

在检索结果页面的左侧，系统提供了"精确搜索结果""Source Types"等功能。在"精确搜索结果"区，用户可通过勾选"全文""有参考"以及设定出版年限来筛选检索结果。例如：当选中"全文"时，系统弹出图 5-36 中右侧所示的界面，然后单击"更新"，系统将会把检索结果更新为含有全文的记录。单击右侧下方的"显示更多"，则会弹出基本检索功能介绍中如图 5-33 所示的检索范围限定功能界面，用户可进行相应的选择。

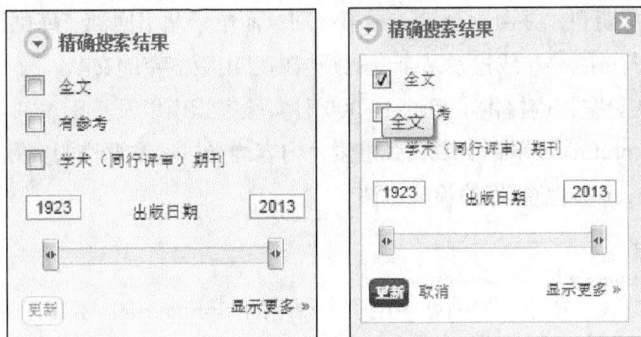

图 5-36　精确搜索结果功能

单击检索结果的题名链接，可转到文章的详细信息页面（见图 5-37），页面左侧为文章全文的下载链接，即 ![PDF全文]；中部为详细信息；右侧为工具栏，包括添加至文件夹、打印、电子邮件、保存、引用、导出、添加注释、永久链接、书签等功能，其中"添加至文件夹"是指将选中的文章保存在文件夹内，日后进入 EBSCO 数据库网站，单击页面右上方 ![文件夹]，即可在该页面的文献列表中找到这篇文章。其他功能可从其字面意义来理解，在此不再赘述。另外，在如图 5-37所示的检索结果页面，每条检索结果记录下方同样有"下载全文"和"添加至文件夹"的链接。

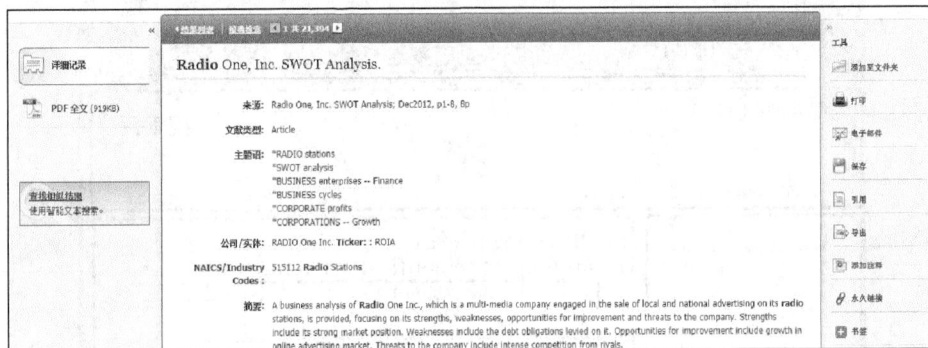

图 5-37　文章详细信息页面

## 5.3.2　Springerlink 数据库

德国施普林格（Springer-Verlag）是世界上著名的科技出版集团，SpringerLink 数据库是其推出的科学、技术和医学（STM）方面的全文数据库，提供超过 1900 种同行评议的学术期刊，以及不断增加的电子图书、实验室指南、在线回溯数据库等。国内高校或研究机构所购买的 Springer 数据库种类有所不同，请读者参见所在学校图书馆或单位网站的有关介绍。

Springer 出版 1900 多种经同行评议的学术期刊。Springer 的在线回溯期刊数据库所提供期刊的学科范围包括：行为科学、生命科学、商业与经济、化学和材料科学、计算机科学、地球和环境科学、工程学、人文社会科学和法律、数学、医学、物理和天文学等。

Springer 的电子图书数据库包括各种的 Springer 图书产品，如专著、教科书、手册、地图集、参考工具书、丛书等。SpringerLink 在 2009 年已经出版超过 30 000 余种在线电子图书，并提供 12 个分学科子库，每年约增加 3 500 种新书。

Springer 的在线回溯数据库包括电子期刊和电子丛书两个子库。电子期刊回溯子库，提供

95

此前出版的英文学术期刊，并回溯至第一卷第一期；而电子丛书回溯子库则为图书馆提供完整的丛书收藏，研究人员能够在线检索某个专题领域内已出版多年的文献。

SpringerLink 实验室指南提供了超过 18 000 种实验室指南以及基于 Web 2.0 的合作研究功能，并通过 springerprotocols 平台实现在线检索，内容均受过非常严格的实际检验。

下面介绍 Springerlink 数据库的检索方法。

### 1．进入数据库

单击学校图书馆或所在单位的网站中电子资源下的 Springerlink 数据库的链接，或者在 IE 地址栏内直接输入：http://link.springer.com，即可进入 Springerlink 网站首页（见图 5-38）。

Springerlink 网站首页分为搜索、浏览和内容三个区域。在内容区域内会按颜色识别用户类别：粉色表示已获得授权；若显示为橙色则表示为匿名用户，未获得授权。在内容区上方，Springerlink 数据库按文献类型分类提供了浏览功能，单击某种类型文献，将会进入该类型数据库的新页面，如单击"journals"，则将进入 Springerlink 学术期刊数据库页面，检索 Springerlink 收录的期刊论文；在浏览区内，Springerlink 数据库按学科分类提供了浏览功能，如果单击某个学科，将会进入该学科的新页面。

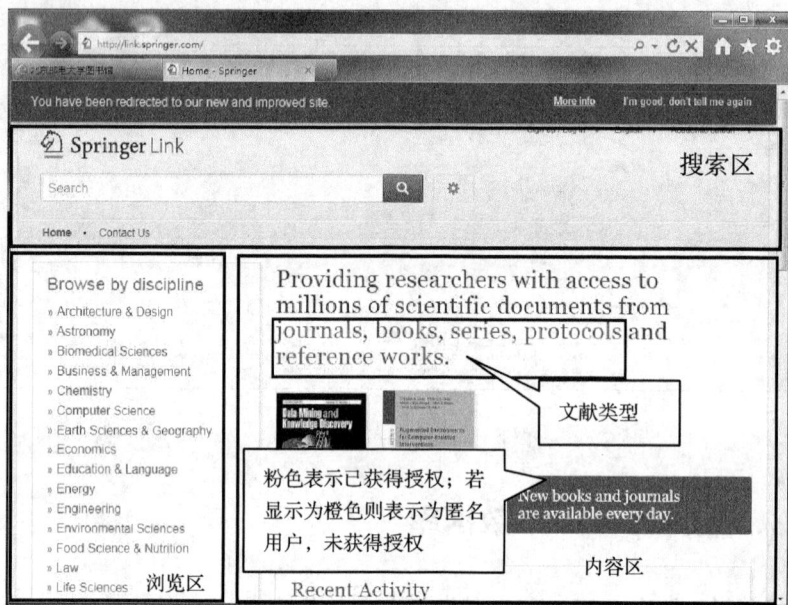

图 5-38　Springerlink 数据库网站首页

### 2．简单检索

Springerlink 网站首页即为简单检索界面。在图 5-38 中所示搜索区的检索框内输入检索词，然后单击"检索"按钮执行检索，即可完成简单检索。Springerlik 数据库提供给了自动建议功能（以 Google 关键字数据为准）。例如：在检索内输入"communication"后，系统将给出一系列建议检索词（见图 5-39）。

### 3．高级检索

单击如图 5-37 所示搜索区的检索按钮右边的 ，在下拉列表中会显示高级检索（Advanced Search）和检索帮助（Search Help）的链接（见图 5-40）。

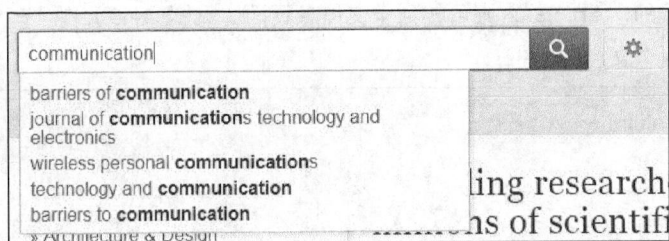

图 5-39　自动建议功能

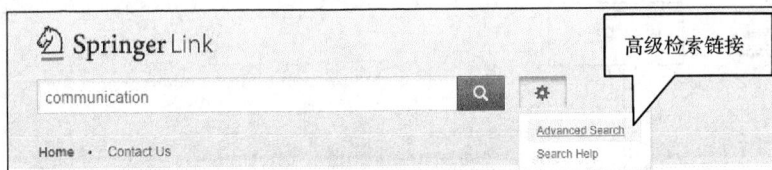

图 5-40　高级检索的链接

图 5-41　Springerlink 高级检索界面

　　用户可以通过使用高级搜索选项进一步缩小搜索范围，也可以限定在所在学校或单位的访问权限内搜索。

### 4．检索结果

　　利用 Springerlink 的检索功能，在检索文本框内输入"communication"，然后执行检索，检索结果如图 5-42 所示，该页面右侧列出所有相关资源的条目，左侧则是内容类型的选择区，如单击内容类型区的"Article",则可转到全文信息页面(见图 5-43),在这个页面我们可以下载该资源的电子版全文。

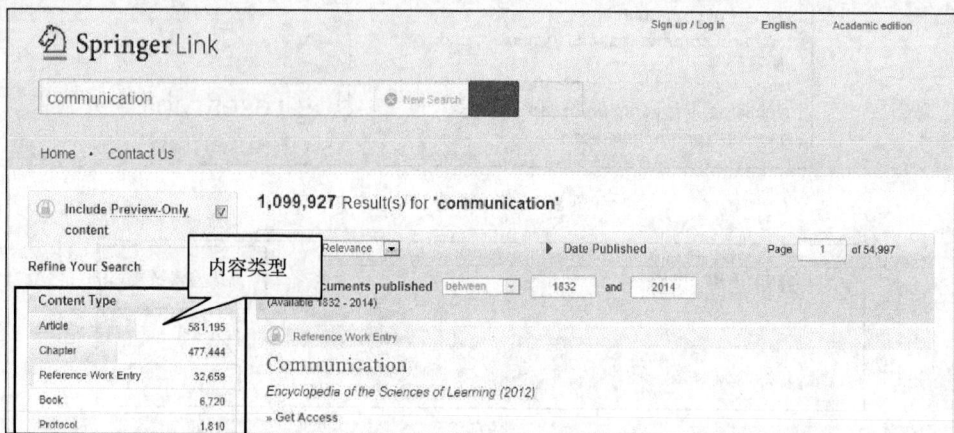

图 5-42　Springerlink 检索结果界面

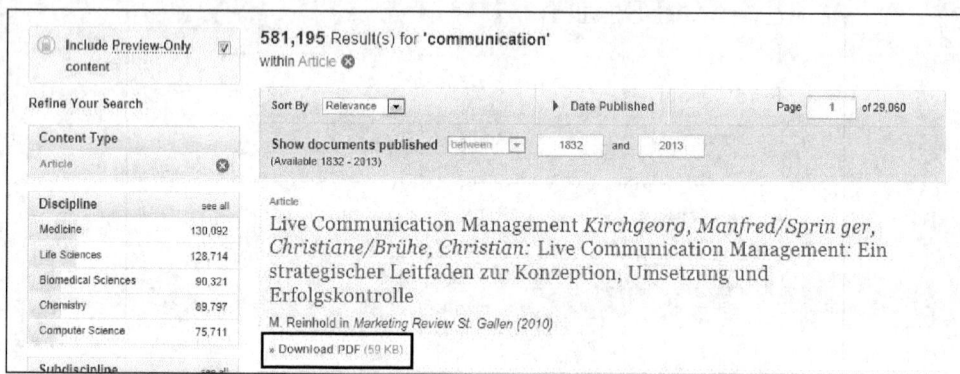

图 5-43　全文信息资源详细页面

## 5.3.3　OCLC FirstSearch 数据库

OCLC(Online Computer Library Center)即联机计算机图书馆中心,总部设在美国的俄亥俄州,是世界著名的提供文献信息服务的机构,FirstSearch 是它推出的一个联机信息检索服务系统,该系统拥有一批基础数据库,主要有

(1)ArticleFirst:12 500 多种期刊的文章、目次索引(部分提供全文)。

(2)ECO:联机电子学术期刊库。

(3)ERIC:教育方面的期刊文章和报告(部分提供全文)。

(4)GPO:美国政府出版物。

(5)MEDLINE:医学的所有领域,包括牙科和护理的文献(部分提供全文)。

(6)UnionLists:OCLC 成员馆所收藏期刊的联合列表库。

(7)WilsonSelectPlus:科学、人文、教育和工商方面的全文库(全部为全文)。

(8)WorldAlmanac:世界年鉴—重要的参考资源。

(9)WorldCat:世界范围内的图书、Web 资源和其他资料的联合编目库。

这些数据库大部分为全文数据库，也有参考型数据库和事实型数据库（参阅本书第 6 章、第 7 章相关段落），主要涉及工程技术、工商管理、人文科学、医学、教育、文化等领域。

### 1．数据库登录

在校园网或单位局域网内，单击学校图书馆主页下 OCLC FirstSearch 数据库的链接，或打开网址 http://firstsearch.oclc.org/FSIP，即可登录 OCLC FirstSearch 数据库。

> ┃注意┃
>
> 　检索该数据库不需要用户名和密码。登录数据库时如果出现输入"授权号"和"密码"的界面，是因为检索该库的并发用户已满，可以稍等片刻再登录。

### 2．FirstSearch 主要屏幕

FirstSearch 有多个屏幕，在每个屏幕都可以进行相应的检索操作。

（1）FirstSearch "首页"：OCLC FirstSearch 数据库检索系统登录成功后即可看到 FirstSearch 检索系统的首页（见图 5-44），在此页面可进行如下检索操作。

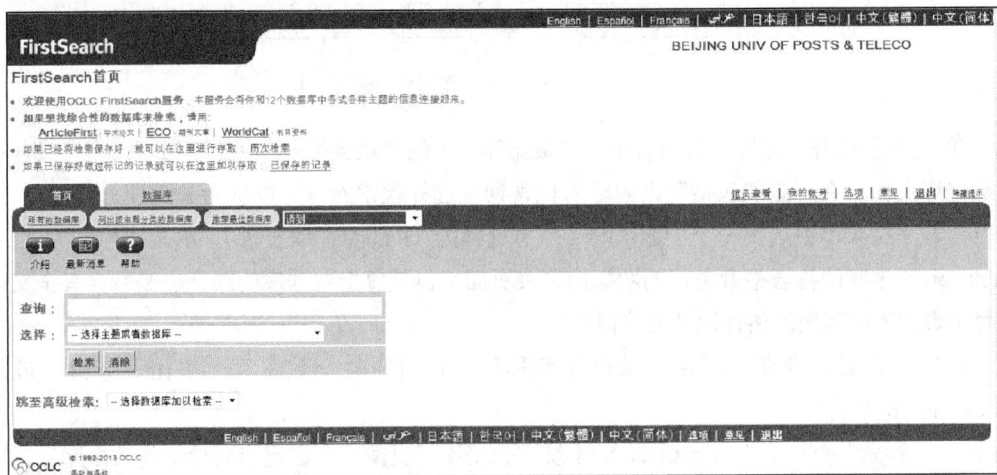

图 5-44　OCLC FirstSearch 数据库首页

① 在"查询"检索框内输入检索词，从"选择"下拉菜单中选择一个数据库，单击"检索"，进入命中记录列表页面。

② 在"查询"检索框内输入检索词，从"选择"下拉菜单中选择一个主题范畴，默认选择为 General（综合性）。单击"检索"，进入符合检索条件的数据库列表页面（包括每个数据库的简介、是否含有全文以及每个数据库中匹配的估计记录数等信息），选择 1~3 个数据库，单击"选择"进入高级检索页面，再单击"检索"，进入命中记录列表页面。

③ 从"跳至高级检索"下拉菜单中选择一个数据库便直接进入高级检索页面。

（2）"数据库"页面：在 FirstSearch 系统"首页"单击页面上方"数据库"下的链接，进入"数据库"列表页面（见图 5-45）。

① "所有数据库"列表页面。单击"数据库"下的"全部列出"，进入 FirstSearch 全部数据库的列表页面（包括数据库简介、是否含有全文等信息）。

② "按主题分类的数据库"列表页面。单击"数据库"下的"按主题列出"，进入 FirstSearch 按主题分类的数据库列表页面。缺省分类为 General（综合性），也可以从"主题

范围"的下拉菜单中重新选择一个主题范畴。与所有数据库列表页面一样，选择 1～3 个数据库，单击"选择"进入高级检索页面。

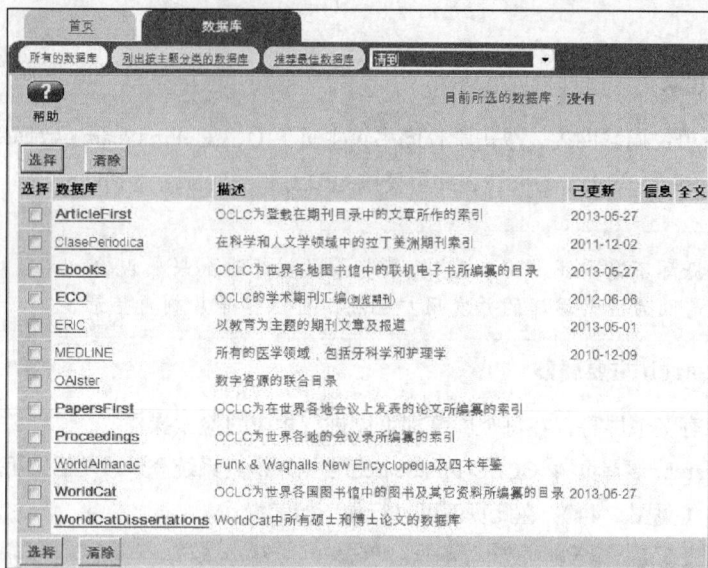

图 5-45　OCLC FirstSearch 数据库列表页面截图

③ "最佳推荐数据库"页面。单击"数据库"下的"最佳推荐"，进入 FirstSearch 最佳推荐数据库页面。在"必须包括"框内输入检索词，选择检索入口（默认为关键词），再在"主题范围"下拉菜单中选择一个主题范畴（缺省选择为 General：综合性），单击"列出"，进入 FirstSearch 推荐的符合检索条件的数据库列表页面（包括每个数据库的简介、是否含有全文以及每个数据库中匹配的估计记录数等信息）。

在每个数据库列表页面单击数据库名称可选择 1～3 个数据库，单击"选择"进入 FirstSearch 检索页面。

（3）"检索"页面。在 FirstSearch 系统"数据库"页面中，选定想要检索的数据库后，单击"选择"即可进入 FirstSearch 检索页面，在此可进行基本检索、高级检索和专家检索。

**3．数据库检索**

（1）基本检索

① 单击"检索"下的"基本"，进入基本检索页面（见图 5-46）。

图 5-46　OCLC FirstSearch 数据库基本检索页面截图

② 从"检索数据库"下拉菜单中选择要检索的数据库。

③ 在"查询"框内输入一个或多个检索词。

④ 从关键词、题名和作者中选择检索入口（默认为关键词）。

⑤ 从"排序"下拉菜单中选择检索结果的排序方式。

⑥ 单击"检索"进行查询。

（2）高级检索

① 单击"检索"下的"高级"，进入高级检索页面（见图 5-47）。

② 从"检索数据库"下拉菜单中选择要检索的数据库。

③ 在"查询"框内输入检索词（高级检索提供三个检索输入框）。

④ 从检索入口下拉菜单中选择检索字段。

⑤ 通过逻辑算符（AND、OR、NOT）组合检索条件。

⑥ 从"排序"下拉菜单中选择检索结果的排序方式。

⑦ 还可以利用"限制内容"功能，通过文献年限、文献类型、语种、是否含全文以及收藏的图书馆等对检索条件进一步限制。

⑧ 单击"检索"进行查询。

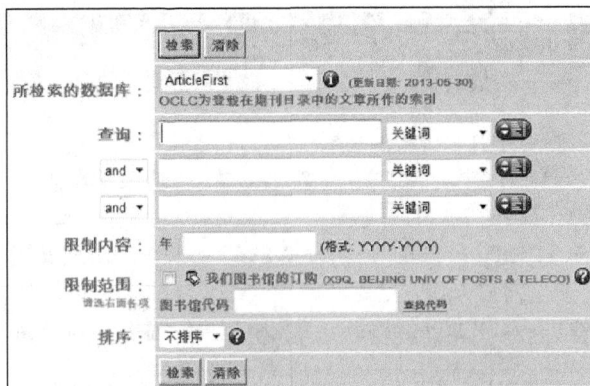

图 5-47　OCLC FirstSearch 数据库高级检索页面截图

（3）专家检索

① 单击"检索"下的"专家"，进入专家检索页面（见图 5-48）。

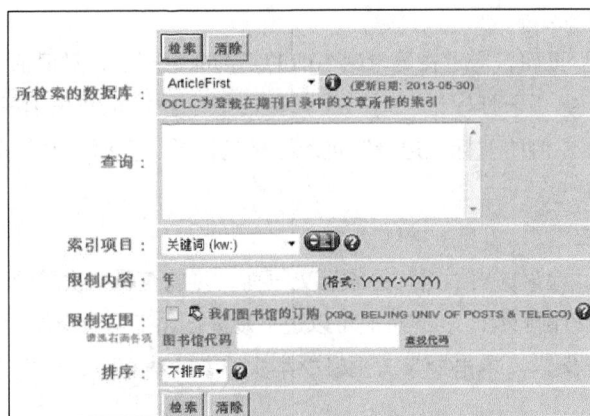

图 5-48　OCLC FirstSearch 数据库专家检索页面截图

② 从"检索数据库"下拉菜单中选择您要检索的数据库。

③ 在"查询"框内输入由检索词、字段标识符、逻辑算符等组成的检索式。

④ 从"排序"下拉菜单中选择检索结果的排序方式。

⑤ 与高级检索一样，也可以利用"限制内容"功能，通过文献年限、文献类型、语种、是否含全文以及收藏的图书馆等对检索条件进一步限制。

⑥ 单击"检索"进行查询。

▍注意▐

A. 无论哪种检索方式，如果要检索一个准确短语，应将短语放在引号内。

B. 三种检索方式都提供检索词的索引表，只要输入检索词后，单击检索页面"浏览索引"或其图标，进入索引页面，可以从索引表中验证检索词的拼写和格式是否正确。

**4．检索结果及输出**

（1）查看检索结果

完成一次检索后，进入 FirstSearch "记录一览表"页面（见图 5-49），FirstSearch 以题录形式显示检索结果，并显示检索的数据库名、检索词、采取的其他限制检索策略、结果的排序方式以及各数据库匹配的检索结果。

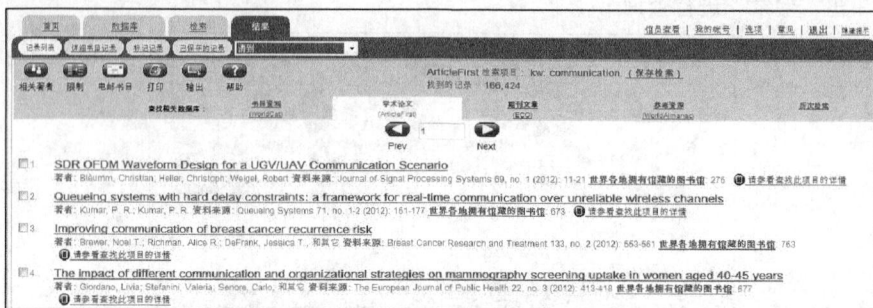

图 5-49　OCLC FirstSearch 数据库"记录一览表"页面截图

① 单击记录题名进入"详细记录"页面查看记录的详细信息，包括文摘、描述词等。

② 利用 Next 和 Prev 图标，在"记录一览表"页面进行翻页，或在"详细记录"页面浏览后一个或前一个记录的详细信息。

③ 如果记录含全文，单击记录题名后的全文图标可查看全文。

（2）标记检索结果

在"记录一览表"页面，通过在记录题名前的复选框中打钩，对记录做标记，或使用页面底部的"清除标记"或"全打标记"对整个页面的记录做标记或取消标记（最多标记 100 个）。之后，单击页面左侧的"标记记录"进入"标记记录"页面，并单击该页面"详细"可查看标记记录的详细信息。

（3）查看检索历史

单击页面左侧的"检索历史"进入检索历史页面，可以查看某次登录进行的若干次检索的情况（依检索的先后顺序排列），在此页面可以进一步进行如下检索操作。

① 恢复某次历史检索。单击检索历史表中某次检索的结果数，再次进入此次检索的"结果一览表"页面。

② 在另一个数据库完成先前的检索。在检索历史表中选择某次检索，并从"选择下拉"菜单中重新选择一个数据库，单击"检索/匹配"进行检索。

③ 结合新的检索式检索。在检索历史表中选择某次检索，并在"查询"框内输入新的检索式，单击"检索/匹配"进行检索。

④ 完成一次新的检索。不选择任何历史检索，而在"查询"框内输入新的检索式，并从"选择下拉"菜单中重新选择数据库，单击"检索/匹配"进行一次新的检索。

（4）检索结果输出

单击 FirstSearch 页面的图标，可进行相应的打印、E-mail 发送或存盘等操作。

> **注意**
>
> FirstSearch 的打印功能是将检索结果重新格式化，然后仍然利用 IE 或 Netscape 浏览器的打印功能打印，或不打印而利用浏览器的保存功能保存结果。

**5．FirstSearch 专家检索中的相关检索语法（在基本和高级检索中也可以用下面介绍的检索语法构造检索式）**

（1）字段标识符。通常以 2 个缩写的字符代表某个检索字段，例如:ti（Title），au（Author）。利用标识符可构造如下类型的检索式。

① 单标识符检索式：标识符后紧跟一个冒号(:)和检索项，例如：ti:computer

② 多标识符检索式：在多个字段检索同一个检索式，例如：au:，su:，nt:louisa may alcott

③ 准确短语检索式：标识符后跟一个 "=" 号和一个检索项，=号后面的所有词将作为一个整体进行检索。例如：ti=one day in the life，au=wang guangming

（2）位置算符（Nn,Wn）。表示两个检索词之间允许间隔的最多词数(1-25 个)。

Nn 表示两个检索词词序可以颠倒；Wn 表示在 W 前的检索词必须先出现。

例：ti:online n searchin，ab:head w2 class

（3）逻辑算符。AND、OR 和 NOT。

（4）括号。表示两个或多个被结合的检索词使用相同的标识符。例如，ti:（civil war and stone river）。

（5）复数符（+）。用在词尾，检索一个词和它的复数（形式为"s" 或 "es"的复数）。如：检索式中的词为 coach+，实际检索 coach，coachs，coaches。

（6）截词符（*）。至少输入一个词的前 3 个字符和一个*来完成一个词和它的变形词的检索。例如，键入 econ*，将获得包括 econometrics、economics、economist 等的结果。

（7）通配符（# 和 ?）。当不能确信拼写是否正确时；或当拼写可替换时；或当仅知道某词的一部分时；可以使用通配符。# 代表一个字符，例如，键入 wom#n，会获得包括 woman 和 women 的记录；一个? 代表零个或任意个字符，例如，用 colo?r 检索，将得到包含 color、colour、colonizer 和 colorimeter 的记录；一个?和一个数字用数字代表可替换的字符数，例如，键入 colo?4r，只能获得包含 colonizer 的记录。

## 5.3.4 Emerald（爱墨瑞得）数据库

Emerald 出版社 1967 年由英国的布拉德福德大学商学院（Bradford University Management Center）的学者建立，一直致力于管理学、工程学专家评审期刊以及人文社会科学图书的出版，是世界管理学期刊最大的出版社之一。Emerald 数据库包括管理学全集数据库 EM200（Emerald Management eJournals 200）和 Emerald 回溯数据库（Emerald Backfiles）。

管理学全集数据库 EM200 包括 200 种 Emerald 出版的管理学全文期刊，包括工业管理、国际商务、人力管理、质量管理、市场营销、教育管理、会计金融和法律、经济和社会政策、健康护理、管理科学、营运与后勤管理、财产与不动产、组织发展与变化、策略和通用管理、图书馆管理、信息和知识管理等管理学科。

Emerald（爱墨瑞得）出版社同英国大不列颠图书馆合作，将 Emerald 出版的所有期刊进行了电子化。2010 年，中国国家图书馆正式引进 Emerald 回溯数据库，该库包含 178 种全文期刊，超过 11 万篇的全文内容，涉及管理学、图书馆馆学、信息科学、材料学及工程学等领域。所有期刊均回溯至第 1 卷第 1 期。

**1．进入数据库**

单击学校或单位相关网站的"Emerald（爱墨瑞得）数据库"的链接或直接输入网址 http://www.emeraldinsight.com 访问（见图 5-50）。

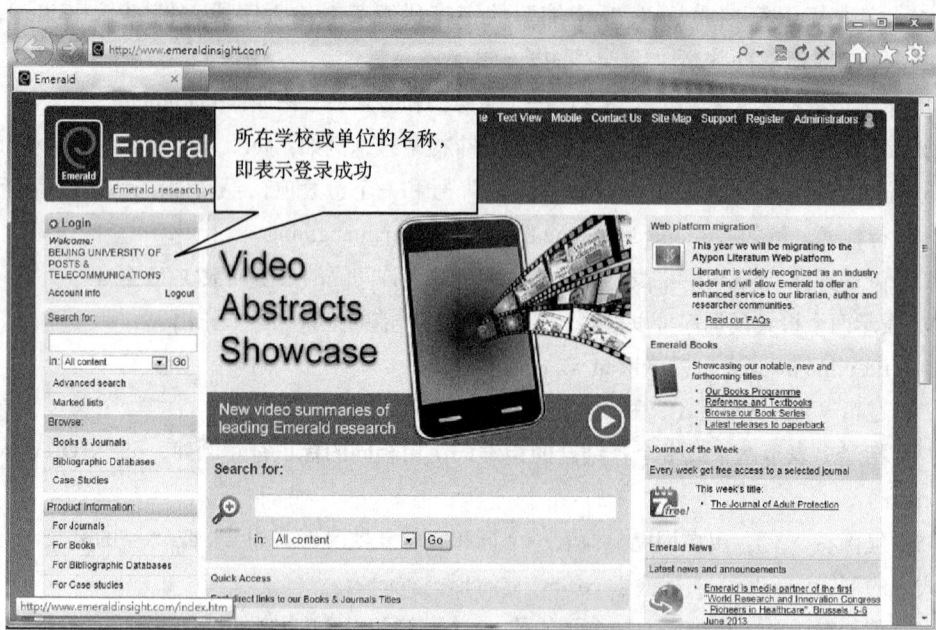

图 5-50　Emerald（爱墨瑞得）数据库首页截图

**2．快速检索**

进入 Emerald（爱墨瑞得）数据库首页即可看到如图 5-51 所示的快速检索入口。

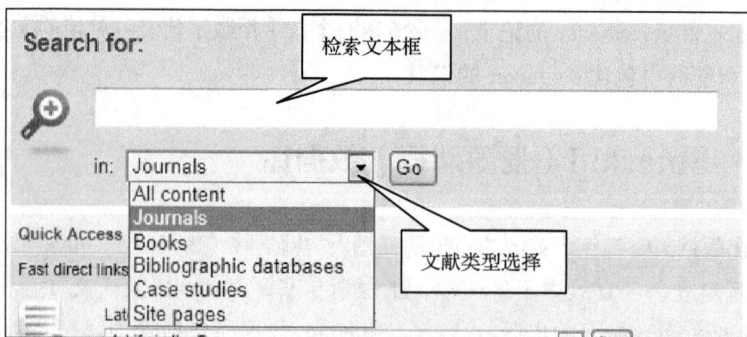

图 5-51　快速检索入口

在快速检索入口的检索文本框内输入想要搜索的内容，也可以直接在检索框中输入布尔逻辑运算符（AND、OR 和 NOT），需要注意的是布尔逻辑符必须大写。单击文献类型下拉框可选定检索内容所属的文献类型，例如想要搜索期刊文章可选择"Journals"一项，然后单击 Go 执行搜索。

### 3. 高级检索

在 Emerald（爱墨瑞得）数据库首页左侧的"Search for"栏目下单击"Advanced Search"的链接即可进入高级检索页面（见图 5-52）。

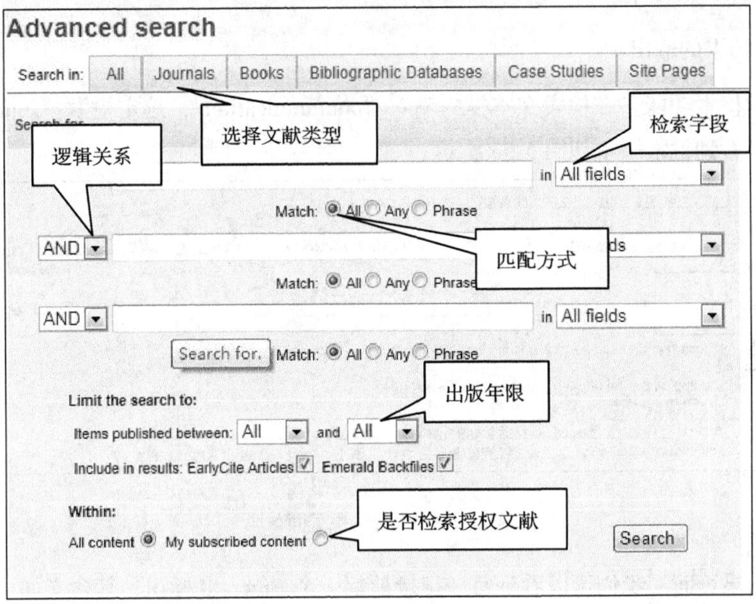

图 5-52　高级检索页面截图

高级检索的步骤如下。

（1）选择文献类型。高级检索界面提供了全部（All）、期刊（Journals）、图书（Books）等文献类型的限定功能，单击某个文献类型的按钮可限定检索该类型的文献。

（2）选择检索字段。单击检索文本框后面的检索字段的下拉框，选定检索字段，可选择全部字段（All Fields）、除全文外的其他字段（All except full text）、摘要（Abstract）、题名（Title）、作者（Author）等。

（3）选择匹配方式。在检索文本框下方可选择输入内容的匹配方式，有全部（All）、模糊（Any）、精确（Phrase）三种。精确查询也称为短语查询，即将所输入的内容作为一个短语进行检索，检索的多个单词连在一起才符合检索条件。

（4）选择检索条件间的逻辑关系。多个检索条件可通过选定检索文本框前的逻辑关系进行关联，包括与（AND）、或（OR）、非（NOT）。

（5）选定出版年限。单击"Ltems Published brtween"后面的起止年限下拉框，选定出版起止年代，可限定检索结果为所选的年代之间出版的文献，系统默认为全部。

（6）选择是否只检索已订购的内容。在"Within"下单击"My suscribed content"的复选框，则表示只检索学校或单位购买的资源；系统默认选定的是"All Content"，即搜索全部资源。

### 4. 检索规则

Emerald（爱墨瑞得）数据库检索系统针对检索词设定一些检索规则。

（1）词干检索。使用通配符*和？，通配符只能出现在检索词的中间和末尾，不能出现在检索词开头。

（2）模糊检索。使用~，如输入检索词"roam~"，可以返回包含"room"和"foam"内容的检索结果。

（3）权重检索。使用权重符号^，如检索"work^4 management"，则检索结果中 work 的权重是 management 的 4 倍。

### 5．检索结果的输出

利用简单检索功能，在检索文本框内输入"communication"，选定检索"Journals"文献，执行检索后可看到检索结果如图 5-53 所示。

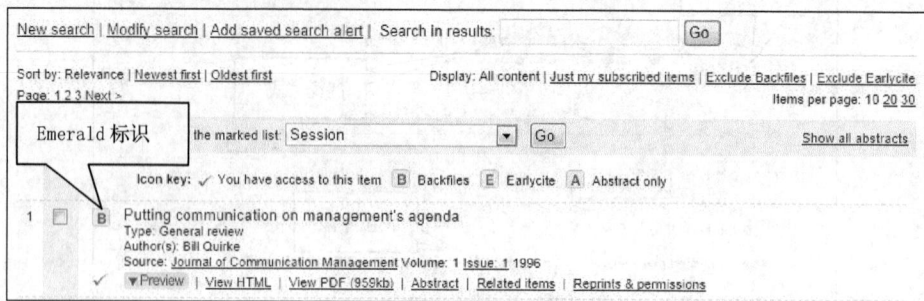

图 5-53 检索结果页面截图

在检索结果页面，我们可以看到每条记录前都一个 Emerald 标识，其含义如下。

（1）E Earlycite：标识的文章是 Emerald 即将正式出版的文章的网络版，确保读者在第一时间在线阅读到最新的文章。

（2）B Backfiles：Emerald 回溯数据库中的文章。

（3）"✓ You have access to this item"：可以下载全文。

Emerald（爱墨瑞得）数据库全文显示为 HTML 和 PDF 两种格式，单击结果页面中每条记录下的"View HTML"和"View PDF"的链接可分别下载这两种格式的全文。若遇到某些文章无法下载全文的情况，可能是图书馆未订购，可以在设置检索条件时选"My subscribed content"或显示检索结果时选"Just my subscribed items"，将只显示可以下载全文的记录。

## 5.3.5 Elsevier（SD）期刊数据库

ScienceDirect（SD）期刊数据库是总部设在荷兰阿姆斯特丹的 Elsevier（爱斯唯尔）公司的核心产品，也是当今世界应用最广泛的全文数据库之一。ScienceDirect（SD）期刊数据库包含 2000 多种期刊，其中约 1400 种为 ISI 收录期刊，占 ISI 的 1/4。另外，Elsevier 公司每年还出版 2200 多种图书，包括 Pergamon、Saunders、Mosby、AcademicPress 等。ScienceDirect（SD）期刊数据库涵盖工程和技术、环境科学、材料科学、数学、艺术、管理和会计学、化学、计算机科学、决策科学、经济学、社会科学、心理学等 24 个学科领域，数百个主题。

### 1．进入数据库

单击学校或单位网站中的"Elsevier（SD）期刊数据库"的链接或直接输入网址 http://www.sciencedirect.com/访问（见图 5-54）。

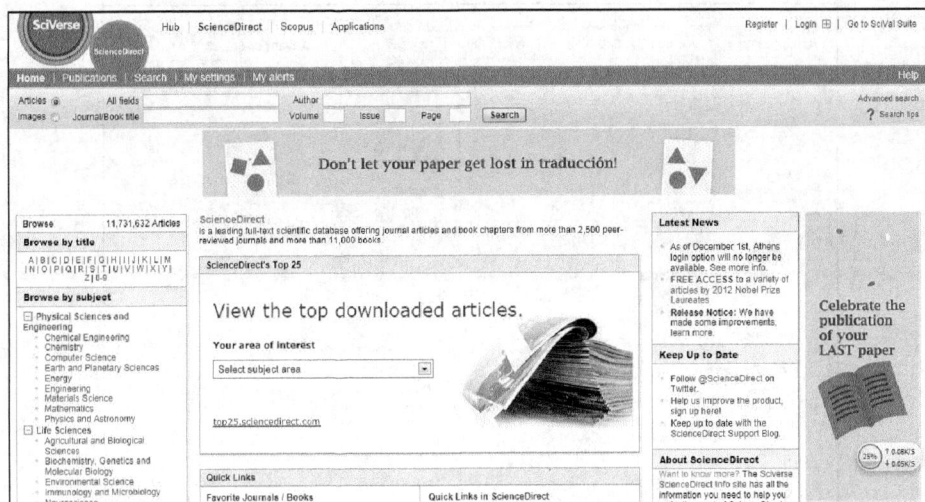

图 5-54 Elsevier（SD）期刊数据库首页截图

## 2．简单检索

在 Elsevier（SD）期刊数据库首页左侧，系统提供按标题浏览（Browse by title）和按学科浏览（Browse by subject）的浏览功能。单击按标题浏览栏目下的字母或数字的链接，可搜索题名以所单击的字母或数字开头的资源；单击按学科浏览栏目下的学科名链接可浏览该学科写的文献资源。

Elsevier（SD）期刊数据库首页的上方系统提供快速搜索入口（见图 5-55）。

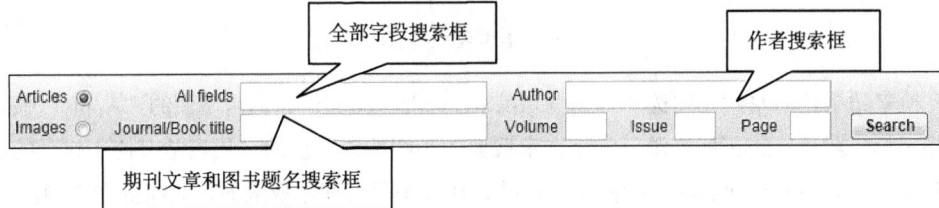

图 5-55 Elsevier（SD）快速搜索入口

在快速检索入口，系统提供了全部字段搜索、作者和题名搜索三个检索内容输入框，在相应的文本框内输入想要搜索的内容，然后单击"Search"按钮即可进行检索。

## 3．高级检索

单击 Elsevier（SD）期刊数据库首页导航栏内的"Search"的链接即可进入高级检索页面（见图 5-56）。在该页面上方系统同样提供了快速检索入口。

Elsevier（SD）高级检索与 Emerald 高级检索的功能基本相近，不同之处在于：

（1）在 Elsevier（SD）高级检索页面中，单击"Source"的下拉框，选择是否只检索所在学校或单位购买的资源。默认选定的是"All source"。

（2）单击"Subject"列表框内的某一项，可限定检索内容所属的学科领域。

## 4．检索结果的输出

利用 Elsevier（SD）的快速检索功能，在题名搜索（Journal/Book title）的文本框内输入"communication"，单击"Search"按钮执行检索，可看到检索结果页面如图 5-57 所示。

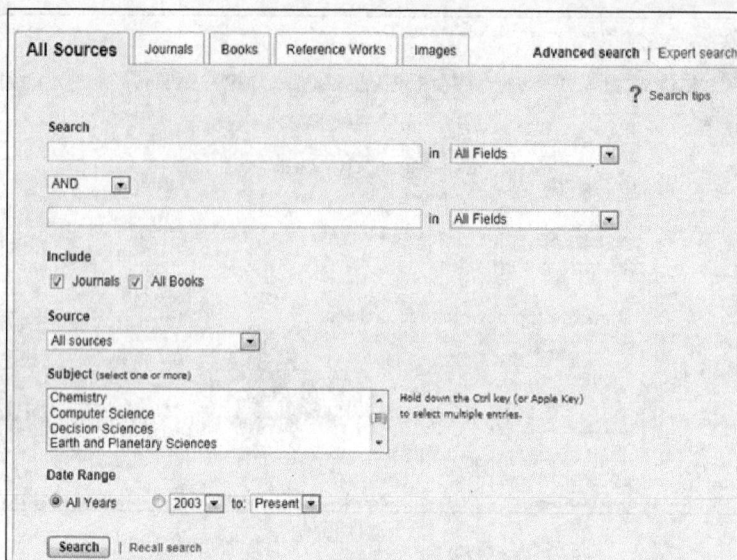

图 5-56  高级检索页面截图

图 5-57  检索结果页面截图

在检索结果页面左侧，勾选"show full-text available only"，单击下面的"Apply"按钮，可只显示学校或单位购买的资源。如果文章后面的小图标是绿色的，代表是有使用权限的，可以下载全文；如果文章前面的小图标是灰色的，代表是没有使用权限的，只能查看文摘。

单击检索结果页面列表中显示的文献题名的链接，可查看该文献的详细信息（见图 5-58），单击"PDF"下载链接即可下载该文献的分页全文。该文献信息下方还列出该文章相关文献，如果查看的是期刊论文则在该论文下方显示与该文章在同一期刊同期其他文章。

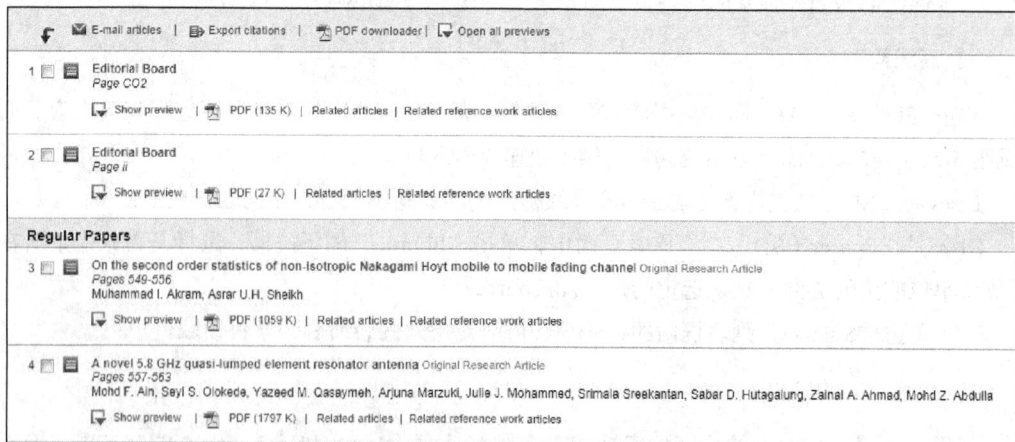

图 5-58  文献详细信息页面

# 5.4 电子图书全文数据库检索

## 5.4.1 超星数字图书馆

超星数字图书馆（http://www.ssreader.com）成立于 1993 年，是由北京世纪超星公司联合国内几十家大型图书馆开发的数字图书馆，2000 年 1 月在互联网上正式开通。其所提供的电子图书资源按照《中国图书馆分类法》进行分类，如图 5-57 所示。超星数字图书馆收录自 1912 年以来出版的各时期的图书百万余册，论文 300 万篇，数据总量达 30 000GB，并且每天仍在不断的增加与更新。

超星数字图书馆提供镜像站服务和购买读书卡两种服务方式，镜像站方式是指高校图书馆、公共图书馆等单位购买超星数字资源后，在本地建立镜像站点，提供已经购买的资源给本单位用户在校园网范围内使用。购买读书卡方式主要针对个人用户。单击所在单位网站中超星电子图书数据库的链接或者直接访问 Http://www.ssreader.com 即可进入超星数字图书馆网站，进入后需确认是否登录（见图 5-59）。

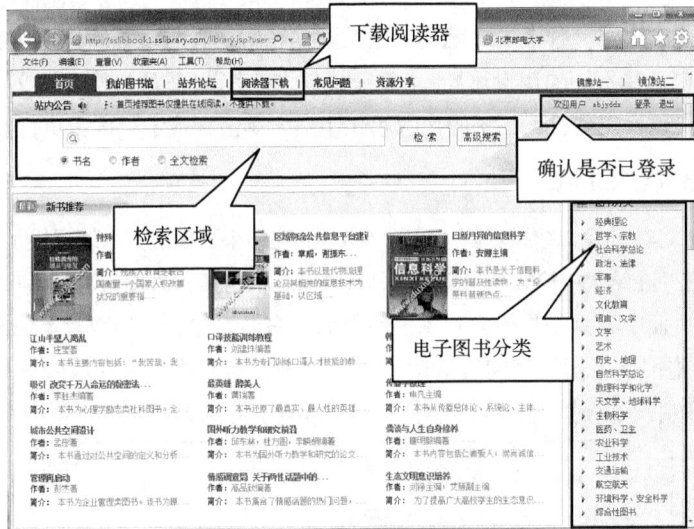

图 5-59 超星数字图书馆网站首页截图

在浏览或下载超星电子图书之前，需要事先下载、安装超星阅读器，单击图 5-59 中"阅读器下载"的链接，转到超星阅读器下载页面，按提示进行下载、安装即可。

超星电子图书数据库提供快速检索、高级检索和分类检索三种检索方式，下面主要介绍快速检索和高级检索的使用方法。

### 1．快速检索

在图 5-59 中所示的"检索区域"即为超星电子图书快速检索功能入口。首先选取检索途径，如书名、作者、全文检索等，然后在检索文本框内输入检索词，单击"检索"按钮执行检索（见图 5-60）。

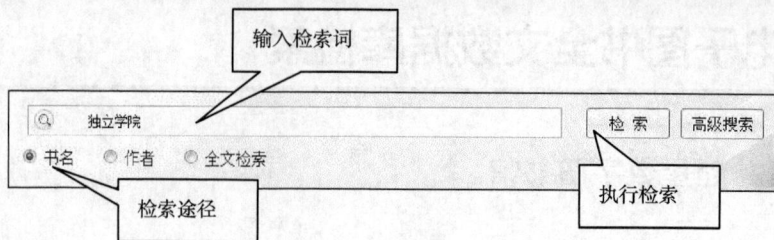

图 5-60　快速检索功能入口

### 2．高级检索

单击图 5-61 中的"高级检索"按钮，即可进入高级检索页面（见图 5-61）。利用高级检索功能可实现多检索途径查询，可提高文献的查准率。

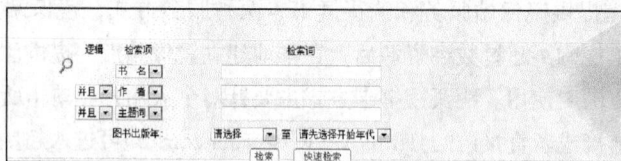

图 5-61　高级检索页面截图

系统默认提供了书名、作者、主题词三个检索途径的逻辑与运算的检索功能，用户可以单击"逻辑"下拉框选择不同的逻辑运算："并且"与"或者"，然后再检索词文本框内输入想要检索的内容，还可以设定要检索图书的出版起止年限，单击"检索"按钮执行检索。

### 3．检索结果与全文下载

执行检索后，可转到检索结果页面（见图 5-62）。在结果页面上方系统提供了二次检索和重新检索的功能，勾选"在结果中检索"的复选框即可实现二次检索，去掉勾选则可实现重新检索。

在检索结果页面中，系统将检索到图书的封面、书名、作者、出版社等信息以列表的方式列出，读者可单击书名下面的"网页阅读"或者"浏览器阅读"来在线阅读该书，也可单击"下载本书"，将该书下载到本地。

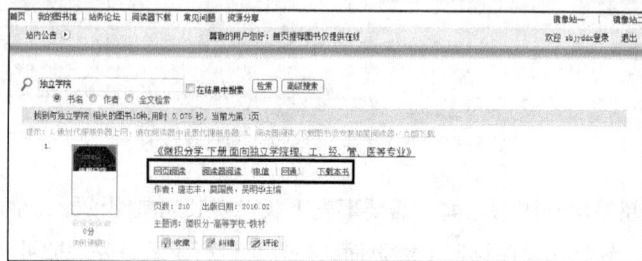

图 5-62　检索结果与全文下载

## 5.4.2　美星外文数字图书馆

美星外文数字图书馆（American Star Foreign Digital Library）是由北京亚美瑞德公司开创的为高校师生提供外文原版图书阅览服务的数字图书馆。目前主要收录英文、日文原版图书，内容涵盖文学、哲学、历史、人物传记、经济学、计算机、环境保护、财政金融、市场营销、法律政治、信息科学、旅游、电子商务等，其中部分英文图书可以语音阅读。

阅读电子图书前，必须下载并运行 Acrobat PDF 阅读器，下载运行一次即可。使用语音图书需事先安装 IT 语音图书阅读软件 CoursePlay。（注：阅读语音图书时若出现无法显示的情况，请安装 JAVA 虚拟环境，下载的语音图书和阅读软件 CoursePlay 必须在同一个目录下）。

下面简单介绍美星外文数字图书馆的使用方法。

### 1．访问数据库

单击所在单位网站上"美星外文数字图书馆"的链接即可进入绍美星外文数字图书馆的网站首页（见图 5-63）。

图 5-63　美星外文数字图书馆的网站首页截图

### 2．检索方法

美星外文数字图书馆提供分类浏览、简单检索、高级检索等检索方法。

（1）简单检索

进入美星数字图书馆网站的首页便可看到简单检索入口（见图 5-59）。简单检索可在图书名称、作者、出版机构、摘要等检索字段中进行检索，在简单检索入口中，单击检索项下拉框选定检索字段，然后在检索关键词文本框内输入要检索的内容，单击"搜索"按钮即可完成检索。

（2）分类检索

美星数字图书馆网站首页简单检索入口的下方可看到分类检索区。在分类检索区，读者可通过单击网页上列出的分类链接，直接浏览该分类下的图书。

（3）高级检索

执行分类检索或简单检索后，在检索结果列表下方可看到美星数字图书馆的高级检索入口（见图 5-64）。高级检索在简单检索的基础上，可以限制图书分类的检索范围。

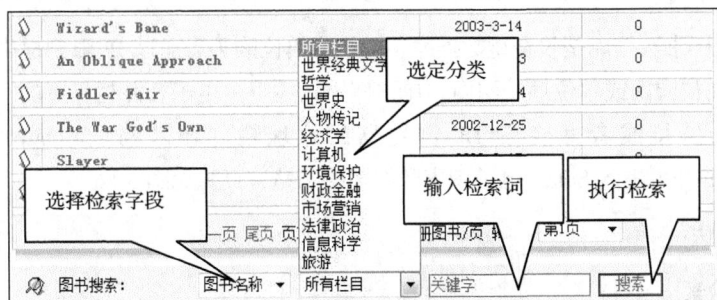

图 5-64　美星高级检索入口

### 3．检索结果输出

利用前述的检索方法执行检索后，可得到检索结果的列表，在列表页单击表中书名的链接即可浏览该书的详细信息（见图 5-65），单击"全文阅读"即可通过 PDF 阅读器下载。

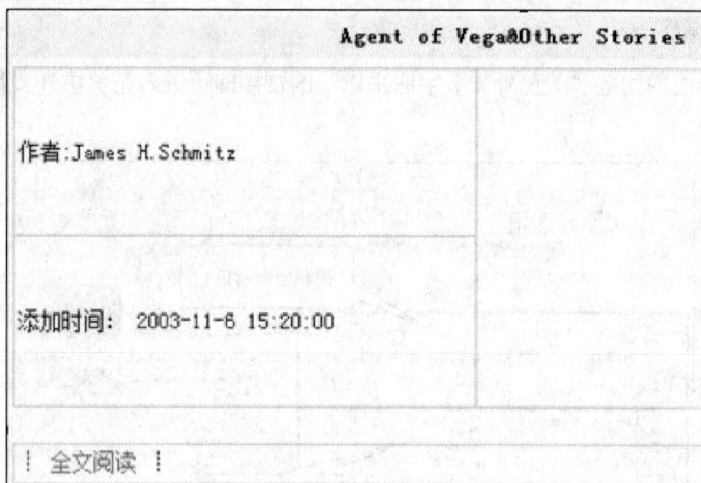

图 5-65　检索结果详细信息页面

## 5.4.3　Safari 电子图书数据库

Safari 电子图书数据库（Safari Tech Books Online）是美国 ProQuest Information and Learning 公司推出的电子图书服务系统，主要提供 IT 方面的电子图书，图书主要来自世界上两大著名的 IT 出版商：O'Reilly & Associates, Inc. 和 The Pearson Technology Group。该系统目前可以提供近万种近年出版的图书，并以每月 60 ～ 90 种的速度递增。在大多数情况下，Safari 系统中看到图书的速度比其印刷版的出版速度要快。

### 1．Safari 电子图书数据库的检索规则

（1）Safari 不区分字母大小写（但在使用 AND 或 OR 布尔算符时，必须使用大写字符）。

（2）在两个或更多的词间，使用 NEAR 连接，表示检索关键词出现在同一段，或一节中的相关部分。

（3）特别符号按照通常的字符处理，比如: net::DLAP。

（4）自动截词符运算，比如： network* 将包括 networking，networks 等。

### 2．进入数据库

Safari 电子图书数据库是收费型数据库，学校或单位购买后通过 IP 限制提供给读者使用。读者使用时须在校园网或单位局域网内，单击图书馆主页中电子资源栏目下的"Safari 电子图书数据库"的链接或者直接在 IE 浏览器的地址栏内输入网址：http://connect.safari-booksonline.com 即可进入 Safari 电子图书数据库的网站首页（见图 5-66）。

### 3．检索方法

（1）基本检索

进入 Safari 电子图书数据库网站首页，在其右上方可以看到基本检索入口。利用基本检索

功能，首先需选定检索字段，系统默认使用的是“全部”（Entire Site），用鼠标单击检索字段时，将出现检索字段选择的下拉框，可选择“全部”（Entire Site）、“书名”（Title Only）等（见图 5-67），例如：选定“全部”，则表示检索书名、作者、出版社等任意一个字段含有检索内容的记录。限定检索字段后，在后面的文本框内输入想要检索的内容，然后单击后面的 🔍 检索按钮即可执行检索。

图 5-66　Safari 电子图书数据库网站首页截图

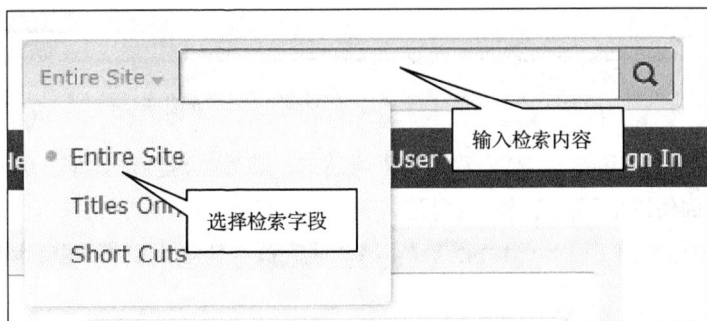

图 5-67　Safari 电子图书数据库基本检索入口

（2）高级检索

进入 Safari 电子图书数据库网站首页后，直接用鼠标单击基本检索入口的检索文本框，将出现一个下拉框，内容为“Advanced Search”，单击其链接即可进入高级检索页面（见图 5-68）。

该数据库的高级检索页面包括高级检索和专家检索，在页面上方的“Choose”选项中若点选“Advanced Search Form”则进行高级检索，即通过选定一个或多个检索字段进行逻辑检索；若点选“Free Form Query”则表示进行专家检索（见图 5-69），即通过输入检索表达式完成检索。

执行高级检索时，系统默认只提供了一个检索项，读者可单击检索框后面的➕或者➖实现增删检索项，检索项之间是逻辑与（AND）的关系，在检索项内选择相应的检索字段，可供选择的检索字段有很多，如书名(Book Title)、章节名（Section Title）、作者（Author），等等；在检索字段后面的匹配方式下拉框内选定匹配方式，选择不同的检索字段，其后的匹配方式也不同，如选择书名、章节名等检索字段是起匹配方式包括"短语完全包含"（Contains all of these words，即表示将输入的内容看做一个短语）、"单词完全包含"（Contains exactly these words，即表示输入的内容看做一个或多个单词）、"只少包含一个单词"（Contains at least one of these words，即表示检索结果只要包含检索内容其中一个单词即可）、"不包含"（Does not contain）等方式；如选择出版年（Year Published）时，其匹配方式则包括"之间""之前"、"之后""等于"等方式。确定检索字段和相应的匹配方式后，在检索文本框输入想要检索的内容后，单击下面"SEARCH"按钮执行检索。

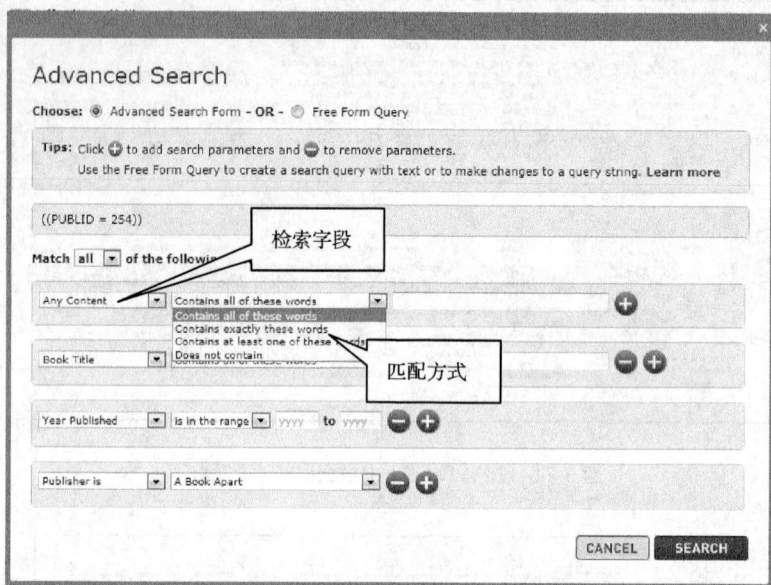

图 5-68　Safari 电子图书数据库高级检索页面

执行专家检索时，需在文本框内输入检索表达式，然后执行检索即可。专家检索功能适合专业人员使用，因使用率不高在此不再赘述。

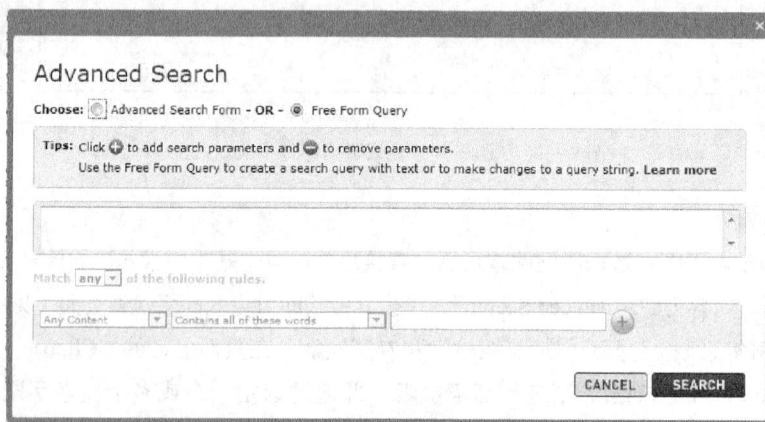

图 5-69　Safari 电子图书数据库专家检索页面

## 4．检索结果的输出

我们先看一个例子：检索书名中包含"photoshop"、作者为"Corrie Haffly"、出版年等于 2012 的图书，利用高级检索功能，各项检索方式的填写选择方法如图 5-70 所示。

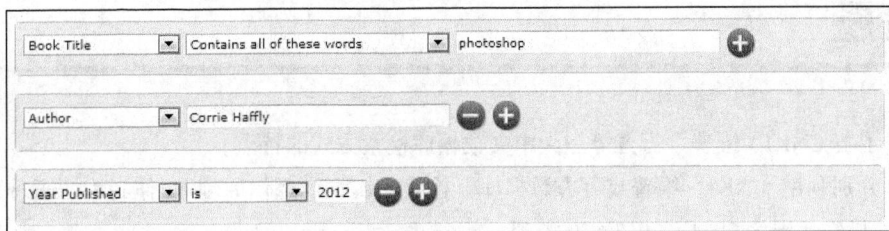

图 5-70  Safari 电子图书数据库检索实例

执行检索后，系统会自动转到检索结果页面（见图 5-71）。

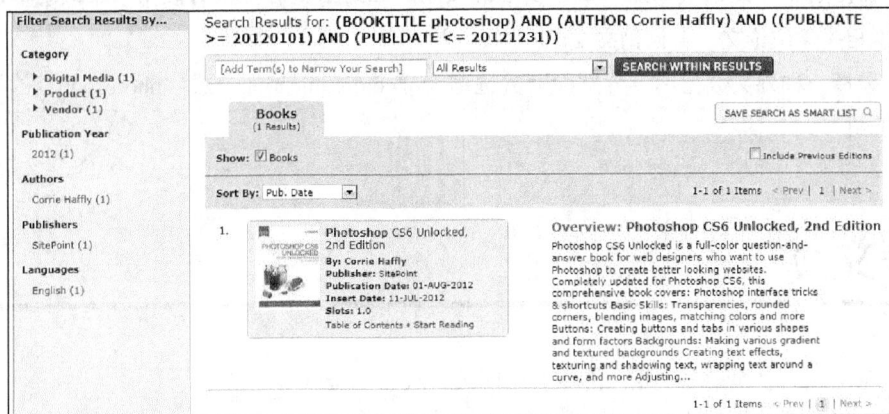

图 5-71  Safari 电子图书数据库检索结果页面

单击检索结果页面中结果记录的"书名"的链接可浏览概述的详细信息页面（见图 5-72 所示）。详细信息页面上方为该书的书名、作者、ISBN 等信息，单击右上角"START READINO"按钮即可浏览该书的全文。详细信息页面下方为该书的章节目录，单击其中某章节名的链接即可在线浏览该书的此章节全文。

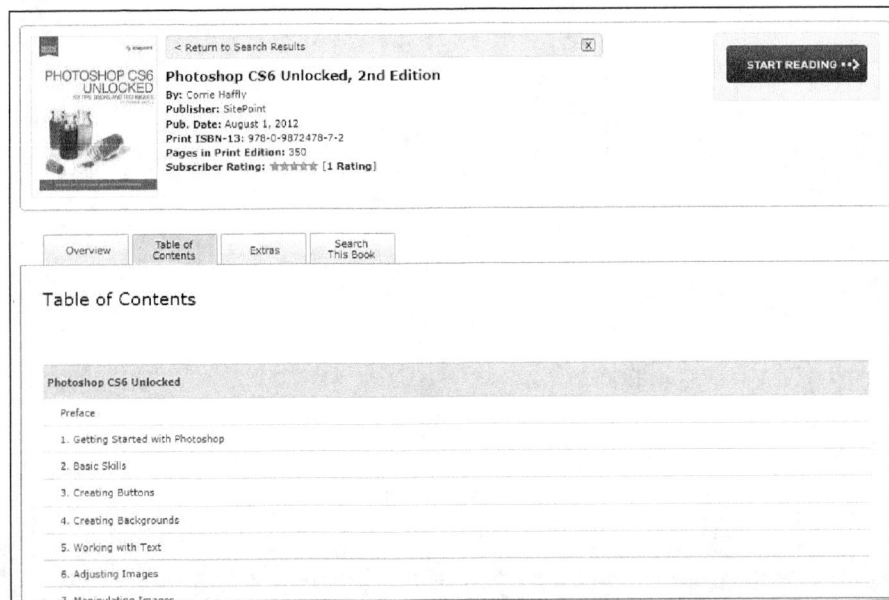

图 5-72  检索结果详细信息页面

## 思考题

1. 了解 CNKI、维普、万方等三大中文数据库检索方式的特点。

2. 分别利用 CNKI、维普或万方数据库，检索关键词"通信原理"，作者为"王丹"或者"杨雷"，检索年限为 2011～2013 年的文献。

3. 利用超星数字图书馆中的书名检索，检索书名为"信息检索与利用"这本电子图书，并将其下载到个人 PC 机上。

4. 通过对中文期刊数据库、电子图书数据库的学习与掌握，试着利用所学的数据库检索知识检索相关学位论文、会议论文文献。

5. 选择一种外文数据库，分别检索关键词为"communication"或"photoshop"的期刊全文或电子图书。

## 参考文献

[1] 王玉. 信息检索与利用. 北京：中国人民大学出版社.

[2] 焦玉英等. 信息检索. 武汉：武汉大学出版社.

# 第6章 事实和数值型数据库的利用

本章由事实和数值型数据库的概述性介绍入手，着重介绍中国经济信息网、国研网、DLALOG、GALA 等常用中外文事实和数值型数据库的检索方法，通过一些检索案例，使同学们熟悉并掌握事实和数值型数据库的检索技巧。

## 6.1 事实和数值型数据库概述

### 6.1.1 事实和数值型数据库的发展

随着文献信息数量的日益增长，面对网络信息的纷繁冗杂，用户越来越需要准确、真实、具体、能够直接解决问题的信息，因此以一次信息（包括全文、事实、图形、数值信息）为主的源数据库已经成为文献数据库发展的主流，这些源数据库可归纳为全文数据库以及事实与数值型数据库。第一个事实型数据库产生于 1967 年，是由美国 Data 公司根据与俄亥俄律师协会的合同建立的俄亥俄法律法令全文库。该公司也成为世界上第一家重要的事实和数值型数据库服务公司。

由于事实和数值型数据库直接向用户提供原始情报，或经过加工的情报（比如商业经济方面的数值数据库，直接向用户提供物价、产品规格、产值等方面的数据），因此，越来越深受用户的欢迎。自 20 世纪 70 年代中期以后，事实型数据库迅速发展，没过多久便赶上和超过了其他类型文献数据库的发展。

一般来讲，科学技术、法律、经济、商业、新闻等的方面的资料更适合于发展事实数据库。事实型数据库最早发展的学科是法律，之后由于商业、工业及科研的需求，促使了金融、物理、化学、新闻等方面的事实型数据库的产生和发展，特别是商业金融方面的事实和数值型数据库近年来发展很快。

目前，其发展趋势主要表现在以下几个方面。

（1）商业、金融事实型数据库仍是发展的主流。这主要是商业、金融界对事实型数据库的大量需求所致，还有商业数据库生产的盈利驱动也是一个重要原因。

（2）国际互联网上各类型的事实型数据库将进一步发展，特别是会有大量工具型的事实型数据库在网上开放共享。

（3）智能型、多媒体事实型数据库将随着计算机技术的发展而大量产生，并可望成为主流。这种数据库把声音、图像、数据等多种类型多种介质的数据结合在一起，不仅使事实信息的再现更加生动，也将使得事实型数据库的利用更加简便。

## 6.1.2　事实和数值型数据库的定义

事实型数据库，是一种利用计算机存放某种具体事实、知识数据（如人物、机构、产品等）的信息集合。其主要作用是给用户提供查询有关某一事件的发生时间、地点、过程或一些简要情况以及事物的基本属性。在对现实世界进行定性和定量描述或研究时，往往需要事实情报，如化合物的结构式或分子式，物质和材料的特性、指数、设备型号等。为满足此要求，把某一学科已知的事实数据收集起来建成数据库，就是事实型数据库。利用事实型数据库可以查找已知事实，或判断未知事实。"事实"可以是既有数字又有文字的统计资料，也可以是纯文字的知识资料或信息资料，还可以是一篇叙述性文献。例如，人物传记数据库、百科知识数据库、自然及社会资源统计数据库、社会调查数据库、公共信息数据库，等等。

数值型数据库是一种存放各种数值数据的数据集合，除数值外还包括定义数值和说明这些数据项所必需的文字、图形和图表。数值型数据库不仅可以直接提供数据信息，还具有统计、运算和分析数据的功能，如一些统计年鉴数据库、管理数据库、科学数据库等。数值型数据可以有不同的类型，如常用的整型、实型等，对精确度也可有不同的要求。数值本身代表了某种量，它们是对现实世界的事物和现象及其相互间联系的各个侧面的描述。

数值型数据库除存储各类数值（如科学技术、社会资源、商业经济、地理环境等数据）外，还存储运算公式、图谱等。金融、证券系统数据库中的货币兑换，科技领域的化学物质结构、生物蛋白质序列数据库等，大多属于此类。在商业和经济领域中，数值型数据库能提供特定产品的价格趋势、国民经济增长率等数值信息。在科技领域，数值型数据库能提供物质的物理化学性质、结构、频谱等。因此，数值型数据库也被称为"数据银行"。

事实及数值型数据库的作用就是提供对特定的事实或数值的检索与利用，直接面向用户的问题，以特定的事实或数字回答用户的查询。从某种程度上说，事实及数值型数据库的作用大致相当于传统的参考型工具书。而且，有些事实与数值型数据库本身就是某种参考工具书的电子版。总体来说，相比起一般的参考型工具书，事实和数值型数据库在检索上更加快捷方便，内容更新更加及时，存储的信息范围更加广泛，在信息资源的交互性和共享方面的功能都更加强大。

## 6.1.3　事实和数值型数据库的类型

### 1. 按照涉及的学科领域分类

（1）事实数值型科学数据库

该类数据库数据源的采集来源于对科学研究、实验和工程开发中多种类型数据的汇集与精选，包含丰富的数值型、事实型数据，并可能以多种表述形式加以组织和保存，目的是为了提供对相关数据的再利用。此类数据库的专业范围和内容专一，专业性极强。

（2）社会科学或综合参考类数据库

该类数据库数据源的采集来源于对综合学科或专门学科知识的总汇，以及对各类社会资源的调查、统计和历史记载，与之相对应的是传统的参考工具书，如字典、词典、年鉴、百科全书、人物传记、机构名录等。

（3）商情数据库

商情数据库数据源的采集来源于企业、国家、地区在全球范围内经济贸易活动中产生的各种类型的信息，既包括宏观的经济政策、市场动态、投资信息、金融信息、政府法规重大科技成果，也包括各大中型企业、公司及各行业的微观经济数据如市场与产品信息、专利与标准信息、企业的规模、资本、产值、利润、生产、经营、管理、销售等多方面信息。

**2．按照具体内容和编排体例分类**

（1）电子化字典、词（辞）典

字典与词（辞）典是提供文字或词语拼写、读音、意义、用法等相关知识供人们查考的工具。电子化字典、词（辞）典具有信息量大、使用方便、查检迅速的特点。目前便携式的电子型字词典非常普及，不光具有查考文字、词语的作用，还往往兼具计算或换算、计时、游戏、储存名片的多种功能。另外，还有大量电子字典以光盘或网络的方式发行，提供查询服务，目前网上有许多免费的电子字典，以及不同语种对译的翻译器。

（2）数值、公式、数表与表册数据库

这类数据库收录的对象主要为各种公式、数表、表册，并附以少量文字说明或解释。此类数据库涉及的学科领域比较广泛，以自然科学及工程技术信息为主体，专业性强，适用的用户群也具有一定针对性或局限性，是相关专业必不可少的常备参考工具。这类数据库很多都进入了互联网，提供给相关领域的研究者随时查询，如物理化学参数数据库（http://physics.nist.gov/cuu/ Constants/index.html）等。

（3）图像、图录数据库

图录包括地图、历史图谱、文物图录、艺术图录、科技图谱等，是主要用图像或附以简要的文字，反映各种事物、文物、人物、艺术、自然博物及科技工艺等形象的图谱性资料。其中地图是按一定法则，概括反映地表事物和社会现象的地理分布情况、辅助地理科学的资料；历史图谱、文物图录、人物图录、艺术图录等，是一种以图形形象揭示各种人、事、物形象的；科技工程类图谱包括有关科学技术或工艺流程的设计图、线路图、结构图及其他以图形表谱为主的信息。如北大方正公司制作的《中国艺术品数据库》、中国科学院武汉植物园信息中心研制的《中国植物图谱数据库》等。（参阅本书 7.1）

（4）电子百科全书

百科全书是对人类知识或某一门类知识进行概述性介绍的著作。随着各种类型的电子出版物的发展，电子型百科全书应运而生。20 世纪 90 年代，出现了提供联机服务的电子化百科全书，它不仅提供了印刷版百科全书所拥有的条目内容，还提供了丰富多彩的多媒体内容和方便快捷的查询服务，并将许多相关知识链接到相关网址。

目前，国际互联网上著名的综合性百科全书站点主要有：《不列颠百科全书》《格罗利尔多媒体在线百科全书》《英卡塔多媒体百科全书》《康普顿在线百科全书》《哈钦森多媒体在线百科全书》《世界百科全书》《简明哥伦比亚电子版百科全书》，等等。（参阅本书 7.1）

（5）电子手册

手册是汇集人们经常需要查考的资料，以供随时查找的工具书，其他如"指南""便览"等也可归入此类；英文手册可分为"Handbook"和"Manuals"两类。电子手册在内容上与纸质型手册一样，汇集了经常需要参考的某一专业或某一方面最常用的资料，有些电子手册就是纸质型手册的电子版。

有百年历史的德国 Beilstein 有机化学手册和 Gmelin 无机化学手册是当今现有最完整的可查询化学资料的最权威的参考工具之一，到目前为止，这两部参考工具书已积累了历年出版的上千册资料，并还在以每年 30 多册的速度递增。1994 年，集成了这两部庞大资料库的电子版 Beilstein/Gmelin CrossFires 数据库在欧美等国发行。数据库技术及应用对于大全型的专业手册很重要，将人们从翻查卷帙浩繁的厚重纸本的传统方式中解脱出来。类似的手册数据库有《世界坦克装甲车辆手册数据库》，这是我国出版的一部门类最全、篇幅最大的大型坦克装甲车辆工具书，系统地反映了世界坦克装甲车辆和主要部件的发展情况、结构特点和基本性能。《美国政府手册》（United States Government Manual）——美国政府手册数据库包含关于立法、司法和执行机构的大量信息，还包括准政府机构、美国参加的国际机构等方面的信息。（参阅本书 7.1）

（6）组织机构名录数据库

组织机构名录数据库收选的内容是机构名称及其概况介绍，如机构的宗旨、组织结构、权限、业务或研究工作范围、地址、职能、人员、资信等。机构名录有学校名录、研究机构名录、工商企业名录、行政和组织机构名录、学协会名录等。如万方数据有限公司开发的《中国企业公司及产品数据库》等。（参阅本书 7.1）

（7）传记资料

传记资料收选的内容是各学科、领域知名人士的个人资料介绍，主要内容包括姓名、生卒年月、学历、职称、所在国别、民族、工作单位、所从事的专业、论文和著作、主要科研活动及成就等生平传略。如 Gale 数据库中有专门的传记资源中心，收录大量世界各国古今著名人物的生平等信息（参阅本书 6.3.2）。

（8）年鉴、统计资料数据库

年鉴数据库是收录某年内发生的事情和其他动向性问题的年度性资料库。如要查找某类工业企业的人员、各种产品的产销数据、重要研究成果或产品的进出口等各类事实和数据，可以在专业性年鉴或统计年鉴中检索。

我国编辑的《中国经济年鉴》，联合国编辑的《联合国统计年鉴》等著名年鉴均有电子版。（参阅本书 7.1）

## 6.1.4 事实和数值型数据库的特点

### 1．速度快、检索方便、可共享

与传统参考工具书相比，事实与数值型数据库用计算机检索，速度快、利用方便，还可用于远程的联机检索，实现信息资源的共享查询服务。

### 2．涉及范围广

事实与数值型数据库涉及学科及行业范围非常广泛，从人们的日常生活、事务处理、经济活动到科学研究，各个领域都涉及。

### 3．检索方式多样化

事实与数值型数据库的数据结构不同，有二元、三元和多元的参数结构；描述方式不同，有的仅有数字，有的除数字外还有文字、图形、图像、公式及计算程序；编排体例不同，各有特点和不同的应用领域。因此事实与数值型数据库的检索方式也各有特性，没有统一的模式，也难以形成统一的标准。

### 4．直接性

相对于文献型数据库，事实与数值型数据库直接面向问题，以特定的事实或数字回答用户的查询。其检索结果往往可能只是单一的值、一组数据或一个事实。

# 6.2　常用中文事实和数值型数据库

## 6.2.1　国务院发展研究中心信息网

### 1．国研网简介

国务院发展研究中心信息网（简称"国研网"）由国务院发展研究中心信息中心主办，是中国著名的大型经济类专业数据库，是向领导者、投资者和学者提供经济决策支持的权威信息平台。国研网以国务院发展研究中心所拥有的信息资源和专家为依托，并与海内外众多著名的经济研究机构和经济资讯提供商合作，整合中国宏观经济、金融研究和行业经济领域内相关信息及众多专家学者的研究成果。

国研网数据库分为六大专版，分别为综合版、党政版、教育版、金融版、企业版、世经版，各专版内容有所不同（见图 6-1）。

图 6-1　国研网六大专版

其中，国研网教育版是针对高校用户设计的专版，全面汇集、整合国内外经济、金融和教育领域的动态信息和研究成果，旨在为全国各高校的管理者、师生和研究机构提供高端的决策和研究参考信息。国研网教育版数据库分为全文数据库、统计数据库、研究报告数据库、专题数据库、世界经济数据库、文化产业数据库、经济管理案例库、战略性新兴产业数据库、DRC行业监测平台等 10 个子库。

### 2．进入数据库

国研网用户需在本校校园网（即所在单位局域网）范围内，单击所在单位网站的"国研网"链接或者输入国研网网址进入该数据库，国研网公网网址为：http://www.drcnet.com.cn/，教育网网址为：http://edu.drcnet.com.cn/。

### 3．检索功能

（1）"一站式"检索

在国研网网站右上方我们可以看到检索入口（见图 6-2），在检索字段的下拉框内可选择标题、作者、关键词或全文作为检索字段，然后在后面的检索文本框内输入检索内容，再单击后面的"检索"按钮。

图 6-2　国研网公网网站首页的检索入口

国研网其他各专版的"一站式"检索功能与上述内容基本一致，在此不再赘述，不同之处在于利用专版的一站式检索时仅能检索本版的内容。

（2）国研网教育版数据库检索

打开国研网教育版的链接或者直接输入 http://edu.drcnet.com.cn，可进入国研网教育版网站首页（见图 6-3）。

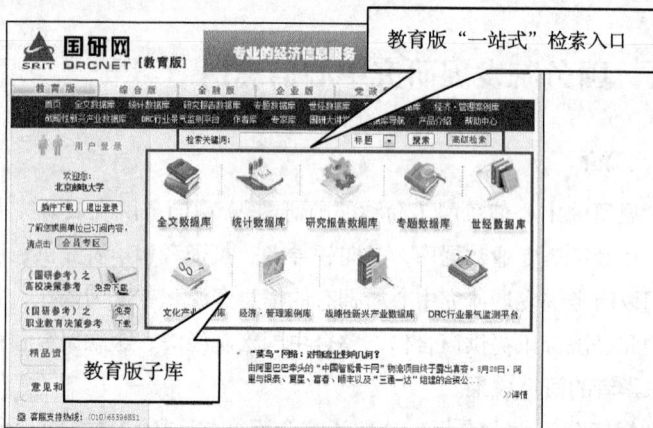

图 6-3　国研网教育版首页

国研网教育版下设 10 个子库（见图 6-3），每个子库下又设多个数据库，如全文数据库包括《国研视点》《宏观经济》《金融中国》《行业经济》《区域经济》《高校管理决策参考》《职业教育》《中国国情报告》《经济形势分析报告》《政府统计公报》等（见图 6-4），单击其中某个数据库名称的链接可输出该数据库下的条目列表（见图 6-5）。

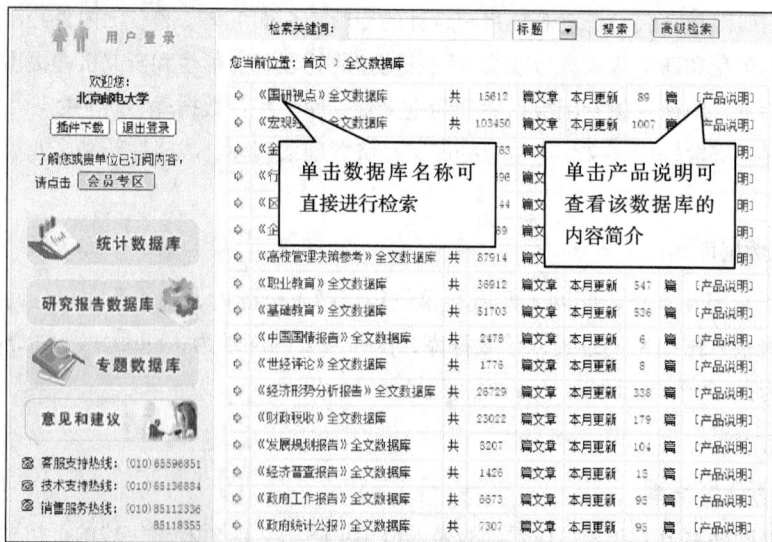

图 6-4　国研网教育版的全文数据库页面截图

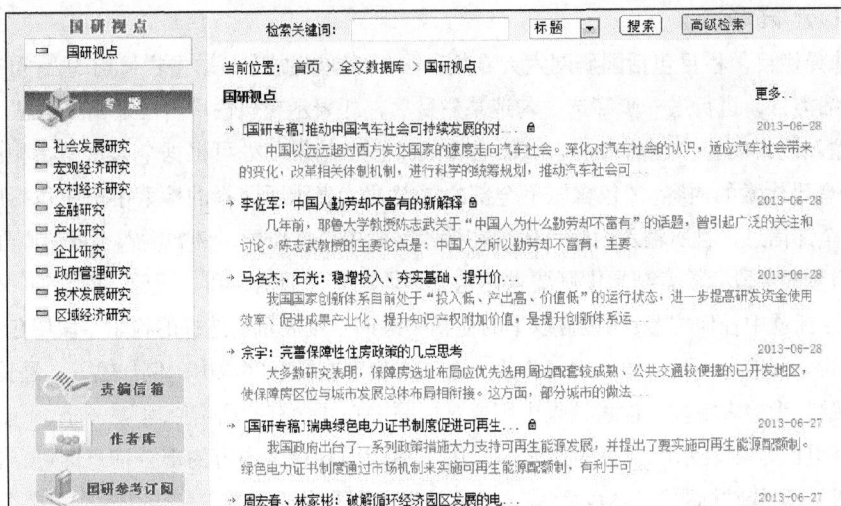

图 6-5 "国研视点"全文数据库的检索结果

（3）高级检索

单击国研网首页的"一站式"检索入口的"检索中心"或者教育版一站式检索入口的"高级检索"按钮可进入国研网搜索平台（见图 6-6），利用国研网搜索平台可以分专版进行"一站式"检索，也可以实现全网搜索，使用方法与前述"一站式"检索一致。

图 6-6　国研网搜索平台

单击国研网搜索平台中文本框下的高级检索链接，即可进入国研网的高级检索页面（见图 6-7）。

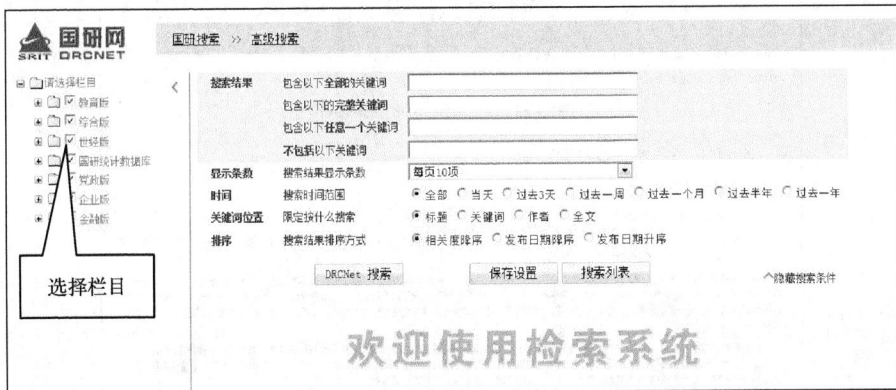

图 6-7　高级检索页面

高级检索步骤如下。

① 选择栏目。栏目包括国研网六大专版和国研统计数据库，单击栏目前的 ⊞ 可查看该栏目下的详细类目，进行进一步筛选。勾选某栏目后，即表示在该栏目内检索相关信息。

② 输入检索内容。在高级检索页面右侧的"搜索结果"处可根据个人意愿在相应的文本框内输入想要检索的内容。"包含以下全部的关键词"表示所选择的检索字段中包括所输入检索内容的全部信息，且所输入内容可出现在检索字段中任何位置，例如输入"通信原理"，选择"标题"为检索字段，检索结果中则要求标题中必须含有"通信"和"原理"两个词，但这两个词可出现在标题中任何位置；"包含以下的完整关键词"则表示所选择的检索字段中包括所输入检索内容的全部信息，且所输入内容作为一个词语出现在检索字段中，例如输入"通信原理"，选择"标题"为检索字段，检索结果中则要求标题中必须含有"通信原理"一词；"包含以下任意一个关键词" 则表示所选择的检索字段中包括所输入检索内容的部分信息即可，例如输入"通信原理"，选择"标题"为检索字段，检索结果中则要求标题中含有"通信"或者"原理"即可；"不包括以下关键词" 则表示所选择的检索字段中不包括所输入检索内容的信息。

③ 选择限定条件。在检索文本框下方，系统给出了相应限制条件，如搜索结果显示条数、搜索时间范围、限定按什么搜索、搜索结果排序方式，其中"限定按什么搜索"即选择检索字段。

④ 执行检索。完成以上步骤后，单击下方的"DRCNet 搜索"即可完成检索。

（4）检索结果输出

无论采用上述何种检索方式，在执行检索后都可以得到类似如图 6-8 所示的检索结果列表，在该列表页单击检索结果的标题的链接，即可浏览该篇文章的详细信息（见图 6-9）。

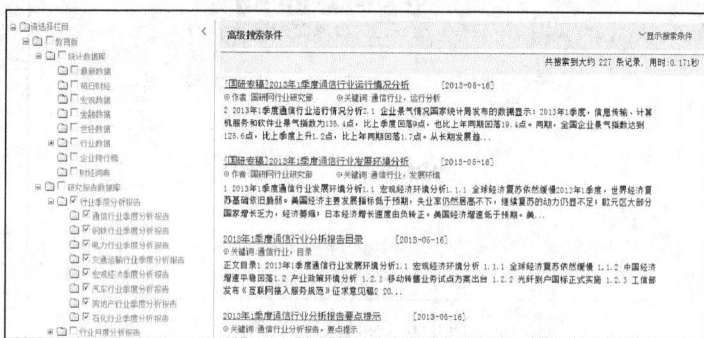

图 6-8　检索结果列表页

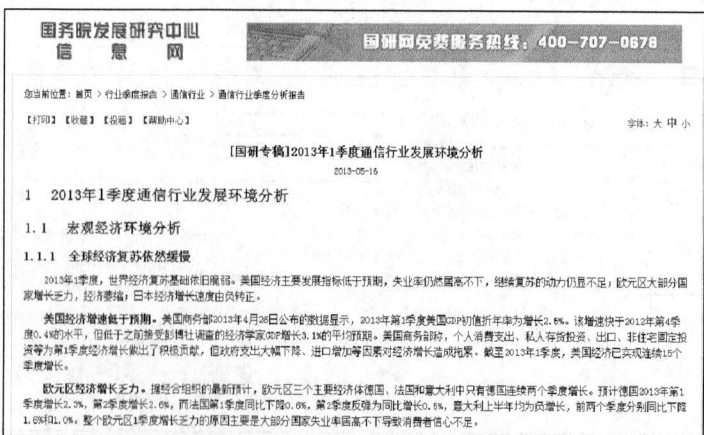

图 6-9　检索结果详细信息页面

## 6.2.2　高校财经数据库——中国资讯行

### 1．中国资讯行数据库简介

1995 年成立于中国香港特别行政区的中国资讯行是最早一批中文商业信息的提供商之一，一直致力于对中国经济信息进行收集、整理、分析，建成了全球著名的中文商业信息平台。其新版数据库的名称为高校财经数据库，按信息属性的不同分为中国统计数据库、中国商业报告库、中国香港上市公司资料库、中国经济新闻、中国法律法规库、中国上市公司文献库、中国医疗健康库、English publications、中国企业产品库、中国中央及地方政府机构库、名词解释库、中国人物库共 12 个在线数据库。下面则要介绍其中部分子数据库的主要功能。

（1）中国统计数据库：大部分数据收录自 1995 年以来国家及各省市地方统计局的统计年鉴及海关统计、经济统计快报、中国人民银行统计季报等月度及季度统计资料，其中部分数据可追溯至 1949 年，也包括部分海外地区的统计数据。数据按行业及地域分类。

（2）中国商业报告库：本数据库收录了经济专家及学者关于中国宏观经济、金融、市场、行业等的分析研究文献及政府部门颁布的各项年度报告全文，主要为用户的商业研究提供专家意见的资讯。

（3）中国经济新闻库：本数据库收录了中国范围内及相关的海外商业经济信息，以消息报道为主，数据源自中国千余种报纸与期刊及部分合作伙伴提供的专业信息，按行业及地域分类。 本数据库每日更新。

（4）中国法律法规：本数据库收集并增补中华人民共和国自 1949 年以来的各类法律法规及条例案例全文（包括地方及行业法律法规）。

（5）中国人物库：本数据库提供详尽的中国主要政治人物、工业家、银行家、企业家，科学家以及其他著名人物的简历及有关的资料。此库文献内容主要根据对中国八百多种公开发行资料的收集而生成。

（6）其他信息服务：中国资讯行网站还有许多免费信息或为会员提供的信息：如随时更新的实时新闻、英语新闻、国家有关部门的文告、INFOBANK 专业报告、行业动态、中国要人等。新闻频道包括国际要闻、中国要闻、金融要闻、商业要闻、

（7）科技要闻和社会新闻：全面报道最近 7 天的重大事件及新闻。中港证券及国际金融数据，可进行股票查询，浏览股票评论、上市公司动态、上市公司公告、金融证券、各国货币兑换率等免费信息。为投资金融证券的会员提供管理技巧和参考资料。INFOBANK 报告专栏是由中国资讯行的经济研究人员撰写的专题经济报告。国家经贸委经济研究报告是由国家经贸委作出的有关宏观的、专项的经济研究报告。

### 2．进入数据库

单击所在单位网站的"Infobank 高校财经数据库"的链接或者直接在 IE 地址栏内输入"http://www.bjinfobank.com/"，即可进入高校财经数据库主页（见图 6-10）。

### 3．检索功能

高校财经数据库的信息检索方式主要有以下两种。

（1）普通检索方式：在高校财经数据库主页中的检索区域（见图 6-10）中，按要求填写好检索时的各项限定条件，之后单击检索，屏幕即可显示检索结果。限定条件有以下几条。

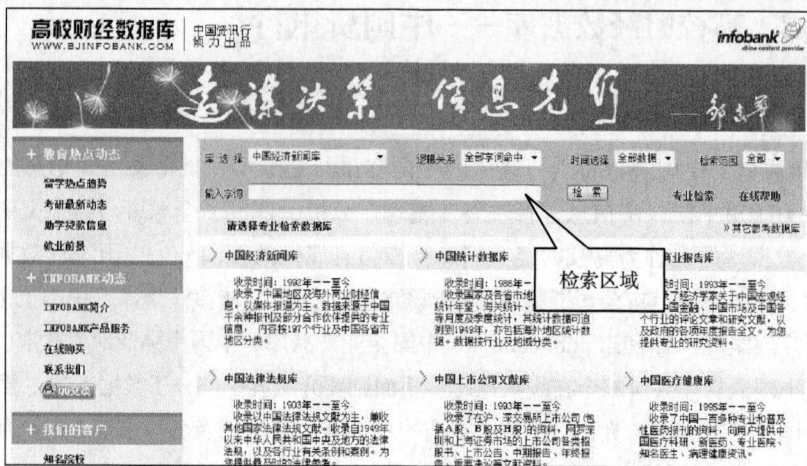

图 6-10　高校财经数据库—中国资讯行网站首页截图

① 库选择。按用户所查信息的属性，从其后的下拉菜单中选出含该信息的子数据库（见图 6-11），默认选择的是"中国经济新闻库"。选定子库后，则表示在该库内检索信息。

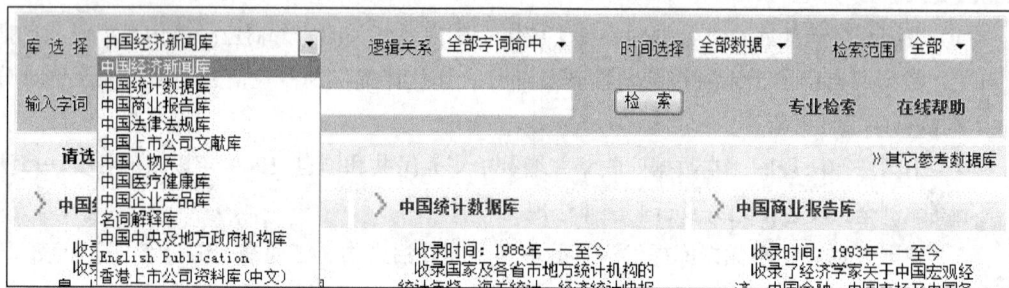

图 6-11　选定子数据库

② 逻辑关系。从其后的下拉菜单中的 3 个选项中选一个，其中选择"全部字词命中"（见图 6-12），表示所有关键词在被检目标中同时出现；选择"任意字词命中"，则表示关键词在被检目标中其中任意一个出现；选择"全部词不出现"，表示所有关键词在被检目标中都不出现。系统默认选择的是"全部字词命中"。

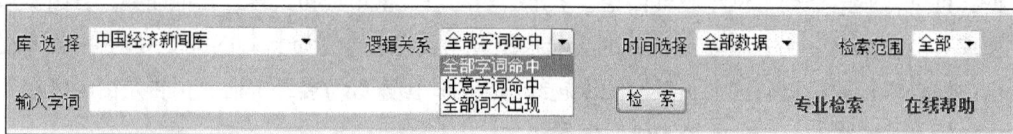

图 6-12　选定逻辑关系

③ 输入检索词。在后面的文本框内输入关键词，若输入的关键词是两个以上（含两个），则两者之间必须用逗号隔开。

④ 时间选择。按用户要求，从其后的下拉菜单中选出所查信息的时间范围。

⑤ 检索范围。从其后的下拉菜单中两个选项中选一个，其中选择"全部"的，意味着被检索的关键词在标题和正文中都出现选择"标题"的，意味着被检索的关键词仅在标题中出现。

检索结果是以标题列表的形式出现的，单击所感兴趣的标题，可以看到全文。在已检索的标题列表上方，有如下功能（见图 6-13）。

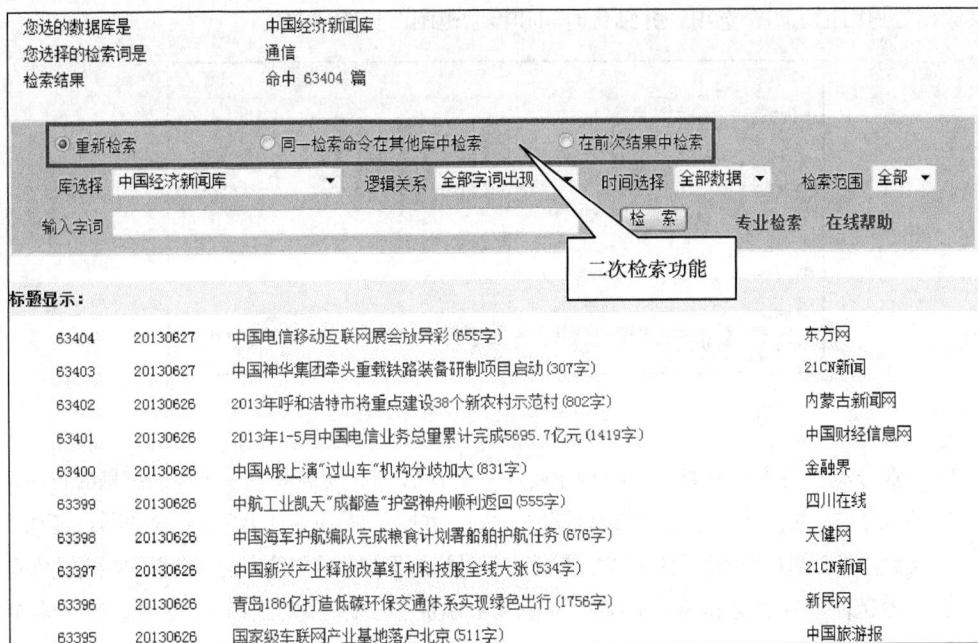

图 6-13　检索结果的二次检索功能

① 重新检索。改变前次的所有限定条件，进行重新检索。

② 同一个检索命令在其他库中检索。改变前次库选择、时间选择或检索范围的选项内容，进行新的检索（这也解决了不能同时在两个库中检索的问题）

③ 在前次结果中检索。改变前次逻辑关系或输入字词的选项内容，进行新的检索（对已有的检索结果进行二次筛选，这也解决了不能同时使用两个逻辑关系的问题）。

（2）专业检索方式：单击图 6-10 中高校财经数据库主页检索区域下方的"专业检索"的链接，即可使用专业检索功能。此方式必须先确定检索范围（见图 6-14），可在高校财经数据库主页中选择一个子数据库，这样页面将换成专业检索页面。

INFOBANK专业检索

请选择您要浏览的数据库

| | 数据库名称 | 库记录数 | 最后更新日期 | 数据库提供者 |
|---|---|---|---|---|
| 1 | 中国经济新闻库 | 3936949 | 20130628 | CHINAINFOBANK |
| 2 | 中国商业报告库 | 385967 | 20130628 | CHINAINFOBANK |
| 3 | 中国法律法规库 | 283151 | 20130628 | CHINAINFOBANK |
| 4 | 中国统计数据库 | 578314 | 20130627 | CHINAINFOBANK |
| 5 | 中国上市公司文献库 | 385544 | 20130628 | CHINAINFOBANK |
| 6 | 香港上市公司资料库（中文） | 12625 | 20010404 | CHINAINFOBANK |
| 7 | 中国医疗健康库 | 26644 | 20110720 | CHINAINFOBANK |
| 8 | English Pulication | 41290 | 20020702 | CHINAINFOBANK |
| 9 | 中国企业产品库 | 279324 | 20010404 | CHINAINFOBANK |
| 10 | 中国中央及地方政府机构库 | 163 | 20010404 | CHINAINFOBANK |
| 11 | 名词解释库 | 1551 | 20030514 | CHINAINFOBANK |
| 12 | 中国人物库 | 16740 | 20030514 | CHINAINFOBANK |

图 6-14　专业检索功能的确定范围

此检索页面保留普通检索方式中的逻辑关系和输入字词限定条件，增加了行业分类地区分类文献出处返回记录四个选项，并细化时间和检索范围（见图 6-15）。

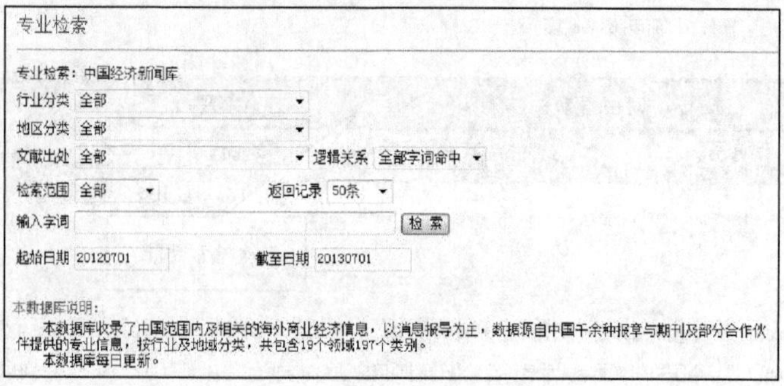


图 6-15　专业检索的检索页面

① 行业分类。用户按所查信息的行业属性，从其后的下拉菜单中选出含该信息的行业。

② 地区分类。用户按所查信息的地区属性，从其后的下拉菜单中选出含该信息的国家或地区。

③ 文献出处。用户按所查信息的来源属性，从其后的下拉菜单中选出含该信息的报刊或机构。

④ 检索范围。在普通检索的检索范围基础上添加了副标题和正文两个选项，使检索范围更精确。

⑤ 返回记录。用户希望每页面显示检索结果的个数，从其后的下拉菜单中选 20、50 或 100 条。

时间的限制是通过用户填写起始日期和截止日期来限定的。

上述检索的限定条件确定后，单击检索，检索结果将以标题列表的形式显示出来。再单击所感兴趣的标题，可以看到全文，如图 6-16 所示。此外，还可以对检索结果进行二次检索。

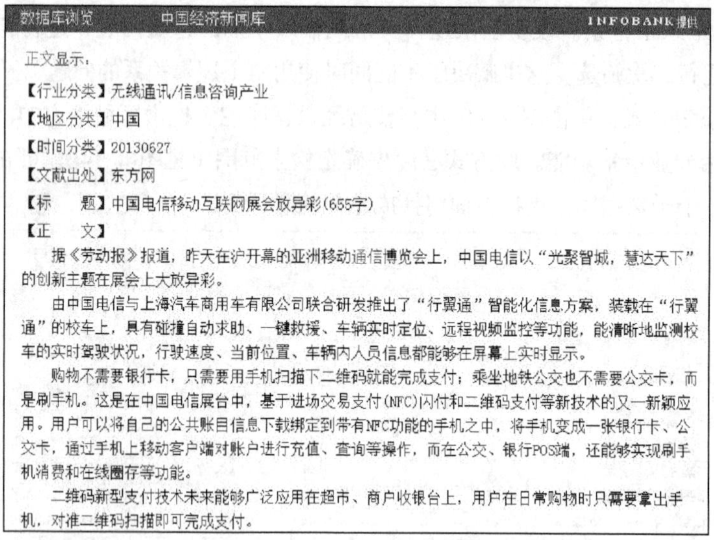
数据库浏览　中国经济新闻库　INFOBANK提供

正文显示：

【行业分类】无线通讯/信息咨询产业

【地区分类】中国

【时间分类】20130627

【文献出处】东方网

【标　　题】中国电信移动互联网展会放异彩(655字)

【正　　文】

据《劳动报》报道，昨天在沪开幕的亚洲移动通信博览会上，中国电信以“光聚智城，慧达天下”的创新主题在展会上大放异彩。

由中国电信与上海汽车商用车有限公司联合研发推出了“行翼通”智能化信息方案，装载在“行翼通”的校车上，具有碰撞自动求助、一键救援、车辆实时定位、远程视频监控等功能，能清晰地监测校车的实时驾驶状况，行驶速度、当前位置、车辆内人员信息都能够在屏幕上实时显示。

购物不需要银行卡，只需要用手机扫描下二维码就能完成支付；乘坐地铁公交也不需要公交卡，而是刷手机。这是在中国电信展台中，基于进场交易支付(NFC)闪付和二维码支付等新技术的又一新颖应用。用户可以将自己的公共账目信息下载绑定到带有NFC功能的手机之中，将手机变成一张银行卡、公交卡，通过手机上移动客户端对账户进行充值、查询等操作，而在公交、银行POS端，还能够实现刷手机消费和在线圈存等功能。

二维码新型支付技术未来能够广泛应用在超市、商户收银台上，用户在日常购物时只需要拿出手机，对准二维码扫描即可完成支付。

图 6-16　检索结果的详细信息浏览

（3）行业检索：　在图 6-10 中高校财经数据库主页下方是“热点行业百日动态”栏，通过单击“热点行业百日动态”，可以对某一热点行业半年内的相关信息进行检索。单击“热点行业百日动态”后，会弹出一个含行业名称的对话框，单击所选名称，无须填写任何限定条件，检索结果将直接以标题列表的形式显示出来。再单击所感兴趣的标题，可以看到全文。此外，还可以对检索结果进行二次检索。

#### 4．下载、复制和再编辑

高校财经数据库的资源完全采用文本格式编写，无须专业的浏览器，用户就可以对文章进行阅读、下载、复制及再编辑。

### 6.2.3 万方事实和数值数据库

本书第 5 章所介绍的万方知识服务系统中包含有部分事实和数值型数据库，下面择要予以介绍。

#### 1．万方数据库系统有关的事实数值数据库内容介绍

（1）机构信息系统

机构信息系统是在《中国企业、公司及产品数据库》的基础上扩展的数据库系统，收录了20 多万家企业机构、科研机构、信息机构和教育机构的详尽信息，分别针对各类机构的特点进行分类导航，并整合了各类机构的科研产出（包括发表论文、承担科技成果、申请专利、起草标准）和媒体报道情况，对获取、了解与分析相关机构的社会信用、科研能力、经营状况、发展方向等情况，可以起到重要的作用。

机构信息系统会不定期更新，为信息分析人员及时提供全面准确的最新信息、知识、情报，以便于评估机构的研发能力，把握行业结构。该系统由《中国企业、公司及产品数据库》《中国科研机构数据库》《中国科技信息机构数据库》《中国中高等教育机构数据库》四个数据库组成。

（2）中国科技成果库

中国科技成果库主要收录了国内的科技成果及国家级科技计划项目。内容由《中国科技成果数据库》等十几个数据库组成，收录的科技成果涉及自然科学的各领域，涵盖了各类新技术、新产品、新工艺、新材料、新设计等范畴。该数据库是新产品开发、工艺革新及检验学术水平的重要依据。

（3）中国科技专家库

中国科技专家库库收录了国内自然科学技术领域的专家名人信息，介绍了各专家在相关研究领域内的研究内容及其所取得的进展。（详见本书 8.1）

（4）政策法规数据库

政策法规数据库该库收录自 1949 年新中国成立以来全国各种法律法规约 40 万条。内容包括国家法律法规、行政法规、地方法规及国际条约及惯例、司法解释、案例分析等，关注社会发展热点，被认为是国内比较全面、实用的法律法规数据库。

万方政策法规数据库可以通过颁布部门、发文文号、颁布日期、实施日期、效力级别、时效性、内容分类、全文等检索项进行检索，其检索结果按内容、效力级别、法律法规的颁布日期进行分类，让用户能从众多的检索结果中快速筛选出自己要找的法规。（参阅本书 8.4）

（5）中外标准数据库

该库综合了由国家技术监督局、建设部情报所、建材研究院等单位提供的相关行业的各类标准题录。包括中国标准、国际标准以及各国标准等 29 万多条记录。每月更新，保证了资源的实用性和实效性。目前已成为广大企业及科技工作者从事生产经营、科研工作不可或缺的宝贵信息资源。

（6）专利技术数据库

该库收录包括国内外的发明、实用新型及外观设计等专利 3000 余万项，其中中国专利 600 万余项，外国专利 2400 万余项。内容涉及自然科学各个学科领域，每年增加约 25 万条，中国专利每两周更新一次，国外专利每季度更新一次。专利资源是科技机构、大中型企业、科研院所、大专院校和个人在专利信息咨询、专利申请、科学研究、技术开发以及科技教育培训中不可多得的信息资源。（参阅本书 9.3，12.3.2）

（7）新方志

该库收录国内各省、自治区、直辖市、地区、县的地方志、地名志、工厂志、教育文化机构、动植物志等，包含近 700 万条条目，分为地区分类和专辑分类，其中地区分类按照全国行政区域划分，专辑分类按照地情概况、经济综合、财政金融、政治军事外交、公安司法、城乡建设、农业、工业、交通邮政信息产业、商业服务业、自然科学、社会科学、教育、文化体育、医药卫生等 15 个专辑划分。

### 2. 万方数据库检索功能

（1）统一"一站式"简单检索

统一"一站式"简单检索的检索对象是用户所选的数据库。用户可以按照需要，选择相应的数据库进行检索。单击检索文本框上方的数据库名称后，进入该数据库检索页面（见图 6-17），在检索文本框内输入想要检索的内容，单击"检索"按钮即可完成检索。

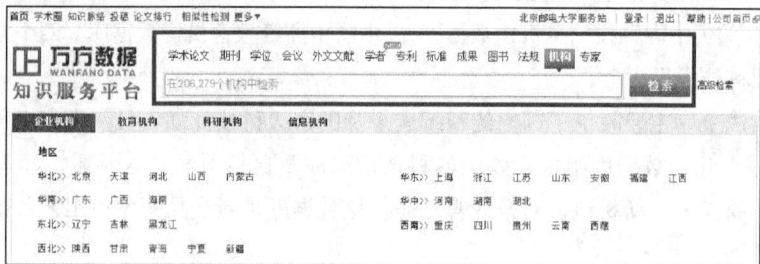

图 6-17 "一站式"检索中"机构"检索页面截图

用户选择相应的数据库，页面下方则显示该数据库的分类检索，图 6-17 中选择"机构"数据库检索后，下方则显示企业机构、教育机构、科研机构、信息机构四个大类，默认选择的是"企业机构"，其下方则按照地区、行业分类等方法进行了细分；选择"教育机构"下方则按照地区、办学类型、高校专栏进行细分；选择"科研机构"下方则按照地区、学科分类、重点科研机构进行分类。单击相应分类下方的细类则可以直接检索出结果。

（2）高级检索

单击图 6-17 中"检索"按钮后面的"高级检索"按钮，则可进入高级检索页面，如图 6-18 所示。

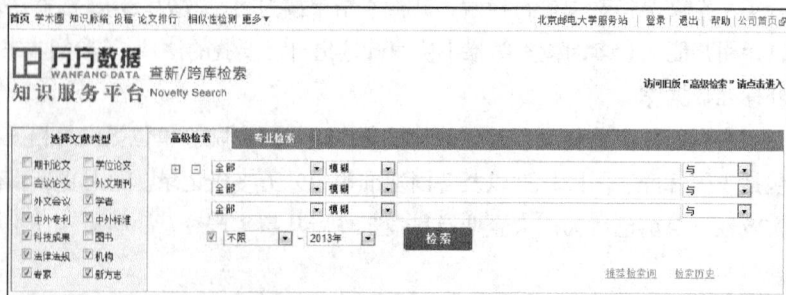

图 6-18 高级检索页面截图

万方数据库的高级检索功能可以实现在所有的或选定的数据库资源范围内进行联合检索，并通过多检索条件间的逻辑关系优化检索，使查询准确、快速。具体检索方法同第 5 章中有关万方数据库资源的高级检索一节，在此不再赘述。

（3）新方志检索

下面以"新方志"为例，介绍相关数据库的检索程序。

打开万方数据库首页（http://g.wanfangdata.com.cn/），在页面中部左侧可看到"新方志"的链接（见图 6-19），单击即可进入新方志的检索页面。

图 6-19　万方数据首页的新方志入口

进入"新方志"检索页面（见图 6-20）后，在页面上方的检索区域内的文本框内输入检索关键词，单击其后的"检索条目"按钮，即可检索与检索关键词相关的文章信息，单击"检索志书"按钮则可检索与检索关键词相关的方志图书（志书的检索结果以该书的各章节下载链接予以显示）。

页面下方为新方志的分类检索，单击相应的地区或行业专辑可直接检索出该地区或行业领域内的方志信息。

单击页面上方检索区域右边的"高级检索"按钮可进入高级检索页面，其功能同前述。

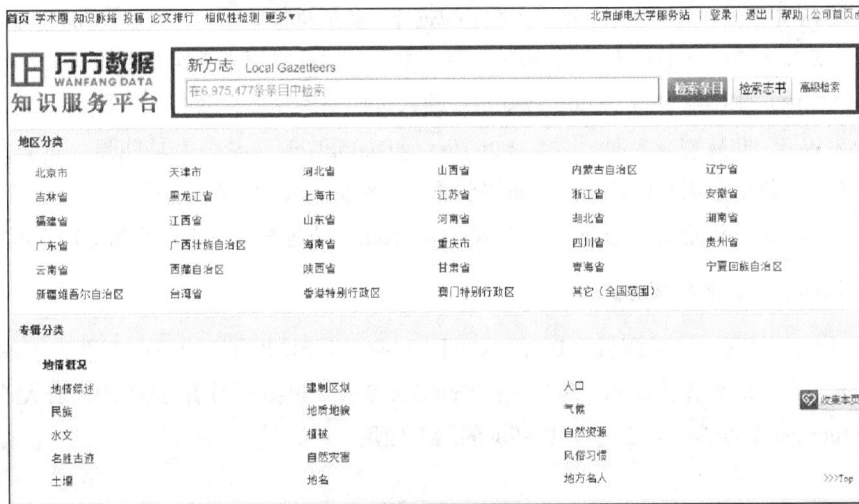

图 6-20　"新方志"检索页面

# 6.3 常用的英文事实与数值型数据库

## 6.3.1 DIALOG 数据库

### 1. DIALOG 数据库简介

美国 DIALOG 系统是世界上著名的电子信息服务公司，其用户遍布世界各地。DIALOG 系统以商情数据库为显著特色著称于世，其主要服务是提供数据库联机查询。

DIALOG 有 40 多种语言的联机数据库近 600 个。它的数据库可分为两大类：一类是研究和开发方面的数据库，有数学、物理、化学、地学、生物、药物、医学、工程、计算机、标准等；另一类是商业方面的数据库，有报刊新闻、财经、分析报告、技术转让、专利、版权、商标等。至 20 世纪 70 年代以后，DIALOG 数据库逐步由科技转向经济、商业等商情类数据库领域，提供经济、人口统计和预测、商品生产和销售预测等方面的信息服务。

DIALOG 系统近 200 个经济商情数据库中多数是事实型数据库，内容丰富全面，根据数据库内容细分成若干类别，如公司企业新闻、公司名录及财政、公司兼并与采购、国家市场研究、商贸信息及重大事件、经济统计与预测、金融与银行、经济法规、知识产权等，每一个类别都包含了十几乃至几十个文档库。可以说，DIALOG 系统是提供商情信息最强大的信息系统之一。

DIALOG 数据来源于各种不同的图书、报纸、杂志期刊、技术报告、会议论文、专著、专利、标准、报表、目录、手册等的信息。其数据形式包括：文献型（文献的题录和文摘）、数值型（统计表、商业财政数据等）、名录字典型（字典、手册、指南、名录等）、全文型（论文、报告、新闻报道的全文等）。

在 DIALOG 的近 600 个数据库中，除事实和数值型数据库外，还有许多著名的参考型数据库和全文数据库，如世界著名的四大检索数据库 SCI、SSCI、EI、ISTP，《纽约时报》《华盛顿邮报》全文库等，此处不再详述，请参阅本书相关章节。

### 2. DIALOG 网站的发展与简介

20 世纪 90 年代，随着网络技术的发展，不断推出基于 Internet 平台和 Intranet 产品。

Dialog 网站主要展示公司介绍、产品介绍、数据库、蓝页及联接 Dialog 各个数据库检索界面。

Dialog Select 是非专业检索人员 Web 界面，主要针对最终用户，而非专业人员。对于初学者、最终信息用户和不愿学习 Dialog 检索指令的人可使用该界面。

Dialog Web，即高智能界面，网址 http://www.DialogWeb.com ，其功能强、简单、易用，对于初学者、最终信息用户比较适用，本书将重点讲解此网站检索防锁方法。

Dialog Classic，网址 http://www.DialogClassic.com，是速度极快的专业指令检索界面。

### 3. DialogWeb 的检索方式

为了跟上查询系统发展潮流，DIALOG 于 1997 年开发出了 WWW 型搜索引擎，叫作 Dialog Web，随后又推出了 Dialog Select 和 DataStar Web（见图 6-21），这些产品极大地推进了 Dialog 与 Internet 的结合，也促进了 Dialog 的网上应用。

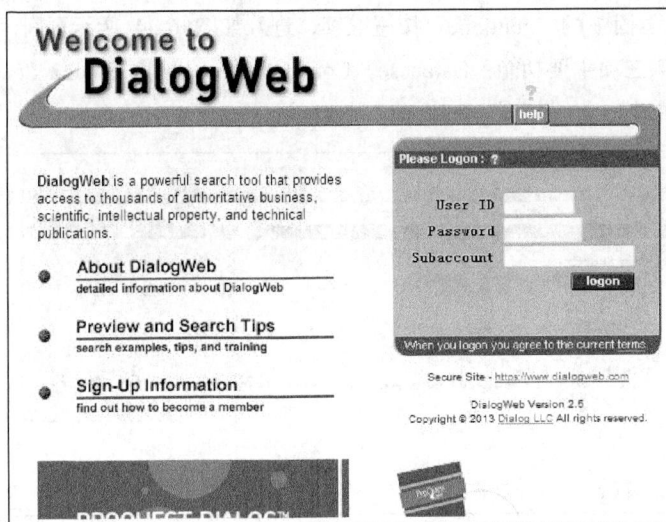

图 6-21 Dialog Web 的用户登录界面

用户打开 DialogWeb 网站后需先进行登录。在图 6-21 中 USER ID 后的文本框内输入用户号，在 PASSWORD 后的文本框内输入密码（注意：Dialog 用户号和密码需要专门向 DIALOG 公司申请，必须预交开户费用，国内由专门从事信息服务的机构申办），登录成功后则可进入 DialogWeb 检索页面（见图 6-22）。

选择图 6-22 中右下方的"Go to Commamd Search"，可得如图 6-23 所示 DialogWeb Command Search 页面。

图 6-22 DialogWeb 的检索主页

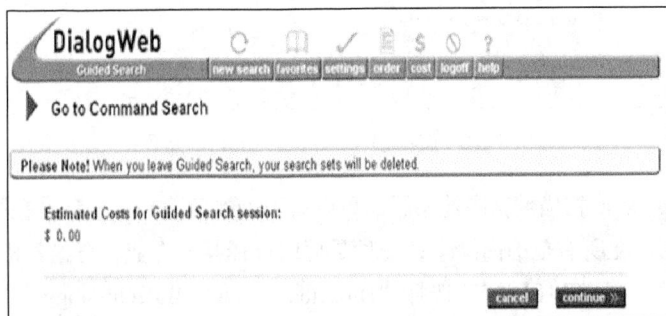

图 6-23 "Go to Command Search" -a

单击图 6-23 页面中的"continue"按钮继续，进入如图 6-24 所示页面，从页面可以看出 DIALOG Web 提供三项主要功能：Database，Command Search 和 Guided Search，我们只掌握 Database（数据库扫描）检索功能。

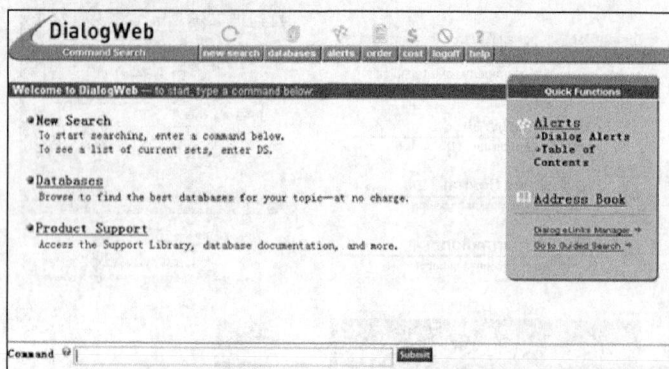

图 6-24 "Go to Command Search" -b

Database 是专门为扫描数据库设计的免费搜索引擎，双击 Database 即可进入（见图 6-25）。选定数据库后，进入 DialogWeb-Database 检索界面（见图 6-26），此时必须选择一个具体学科范畴才能进入实质性搜索界面，例如，选择查 Science and Technology（科技类）。

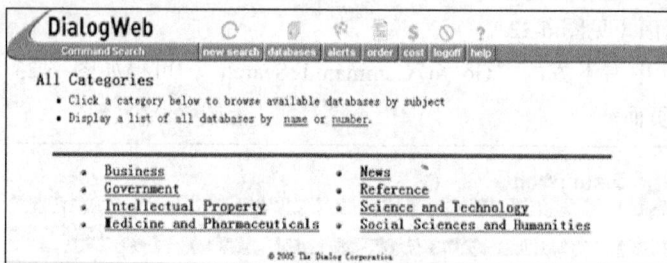

图 6-25 DialogWeb-Database 界面

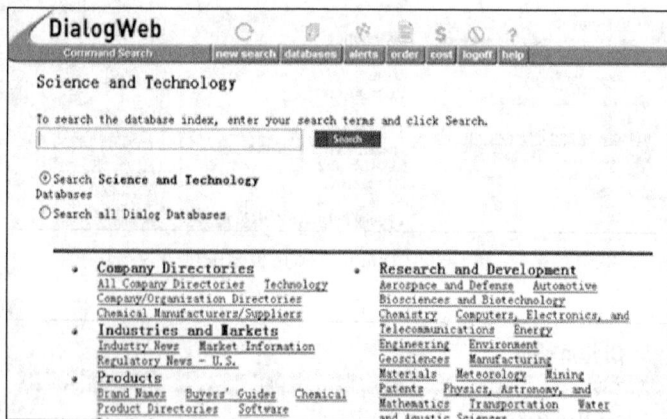

图 6-26 DialogWeb-Database 检索界面

在上述 Dialog Web 扫描数据库检索界面可以有两种检索途径：一种是在图 6-26 的检索框中直接输入检索词，在所有范围内检索；一种是可以选择某一专业，再输入检索词在指定范围内检索，如课题为"转氨酶研究"，选择"Biosciences and Biotechnology"（生物科学与技术类），检索表达式和检索结果分别如图 6-27 和图 6-28 所示。

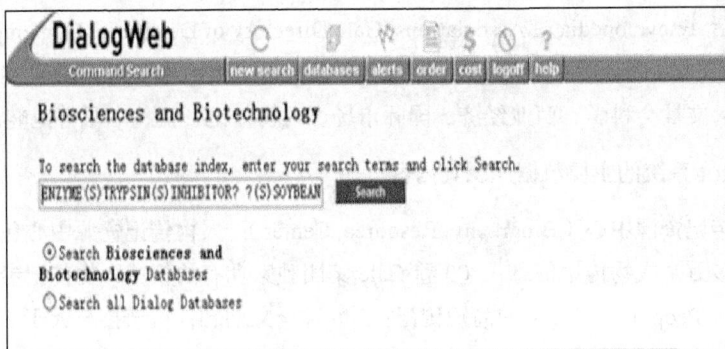

图 6-27　检索策略表达式

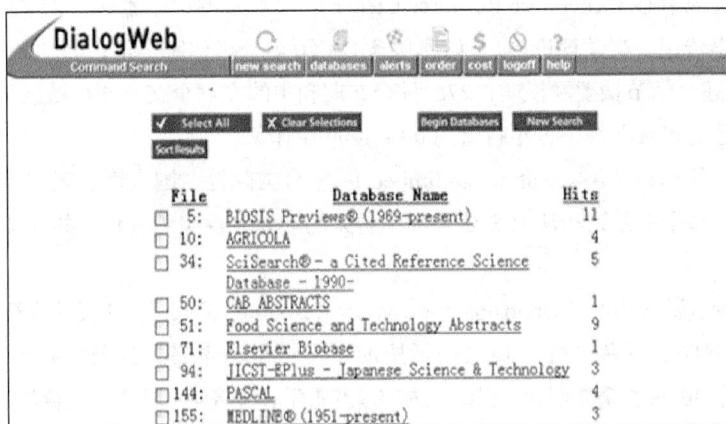

图 6-28　检索结果

单击检索结果页面列表中的标题的链接，即可打开其详细信息（见图 6-29）。

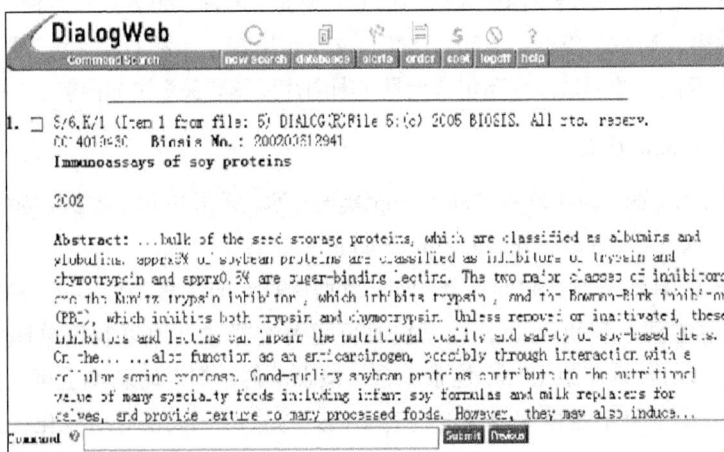

图 6-29　检索结果详细信息页面

## 6.3.2　GALE 数据库

美国 Gale 集团是国际上著名的参考文献出版公司，以出版人文和社科参考文献数据库著称，其产品包括 Encyclopedia of Associations, Gale Directory of Databases, Contemporary Authors, World Business Directory 等数百种不同类型的的数据库，其中相当部分为事实与数值型数据库，内容覆盖人文社会科学、商业经济、国际市场、人物传记、机构名录等范畴。

### 1. Galenet 系统的主要数据库及其内容

（1）人物传记资源中心（Biography Resource Center）：人物传记资源中心包含自人类历史开始至今 100 多万个人物传记信息；700 卷 Gale 集团独家拥有的权威人物传记参考书；近 4 万份取自 Debrett's People of Today 的简短传记；286 种全文期刊；可链接至大于 15000 个经过人物传记专家的严格考证的人物网站。内容涵盖文学、科学、政治、政府、历史、多文化研究、商业、娱乐、体育、艺术和当今事件，等等。

（2）文学资源中心（Literature Resource Center）：文学资源中心囊括 Gale 集团 50 年来著名印刷系列（文学传记、文学评论等）。该库包含 13 万名全球作家传记；45 000 篇文学批评；5000 篇作品概述、情节摘要及说明；275 种全文期刊中的文章全文；并可链接至 6000 多个经过专家严格挑选的权威网站；每年新增 3000～4000 位作家。

（3）学会组织名录（Association Unlimited）：整合国际性、国家性、区域性、州际性和地方性学会组织百科全书系列和从 IRS 资料库中得来的非营利性组织资料，共计 460 000 多个团体和组织。

（4）相反论点资源中心（Opposing Viewpoints Resource Center）：相反论点资源中心提供当今事件、社会问题、具争议性、最热门话题的事实讯息、参考讯息及支持者、反对的各种观点，资料取自 30 多种全文期刊、报纸。内容涉及哲学、经济学、法学、教育学、政治学、社会学、人文科学、历史学等学科。

（5）18 世纪作品在线（Eighteenth Century Collections Online）：18 世纪作品在线是在线全文数据库，收录了 1700～1799 年所有在英国出版的图书和所有在美国及英联邦出版的非英文书籍，涵盖英语、法语、德语、西班牙语、拉丁文等多个语种，包含 13 万种 15 万卷，超过 3 300 万页的内容，涵盖了历史、地理、法律、文学、语言、参考书、宗教哲学、社会科学及艺术、科学技术及医学等领域。它还包含大量清晰图片以及有关中国的内容。

### 2. GaleNet 检索系统

GaleNet 经由 Digital Island 联机 Gale Group 美国网站，采用 IP 地址控制访问权限。

Gale 数据库网址：http://infotrac.galegroup.com

由于 GaleNet 是多个数据库的集合，每个数据库收录的信息类型不同，检索项不同，其检索方式也存在差别，利用 GaleNet 系统时可通过选择数据库以实现单库检索或跨库检索。GaleNet 包含的数据库使用一个检索平台，检索其他数据库时基本上可以依照同一方法进行，需要注意由于每个数据库收录的内容不同，检索的字段便有所变化，这需要查检时根据实际情况灵活掌握。但总的来说，GaleNet 的每个数据库根据其存储信息的属性，提供了多个层次，多个入口的检索途径，以满足对特定事实的检索，这是它们共有的特征，如可提供名称检索（人名、地名、机构名、数据库名、出版物名称），主题词检索，扩展检索（可同时检索多个检索字段），专家检索，Gale 数据库首页如图 6-30 所示。

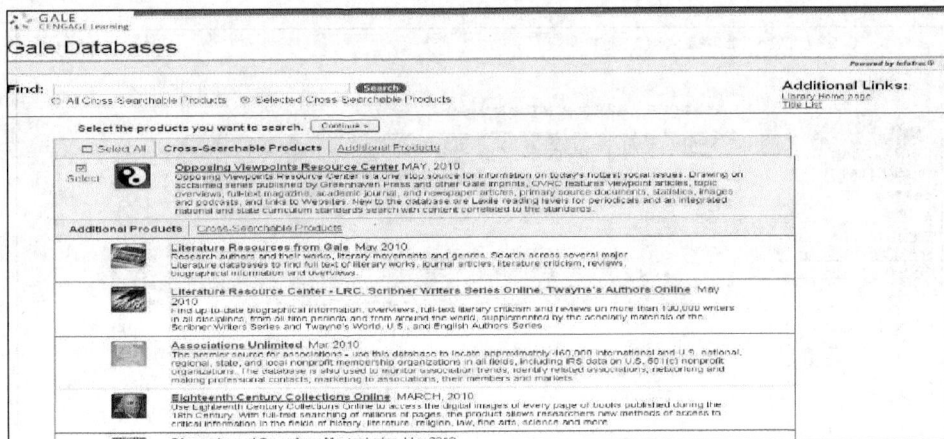

图 6-30　Gale 数据库首页

下面以 Literature Resource Center（简称 LRC）为例具体说明 GaleNet 的检索功能。

（1）LRC 的基本搜索

利用 LRC 的基本搜索功能首先需确定检索途径：作者检索、标题检索、关键词检索、文检索（见图 6-31），其中作者检索即图 6-31 中的"个人"，可以输入作者的全名、全名的某一部分、别称、笔名等，不区分大小写。标题检索即图 6-31 中的"作品名称"，可输入标题中任意一个字或确切的标题，区分大小写。

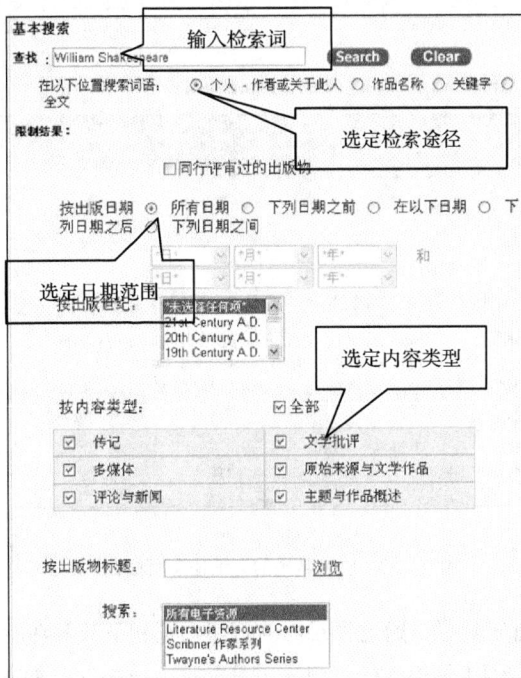

图 6-31　基本搜索界面截图

选定检索途径后，在检索文本框内输入想要检索的内容，通过选定日期范围和内容类型可进一步筛选文学作品的出版日期和内容，确定好检索策略后单击检索文本框后面的"Search"按钮即可执行检索。例如在文本框内输入"William Shakespeare"检索莎士比亚的作品，检索结果如图 6-32 所示。

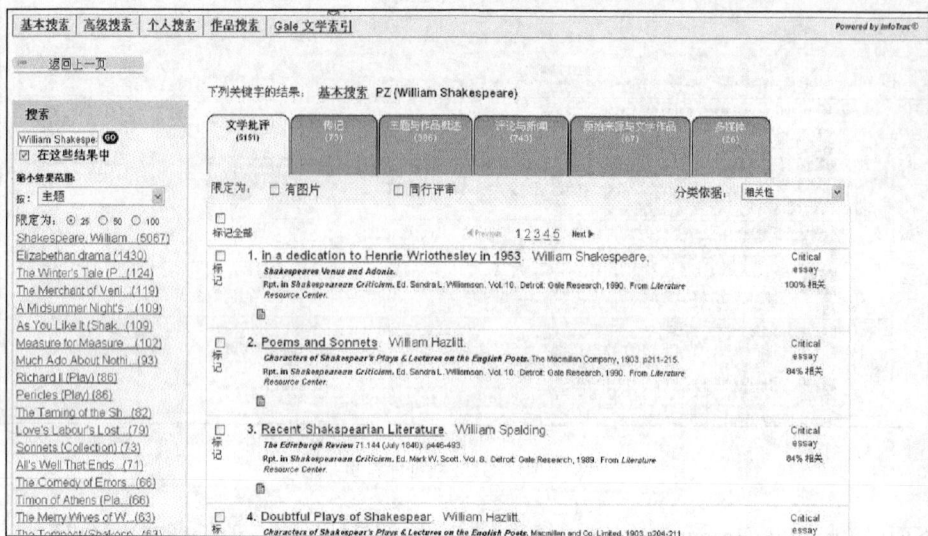

图 6-32　检索结果

单击检索结果页面的列表中条目的标题链接，可浏览该条目的详细信息（见图 6-33 ）。

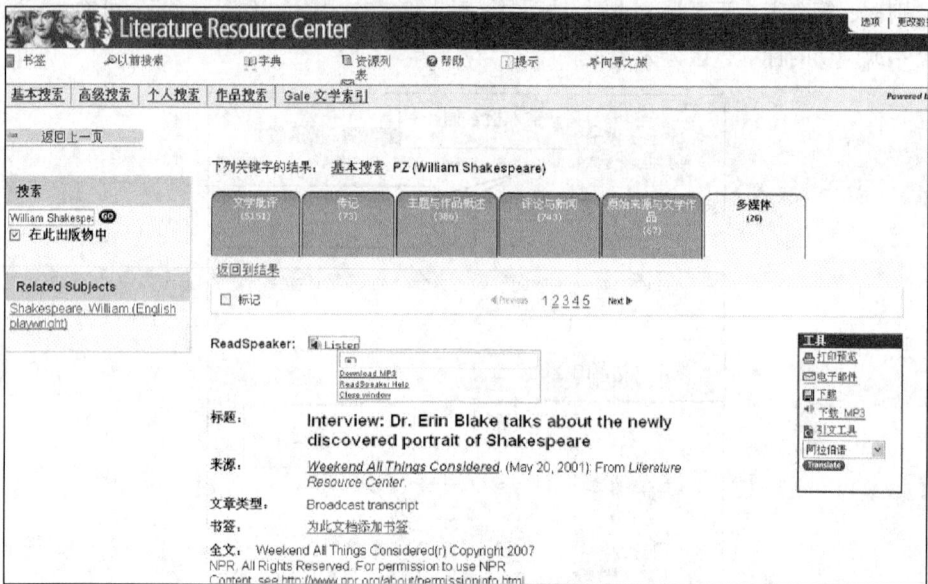

图 6-33　检索结果的详细信息页面截图

详细信息页面右侧有工具栏，通过栏目内的打印预览和下载等功能可在线打印和下载该文献。单击详细信息页面右侧工具栏内的"引文工具"可生成引文，如图 6-34 所示。利用引文工具下面的语言下拉框选择语种可对检索结果行翻译。

（2）高级检索

可以用布尔运算符对多个检索词和检索条件进行限定（见图 6-35），其检索方法与基本搜索大致相同。

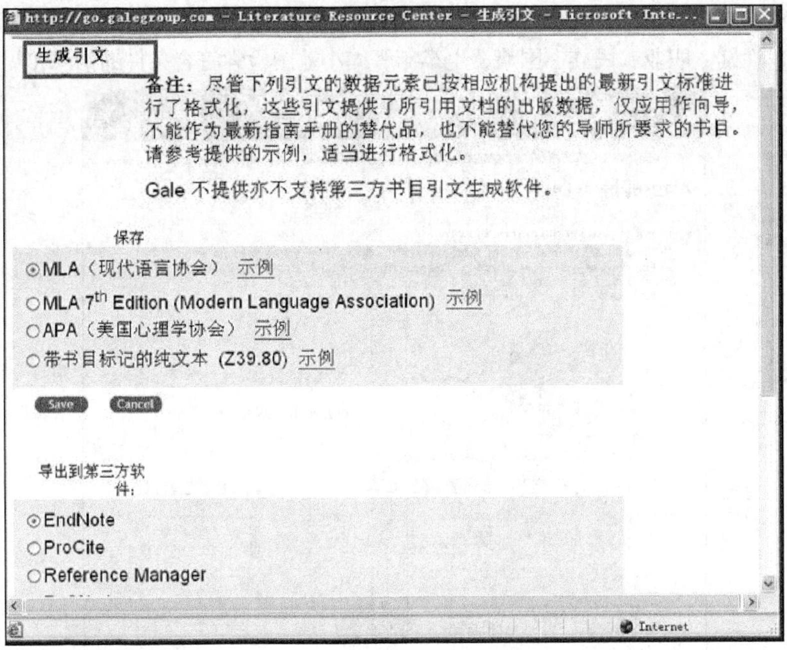

图 6-34　生成引文的页面

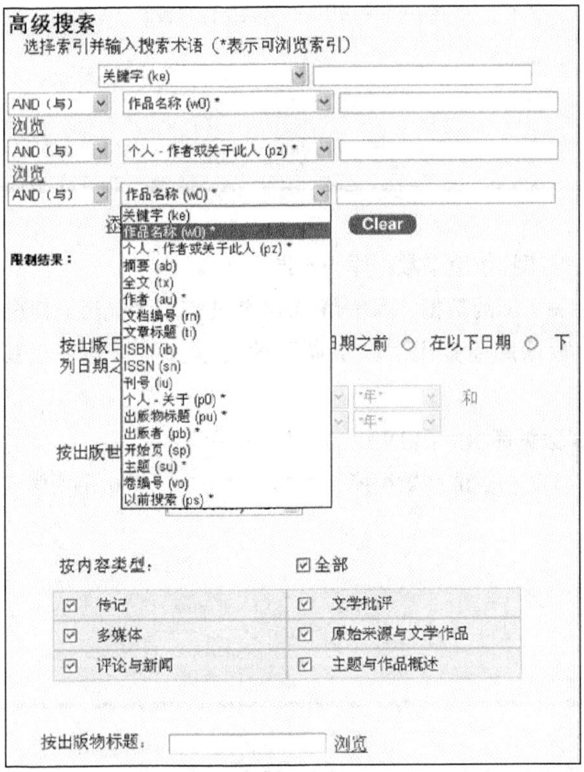

图 6-35　LRC 的高级检索页面

（3）人物传记资源中心（简称 BRC）数据库的检索

BRC 的检索途径有：人名检索、事实型信息检索、高级检索。其中，利用人名检索时，可输入检索对象的全名，包括姓氏、名字或名字的一部分，不限姓名的前后顺序。检索时可通过选择 Name Contains 或 Start of Last Name 来限定检索词的查询模式。事实型信息检索以多重检索字段如姓名、性别、职业、民族、国籍、生卒年等缩小范围检索符合条件的信息（见图 6-36）。

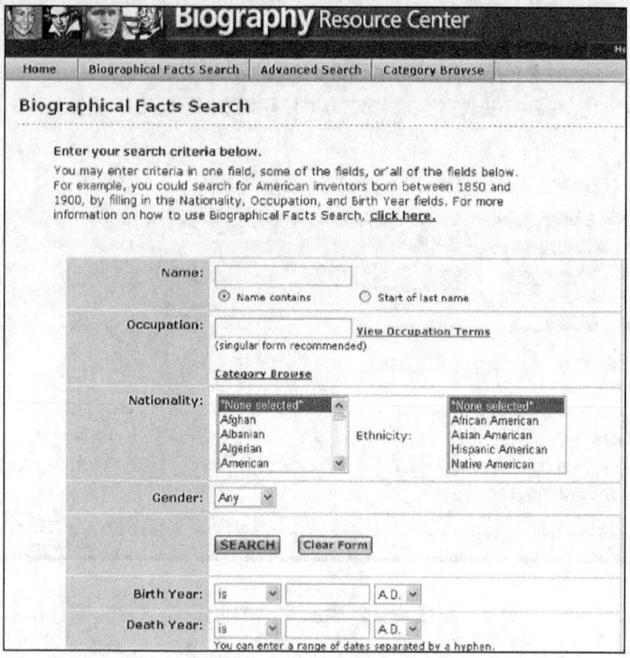

图 6-36　BRC 的事实型信息检索

# 思考题

1. 比较事实型数据库和数值型数据库的不同点。
2. 利用国研网相关子库的数据，写一篇 2014 年北京市大气污染情况的统计报告。
3. 利用 GALE 数据库检索出"狄更斯"的文学作品，并下载其中一部作品的 MP3 资源。
4. 利用 DIALOG 数据库检索出 DELL 公司的有关信息。
5. 利用相关中文事实和数值型数据库，撰写一篇 300～500 字所学专业学科领域的统计分析报告。

# 参考文献

［1］王玉. 信息检索与利用. 北京：中国人民大学出版社，2011.
［2］焦玉英等. 信息检索. 武汉：武汉大学出版社，2002.

# 第 7 章　工具书及参考型数据库的利用

## 7.1　工具书的利用

我们通常利用的图书大体可分为两类：一类是为获取知识或者欣赏而从头到尾仔细阅读的图书；另一类则是为了寻找资料线索或解决疑难问题才去查阅的图书。前者即为普通图书，后者便是工具书。在计算机和网络数据库迅速发展的今天，利用计算机数据库查找信息更能满足人们高速度、快节奏生活的需要。然而，作为一种传统的手工检索工具，工具书以其对信息收集的完整、系统、准确及检索系统的完备，在目前的文献检索活动中仍然起着重要作用。实际上，今天许多数据库都是在著名的大型工具书的基础上发展起来的。一些久负盛名的工具书已经成为人类文化发展史上的经典文献。

### 7.1.1　中外文工具书概述

工具书是广泛收集某一范围的知识材料，按一定的方式加以编排，供解决疑难问题和提供资料线索而用的一种图书。

#### 1．工具书的分类

工具书种类繁多，按照文种可划分为中文与外文，按学科可划分为综合性、社科、科技等，按内容特征可分为书目、索引、文摘、字词典、年鉴手册、地图、图谱、类书、政书、百科全书等，下面按照其内容特征分别予以介绍。

（1）书目、索引、文摘

书目是记录和揭示一批相关图书，并按一定方式编排的检索工具，如清代纪昀等编修的《四库全书总目》、新中国成立后国家图书馆编辑的《中国国家书目》等。

索引又称引得，是将文献资料中的有关内容，如篇名、人名、地名、语词、编号等分析摘录出来，注明出处，并按照一定的次序编排的检索工具。如民国年间编辑的《论语引得》、新中国成立后中国人民大学书报资料中心编辑的《报刊资料索引》等。

文摘是以简要的语词将文献的主要内容做成摘要，并按一定次序编排的检索工具。如世界著名的《化学文摘》，我国编辑出版的《新华文摘》等。

（2）字典、辞（词）典

字典是解释字的形、音、义及其用法的工具书。如清代官修的《康熙字典》，新中国成立后编辑的《新华字典》等。

辞典是解释语词的概念、意义及其用法的工具书，辞典与词典可以通用，但一般前者多为对各学科名词术语的解释，如上海辞书出版社编辑出版的《辞海》，后者则注重从文字学角度对字词本身的解释，如《现代汉语词典》等。

（3）类书、政书、百科全书

类书是广泛收集古籍中的有关资料，按类或按音韵编排，供查检、辑佚、征引之用的古籍工具书，如明代编修的《永乐大典》是我国历史上规模最大的类书，清代编修的《古今图书集成》则是我国现存规模最大的类书。

政书是汇集一代或多朝代典章制度和政治、经济、文化史料的古籍工具书。如唐代杜佑编辑的《通典》，宋代郑樵编辑的《通志》，元代马端临编辑的《文献通考》等。

百科全书是对人类知识进行概括性叙述的著作，其英文为 encyclopaedia，源于希腊文 exyklios(普通的)和 paideia（教育）二词。合起来意为"普通教育"。美国出版的不列颠百科全书（The Encyclopaedia Bridannica）是世界上著名的百科全书，我国近年亦编辑出版了《中国大百科全书》。

（4）年鉴、手册、名录

年鉴是汇集一年内重要的时事文献和各种统计资料资料，按年度编辑出版的工具书，其英文为 yearbook。国内比较著名的年鉴有《世界知识年鉴》《中国统计年鉴》等。

手册是汇集经常需要查考的文献资料，以供随时查检的工具书，其英文为 handbook。如《新编读报知识手册》《会计手册》等。

名录是汇集机构名称、人名、地名等专有名词基本情况和资料，按类或字顺加以编排的检索工具。如新华社编辑部编辑的《中国政府机构名录》等。

（5）历表、年表

历表是查考年、月、日及其换算关系的工具书。如陈垣编辑的《二十史朔润表》等。

年表按照年代记录历史大事的工具书，其特点是"以事系年"。如《中华人民共和国经济大事记》《毛泽东年谱》等。

（6）地图、图谱

地图、图谱是以图形、图像揭示事物形象的工具书。如《中国历史地图集》《中国历代货币》等。

### 2．工具书的排检方法

我们在介绍各类工具书的概念时有一个共同的特点就是"按一定的方式加以编排"，这是工具书区别于其他图书的重要特征，工具书的排检方法很多，总结归纳起来有分类法、主题法、字顺法、时序法、地序法等几种形式，应该指出的是，一部优秀的工具书一般都同时具备几种不同的检索方法，以便于读者从不同的途径查找相关资料。同时，工具书前一般都有前言或凡例，具体说明本部工具书的排检和使用方法，使用时应予注意。

（1）字顺法

字顺法是按照文献资料内容的字顺组织和检索资料的方法，我们常见的字辞（词）典一般都是按照字顺法排列的。在采用字顺法排列的工具书中，西文工具书基本上都是按照西文的字母顺序排列的，而中文工具书由于汉字的特点，其所采用的字顺法相对比较复杂，又可区分为音序和形序两种形式。

音序包括古代的音韵法和现代的汉语拼音，如我国明代著名的类书《永乐大典》就是按照明代韵书《洪武正韵》的韵目排列相关资料，所谓"以韵统字，以字系事"，而《洪武正韵》本身就是一部按照古代音韵编排的字典。现代的工具书中的音序排列大多为汉语拼音字顺，如《新华字典》《辞海》等字辞（词）典的主要检索途径就是按照字、词的汉语拼音字顺进行的。《中国大百科全书》第二版的所有条目也是按照条目名称的汉语拼音字顺统一进行排列的。此外，我国在 20 世纪 50 年代曾经使用过一种类似于汉语拼音的"注音字母"，在 20 世纪 50 年代末期全面推广使用汉语拼音注音后的相当长时间内与汉语拼音共存于《新华字典》等工具书中，此处不再详述。

现在我们使用计算机进行文字录入时所使用的"搜狗拼音输入法"等输入法亦大多源于汉语拼音。

形序包括笔画法、笔顺法、部首法、号码法等。其中笔画法简单易于掌握，应用最为广泛，许多字辞（词）典都可以按照字词的笔画顺序进行检索，其不足是有时相同笔画的字太多，需要用另一种方法进行二次排列。笔顺法就是为解决这个问题而制定汉字排检方法，一般是依附于笔画法使用的，读者使用工具书按汉字笔画查找资料，在笔画相同时再比较其笔顺，笔顺的排列一般是按照汉字起笔顺序以"点、横、竖、撇、折"的顺序进行的，也有的工具书是按照"横、竖、撇、点、折"的顺序排列，这就需要读者在使用工具书时注意其前言和凡例的相关规定。

部首法是按照汉字的偏旁部首排列汉字的方法，早在东汉时期著名文字学家许慎作《说文解字》，就把汉字分为 540 个偏旁部首，其后清代的《康熙字典》直至解放后编辑的《新华字典》《现代汉语词典》等都采用部首法进行排检。部首法的优点是能够适应汉字的结构特点，把结构复杂、形态多样的汉字分别归纳在不同的部首之中，并能反映同部首汉字在意义上的联系，方便人们查检那些不会读、不会解的生字。但由于汉字繁简字体不同，有些汉字笔画复杂部首难以确定，也给读者使用部首法查找汉字带来不便。

号码法中最常用的为四角号码法，最早产生于 20 世纪 20 年代，以后多次修改并使用至今。它是根据汉字方块字的特点依其形体结构，把一个汉字的四角笔形用分别用数字标注出来，并按数码大小进行排序。该法将汉字的笔形归纳为十种类型，并编为口诀以便于记忆。其口诀为："横1、垂2、3点捺、叉4、插5、方块6、7角、八8、9是小、点下有横是零头"。每个字按四角笔形取号，其顺序为左上角、右上角、左下角、右下角，将所取 4 个数字连接为四角号码，再按其顺序加以排列。同码字再按其右下角上方的笔形产生附加号加以区分。四角号码法排列数字精确，只要掌握了其 10 种笔形所代表的号码，见字形就知道号码，查找速度很快，目前除了专门的四角号码字词典外，许多工具书如《辞海》等也都附有四角号码的检索功能。

现在我们使用计算机进行文字录入时所使用的"五笔字型法"等输入法亦属于"形序"的范畴。

（2）分类法

分类法，就是按照文献资料的学科属性组织和检索资料的方法，我们在第 2 章中曾介绍过图书分类法在排列图书馆藏书方面的重要作用，许多工具书包括书目、索引、文摘等同样也是按照图书分类法排列其中的内容的。如国家图书馆编辑的《中国国家书目》既是按照《中国图书馆分类法》所规定的 22 个大类及大类所属的二级、三级类目排列书目中所有图书的。我国第一部真正意义上的百科全书《中国大百科全书》的第一版就是按照学科分类分卷出版的，而其每一学科卷又都列有条目分类目录，以方便读者按照条目的学科属性检索有关资料。

（3）主题法

主题法就是将资料内容所叙述的事物按照规范化的语言（即主题词）的字顺进行排检的方法。我们在第 2 章中曾介绍过主题法的特点及与分类法的区别，此处不再详述。许多重要的工具书都是按照主题法进行排检的。如《中国大百科全书》的每一学科卷后均编排有内容分析索引，将本学科卷中所有条目及条目中重要的主题按照其汉语拼音字顺进行排列，并分别注明该条目或该主题的内容在本学科卷何页、何版区。

（4）时序法

时序法按照文献资料产生或文献内容所叙述的事物发生、发展的时间顺序编排和检索资料的方法。年鉴、年表、历表、大事记等工具书多采用此法进行编排。采用时序法能反映事物或文献资料产生的年代，揭示其历史发展进程。此法也常被作为其他排检方法的辅助方法使用。如有的工具书先按学科分类进行排列，然后再按时间顺序排列。

（5）地序法

地序法是按照文献出版或其内容所涉及的国家或地域的地理特征区分排列文献的方法。有利于突出文献的出版地或其内容涉及的地理区域，常用于地图、地名志等地区性较强的工具书的排检。如《中华人民共和国分省地图集》《中国地方志联合目录》《中国地名辞典》等。

## 7.1.2　书目、索引、文摘的利用

### 1．书目的利用

书目从载体形式上可分为卡片式目录、书本式目录、计算机可读目录等，从内容上可分为馆藏目录、联合目录、专题书目等，从检索途径上可分为分类目录、主题目录、书名目录和著者目录，从文种上可分为中文目录、西文目录等，每一种目录都可以同时具有以上几种划分形式的特征，如某图书馆所用的卡片式目录可称为"馆藏卡片式中文图书书名目录"，同样，每一种目录在同一种划分形式下又可具有多种功能，如下面将要介绍的《四库全书总目》从检索途径上就同时具有书名、著者、分类目录的功能。

（1）《四库全书总目》

《四库全书》是清朝乾隆年间由皇子永瑢领衔，纪昀等人主持编修的一部规模巨大的丛书，全书收入清乾隆以前的古籍 3461 种，共 79 309 卷。全书完成之后，纪昀等人又将每部书的内容做成提要并加简单评论，另加上经过编辑整理未收入《四库全书》而列为"存目"的6828 种图书的提要，编辑为《四库全书总目提要》，又称《四库全书总目》，按经、史、子、集四部，每部下又分若干类目，类目下又分若干子目顺序排列，成为中国历史上规模最大的官修书目。中华书局 1965 年将该书影印出版，后附四角号码书名索引和著者索引，同时另附笔画检字。读者可从分类、书名、著者等不同角度，利用检索词的四角号码或笔画查找所需古籍。

利用该书目可查找收入《四库全书》和该书存目中的 10 289 种古籍的书名、著者及其简介、内容提要、简单评论等情况。《四库全书》是查找我国古籍的一部重要工具书，目前有多

种电子版问世。

（2）《全国新书目》与《全国总书目》

《全国新书目》是中国新闻出版署信息中心主办的一份书目检索类期刊，创刊于 1951 年 8 月，每月出版一期，全面介绍当月的新书出版信息（见图 7-1）。该刊设有"书业观察""特别推荐""新书评介""书评文摘""畅销书摘""精品书廊"和"新书书目"等栏目。其中，"新书书目"按类目编排所收图书，读者可以简便、快捷地检索到所需内容。

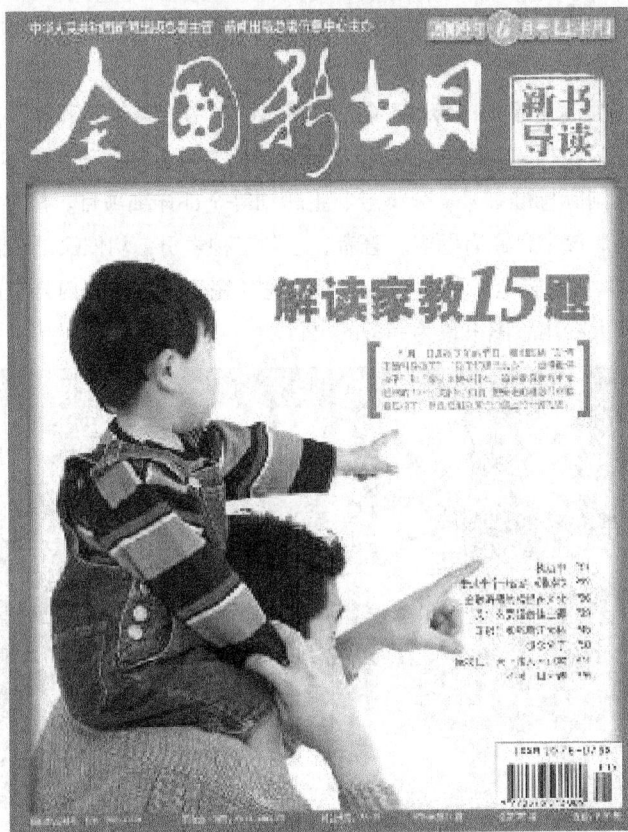

图 7-1　全国新书目

《全国总书目》由中国版本图书馆《全国总书目》编辑组编。1949 年～1955 年各年度的《全国总书目》由新华书店总店编辑，主要反映新华书店发行和经销的图书，仅选录部分私营书店图书。1956 年度以后改由版本图书馆编辑，1966 年编辑工作中断，1971 年恢复，出版了 1970 年度《全国总书目》，以后百年陆续出版各年度的《全国总书目》。

《全国总书目》以中国版本图书馆征集的样本为依据，收录当年中国出版的公开发行和只限国内发行的各种文字的初版和改版图书（不包括重印书），也收录中小学、师范学校、业余学校教学用书。它由分类目录、专题目录和附录共三部分组成。分类目录是主要部分，收录汉文出版的图书。专题目录主要收录技术标准、盲文书籍、翻译图书、丛书等。附录包括当年国内报纸、杂志目录、出版家一览表，书名索引，各类图书分类统计表等。款目著录书名、著者、译者、出版时间、页数、开本、装帧、定价，对改版的图书单独加以说明。1982 年以后，绝大部分图书都编有内容提要。该目录所收图书前采用《中国图书馆分类法》的基本大类排列。

以上两部书目目前均有电子版问世。

（3）《中国国家书目》

《中国国家书目》全面、系统地揭示与报道中国出版物的大型书目，由国家图书馆《中国国家书目》编委会主编，《中国国家书目》编辑组编辑，如图 7-2 所示。1985 年起，先以手工方式编印年累积本，自 1990 年 9 月开始以计算机为手段编制每月两期的速报本。向国内外提供卡片、书本、磁盘、磁带、光盘等多种形式的书目工具。该书目收录范围按照"领土—语言"原则，收录普通图书（包括重印古籍）、连续出版物、地图、乐谱、博士论文、技术标准、非书资料、书目索引、少数民族文字图书、盲文读物，以及中国出版的外国语文文献。年报道量约 3 万多种。

该书目依据中国文献著录国家标准、《中国图书馆图书分类法》和《汉语主题词表》进行著录和标引。著录项目包括：文献题名、著者名称、版本项、发行项、载体形态项、丛书项、附注项、内容提要、国际标准书号、分类号、主题词等全部详细项目。按《中国图书馆图书分类法》分类顺序排列。该书目还有题名、著者、主题三种索引，均依汉语拼音顺序排列。

《中国国家书目》收录较全，著录标准，检索途径完备，可为国内外文献资源共享创造有利条件，是查找我国大陆出版图书最为完备的书目。

图 7-2  1987 年版的《中国国家书目》

**2．索引的利用**

索引与书目都是间接查找文献资料线索的工具书，所不同的是，书目所能查的仅限于图书，作用较为单一，而索引可查找文章篇目、人名、地名、语词、编号等一系列内容，作用比较广泛，其类型也比较多样。

索引同样也可以按照载体、内容、检索途径、文种等几种形式进行划分。如按照内容可分为报刊篇目索引、语词索引、人名索引、地名索引等，而报刊索引又可分为查找单一报刊的索引如《人民日报索引》、查找综合性报刊的《全国报刊索引》和查找专题报刊资料的《某某专题资料索引》等。下面介绍几种有代表性的索引。

（1）哈佛燕京学社引得编纂处与《杜诗引得》

哈佛燕京学社是美国哈佛大学和中国燕京大学于 1928 年合作成立的中国文化研究机构，对推动中国文化研究及近代教育事业发展产生很大积极作用。

1930 年秋引得编纂处成立，由著名学者、燕京大学图书馆馆长洪业主持，洪业在聂崇岐、李书春、田继综等人的帮助下，创造出"中国字庋撷"检字方法，为编制索引提供理论基础。他拟定《引得编纂手续纲要》，将编纂工作分为十个步骤，包括选书、选本、标点、抄片、校片、编号、稿本、印刷、印本校对、加序等程序，至 1949 年共编辑出版中国古籍引得 64 种，其中有语词索引范畴的《杜诗引得》《论语引得》，也有属于主题索引范畴的《食货志十五种综合引得》，还有属于人物传记索引范畴的《八十九种明代传记综合引得》等。

　　哈佛燕京学社引得编纂处编辑的中国古籍引得为学术研究提供便利，产生了相当大的积极影响，至今仍然有其利用价值。

　　《杜诗引得》是其中有代表性的一种，全书共分 3 册，其内容分别为按中国字庋撷法编排的检字表（附字顺索引）、按句拆分重新排列的杜甫诗句、杜甫诗全文。该索引的特点是从杜甫全部诗作中的任何一首诗、诗中的任何一句、诗句中任何一字，都可以查找到这首诗的原诗，为欣赏、研究杜甫诗提供很大帮助。其他属于语词索引范畴的《论语引得》《孟子引得》等也均具有此种功能。

　　（2）《人民日报索引》等单一报刊索引

　　单一报刊索引即一种报刊的索引，许多重要的报纸均单独编有索引，如《人民日报》《光明日报》等，一般一个月出一期，刊物的索引一般附于该刊当年最后一期，不再单独编辑索引。单一报刊索引的特点是该报刊当月或当年刊登的所有文章、消息不论长短，均编辑于该期索引之中。排列方式一般是按类目或主题排列。

　　如《人民日报索引》即是自《人民日报》创刊之日起，一直与《人民日报》配套编辑出版，可查找《人民日报》所刊登的除广告之外的所有文章、消息、报道。

　　近年来，随着各重要报纸电子版的问世，报纸索引的重要性有所下降，但在查阅报纸资料方面仍在发挥一定的作用。

　　（3）《全国报刊索引》等综合性报刊索引

　　综合性报刊索引是指可以查找一定时期内各种报刊资料的索引，其特点是查找面广泛，可在短时间内把全国各类报刊上的相关文章、信息集中于一起，不足之处是因为收录的报刊过多，不可能把一定时期全国众多报刊上的文章收集齐全。

　　国内重要的综合性报刊索引有以下几种。

　　①《全国报刊索引》，上海图书馆编辑，原名为《全国主要报刊资料索引》，1973 年复刊时改为现名称，分为"哲社版"与"科技版"按月编辑出版，一直延续至今。该刊为目前国内最大型的综合性报刊篇目索引，是检索当前报刊论文的常用工具。该索引国内重要的报刊均予以全面系统收录，一种报刊一旦确定为收录范围，一般不再中断，以确保所收资料的系统性。每期内的文章篇目按类编排，每大类下再设若干小类，每篇文章均标出其篇名、著（译）者和具体出处（刊名、刊期、页码）。（参见本章第二节）

　　②《内部资料索引》，上海社科院图书馆编印，双月刊，收录国内各部门内部发行与交流的社会科学刊物五六百种以上的文章篇目，按类编排，该刊为我国唯一一部查找内部出版刊物文章的综合性索引。

　　③《复印报刊资料》与《复印报刊资料索引》，中国人民大学书报资料中心编辑出版，《复印报刊资料》并非工具书，而是该中心编辑出版的一套大型资料汇编，所收文章从国内5000 余种核心期刊和重要期刊中精选、分类、加工整理，并按专业或主题分别编辑进 100 个左右的专题中，如"金融""财政"等。大部分专题为月刊，少部分为双月刊，每年根据情况对专题的设置做微小的调整。该刊物内容广泛，学术性强，在科研人员和高校师生中使用广泛。

一般来说，哪位著者的文章被收入进《复印报刊资料》的某专题，说明该篇文章在这个领域具有一定水平和代表性。

《复印报刊资料索引》则是《复印报刊资料》的配套检索工具，按年度编辑出版，收录《复印报刊资料》各专题当年所有文章和仅列篇目的文章的篇目和出处。其中收入《复印报刊资料》的文章不仅要标明其原始出处，即原来刊登于哪一刊物、哪一期、哪一页，还要标明其在《复印报刊资料》中的出处，即该篇文章又被《复印报刊资料》的哪一专题、哪一期所转载。

《复印报刊资料索引》把《复印报刊资料》100 个左右的专题归纳为 7 个大类，每一大类编为一个分册。

第一册：马列主义、毛泽东思想、哲学、社会科学总论类。

第二册：政治、法律类。

第三册：经济类。

第四册：文化、教育、体育类。

第五册：语言、文艺类。

第六册：历史、地理类。

第七册：科技、生态环境、出版类。

第八册：著者索引。

目前《复印报刊资料》与《复印报刊资料索引》已有配套的电子版出版，并有相应的数据库问世。（参见 7.2.2）

（4）引文索引

利用文献引证关系检索相关文献的索引称为引文索引。

引文索引以某一文献（包括作者、题名、发表年份、出处等基本数据）作为检索点，检索点下著录引用或参考过该文献的全部文献及出处。它主要供用户从被引文献查找引用文献。一般的引文索引刊物除了引文索引外，往往还附有来源索引、机构索引和轮排主题索引。来源索引主要著录近期发表的有引文的文献（称来源文献或引用文献），它以作者为检索点，检索点下著录文种、篇名、出处、参考文献篇数及作者地址等。机构索引以作者所属机构为检索点，检索点下列出该机构最近发表文献的作者及文献出处，它可以反映某机构科研人员最近发表文献的情况。轮排主题索引是从来源文献题名关键词中每次选取两个作为检索点进行轮排而成的，是一种词对式关键词索引。通过这些辅助索引，用户可以从引用文献的著者、主题、地域或机构等多种途径检索到相关文献。

国内编辑的引文索引主要有两种。

① 由南京大学中国社会科学研究评价中心开发研制的《中文社会科学引文索引》（Chinese Social Sciences Citation Index，SCI）。

② 中国科学院国家科学图书馆 1995 年正式出版的《科学引文索引》（Chinese Science Citation Index，CSCI）。

以上两种引文索引目前均主要以数据库的形式发行、利用，故将其主要内容及使用方法编排于本章第二节详细介绍。

**3．文摘的利用**

文摘按其对原文献的揭示程度可分为报道性文摘和指示性文摘，其中报道性文摘是在原始文献基础上进行浓缩而形成的，概括叙述原文的主要内容，包括其基本观点与方法、主要结论及数据等，在一定程度上可代替原文。指示性文摘是指明原文主题和内容梗概的文摘，类似于内容简介，供读者对原文有初步了解，以决定是否阅读原文。

（1）《新华文摘》

《新华文摘》属于报道性文摘，创刊于 1979 年 1 月，是大型的综合性、学术性、资料性文摘刊物，设有政治、法律、社会、哲学、经济、管理、历史、文艺作品、文艺评论、人物与回忆、教育、科学技术及读书与传媒、国外社会科学、论点摘编、新华观察等栏目。所收文章有的全文转载，也有的摘要刊登，具有权威性、学术性、综合性、资料性的特点。

该刊由人民出版社主办，新华文摘杂志社编辑出版。2004 年起由月刊改为半月刊。1999年起《新华文摘》通过互联网面向海外发行。

（2）《高等学校文科学术文摘》

《高等学校文科学术文摘》创刊于 1984 年，原名《高等学校文科学报文摘》，由教育部委托上海市高教局主持，由复旦大学、华东师范大学、上海师范大学、上海外国语大学、上海财经大学、华东政法大学等六所高校联合编辑出版。

该刊重点反映全国高等院校及其他科研单位人文社会科学各学科研究中具有原创性或体现新观点、新思路、新材料，提出或解决相关学术问题的优秀论文，以及学科研究中具有前瞻性、探索性或多学科与跨学科研究等方面的前沿成果，积极推荐人文社会科学研究中与国家社会经济改革和发展密切联系的具有全局性、战略性或具有重大理论和现实意义的优秀成果。

（3）《中国社会科学文摘》

《中国社会科学文摘》是择优推介哲学社会科学重要研究成果的文摘类期刊，月刊，其学术背景深厚，涵盖范围广泛。强调学术品位，倡导理论创新，兼及新知文趣。力求综合反映对重大现实问题和理论问题有深刻见解的学术成果，是了解社会科学领域研究状况的重要窗口。

## 7.1.3　字典、辞典的利用

### 1．字典、词典概述

中国古代没有文字的时候是结绳记事，随着文字的出现及广泛使用，出现了以解释字词为主要内容的"字书"，到东汉许慎作《说文解字》是我国历史上第一部分析字形、解释字义、辨识读音的字书。清代编辑的《康熙字典》首次出现"字典"一词，标志中国古代字典编纂达到一个高峰。1915 年中华书局出版的《中华大字典》和商务印书馆出版的《辞海》均已具有现代字词典的特征。新中国成立后，一批具有较高编纂水平的字词典相继问世，如《新华字典》《现代汉语词典》《辞海》《辞源》等。一般来讲，"字典""词典"均为语文字、词典，而"辞典"则多为知识性辞典。

西方语言中没有字、词之分，故在字面上也就没有字典、词典的区别，统称为"dictionary"。西方现代词典的编纂始于 19 世纪，如 1884 年出版的《历史原则新英语词典》（New English Dictionary on Historical Principles）被称为第一部现代英语词典。在英语词典发展过程中，由于对词典的作用认识不一样，形成了两个派别。一为规范派，强调词典对语言规范化的作用，捍卫语言的纯洁性，其代表作是约翰逊编纂的《英语词典》；另一派称为描述派，认为语言是在不断发展变化的，词典应该是语言的忠实记录者，而不是评判者，其代表作为《韦氏第 3 版新国际英语词典》。

### 2．中文字典的利用

（1）《说文解字》

该书是东汉著名文字学家许慎所作的我国历史上第一部分析字形、解释字义、辨识读音的字典，成书于东汉建光元年（121），以后又经历代学者校订、注释，形成今日之规模。

该书收字 9353 个，加上异体字共 10 516 个。该书首创用部首归并汉字的方法，将所收汉字按形体分为 540 个部首。解释时先列出该字的小篆，然后按"指事、象形、形声、会意、转注、假借"所谓"六书理论"分析字形，最后注出读音。

该书在中国文字学史上有重要地位，至今仍为进行古文字研究的重要检索工具。现有中华书局 2004 年 2 月据清代刻本影印的版本。电子版有中华博物网所提供的在线字典《说文解字注》和南方日报出版社 2004 年出版的《说文解字全文检索》。

（2）《康熙字典》

该书成书于清代康熙末年，由康熙皇帝命张玉书等人编纂，共收单字 47 035 个，分属于 214 个部首，所收汉字先依部首笔画，同部首再依其余笔画进行排列。

该书在对字进行解释时，先注音辨形，最后释义。注音时使用古代注音方法"反切"和"直音"法，辨形简单明了，释义时则广征博引，力图解释全面。

《康熙字典》是我国第一部以"字典"命名的字书，收字较多，一般生僻字均可在《康熙字典》中找到，至今仍有重要参考价值。

该书较新的版本有中华书局 2004 年出版的影印本，2005 年上海汉语大辞典出版社出版的标点整理本等。另有汉珍数位图书公司和书同文数字化公司 2001 年推出的光盘版。

（3）《新华字典》

《新华字典》是中国第一本按汉语拼音音序排列的小型字典。1953 年新华辞书社编，主编为语言文字学家魏建功。1953 年由人民教育出版社印行第一版，按注音字母顺序排列；以后不断修订，改用汉语拼音字母顺序，1957 年转由商务印书馆重排出版。

该书是新中国成立后出版的第一部以白话释义、用白话举例的字典，也是迄今最有影响、最权威的一部小型汉语字典，堪称小型汉语语文辞书的典范。

《新华字典》第 11 版已于 2011 年 6 月出版发行。在这部最新版本的《新华字典》中，新增了 800 多个正字头，另外，还增加了 1500 多个繁体字和 500 多个异体字。

### 3．中文词典的利用

词典又可称辞典，又有语文词典和知识性辞典之分。

（1）《现代汉语词典》

《现代汉语词典》是由国务院下达指示编写，以推广普通话、促进现代汉语规范化为宗旨的工具书，是我国第一部规范型现代汉语词典。自 1978 年正式出版以来，发行量超过 5000 万册，现已出版至第 6 版，深受广大读者的欢迎。

《现代汉语词典（第 6 版）》注重修订工作的科学性、系统性。修订时从收字、收词、释义、配例等各个环节逐一进行调查研究，充分利用各类语料库选收或检验新词、新义以及新的用法，力求反映近些年来词汇发展的新面貌和相关研究的新成果，遵循促进现代汉语规范化的一贯宗旨，除全面正确贯彻以往国家有关语言文字和科学技术等方面的规范和标准外，还注意吸收和反映近些年来国家语言文字工作委员会组织专家学者制定、修订的有关字形、字音等方面的规范标准的最新成果。

《现代汉语词典（第 6 版）》共收单字 1 万 3 千多个，条目 6 万 9 千多条，增收新词语近 3000 条，修订规模空前，其中既不乏"雷人""给力"等网络热词，也有舍宾、PM2.5 等外来词，符合现代语言生活的需要，体现了普通话词汇和方言词汇、口语词汇相互流动的关系。

（2）《辞源》

《辞源》有新旧之分，旧《辞源》成书于 1915 年，由陆尔奎、傅运森等主编，商务印书馆分上下册出版。

新《辞源》自 1958 年开始修订，1979 年出第 1 册，1983 年 4 册出齐。全书收单字 12890 个，由单字引出的词条 84134 条，其体例仍按旧《辞源》的 214 个部首排列单字。每单字先注音释义，然后由该单字引出一系列词条，收词范围止于 1840 年，包括古代典章制度、成语典故、名词术语、名物等，解释时旁征博引，重在溯源，尽力阐明词义的源流与关系，可以说《辞源》是一部源流并重，兼有语文词典和知识性辞典特征的大型历史语言辞典。

（3）《辞海》

《辞海》与《辞源》一样亦有新旧之分，旧《辞海》由舒新城主编，1936 年中华书局出版，在编排方面以《辞源》为借鉴，收词方面大量吸收社会科学和自然科学的新词汇，注重各学科名词术语和人物、地理资料的收录，但许多词目的释文有明显的历史局限性。

新《辞海》1958 年开始编纂，陆续分类分卷出版，至 1966 年编辑工作停顿。1979 年上海辞书出版社出修订 3 卷本，以后每隔 10 年修订一次，至今已出至 2009 年版，陈望道、夏征农、陈至立等人先后担任主编。

2009 版《辞海》由夏征农、陈至立担任主编。其篇幅较 1999 年版略增，总字数约 2200 万字；总条目近 12.7 万条，其中新增 1 万多条，词条改动幅度超过全书的三分之一；删去条目约 7000 条。除了新增条目，在原有条目中，也大量援引新的提法，作出新的解释，反映新的情况，执行新的规范，运用新的数据。在增补以前遗漏的词目、音项、义项和释文内容，改正解释、文字、符号等差错，精简不必要的词目和不合适的释文等方面也着力甚多。新版《辞海》适应时代发展，充分反映了新中国成立六十年，特别是改革开放三十年的新事物、新成果。

《辞海》2009 年版彩图本（5 卷本）为国际标准大 16 开五卷本（正文四大卷、附录索引一卷）（见图 7-3）。书中有图 18 000 余幅，其中绝大多数是彩色图照。

新《辞海》的检索途径亦比较完备，有汉字部首的笔画、笔形索引，汉字笔画检字表，汉语拼音索引，四角号码检字表，百科词目分类索引等。

《辞源》与《辞海》是我国目前质量上乘的两部大型综合性辞书，两者编排体例均是"以字带词，分条释义"，但其功能各有侧重。前者以古汉语字词，古代名物典章为主，收词止于 1840 年，解释时重在溯源；后者则收入大量各学科名词术语及人物、地理资料资料，对词目的解释兼顾古今，重在今义。

除以上介绍的几部语文词典和综合性辞书外，还有许多专科性辞典，如旅游学方面的《中国名胜辞典》、经济学方面的《经济大辞典》等，这里就不一一介绍了。

图 7-3　2009 年版《辞海》

#### 4．国外词典的利用

西方的词典较有名的有以下几种。

《韦氏第 3 版新国际英语词典》（Webster's Third International Dictionary of the English Language），该书第 1 版以美国人韦伯斯特的《美国英语词典》为底本编辑出版于 1909 年，至 1961 年出第 3 版，以后每隔 5 年修订一次，但仍称为第 3 版。该书的第 1 版和第 2 版均为规范派的代表作，至第 3 版则成为描述派的代表，收入大量新产生的词汇，包括许多俗语与俚语，在对词义的解释上也遵循此原则。

《牛津英语大辞典》（Oxford English Dictionary），该书简称 OED，共 20 卷，是根据英国人莫雷的《按历史原则编纂的新英语词典》于 1989 年修订而成，以后又多次修订。

OED 共收词条 50 余万，记录了 12 世纪以来英文文献中出现的几乎所有语词，并通过大量引文、例句说明每个词在不同时期的词义和用法，成为人们进行英语研究的主要参考书，该书现有缩印本、简编本等多种版本，2000 年推出网络版。

## 7.1.4　年鉴、手册、名录的利用

年鉴、手册和名录具有信息完整、叙述简明、编排有序的特点，且一般集中有大量的统计数据，便于读者进行经济信息的检索。

#### 1．年鉴的利用

（1）年鉴概述

我国的《宋史·艺文志》中曾著录有《年鉴》1 册，但此书已失传，我们无从查考其与今天的年鉴有无相似之处。一般认为，年鉴的编辑始于欧洲，1457 年，欧洲人出版了世界第一部年鉴，其内容与历书相似，以后逐渐向兼容各学科知识的实用型工具书发展。我国清代同治三年（1864 年）编辑的《海关中外贸易年刊》被认为是第 1 部现代意义的年鉴。

新中国成立后大公报社在 1950 年至 1966 按年度编辑出版了具有年鉴性质的《人民手册》，1953 年世界知识出版社编辑出版了《世界知识手册》，1958 年更名为《世界知识年鉴》。改革开放后，我国的年鉴出版呈现了繁荣的局面，各类年鉴如雨后春笋般问世。

一般说来，年鉴可分为综合性年鉴、专科性年鉴、区域性年鉴和统计年鉴等几类，下面择要予以介绍。

（2）综合性年鉴

综合性年鉴主要指所收资料涉及各学科、各领域的年鉴。其代表作当为《中国百科年鉴》，由中国大百科全书出版社自 1980 年开始出版。其编辑目的之一是为《中国大百科全书》补充材料，全书分为特载、概况、百科、附录等几部分，全面介绍中国上一年各行各业的成就和发生的大事及各类统计资料，该书卷首有分类目录，卷末有内容分析索引，检索十分便利。该书是我国现有年鉴中编辑质量较高的一部，可惜由于多种原因，自 1994 年后，未再编辑出版。

目前仍在逐年出版的综合性年鉴以《世界知识年鉴》最为著名，该年鉴由世界知识出版社编辑出版，主要栏目有：各国概况、国际组织和国际会议、专题统计资料、世界大事记等，是我国唯一一部逐年记载世界各国和国际组织情况的大型工具书，目前已出版至2012/2013 年卷。

（3）专科性年鉴

专科性年鉴主要指所收资料仅涉及某一学科或某一行业，其中经济类年鉴占有很大比重。由中国经济管理杂志社于 1981 年开始逐年编辑的出版的《中国经济年鉴》是其中水平较高的一部，该年鉴全面反映中国经济发展状况，其主要栏目有：重要经济文献、中国经济体制改革、国民经济统计资料、中国国民经济发展概况、各部门经济概况、各省市经济概况、经济理论研究概况、重要经济法规选编、中国经济大事记等，目前已出版至 2013 年卷。（参见本书 8.3.1）

除《中国经济年鉴》外，几乎各行业均编有本行业的年鉴，如《中国旅游年鉴》《中国金融年鉴》《中国交通年鉴》等，此处不再一一介绍。

（4）统计年鉴

统计年鉴是以各类统计数据、表格为主要形式的年鉴。中国统计出版社从 1982 年起公开出版中国第一部大型统计年鉴《中国统计年鉴》。这是一部以统计数据和表格形式全面反映中国国民经济发展状况的年度资料汇编，一般设有行政区划和自然资源、综合、国民经济核算、人口、从业人员和工资、固定资产投资、财政、物价指数等 20 余个部分，目前已出版至 2013 年卷。该年鉴的统计资料来源于国家统计局，具有较高的权威性，是撰写论文、进行科研工作的主要数据来源。

除该书外，中国还有一批各行业、各地区的统计年鉴，此处不再一一介绍。

### 2．手册的利用

手册在中国具有悠久的历史。在敦煌石窟中曾发现 9～10 世纪编撰的《随身宝》及 15～16 世纪编撰的《万事不求人》等，都是古人编撰的手册类工具书。现代意义上的手册出现于 19 世纪。

手册与年鉴不同之处在于年鉴按年度出版，手册则视情况若干年修订一次，年鉴所收资料为上一年的内容，手册则是将一些成功的经验作为资料收录，其他被称为"便览""大全""指南""必读""必备"等的书籍也可归入手册类工具书。

手册亦可分为综合性手册和专科性手册。综合性手册有《中华人民共和国行政区划手册》，由地图出版社自 1959 年开始编制出版，现最新版本为 2011 年版。该手册由行政区划地图、中国行政区划统计表、县级以上行政区划一览表、各级民族自治地方一览表、县级以上行政区划地名字形相近易错表、县级以上行政区划地名多音异读正音表和县级以上行政区划地名索引组成，资料详细准确，具有较强的参考应用价值。

《中华人民共和国国家资料手册》（1949～1999），由中国社会科学出版社 1999 年出版，资料较为全面，但因出版年代较久，内容已显陈旧。

专科性的手册有地图出版社出版的《2012 走遍中国旅游手册》、高等教育出版社 2010 年出版的《数学手册》等，此处不一一介绍。

### 3．机构名录的利用

在中国，机构名录是本世纪初伴随着近现代企事业机构的兴起而出现的。新中国成立前中国较有影响的名录有 1937 年出版的《全国机关公团名录》，1947 年出版的《上海各界企业名录》等。进入 20 世纪 80 年代以来，随着改革开放的发展，人们对机构名录信息的需求增多，书本式的名录层出不穷，近年来，数字化机构名录以其内容更新及时，存储空间大等特点已经基本上取代了纸质机构名录。

近年出版的书本式名录有新华社编辑部编辑，中央文献出版社自 1989 年开始出版的《中国政府机构名录》，其纸质版现已出至 2011 年版。

数字化名录有《2014 中国政府机构事业单位名录》，收录了国家各级机关单位、各政党团体以及各级政府办事机构、办事处等事业性单位通讯联络信息，以及基层群众自治组织的行业名录。《2014 中国企事业单位名录》，收录按国民经济行业分类标准划分的国内企业单位公司名录信息包括：单位名称、详细地址、邮政编码、联系电话、企业负责人、产品名称、所属行业、职工人数等。

此外，万方数据有限公司自 1988 年开始建立《中国企业公司及产品数据库》，分中英文两个版本发行，是中国目前规模较大的企业综合信息库。属于中国资讯行系列的《中国科研机构数据库》和《中国中央及地方政府机构数据库》等均可利用。

（参阅本书 6.2）

## 7.1.5　类书、政书、百科全书的利用

### 1．类书与政书

（1）概述

类书与政书是中国古代文化宝库中的瑰宝，因其卷帙的浩繁和资料的丰富，被称之为中国古代的百科全书。

据史书记载，中国最早的类书是三国时期刘劭、王象等人编辑的《皇览》，为后世的封建王朝在开国初年集中人力、物力大规模编纂类书以显示文治之盛开了一个先例。以后，历代帝王纷纷效仿，委派文臣依据皇家藏书纂修类书。《皇览》原书已佚，仅见于书目之中，而此后历朝历代所编修之类书则保存约 200 余种，按其内容可分为综合性类书和专科性类书，按其编排体例可分为按类和按音韵编排两种。综合性类书较有名的有唐代欧阳询等人编修的《艺文类聚》，上海古籍出版社 1982 年曾出新版，宋太平兴国年间李昉等人编修的《太平御览》，现有中华书局 1960 年影印明刊本，明代解缙等人编修的《永乐大典》和清代陈梦雷等人编修的《古今图书集成》则分别为我国历史上规模最大的类书和现存规模最大的类书。

专科性的类书有宋代王钦若、杨亿等人编修的《册府元龟》，其内容以君臣之事为主，现有中华书局 1985 年影印本，清代张玉书等人编修的《佩文韵府》专门汇集古代诗、词、赋，按韵编排。其他类书不一一介绍。

政书是汇集历代或一代典章制度和政治、经济、文化史料的古籍工具书，与类书相比，政书不仅博采群书，而且能够对古代典章制度进行叙述与评论。政书有通史与断代史之分，如贯穿若干历史朝代的《通典》《通志》《文献通考》等为通史，限于一个朝代的《会典》《会要》则为断代史。

（2）《永乐大典》

《永乐大典》成书于明永乐年间，由明成祖朱棣命解缙等人率文臣儒士 3000 多人编修，全书共 22937 卷（包括目录 60 卷），分装成 11095 册，共 3.7 亿字，其内容包括经、史、子、集、佛经、道藏、医学、方志、戏曲、小说、工艺、农业等，可谓卷帙浩繁，洋洋大观。全书按照明初所编的《洪武正韵》所列韵目编排，以韵统字，由字引出一系列古籍。

该书明代时只抄写了正副两本，正版据历史记载毁于明亡之际，副本传至清代多有丢失，至清末又大部毁于八国联军入侵北京的战火之中。后经多年收集，新中国成立后，前苏联政府交还 60 册，前民主德国政府交还 3 册，至 20 世纪 80 年代，国家图书馆所藏《永乐大典》已达到 161 册，加上海内外藏书机构和私人所藏，存世之《永乐大典》达到 800 卷左右，占原卷数的百分之三多一点。中华书局于 1960 年和 1986 年曾将所收集到的国内原本和海外复制本影印出版，近年，国家图书馆将馆藏 161 册《永乐大典》精心修复，对外公开展出（见图 7-4）。

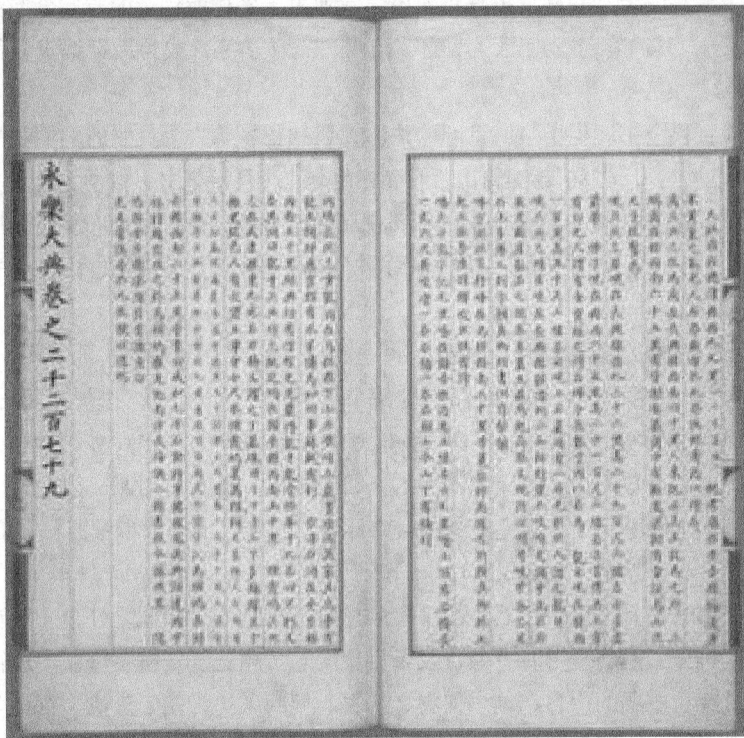

图 7-4　国家图书馆保存的《永乐大典》

（3）《古今图书集成》

《古今图书集成》编修于清代康熙、雍正年间。清康熙年间由学者陈梦雷初步完成，至雍正年间，又由蒋廷锡等人重编。

该书分为历象、方舆、明伦、理学、博物、经济 6 汇编，32 典，6109 部，共 1.6 亿字，清雍正六年（1728）用内府所藏铜活字印了 64 部，使之得以流传。

《古今图书集成》由于资料丰富，分类合理，被中外学者所推崇，被称之为《康熙百科全书》。新中国成立后有中华书局 1985 年影印本。现已有多种电子版问世。

（4）中国古代的十部政书——《十通》

《十通》是中国古代十部政书的总称，其中以前三通最为有名，其一为唐代杜佑编辑的《通典》，记上古至唐中期之制度沿革。其二为宋代郑樵编辑的《通志》汇集上古至唐末之典章制度，以人物纪传体形式编辑，故名《通志》。其三为宋末元初马端临编辑的《文献通考》，记录上古至宋代之制度。

继前三通之后，清乾隆年间，又依照各通的体例，接续编修了《续通典》《续通志》《续文献通考》《清通典》《清通志》《清文献通考》，至近代，又有人编修了《清续文献通考》。以上 10 部政书合称为《十通》。1937 年商务印书馆编辑出版了《十通索引》。

《十通》目前有浙江古籍出版社 20 世纪 80 年代的影印本。近年，北京书同文数字化有限公司将其内容数字化，推出了全文检索版。

**2．国外百科全书的利用**

（1）概述

国外百科全书的编辑可追溯到 2000 多年前的古希腊、罗马时期。西方古代第一部百科全书一般认为是古罗马学者老普林尼根据古希腊学者亚里士多德所创造的原始分类法及讲义编辑而成的《自然史》，其内容包括地理、动物、植物、人种学等，成为后世编辑百科全书的重要资料来源。

西方近现代百科全书诞生于 18 世纪的法国，以狄德罗等人为代表的启蒙主义思想家，经过 10 年的不懈努力，于 1780 年编辑出版了 35 卷本的《百科全书，科学、艺术与手工艺大辞典》。到 19 世纪中后期，世界百科全书的编辑出版趋于极盛，德国的《布罗克豪斯百科全书》、《英国的不列颠百科全书》、法国的《拉鲁斯百科全书》、美国的《科里尔百科全书》等当今世界著名的百科全书相继问世。

（2）现代百科全书的编排体例

百科全书按照内容可分为综合性百科全书和专科性百科全书，按规模可分为大型、中型和单卷本。作为检索工具，百科全书一般具有严谨、科学的结构和多种检索途径。

百科全书的内容一般是由诸多大大小小的条目组成的，条目是对某一主题或事物的概述，是百科全书的基本查阅单元。一个完整的条目由标题、正文、图表和参考资料 4 部分组成，一般邀请相关专家撰写，具有一定的权威性。

西方百科全书一般是按照条目名称的字母顺序进行排列的，除此之外，一般在书后还附有一卷索引，其编排方式是将全书所有条目及条目中的隐含主题统一按字母顺序进行混合排列，并注明该条目或隐含主题的内容在本书何卷、何页、何版区（为便于查找，百科全书将一个页面再分为若干版区）。所谓隐含主题即是隐含于条目中的较细小的主题，如某百科全书设有"北京"这个条目，但未给西城区、延庆县等区县另设专门的条目，而是将其内容包含于"北京"这个条目之中，那么"西城区""延庆县"即成为隐含主题。

为了将百科全书中相互关联的条目和主题有机的联系起来，百科全书一般都有一套完善的参见系统，又可分为直接参见和相关参见两种，直接参见是同一概念的异称或其内容已包含于其他条目之中。如韩国首都首尔原称汉城，两者为同一概念下的异称，只需在"首尔"条目下有具体内容，在"汉城"条目下用"见"（英文为"see"）来表示。相关参见是两个不同但又关系密切的主题间的相互参见，一般为双向参见，如可以在"李白""杜甫"两位唐代著名诗人的条目间作相互的参见，用"参见某某"（英文为 see also）来表示。

百科全书的参见系统体现于全书内容之中，既可以是条目名称之间的参见，也可以是条目中某一具体内容间的参见。

随着现代百科全书的发展，由于对百科全书的作用认识不一致，出现了两种不同的编纂体例。一派强调百科全书的教育性，主张向读者提供完整系统的知识，选择大学科、大主题作长篇论述，即所谓"大条目主义"。另一派强调百科全书的检索性，主张将大条目分解为若干独立的中小主题和概念，以中小条目的形式出现，即所谓的"中小条目主义"，两个派别各执己见，其争执延续至今。

百科全书的内容必须经常进行修订与补充以适应形势的发展。近年来，随着文献数字化的发展，百科全书的修订变得愈发方便与灵活。

（3）《不列颠百科全书》的利用

在世界众多百科全书中，学术水平较高、在我国知识界影响较大的是《不列颠百科全书》（The Encyclopaedia Britannaca 以下简称 EB）。

该书 1771 年问世于苏格兰，当时仅 3 卷，以后每隔 10 年再版一次，至 1929 年 14 版时，其版权已属于美国芝加哥大学，奉行大条目主义的编辑体例，并采用连续修订制延续至 1974 年。自 1974 年起，EB 在编辑体例上进行了重大的改革，一改过去单纯按字母排列条目的做法，将全书分为《百科类目》（Propaedia）、《百科简编》（Micropaedia）、《百科详编》（Macropaedia）3 部分，用所谓"三合一"编辑体例出版了面目全新的 EB15 版。

《百科类目》为全书的学科框架，共 1 卷，编辑者在这里将人类知识分为 10 大类，每大类下又分若干小类，共 7 个层次。分别指引有关资料在《百科详编》的何卷、何页、何版区。用这样的分类体系给读者提供一个人类知识纲要，并用与之配合的索引将《百科详编》的内容有序的展现给读者。10 大类如下：

物质和能（matter）

地球（the Earth）

地球上的生命（life on Earth）

人类生命（human life）

人类社会（human society）

艺术（art）

技术（technology）

宗教（religion）

人类历史（the history mankind）

知识分支（the branches of knowledge）

《百科简编》是一部百科辞典兼《百科详编》的入门索引，共 10 卷，收入 10 余万个小条目，体现了百科全书的检索性，其大部分条目后附有参见索引，分别指引读者到《百科详编》的有关卷、页、版区去查找该主题的详细资料。

《百科详编》共 19 卷，4207 个大条目，体现了百科全书的教育性，如其第 4 卷"中国"（China）一条，长达数十页，分为自然、地理、人口、国民经济、交通运输、行政管理、社会状况等几部分。

自 1985 年以后，EB15 又在不改版的前提下，对其结构与内容进行了较大的改动，修订了《百科类目》，将《百科简编》改为 12 卷，合并了部分条目。《百科详编》减为 17 卷，条目合并为 681 个，另外加《索引》2 卷，共 32 卷。

除印刷版外，EB15 的电子版早已问世，其网址为 http：//www.britannica.com。2012 年 3 月 14 日，不列颠百科全书公司宣布不再发行纸质印刷版百科全书，该书将被彻底数字化。尽管如此，纸质印刷版的《不列颠百科全书》在今后一个时间段内仍将具有重要的参考价值，成为电子版的编辑基础。

**3．中国百科全书编辑简介及《中国大百科全书》的利用**

（1）概况

尽管中国古代的类书与政书被称之为中国古代的百科全书，但其毕竟与现代意义的百科全书有着相当大的区别，20 世纪 30 年代，中华书局组织编辑百科辞典性质的《辞海》，但其规模与真正意义上的百科全书相去甚远。新中国成立初期，中国也曾有过编辑百科全书的计划，但由于种种原因，直到 20 世纪 70 年代，中国仍然没有自己的百科全书。

为弥补这个缺憾，自 1978 年开始，由国家出版局、中国社科院、中国科学院等牵头，成立了中国大百科全书编委会，进行编辑中国大百科全书的工作。首先确定了按学科分类分卷出版的编辑体例，从 1980 年天文学卷出版，到 1994 年全书（第 1 版）74 卷出齐，近 20000 名专家学者为此付出了智慧与心血。至 2009 年，《中国大百科全书》第 2 版正式出版。

除了《中国大百科全书》外，近年来我国还编辑了许多专科性的百科全书，如中国大百科全书出版公司出版的系列专业百科全书《世界经济百科全书》《中国商业百科全书》《中国军事百科全书》等。上海科技出版社出版的《中国医学百科全书》等，此处不再详述。

（2）《中国大百科全书》的利用

《中国大百科全书》（以下简称《全书》）第 1 版全套书共 74 卷（包括总索引 1 卷），77 859 个条目，49 765 幅图表，125 680 000 字，其内容覆盖哲学、社会科学、自然科学、工程技术等方面的 66 个学科或知识领域。视各学科的知识量，大部分为 1 个学科 1 卷，也有 1 个学科数卷或几个关联学科合为 1 卷。

《全书》的编辑坚持学术性的原则，要求总体结构及各学科卷的结构严谨，条目数量适中，内容准确、系统，具有一定权威性。同时，作为一部卷帙浩繁的工具书，《全书》还有一套完备的检索系统，可从多种不同的检索途径检索到有关资料。

《全书》的检索系统包括分类检索系统、字顺检索系统、主题检索系统、辅助检索系统及参见系统。

其中分类检索系统主要为《全书》分类分卷编辑的编排体例和每一学科卷所设的条目分类目录。字顺检索系统首先是每一学科卷的所有条目均按条目标题的汉语拼音字顺排列，其次是条目的汉字笔画索引、条目的外文索引、内容分析索引、全书的总索引。主题检索系统主要为每学科卷后附的内容分析索引，该索引将本学科卷的所有条目和条目中的隐含主题统一按其名称的汉语拼音字顺进行排列，并注明其具体出处。辅助检索系统包括：本学科大事记、彩色插图目录、外国人名译名对照表、条目后所附参考书目等。参见系统散见于《全书》各条目之中，使用方法与前所列的国外百科全书的参见系统相似，此处不再详述。

继《全书》第 1 版于 1994 年全部出齐后，中国大百科全书出版公司又开始进行其第 2 版的编辑工作，并于 2009 年正式出版。《全书》第 2 版不再按学科分卷出版，而是将所有条目统一按照其标题的汉语拼音字顺统一进行排列，这样可以去除许多标题或内容重复的条目，将规模大大压缩，与国际上百科全书编排体例趋向一致。《全书》第 2 版共 32 卷（包括总索引 2 卷），6 万余个条目，涉及 80 多个学科或知识领域。

《全书》第 2 版在第 1 版的基础上，适应时代发展变化和要求，重新撰写大量条目，替换更新陈旧条目，归类合并重复条目，修改保留稳定条目，对原书做了进一步完善（见图 7-5）。

图 7-5　中国大百科全书第 2 版

据媒体报道，2011 年年底，《全书》第 3 版的编辑出版经国务院批准正式立项，正在进行整体方案的设计。第 3 版将继承第 1 版、第 2 版的权威性，保证知识的实准性与稳定性，力求全面总结国内外最新研究成果，全面展现重要的不同学说和观点。第 3 版将进行全面创新，采用先进的信息技术和网络技术，把专家编纂的权威性和大众参与的开放性紧密结合起来，构建云计算和大规模跨平台编纂方式以及云知识服务模式。将极大地扩展知识容量和规模，搭建完整的知识服务体系，实现知识内容多样化，实现文字、图片、音频、视频等内容形式的有机结合。同时，实现产品形态和出版形式的多样化和网络化，以满足不同读者的多种需求。

以上介绍了部分常用的中外文工具书的内容及检索方法，因为篇幅原因，地图、图谱、历表、年表等类工具书此处就不再一一介绍了，读者若选用此类工具书，可查看所选用工具书的前言和凡例，了解其内容和使用方法。

# 7.2 常用中文参考型数据库的利用

许多参考型数据库都有相对应的印刷型工具书或图书馆的卡片式目录，本节将在对参考型数据库进行概述的基础上介绍几种常用的中文参考型数据库。

## 7.2.1 参考型数据库概述

### 1．参考型数据库的概念

参考型数据库是包含各种数据、信息或知识的原始来源和属性的数据库存，数据库中的记录是通过对数据、信息或知识的再加工和过滤（如编目、索引、摘要、分类等），然后形成的。数据库最基本的组成单位是记录和字段。参考型数据库中的一条记录就相当于印刷型工具书中的一个文摘索引条目或图书目录中的一个著录项目，是对某一特定文献的题名、责任者、文种、文献类型、关键词、主题词等特征进行描述的结果。

### 2．参考型数据库的类型

参考型数据库的类型主要有书目数据库、文摘数据库、索引数据库和引文数据库。

（1）书目数据库

书目数据库主要对图书的载体形态、内容和藏书的地点与具体位置进行揭示与报道。如图书馆的馆藏书目数据库、国家书目的网络版等。

（2）文摘数据库

文摘数据库主要是揭示一批文献内容摘要的数据库，如《新华文摘》的网络版在线阅读即可视为文摘数据库。

（3）索引数据库

索引数据库主要提供有关期刊论文、会议论文、学位论文、专利文献等文献的来源信息，但一般不提供原始文献本身及其馆藏信息，如《全国报刊索引数据库》等。

（4）引文数据库

引文数据库也可属于索引数据库的范畴，所不同的是普通索引数据库标引的是文献本身的各项特征，而引文数据库标引的是文献所引用文献或被引用文献的特征。评价一篇文章的学术水平与实用价值的重要标准之一就是看该文章被其他文章引用的情况，引文数据库近年来发展很快，如由南京大学和香港科技大学联合研制的《中文社会科学引文索引数据库》（CSSCY），美国科技信息所研制的《科学引文索引》（SCI）等。

在目前所有参考型数据库中，国外的《科学引文索引》（Science Citation Index, SCI）、《社会科学引文索引》（Social Science Citation Index，SSCI）、《工程索引》（Engineering Index，EI）、《科学技术会议录索引》（Index to Scientific Technical Proceedings，ISTP）被称为四大权威检索数据库，为目前国际上著名的跨学科大型检索数据库。

**3．参考型数据库的作用**

参考型数据库的作用相当于印刷型工具书中的书目、索引与文摘，其主要作用如下。

（1）为用户提供有关文献的线索，帮助其快速、全面地获得某个学科、领域或主题的文献信息。

（2）为用户提供个性化的定制服务，如最新的书目报道、定题服务、跟踪服务、回溯检索等。

（3）用于各种统计和评估工作，如对某期刊个人或单位的文章发表量统计、文章被转载和印证的情况统计，期刊影响力的评估等。如上文所提的 SCI 就被国内外很多单位和机构作为统计个人科研成果、单位科研水平的评价工具。又如在评价各学科的核心期刊时，也经常与各个学科的重要参考数据库的统计结果为主要依据。

## 7.2.2　中文综合性参考型数据库

**1．全国报刊索引数据库**

（1）数据库简介

《全国报刊索引数据库》，原称《中文社科报刊篇名数据库》，是由文化部立项、上海图书馆承建的重大科技项目，2000 年起更名为《全国报刊索引数据库》。该数据库收录了全国自然科学、哲学和社会科学类期刊 6000 多种，报纸 200 余种，基本上覆盖了全国邮发和非邮发的报刊。其内容涉及马列主义、毛泽东思想、哲学、社会科学、政治、军事、经济、文化、科学、教育、体育、语言文字、文学、艺术、历史地理等各个学科，条目收录采取核心期刊全收、非核心期刊选收的原则，现年更新量约 20 万条，为目前国内特大型文献数据库之一。该数据库还设置有 WTO、服装艺术等专题数据库。

（2）检索方法

首先登录本校或本单位图书馆主页，然后按照数字资源→文摘题录库→全国报刊索引数据库顺序进入检索系统。

该检索系统采用 Web 界面，在浏览器中检索界面分为三个功能区，即：左功能区，右上功能区，右下功能区。其中，左功能区用于输入检索式(以下称为检索区)、进行格式控制、浏览检索历史，右上功能区用于浏览检索结果的简要信息(以下称为简要信息区)，右下功能区用于察看检索结果的详细信息(以下称为详细信息)。要查找所需文献，用户需按如下步骤进行操作。

① 在检索区选择检索途径。该数据库有 8 个可检索字段，分别为分类、题名、著者、单位、刊名、年份、主题和文摘。其中题名和文摘两个字段支持全文检索；其余字段为整词索引字段，可输入检索词进行完全一致或前方一致检索。

② 在检索区输入检索式。该数据库支持单字段检索、布尔检索、复合检索和二次检索。

要进行单字段检索，用户只需在检索途径中选择相应的字段，然后在检索式文本框中输入检索词。例如，要查找题名中有"文化"的文献，可先从检索途径中选择"B=题名"，从而将题名字段设置为当前检索字段，再输入检索式"文化"即可。

要进行布尔检索，可首先在检索途径中选择某一字段作为当前字段，然后便可在检索式文本框内输入检索式。该检索式为布尔表达式，其中包含的检索词最多可达 15 个。本系统使用的布尔算符有 3 个，即"-"（逻辑非）、"*"（逻辑与）、"+"（逻辑或）。如果需要，可用小括号( )以类似算术表达式的方法来改变优先级。在检索式中，布尔运算符的左右须各有一空格。若检索式中已含有小括号时，须用相应的中括号代替。

要进行复合检索，只需在检索式内的各检索词前冠以其字段代码（上述 9 个可检索字段的代码分别为 A、B、C、D、E、F、G、H、I）和等号。

当某一字段为当前检索字段时，可省略其字段代码。

当检索式输入完毕后，可用鼠标单击"检索"按钮，则系统立即进行检索并将结果显示在简要信息区。

该检索系统支持二次检索。二次检索是在前次检索结果集合的范围内，通过追加限定条件，进一步缩小检索结果集的范围。具体操作方法如下。

当检索命中结果后，可采用类似于上文所述的方法，先在简要信息区的顶部选择检索途径，并在文本框内输入检索词或布尔检索式，再单击二次检索按钮，进行二次检索。

该检索系统还提供索引词列表。用户可在检索区单击"索引词"按钮，则在简要信息区出现索引词列表，选择列表框中适当的索引字段，以得到所希望的索引词列表，继而可在索引词输入框中输入一检索词，再按定位按钮，系统即在索引中进行定位，并将结果显示在简要信息区，可单击索引词前的按钮，将其添加到检索式中。

该系统可保留最近 20 次检索结果。用户可在检索区单击"检索历史"按钮，则在简要信息区出现最近 20 次检索结果，用户可单击"浏览"超链接来察看以前的检索结果。

当检索命中结果后，其简要信息被显示在简要信息区，可通过单击"首页""上页""下页""末页"箭头来进行浏览。

当要察看某条记录的信息时，可在简要信息区单击该条记录的题名，则该条记录的详细信息即被显示在详细信息区。

当要保存和打印某些记录时，可在简要信息区的选择栏先选中这些记录，然后再单击简要信息区左上角的存盘/打印按钮，则会弹出一个浏览器窗口，其中包含所选中记录的详细信息，这时便可用浏览器"文件"菜单中的"另存为"和"打印"菜单项来保存和打印检索结果。

**2．中国人民大学书报资料中心《复印报刊资料系列数据库》**

（1）数据库简介

《复印报刊资料系列数据库》由中国人民大学书报资料中心编辑出版。该系列数据库选辑公开发表的人文科学和社会科学中各学科、专业的重要论文和重要动态资料，大部分与该社编辑的相应的纸质资料相对应。目前主要有《复印报刊资料全文数据库》《复印报刊资料专题目录索引数据库》《中文报刊资料摘要数据库》《报刊资料索引数据库》《专题研究数据库》和《数字期刊库》6 大系列子库。其中《复印报刊资料专题目录索引数据库》《中文报刊资料摘要数据库》《报刊资料索引数据库》属于参考型数据库的范畴，其他则属于全文数据库的范畴。

《中文报刊资料摘要库》是人文社科文献要点摘编形式的数据库，收集了哲学、政治、法律、经济、教育、语言、文艺、历史、财会等方面的 14 种专题文摘，文摘内容都是经过高等院校和研究单位的专业人员提炼和浓缩的学术资料。

《报刊索引库》是题录型数据库，它是将印刷版的《复印报刊资料》系列刊每年选登的文章目录和未选印的文献题录按专题和学科体系分类编排而成。汇集了自 1978 年至今的百余个专题刊物上的全部题录，每条记录包括文献的题名、责任者、原刊地、刊名、刊期、页码等信息，数据量为 430 多万条。

由于以上系列数据库（包括全文数据库）的内容几乎覆盖了整个社会科学领域，利用其定期跟踪某一专题文献的研究，可节省读者大量检索文献的时间，目前，该数据库系统已发展为一个系统、完整的社科情报体系，颇受高校教师学生的青睐。（参见本书 7.1.2）

（2）检索方法

该系统 6 个数据库检索方法基本相同，提供的可检索字段有标题、著者、分类名、分类号、年份等。检索功能分简单检索和复杂检索两种，使用的逻辑算符包括 "–"（逻辑非）、"*"（逻辑与）、"+"（逻辑或），使用截词符 "？"。

所输入的检索词可以为任意词、著者、原文出处、分类名等字段。

在该系统内可以实现对全部索引数据库的跨专题和跨年度的检索。检索功能包括任意词检索、二次检索和高级检索。其中高级检索可以使用截词符和逻辑算符、优先算符等。优先算符为 "（ ）"，各检索字段之间默认的逻辑关系是 "与"，截词符是 "？" 和 "！"，两个符号都必须在英文半角状态下输入。"？" 既可作截词符，也可作位置算符，可以用来表示两词（字）之间允许隔几个字，最多允许 9 个。"！" 只用作位置算符，用来表示两词（字）之间允许隔几个字，最多允许 9 个。

### 3．CALIS 数据库

（1）基本情况

CALIS（China Academic Library &Information System）是中国高等教育文献保障体系的缩写，属于国家 "211 工程" 的公共服务体系项目，其主要目标是为高等院校的教学和科研提供丰富的学术资源和服务。

CALIS 项目的管理中心设在北京大学图书馆，迄今已有数百所高校参加了该项目的建设。目前已完成的数据库有 CALIS 高校学位论文中心服务系统、CALIS 联合目录公共检索系统、CALIS 会议论文库、CALIS 中文现刊目次库、CALIS 西文期刊目次库等，这些数据库与CALIS 联合引进的国外数据库一起，构成了中国高等教育学术资源网，并在此基础上提供公共查询、馆际互借、原文传递等服务，在高等教育领域内实现最大限度的资源共享。以上数据库大部分属于参考型数据库的范畴。

（2）各数据库及其检索方法简介

CALIS 学位论文中心服务系统是在 CALIS 学位论文库的基础上建成的，面向全国高校师生提供中外文学位论文检索和获取服务。目前博硕士学位论文数据逾 384 万条，其中中文数据约 172 万条，外文数据约 212 万条，数据持续增长中。 该系统采用 e 读搜索引擎，检索功能便捷灵活，提供简单检索和高级检索功能，可进行多字段组配检索，也可从资源类型、检索范围、时间、语种、论文来源等多角度进行限定检索。系统能够根据用户登录身份显示适合用户的检索结果，检索结果通过多种途径的分面和排序方式进行过滤、聚合与导引，并与其他类型资源关联，方便读者快速定位所需信息。目前该中心提供的是学位论文的题录和文摘，若要获取论文全文，则需要在相关图书馆申请原文传递服务。

CALIS 联合目录公共检索系统（OPAC）是在 ALIS 联合目录数据库的基础上建成的，其主要任务是建立全国高校图书馆多语种书刊联合目录数据库和联机合作编目、资源共享系统。为全国高校图书馆提供书刊文献的网络资源公共查询，为成员馆之间实现馆藏资源共享、馆际互借、原文传递提供便利。

该系统可实现多库分类检索，按文种可分为中文、西文、俄文和日文 4 个子库，按文献类型可分为图书、连续出版物（期刊）、古籍 3 个子库。目前全国绝大多数高校图书馆均具有该系统的查询功能,通过该系统可以查询到成员馆的相关馆藏信息，并且可以在成员馆之间进行馆际互借（参阅本书 3.2.2）。

CALIS 西文期刊目次数据库（CCC），现包含 2.4 万种西文学术类期刊，通过对各种数据的深入加工和关联，目前覆盖了世界著名的 9 种参考文献数据库的大部分，以及全国三大图书馆系统订购的纸本西文学术期刊的 70%以上，并且实现了和国内联合采购的 15 个电子全文期刊库的链接，CCC 具备篇名目次检索、馆藏期刊的 OPAC 链接、电子期刊全文链接，揭示国内馆藏情况并提供各种分类统计数据。该数据库还和 CALIS 馆际互借和文献传递系统无缝集成，可在检索结果上直接发出文献传递请求。

CCC 以中心网站的方式提供服务，购买了 CCC 的图书馆以 IP 身份登录，即可实现 CCC 所提供的检索与其他功能。检索出篇目的发出文献传递请求获取全文。CCC 的链接地址为 http://ccc.calis.edu.cn/。

CALIS 数据库可提供简单检索和高级检索功能，各数据库在一个检索平台之上，检索方法基本相同。

逻辑运算：支持同一字段之间逻辑"与"或逻辑"或"的运算。

精确匹配：支持同一字段检索词之间的"精确匹配"，可以实现精确检索。

开头为：前方一致检索，相当于后截断。

结尾为：后方一致检索，相当于前阶段获词根检索。

严格等于：同精确匹配。

模糊匹配：可实现模糊检索。

检索限定：可支持起止年月的时间限制。

参考型数据库还有重庆维普资讯有限公司研制的《中文科技期刊数据库》的题录文摘版，中国科学院文献情报中心、工程技术图书馆等国家级科研机构的图书情报单位合作建立的《国家科技图书文献中心数据库》，国家知识产权局提供的《中国专利检索系统》，万方数据有限公司研制的《万方知识服务系统》中的题录数据库等，此处不再一一介绍。

### 7.2.3 常用中文引文数据库

#### 1. 引文与引文索引概述

（1）基本概念

引文，指某文献所提到或引用的参考文献，因此也称参考文献。

引文索引就是对文献的引文进行标引而形成的一种索引词表，同时也是一种重要的文献信息检索方法，即引文索引法，利用引文索引法可以从特定的引文出发，检索到引用过该引文的所有文献。

与引文索引有关的概念还包括：来源文献、来源出版物。

来源文献：假设文献甲为引文，那么提供了文献甲的文献乙就是文献甲的来源文献。

来源出版物：刊载来源文献的出版物，如图书、期刊等，称为来源出版物。

（2）选取原则

引文索引是由美国人尤金·加菲尔德创始的，据统计，全世界现有数万种学术期刊出版，其中绝大部分重要文献集中于少数核心期刊之上，引文索引就是在这少数核心期刊的基础上，再根据"费用——效果"原则来选定所收录的期刊数量和质量。所采用的基本方法有三种。

① 引用频次统计分析法，根据某种期刊特定年度内所刊登论文的总被引量。

② 平均被引率，即影响因子，为该刊给定时期内的总被引量与可引文献量之比。

③ 快引指数，一种测度期刊中可引文章被引速度的指标。

（3）特殊功能

由于引文索引收录的是核心期刊和重要文献，因此在文献检索方面除具备普通检索工具的功能外，还具备若干特殊功能。

① 引文检索途径功能，提供从引文途径检索文献的方法。

② 分析评价功能，引文索引一般具有引文分析功能，被各领域用来作为评价个人或机构的科研成就和水平，或评价某种期刊的质量的指标，还可以对某一学科的发展状况与趋势作出评价。

#### 2. 中文引文数据库举要

（1）中文社会科学引文索引数据库

中文社会科学引文索引（Chinese Social Sciences Citation Index）是由南京大学中国社会科学研究评价中心研制的引文数据库，用来检索中文人文社会科学领域的论文收录和被引用情况。

CSSCI 遵循文献计量学规律，采取定量与定性相结合的方法从全国 2700 余种中文人文社会科学学术性期刊中精选出学术性强、编辑规范的期刊作为来源期刊。目前收录包括法学、管理学、经济学、历史学、政治学等在内的 25 大类的 500 多种学术期刊。

目前，利用 CSSCI 可以检索到所有 CSSCI 来源刊的收录（来源文献）和被引情况。来源文献检索提供多个检索入口，包括：篇名、作者、作者所在地区机构、刊名、关键词、文献分类号、学科类别、学位类别、基金类别及项目、期刊年代卷期等。被引文献的检索提供的检索入口包括：被引文献、作者、篇名、刊名、出版年代、被引文献细节等。其中，多个检索口可以按需进行优化检索：精确检索、模糊检索、逻辑检索、组配检索、二次检索等。检索结果按不同检索途径进行发文信息或被引信息分析统计，并支持文本信息下载。例如，要查找首都师范大学学者发表的关于会展设计的文章，可以在"机构名称"和"学科分类"检索项目框内输入"首都师范大学"和"会展设计",即可实现跨字段的检索。

CSSCI 可以从来源文献和被引文献两个方面向研究人员提供相关研究领域的前沿信息和各学科学术研究发展的脉络,通过不同学科、领域的相关逻辑组配检索,挖掘学科新的生长点,展示实现知识创新的途径。还可以提供地区、机构、学科、学者等多种类型的统计分析数据,从而为制定科学研究发展规划、科研政策提供决策参考。

(2)中国科学引文数据库

中国科学引文数据库(Chinese Science Citation Database,CSCD),前身为《中国科学引文索引》(Chinese Science Citation Index),由中国科学院国家科学图书馆于 1989 年创建,1995年出版了我国的第一本印刷本《中国科学引文索引》,1999 年出版了基于 CSCD 和 SCI 数据,利用文献计量学原理制作的《中国科学计量指标:论文与引文统计》,2003 年推出网络版。中国科学引文数据库专业性强、数据准确规范、检索方式多样,自提供使用以来,深受用户好评,被誉为"中国的 SCI"。

该数据库收录我国数学、物理、化学、天文学、地学、生物学、农林科学、医药卫生、工程技术、环境科学和管理科学等领域的中英文科技核心期刊和优秀期刊千余种,是我国第一个引文数据库。系统除具备一般的检索功能外,还提供新型的索引关系——引文索引,使用该功能,用户可迅速从数百万条引文中查询到某篇科技文献被引用的详细情况,还可以从一篇早期的重要文献篇名或著者入手,检索到一批近期发表的相关文献,对交叉学科和新学科的发展研究具有十分重要的参考价值。中国科学引文数据库除提供文献检索功能外,还提供了与 CNKI 中国期刊网的数据链接机制,支持用户获取全文。

此外,一些大型学术数据库的子库也具有引文数据库的功能,如 CNKI《中国引文数据库》、万方数据有限公司研制的《中国科技论文引文分析数据库》等,可根据实际需要选用,此处不再详述。

# 7.3 常用英文参考型数据库

## 7.3.1 英文参考型数据库概述

国外参考型检索工具的历史较悠久,如久负盛名的《化学文摘》(Chemical Abstracts,CA)、《医学索引》(Index Medicus, IM)、《工程索引》(The Engineering Index,EI)等,均具有百年以上的历史,且在本学科领域内具有绝对的权威性。其他如荷兰的《医学文摘》、美国的《生物学文摘》(Biological Abstracts,BA)、《现刊篇名目次》(Current Contents)、美国的《科学引文索引》(Science Citation Index,SCI)、美国的《农业文摘》(Agricola)等也都具有悠久的历史和较高的实用价值。近年来,随着文献数字化的进程,这些纸质印刷型的索引、文摘、书目均已发展为较为成熟的参考型数据库,或者形成同样内容的印刷型工具书与数字化数据库并存的形式。

在众多参考型数据库中,美国的《科学引文索引》《社会科学引文索引》《工程索引》《科学技术会议录索引》4 种数据库,由于其所收录文献的权威性和广泛性,以及索引功能的完备,被并称为世界四大权威检索数据库,为目前国际上著名的跨学科大型检索数据库。

## 7.3.2　英文常用参考型数据库举要

### 1．引文索引

（1）《科学引文索引》

美国《科学引文索引》（Science Citation Index，SCI）于 1957 年由美国科学信息研究所（Institute for Scientific Information，ISI）在美国费城创办，是国际公认的进行科学统计与科学评价的主要检索工具，创办人为加菲尔德，先后有印刷版、光盘版、网络数据库和联机检索等出版或服务形式，目前这些形式仍在并行。

SCI 所收录的数据包括论文本身及论文的引文，源自世界 40 余个国家的 3500 余种期刊（包括中国出版的核心期刊 150 余种）、1800 余种会议录，以及大量的专利文献、图书等，涵盖理工农医领域各学科，所收资料以每年 60 万条记录及 900 万条以上引文记录增长。以布拉德福（S. C. Bradford）文献离散律理论、加菲尔德（E. Garfield）引文分析理论为主要基础，通过论文的被引用频次等的统计，对学术期刊和科研成果进行多方位的评价研究，从而评判一个国家或地区、科研单位、个人的科研产出绩效，来反映其在国际上的学术水平。因此，SCI 是目前国际上被公认的最具权威的科技文献检索工具。

SCI 通过统计大量的引文，然后得出某期刊某论文在某学科内的影响因子、被引频次、即时指数等量化指标来对期刊、论文等进行排行。被引频次高，说明该论文在它所研究的领域里产生了巨大的影响，被国际同行重视，学术水平高。

1997 年问世的网络版数据库囊括了 SCI、SSCI、A&HCI 三大引文数据库的全部信息，简称 WOS（Web of Science），形成可以进行跨库检索的知识整合平台，其中 SCI 数据库又被称作 SCIE。目前用户使用最多的是 WOS7.0 检索系统，该系统可提供简单检索和高级检索两种界面，其中高级检索又分普通检索和引文检索两种方式，普通检索能通过主题、刊名、著者、著者单位、机构名称进行检索，引文检索提供引文著者（cited author）、引文来源（cited works）及引文年代（cited year）3 个检索字段，用户可在其中一个或多个字段输入信息进行检索，每篇引文文献左侧的 Hits 列显示该文献被引的次数。

该系统支持布尔逻辑检索、截词符和其他调整方法以提高查准率，还允许用户选择数据库或将检索锁定在指定的时间段内。

（2）《社会科学引文索引》

社会科学引文索引（Social Sciences Citation Index，SSCI），为 SCI 的姊妹篇，亦由美国科学信息研究所创建，是目前世界上可以用来对不同国家和地区的社会科学论文的数量进行统计分析的大型检索工具。和 SCI 一样，SSCI 也经历了从印刷版、光盘版、网络版和联机检索等出版形式与服务方式的发展过程。

SSCI 目前全文收录并标引了 2000 余种世界最重要的社会科学期刊，并以每年数十种至数百种的速度增长，内容覆盖包括社会科学、行为科学、人类学、政治、法律、经济、商业、财政、历史、地理、教育、语言、心理学、图书情报学、城市发展等 55 个领域。收录文献类型包括：研究论文、书评、专题讨论、社论、人物自传、书信等。选择收录期刊为 1300 多种。

（3）《艺术与人文科学引文索引》

《艺术与人文科学引文索引》（Arts & Humanities Citation Index，A&HCI），亦由美国科学信息研究所创建，1976 年开始出版，1997 年开始与 SCI、SSCI 一起以网络数据库的形式在同一检索平台中共同为用户服务。收录数据从 1975 年至今，是艺术与人文科学领域重要的期刊文摘索引数据库。据 ISI 网站最新公布数据显示：A&HCI 收录期刊 1160 种，数据覆盖了文学、哲学、宗教、历史、艺术等社会科学领域，其中艺术领域涉及舞蹈、诗歌、广播、电视、电影、戏剧等主题，每年新增约 10 万条数据，检索方法与 SCI、SSCI 基本相同。

SSCI 和 A&HCI 互为补充，共同构成了社会科学、人文与艺术科学领域的权威检索工具，是人们查询社会科学、人文与艺术科学领域的核心文献，了解该领域学者或学术机构的学术科研水平，掌握该领域核心期刊的影响程度等的重要数据来源和依据。

### 2．其他参考型数据库的利用

（1）《科学文摘》

英国《科学文摘》（Science Abstracts，SA），是世界上著名的文摘类检索工具，创刊于 1898 年，是由英国电气工程师协会编辑出版的一种科学技术领域内的综合性检索系统，现分为 4 辑，分别为《科学文摘 A 辑：物理文摘》《科学文摘 B 辑：电气与电学文摘》《科学文摘 C 辑：计算机与控制文摘》《科学文摘 D 辑：信息技术》。该系统文献来源于世界上约 4 000 余种科技期刊、科技报告、会议论文、学位论文和新书等出版物，年报道量达 37 万余条，主要报道物理、电子学、电子工程、计算机以及信息技术等方面的主要文献。

《科学文摘》的电子版称为 INSPEC，覆盖了全球发表在相关学科领域的 4200 种期刊（其中 1/5 为全摘），2000 种以上会议录、报告、图书等，文献来自于 80 多个国家和地区，涉及 29 种语言，收录年代自 1969 年开始，目前数据量已达 660 万条记录，内容包括：物理、电气工程、电子、通信、计算机和计算科学以及信息技术等科技文献。INSPEC 数据库可通过多家数据库服务商远程访问，实现实时检索。

21 世纪初，我国清华大学、北京大学等一批高校与美国 OVID 信息公司合作，分别在本学校图书馆设立了镜像服务器，提供基于 Web 方式的科学文摘数据库（INSPEC）的检索服务，国内一些数据库公司也购买了该数据库的使用权限，在购买了这些数据库公司相应产品的学校图书馆均可进行相应的检索。

下面以清华大学图书馆主页为例，简单介绍其检索方式。

从清华大学图书馆主页进入"数据库"栏目下的链接"INSPEC"，或直接输入网址 http://www.engineeringvillage2.org.cn/，进入 INSPEC 数据库的主页面。

在 INSPEC 检索主页面中，单击 Basic 图标即可进入基本检索界面； 在关键词（Keyword）、作者（Author）栏中输入相应的检索词；单击 Perform Search 键，开始检索。

INSPEC 默认高级检索界面；主画面划分为工具栏、检索结果显示栏、检索指令输入栏和条件限制栏几部分，可分别按照需要及指令进行作者、标题或刊名检索（Author，Title，Journal）、字段检索（Search Fields）、逻辑组合检索（Combine）、条件限制检索（Limit）等操作。

若利用主画面工具栏（Tools），可单击 Tools 图标，系统列出叙词（Thesaurus）、轮排索引（Permuted Index）、主题词说明（Scope note）、扩展查询（Explode）4 种查询方式，可选择利用。

在基本检索和高级检索中，都有年限、文摘、语种、期刊文献类型等选项，也可选择利用。

（2）OCLC FirstSearch 系统数据库

OCLC 是世界著名文献信息服务提供机构，其 FirstSearch 系统是基于 Web 的大型联机信息检索数据库，其内容不仅有本书第 5 章所介绍的全文数据库，还有许多包括世界各

大图书馆馆藏书目记录在内的参考型数据库。国内许多大学和科研机构都引进了该系统的产品。（参阅本书 5.3.3）

下面以武汉大学图书馆购置的该系统中的部分参考型数据库为例，简单介绍其内容。

① WorldCat——联机联合目录数据库，是世界上最大的书目记录数据库，包含 OCLC 近两万家成员馆的书目记录和馆藏信息。从 1971 年建库到目前为止，共收录有 480 多种语言总计达 19 亿多条的馆藏记录，基本上反映了从公元前 1000 多年至今世界范围内的图书馆所拥有的图书和其他资料，代表了四千年来人类知识的结晶。文献类型包括图书、手稿、地图、乐谱、视频资料、报纸、期刊以及档案资料等。该数据库平均每十秒更新一次。

② ECO-Index——联机电子学术出版物（只提供书目信息）。ECO-Index（Electronic Collection Online）是一个学术期刊索引数据库，收录了自 1995 年以来来自世界上 70 多家出版社的 5000 多种期刊，总计 680 多万条记录，涉及几乎所有学科，主要有农业、商业、科学、文学、医学、宗教、哲学、语言、法律、政治学、心理学、社会学、经济学、教育学、地理学、历史学、人类学、美术以及图书馆学等。该数据库每天更新一次。

③ PapersFirst——国际学术会议论文索引。PapersFirst 数据库是一部在世界范围召开的研讨会、学术报告会上发表的论文的索引。涵盖了自 1993 年以来所有来自于大英图书馆文献供应中心的发表过的研讨会，以及其他会议的资料，共有 810 多万条记录，所包含的主题就是在所报导的会议中讨论的种种主题，可通过馆际互借获取全文。该数据库每两周更新一次。

④ Ebooks——世界各地图书馆的联机电子书的 OCLC 目录。Ebooks 收录了 OCLC 成员图书馆编目的所有电子书的书目信息，接近 1300 万种，涉及所有主题，涵盖所有学科，收录日期从公元前 1000 年至今。该数据库每天更新。

# 思考题

1. 简述各类工具书的主要功用。
2. 简述工具书的主要排检方法。
3. 参考型数据库有哪些主要类型？其主要功用是什么？
4. 简述《全国报刊索引数据库》的检索方法。

# 参考文献

［1］谭乃立. 经济文献信息检索与利用[M]. 北京：中国铁道出版社，2005.

［2］靳小青. 信息检索[M]. 北京：人民邮电出版社，2010.

［3］清华大学图书馆主页.

［4］武汉大学图书馆主页.

［5］首都经济贸易大学图书馆主页.

# 第 8 章 专题检索（上）

本章和第 9 章主要介绍文献检索中专题检索的内容和方法。专题检索是涉及某一学科、某一专题或某一范畴信息资料的检索，适合于为用户提供从课题前期调研、开题立项、项目进展中和成果验收的全过程的文献检索服务。以下列举几类常见学科或专题资料查找的方法。

## 8.1 人名及人物传记资料的查找

在人类漫长的历史发展过程中，在政治、经济、军事、科学技术、文化艺术等各领域涌现出许多有影响的著名人物，我们在学习和研究工作中经常需要了解这些人物的主要活动经历、政治观点、学术思想，收集有关著名人物的研究资料。由于不同时代、不同政治立场、不同学术观点的资料对于同一人物的记载不尽相同，且分散于各类信息文献之中，给我们查找这类资料带来困难。有关人名及人物传记资料的检索工具面广量大，几乎各类型检索工具书及丰富的网络资源都可以利用，本节将围绕人名录、人名辞典、百科全书、专门的人物传记资料及相关电子资源的检索利用谈谈人名及人物传记资料的查找。

### 8.1.1 利用工具书检索

本小节主要介绍查找中国和外国人名及人物传记资料、中国人物别名或笔名的工具书的利用。

#### 1. 中国人名及人物传记资料的查找

关于人物生平资料、人物名号等资料的查找通常使用以下几种辞典、名人录、人物传记资料索引等工具书。

《中国人名大辞典》，臧励和主编，商务印书馆 1921 年出版，上海书店 1980 年影印。该书收录上古至清末的人物资料 4 万余条。其中，每个人物都注明了其时代、籍贯、字号和主要生平事迹等。该词典广泛收罗正史、地方史志、私家著述、金石书画中所载人名，而经史中未载，以著作、书画或技艺闻名的人物和有逸事流传者，也酌量收入。

《中国人名大词典》，廖盖隆主编，由上海辞书出版社、外文出版社联合出版（1989～1992）。该书分三卷，收录共计三万余人，每个人都有较为详尽的介绍：历史人物卷（收录1949年10月1日前去世人物14 000人）、当代人物卷（收录中华人民共和国成立以后去世的和在任的各领域、各部门的著名人物13 800余人）、现任党政军领导人物卷（收录1988年12月31日以前在职的中央及各省、市、自治区的现任领导人2185人。）该书1994年曾出修订版，其光盘版同时问世。

《近三百年人物年谱知见录》（增订本），来新夏主编，2010年中华书局出版。叙录明末至清末三百年间人物年谱，收录谱主1251人，叙录年谱1581篇。全书分为十卷，前八卷为书录，按年代编次，卷九为知而未见录，卷十包含谱主、谱名、编者及谱主别号索引。

《二十世纪中国人物传记资料索引》，傅德华主编，2010年上海辞书出版社出版。共收录1900～1999年有过传记资料的各类人物四万八千余人，中文传记资料二十余万条，并能查到其作者和资料来源。书后附有与中国有关联的部分外国人物传记资料索引，以及报纸、期刊、论文集一览表和其他有关参考书目。

除了有关的人物辞典、人名录外，许多综合性的或专科性的百科全书或辞书如《中国大百科全书》《中国商业百科全书》《辞海》等也都收录有大量各时代、各领域的人物条目，可选用。

### 2．别名、笔名资料查找

无论是古代还是当代的名人，除拥有本名以外，有时还会利用笔名、别名等。例如谢婉莹，笔名冰心；李白，字太白，号青莲居士。若对这些人物的情况不了解，会给查找人物资料带来困难，可通过专门查找笔名或别名的工具书进行查找。

《古今人物别名索引》，陈德芸主编，1973年岭南大学图书馆刊行，1982年上海书店影印，国家图书馆出版社2010年再版。收录古今人物四万余人，下限截至1936年。包括古今人物的字号、别名、谥号等，共计七万余条。书后附"补遗"与"续补遗"，增补了明清，特别是清末明初的人名。

《中国现代文坛笔名录（增补版）》，曾健戎、刘耀华编著，重庆出版社2013年出版，收录中国现代文坛著者笔名12900余个，分上、下两编，上编以笔者查原名，下编为以原名查笔名，均按四角号码检字法排列。

### 3．外国人名及人物传记资料的查找

《世界人名录》，世界华人交流协会、世界文化艺术研究中心编辑，1997年由世界人物出版社、中国国际交流出版社出版第一卷。此书是世界上第一套多卷本中文版大型人物辞书，至2005年5月，已经出版发行了十一大卷，收录世界各地杰出人士二十余万人。

另外，外文人名及人物传记的词典与名人录中久负盛名的还包括：美国的《麦格劳·希尔世界传记百科全书》（The McGraw-Hill encyclopedia of world biography，1973），书中收录第三世界人物较多，侧重已故名人；英国的《钱伯斯人名词典》（Chambers biographical dictionary，1897），书中收录人物重点在英国和欧洲大陆，政治人物居多，该书1990年起正式改名为《剑桥传记全书》（Cambridge Biographical Encyclopedia，1994），主要涉及历史、思

想、艺术、科学和技术等方面领域，且适当增加了当代人物的比例。

## 8.1.2 数据库检索

除了利用纸质工具书查找之外，人名和人物传记资料还可以通过数据库进行检索，以下列举几种常用的人名和人物传记类数据库。

### 1．北方教育网·人物频道

北方教育网（horthedu.com.cn）是由天津市教育信息化管理中心承办的教育网站，其人物频道有哲学、政治、军事、经济、文学、艺术、家教、科技教育卫生及其他人物库，同时将古代人物按朝代划分为远古、夏商周、秦汉、魏晋南北朝、隋唐五代、宋、元、明清人物库。后附古今人物索引库。

### 2．高校财经数据库——中国人物库

在中国资讯行编制的高校财经数据库中有中国人物子库，收录中国主要政治人物、工业家、银行家、企业家、科学家以及其他著名人物的简历及详尽的资料，文献内容主要根据对中国八百多种公开发行资料的收集而生成。

《中国人物库》的检索分为简易检索和专业检索两种方式。其中简易检索是采用系统默认检索界面进行检索，检索界面提供全部字词命中、任意字词命中、全部词不出现，即"与""或""非"三种逻辑关系组配检索。在专业检索中，除了可以运用逻辑关系检索，还可以根据人物关键词的职业、籍贯、检索范围（姓名、性别、正文、全部）、起始日期和截止日期等字段进行限定检索。检索界面如图 8-1 所示。（参阅本书 6.2.2）

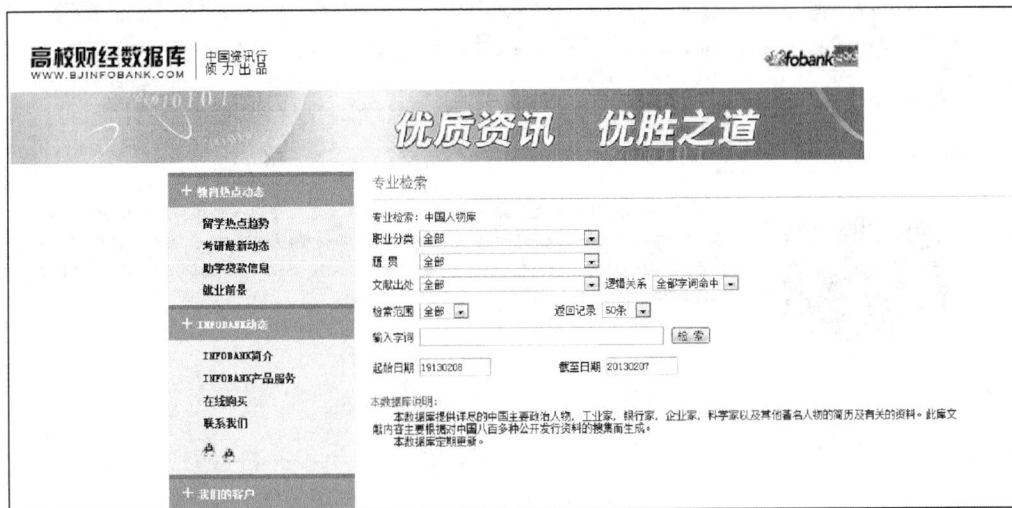

图 8-1 中国人物库专业检索界面

### 3．中华名人录

《中华名人录》（www.mingrea168.org）是由何慧余博士发起，并在华南理工大学科技园数园网络及网合公司联合支持下创办的交流型数据库。和维基百科类似，中华名人录是一个开放式的数据库，网站收录了世界各地华人精英的资料，且以行业为分类标准，为网站成员提供了

互相认识和交流经验的平台，每期的印备版更收录成员成功资料，且分发、存放于世界各地大学及公共图书馆里，以达到供各国各地人士广泛传阅的目的。主页面如图 8-2 所示。

图 8-2　中华名人录主页

### 4．中国科技专家库

《中国科技专家库》是由万方数据知识服务平台提供的专家数据库，收录了国内自然科学技术领域的专家名人信息，介绍了各专家在相关研究领域内的研究内容及其所取得的进展，为国内外相关研究人员提供检索服务，有助于用户掌握相关研究领域的前沿信息。该数据库的主要字段内容包括：姓名、性别、工作单位、工作职务、教育背景、专业领域、研究方向、研究成果、专家荣誉、获奖情况、发表的专著和论文等三十多个字段，如图 8-3 所示。（参阅本书 6.2.3）

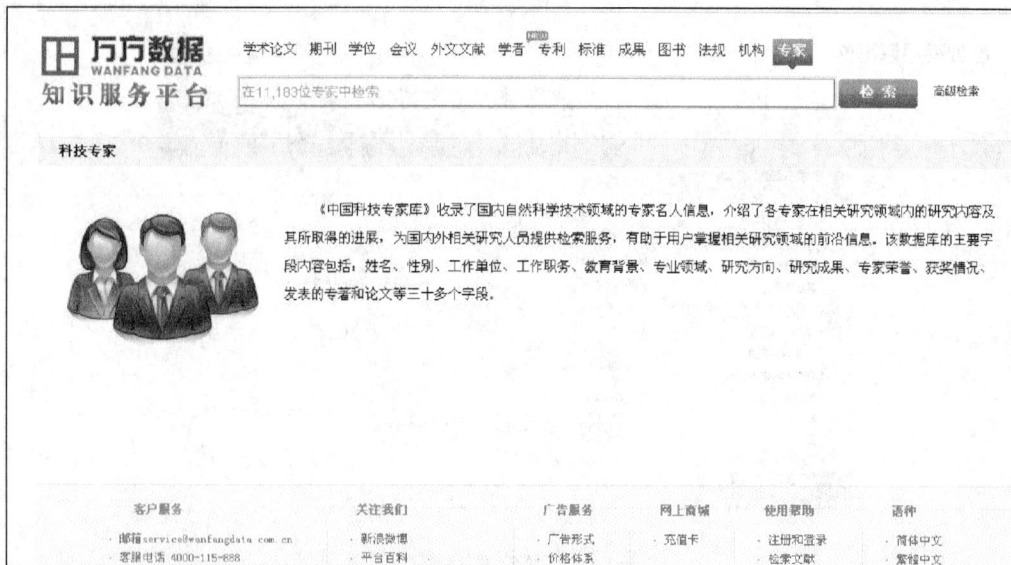

图 8-3　中国科技专家库检索界面

此外，利用 GALE 数据库的《人物传记资源中心》（参阅本书 6.3.2）等相关数据库及百度等搜索引擎亦可以查到古今中外大量人物资料，此外不再详述。

# 8.2 地名及地理资料的查找

地理学是研究各种地表现象的内在联系及其演变规律的科学，涉及的主要内容包括自然地理和人文地理。其中，记录和保存地理学的载体就是地理文献。要了解各个国家的城镇都邑、地理位置、历史沿革和现今情况等，就需要充分地利用地理文献。地理文献一般具有以下两个特点：综合性和史实性。所谓综合性是因为地理文献大多记载有自然、经济、居民、行政制度、文化生活、疆土、地形、水利、交通等多方面内容；史实性即大量地理内容寓于史学文献中，如地名辞典、方志、游记等。

## 8.2.1 利用工具书及其他纸质文献检索

地名是人们赋予某一特定空间位置上自然或人文地理实体的专有名称。地名命名的意义通常认为是地名的字面所表达的含义，它是人们为地命名时的着眼点，不但与一个地区的自然地理特征相关，而且与一个民族的历史、文化、风俗习惯有着不可分割的联系，政权的更迭、民族的迁徙、经济的发展及自然地理因素的变化，都给地名带来不稳定的因素，给我们检索带来困难。从另一方面讲，正是这些变化，为我们了解一个国家或地区的政治、经济、军事、文化等方面情况提供了历史依据，因此，了解地名的检索方法对于我们有着十分重要的意义。 地名包括国家地区市镇等行政区域、山川江海岛屿等自然风貌、园林景区等人造景观等名称。

### 1．地名资料的查找

查询古今中外地名最常用的地名检索工具是地名词典和地名录。

（1）地名词典

地名词典（Gazetteer），是专门汇集地区、城镇、都邑、山水、名胜等各类地理名称的工具书。编撰的方式按照一般词典的体例和方法，信息包括地名读音、来源、异称、方位、沿革、概况、统计数据等，一般还附有地图。

《中华人民共和国地名词典》，崔乃夫主编，1987年起商务印书馆按省、自治区、直辖市分卷出版，该书在国家地名委员会等机构领导下，以我国第一次地名普查的数据为基础进行编纂，至1992年全书32卷基本出齐。在此基础上经过修改、补充、完善，重新编纂出版一部全国性、综合性、科学性、权威性的大型地名工具书。至2002年全书五卷出齐，采收我国国土范围内地名18万条，近3000万字。所收条目共分8大类，1~3卷收录了全国政区与居民点类地名。第4卷收录了全国自然实体类、交通类、教科文卫体和服务业类、工矿企业类、农业和水利设施类名称。第5卷为名胜古迹。

《中国古今地名大辞典》，戴均良等主编，上海辞书出版社2005年5月出版。该书是我国建国后编纂的规模最大的古今地名工具书。内容分为古地名、旧地名和现今地名三大部分，古地名收列1912年以前古代存在的郡、州、府、路、县及古地区、古山、古水、古桥、古镇等有关自然地名和人文地名，由复旦大学历史地理研究中心负责编写。旧地名收列1912年以后设立，后又撤销的旧县、旧市、旧区和旧地区名，由中国地图出版社负责编写。今地名收列2004年6月以前存在的各省区市、县，建制镇，重要集镇以及山、河、湖、海和交通水利、名胜古迹等自然地名和人文地名，由各省民政厅区划地名处和有关大学地理系负责编写。全书共计 6 万余条目，1000 多万字。

《中国地名词典》，1990 年由上海辞书出版社出版。该书收录词目 2 万余条，包括省、自治区、直辖市，各省（区）市、县、旧市县、重要集镇及地名、山脉、河流、湖泊、峡谷、海、港湾、岛屿、半岛及岬角、地形区、关隘、山口、交通、水利、矿区、革命纪念地和名胜古迹，一般地区、民国时期及 1949 年 10 月以后的旧地名、简称地名等。词目按笔画顺序编排。

（2）地名录

地名录是经过规范化的地名字顺一览表。广义的地名录包括地名录、地名索引和地名词典，狭义的地名录仅指地名录和地名索引，其与地名词典的区别在于条目的著录。前两者较为简单而后者相对详尽，但其所阐述的条目对象是一致的。

《北京市各区县地名录》，20 世纪 90 年代末期由北京市人民政府组织编写，北京市辖域内每个区、县一个分册，共 18 个分册（如西城区分册称之为《北京市西城区地名录》），由各区、县人民政府责成各区、县规划局组织有关专家撰写，各分册编辑体例基本一致，均为文字介绍与表格相结合的形式。其中文字部分首先为本区、县综合情况介绍，然后按顺序介绍各街道办事处、乡综合情况，并分别以表格形式列出所属街巷、胡同、居住区名称等情况。其后为自然地名、经济地名、文化地名及学校、医疗单位、工厂、公司、商业服务单位、驻辖域内中央及市属和区属各单位名称等表格，最后为地名笔画和汉语拼音索引。该套地名录编排体例合理，著录项目齐全，是查找北京市各区、县各类地名较为实用的工具书。

其他还有外文出版社出版的《最新世界地名录》、地图出版社出版的《中国地名录——中华人民共和国地图集地名索引》等，此处不再一一介绍。

### 2．其他地理资料的查找

按照地理学情况分类，地理资料的查找大致分为地理位置查找、地理知识查找两个方面。

（1）地理位置的查找

查地理位置主要依靠的是地图。地图是依据一定的数学法则，使用制图语言，通过制图综合在一定的载体上，表达地球（或其他天体）上各种事物的空间分布、联系及时间中的发展变化状态的图形。作为文献，地图是将地球表面的事物和自然、社会现象的分布及其相互关系按一定法则用图的形式直观地反映出来的工具书。

《中国历史地图集》，谭其骧主编，地图出版社 1982 年出版，1988 年再版。该书是由中国社科院主办，复旦大学、中国社科院、中央民族学院、国家测绘局、南京大学、云南大学、武汉测绘科技大学、中国地图出版社等单位共同绘制的一套历史地图集，共 8 册，范围从远古时期到清朝，反映 19 世纪 40 年代以前我国各历史时期的一级及二级政区图，及疆域变化情况，共有图 304 幅，可用于查找在不同时期的位置及其范围的中国历史地名。

《中华人民共和国地图集》，中国地图出版社 1979 年出版。该书包括专题图（中国政区、中国人口、中国民族、中国地形）30 幅、省（直辖市、自治区）图 31 幅、城市（包含 42 个城市）图 14 幅，全面介绍和反映了我国的地理面貌和经济建设成就。

《世界地图集》，中国地图出版社 2005 年初版，2011 年第 2 版。该书由地名索引、地图、文字说明三部分组成。序图和大洋图，介绍有关世界的基本知识以及人们普遍关心的全球性问题，如星体、太阳系、地球、地形、气候、能源、人口、交通、文化与宗教、环境问题、国家和地区、国际组织等，共 17 幅；分洲图、分国图和地区图，为图集的主体，反映了各洲的政治、各国家和地区的自然、社会和经济等基本信息，共 99 幅，其中分国图采用普通地理图的形式表示了世界上 220 多个国家和地区的详情；卫星影像，提供了世界、六大洲和中国共 8 幅卫星影像；城市图，囊括了全世界的主要城市，达 120 幅之多。此外该书收录了 190 个国家最新国旗及 55 幅世界著名风光彩照，地图集的主体部分详细表明了世界各国家、地区最新政区划分，自然地理和社会经济、自然资源、居民等有关内容。

（2）地理知识的查找

对于地理知识信息的查找，可以利用地理学词典、地理学类期刊、地理学类百科全书等工具书。

《地理名词术语》，内蒙古教育出版社地理组编，1988 年内蒙古教育出版社出版。该书包含有地球概论、天文学、地貌学、地质学、气象与气候学、水文学、土壤学、生态学、生物地理、环境保护概论、地图学、测量学、遥感卫星照片、计量地理、中外自然地理、综合自然地理、经济地理、人文地理、地理教学法等内容，同时收录有关地质、地理等专业名词术语六千余条，书后一并附有蒙汉对照的《太阳系九大行星基数据表》。

《国家地理》（National Geographic，原名《国家地理杂志》）是美国国家地理学会的官方杂志，在美国国家地理学会 1888 年成立后的 9 个月开始发行第一期。现在《国家地理》已经成为世界上广为人知的一本杂志。《国家地理》为月刊，每刊都附有辅助地图。杂志的内容包括地理、科普文章、历史、文化、时事等，其中照片占有相当比重。

《现代地理科学词典》，刘敏著，科学出版社 2009 年出版，内容涉及地理科学综论、自然地理学、地球概论、人文地理、旅游地理等地理分支学科 30 余个，共 4600 余个词条。

《华夏地理》，云南省社会科学院民族文学研究所主办，2001 年 2 月创刊。该杂志于 2007 年 7 月与美国《国家地理》正式版权合作，是美国《国家地理》杂志在中国大陆的唯一合作伙伴，且同步刊出美国《国家地理》32 个版本的内容。其中涵盖了自然、科技、文化、历史、考古、民俗、生态、气候、动物、天文等一切"广义地理"的范畴。

《中国国家地理》（原名《地理知识》），中国科学院、地理科学与资源研究所和中国地理学会主办，1950 年 1 月创刊。内容以中国地理为主，兼具世界各地不同区域的自然、人文景观和事件，并揭示其背景和奥秘，除此之外还涉及天文、生物、历史和考古等领域知识内容。

《国外地理文摘》，中国科学院地理情报网主办，1983 年创刊。该期刊是我国检索国外地理学论著较为详尽的大型检索型刊物。

## 8.2.2 利用数字化资源检索

《中国地图集》，中国地图出版社出版。该光盘将图像、文本、声音相结合，在原有书本基础上增加信息量，内容更加全面、详实，实用性更强。它包含 1997 年最新审定的中华人民共和国各省、自治区、直辖市、特别行政区、省会城市、各省大中城市、著名风景旅游点电子地图 260 余幅；中国政区、民族、气候、地形、交通、文化古迹、风景名胜、土特产、工艺美术等专题电子地图 10 余幅。该光盘版图文并茂，内容形式多样，其中穿插几十幅风景名胜图片，并且对各省、市、自治区均有较权威的文字介绍，弥补了地图内容的不足。通过地图、照片、文本、图表的有机结合，提供中国各省、市、自治区的政治、经济、文化、科技等诸方面较全面的信息。

《中国地理知识大观》，浙江电子音像出版社出版。该光盘通过丰富的地图、详尽的文字和精美的图版等多媒体素材，全面而详细地介绍了中国的疆域、人口和民族、地形、天气和气候、河流和湖泊、自然资源、交通、商业和旅游业等各个方面的情况。

《新北京新奥运地图集》，张宏年主编，中国地图出版社出版。该书光盘包括奥运之城、北京概况、北京中心城、北京新城、北京郊区县 5 个图组。奥运之城图组除了全面介绍主办地北京和协办城市青岛、香港、天津、上海、沈阳、秦皇岛的市域、市区概况及相关奥运场馆外，还包括"同一个世界，同一个梦想""点燃激情，传递梦想"和"和谐之旅"三个图幅。本图组包括 17 个图幅。

《世界地理知识大观》，北京科文图书业信息技术有限公司出版。该光盘收录 30 多万字世界各国地理知识介绍、125 幅世界分国地图、850 张各国风光。

《国家基础地理信息数据库》，国家测绘地理信息局主办。该数据库存储和管理全国范围多种比例尺、地貌、水系、居民地、交通、地名等基础地理信息，包括栅格地图数据库、矢量地形要素数据库、数字高程模型数据库、地名数据库和正射影像数据库等。其中包含全国 1:250 000 地形数据库、数字高程模型和地名数据库；七大江河重点防范区 1:10 000 数字高程模型(DEM)数据库和正射影像数据库；全国 1:50 000 数字栅格地图数据库；全国 1:50 000 数字高程模型(DEM)数据库等。

此外，利用百度等搜索引擎也可以查到大量地名和其它地理资料，此处不再一一详述。

# 8.3 经济信息检索

经济类信息包括政治经济学、世界各国经济概况、经济史、经济地理、经济计划与管理及工业、农业、金融、贸易等各部门经济的内容，其形式包括经济学科名词术语、学术研究成果、发展前景预测、市场信息、金融等。

## 8.3.1 利用工具书检索

利用经济学专科辞典、书目、索引、年鉴等可以查找经济学方面的名词术语、学科研究成果、相关图书出版、各行业年度发展状况等经济信息。以下介绍几种其中具有代表性的工具书。

### 1. 辞典类

（1）《中国市场经济大辞典》

杨卓舒主编，2000 年 10 月中国经济出版社出版。该辞典由中国社会科学院研究生院、北京大学、中国人民大学、复旦大学、南开大学、吉林大学、河北大学、天津师范大学、天津外贸学院、中国农业银行天津干部学院等单位的近百名专家、学者、教授通力合作完成的，辞典共分为 15 篇：市场经济理论篇、西方经济理论篇、知识经济篇、企业管理篇、人力资源管理篇、市场营销篇、农业土地环境篇、商品经济与旅游经济篇、金融篇、财政税收篇、会计审计与财务篇、统计篇、企业文化篇、国际市场篇、经济法律篇。

（2）《经济大辞典》

上海辞书出版社 1983 年起分卷出版，直至 1994 年 5 月全部出齐，其中经济卷于 1986 年出版。该辞典是一部大型的经济学辞典。其中包括商品购销、运输、包装、商业统计、会计、物价等21类3600余条词目，与经济类相关的有：经济史、经济思想史、政治经济学、国民经济计划管理、工业及农业经济、交通运输及邮电经济、建筑和基本建筑经济、经济地理、世界经济、金融、数量经济学、经济法等学科卷。每个学科都有独立的卷册，对于重复的词语，根据不同的学科解释各有不同。此外，辞典还收录了建国以来有关政策和法规文件名称。

（3）《牛津经济学词典》（Oxford Dictionary of Economics）

布莱克（英.JOHN BLACK）编著，2005 年 10 月上海外语教育出版社出版第 1 版。该书是目前经济学最全面、最权威也是最新的词典之一，收录包括经济学最新术语与概念在内的 2500 余条词条，内容有微观经济、国际金融、国际贸易经济学等，此外还附有国际经济组织机构的名称总表和经济学广泛实用的数学、统计学术语，以及相关的商业金融领域术语等。

### 2．年鉴、百科全书类

（1）《中国商业百科全书》

1993 年 6 月中国大百科全书出版社出版。该书由中国大百科全书出版社和商业部双方共同承担编纂任务，邀请了全国有关有关商业经济、商业企业管理等方面的 400 多位专家学者，历时 2 年 10 个月完成，是一部全面系统地介绍商业各项知识的权威性大型百科全书。该书设有 1377 个条目，约 170 万字，共分为：商业史篇、商业经济理论篇、商业宏观管理篇、商业企业管理篇、粮食经营篇、农副产品经营篇、工业品经营篇、服务业经营篇、商业文化篇、综合篇十大篇。在检索方面，该书按中国大百科全书出版社规格和要求，设有条目分类目录，附有条目汉语笔画索引和英文索引，也可按照汉语拼音顺序和中国商业大事年表检索。

（2）《中国金融年鉴》

1986 年中文版创刊，1990 年出刊英文版，是一部由中国人民银行主管，中国金融学会主办的大型资料性、历史性、综合性年刊。1986 年至 1988 年刊由中国金融出版社出版，1989 年刊以后由中国金融年鉴编辑部以期刊形式出版。收录内容包括经济、金融形势、重要方针政策、金融统计资料、金融业发展动态、金融体制改革、各地金融情况、对外金融往来、调查报告、专题材料、金融法规、中国金融大事记和金融机构名录等。现已出版至 2014 年卷。

（3）《中国经济年鉴》

薛暮桥主编，1981 年经济管理出版社创刊。该刊内容包括：党中央国务院重要经济文献；国民经济和社会发展总体情况分析；各行业发展综述、统计数据；各地区国民经济和社会发展状况及其统计指标；各类企业发展情况；本年专题；国民经济和社会发展综合统计资料及当年经济立法及主要法规目录、中国经济大事记、经济理论研究综述等。2012 年经调整后共分 8 各部分：重要文献、国民经济和社会发展总体分析、国民经济和社会各行业发展概况、地区经济和区域规划、企业改革与发展、国务院发展研究中心政策咨询报告和景气监测、本年度经济文论以及附录。（参见本书 7.1）

### 3．目录索引类

（1）《中国经济学图书目录（1900~1949）》

谭敏主编，1995 年中国财政经济出版社出版。该目录收录 1900～1949 年我国公开出版的有关理论经济学和应用经济学的专著、教材、工具书、论文集、资料等，也包括少量未公开的，共计一万多种。内容包括：经济学、经济学通论、近代经济史、中国工业经济、亚洲经济、农业经济、经济统计等 18 个大类。

（2）《经济学论文索引》（Index of Economic Articles in Journals and Collective Volumes）

曾用名《经济杂志索引》，1962 年美国经济协会出版，自第 8 卷起改用现名。收录各国主要经济期刊 200 余种，经济类论文集、会议报告、专题报告等 170 余种。每卷分论文索引和著者索引两部分。该索引是一种回溯性检索工具，内容相当于一个世纪以来有关世界各国经济的英文论文总目。

## 8.3.2　网络资源检索

以下介绍几种常用的经济类信息检索数据库和资源网站。

### 1．中国营销传播网

中国营销传播网（www.emkt.com.cn），是国内知名的营销与管理综合网站，于 2000 年 7 月开通，由深圳市麦肯特企业顾问有限公司建立并运营。

网站整合了国内外的相关营销资源，开设了营销文库、营销动态、营销社区、营销知识库、培训和咨询信息等多项相对独立、相互依托、动态交流的频道。其中营销文库上汇集了近万篇营销相关文章；营销动态上即时更新的营销新闻动态，按行业分为：家电、通信、IT、房地产、汽车、医药、银行、保险、证券、航空、旅游、酒店、服装、食品、化工、会展、媒体、娱乐、教育、商业、营销、政府、其他等 20 余大类；营销社区中提供营销人讨论交流的空间，以助于实现营销人之间的经验知识交流；营销知识库是按照现代的营销理论体系建立的一个完整的树状知识库，体系的每个分支都包含了相关概念、基础知识、发展动态、相关论文、相关书籍等方面内容；培训和资讯信息中提供了各种相关培训与咨询信息。界面如图 8-4 所示。

图 8-4　中国营销传播网界面

### 2．中国经济信息网

中国经济信息网（China Economic Information Network，CEInet），简称"中经网"，是在我国国民经济信息化建设的统一规划下，国家信息中心联合有关部、委和各省、市的信息中心，采用先进信息技术建立起来的信息服务网络。是目前互联网上最大的中文经济信息库，也是国际互联网的接入网。

中经网的信息来源广泛、权威性强，网上信息和图表共计 45 万页，每天更新信息量达 250 万汉字。该网站汇集、整合了大量的国内外经济金融信息，包括综合篇、行业篇、区域篇、数据库、视频篇、ChinaEconomy、企业篇和网站篇 8 大分类，并组建了中外经济动态全文库、中经网统计数据库、中国行业年度报告、中国行业季度报告、中国地区经济发展报告、中国权威经济论文库、中国法律法规库、中外上市公司资料库、中国企业产品库、中国环境保护数据库、中经网产业数据库 11 个数据库。

中经网拥有一套完善的检索系统——中经检索。它将分布在各地大量的信息按信息的属性和特征有序化，汇聚成以经济信息为主的中文平台数据库，同时将互联网上的重要信息资源连接到信息导航数据库，为用户提供高效和快捷查询信息的途径和方法。此外，针对国内重点院校及科研机构需求，中经网开发了一种大型信息集合系统——中经网教育版，主要包含综合动态、财经视屏、法规政策、经济数据、分析预测、产业纵横、财经资讯、热点专辑、公务指南、领导讲话等几个方面内容。

中经网设有自己的专家智库，为了方便交流，该网的专家智库是以论坛的形式实现的。分别为：50 人论坛和联合论坛。其中 50 人论坛是中国经济信息网的著名经济沙龙；联合论坛是联合了国内著名的经济研究院的专家，共同研究中国经济热点、难点问题的 10 个研究机构：国务院发展研究中心发展战略和区域经济研究部、对外经济贸易部国际贸易经济合作研究院、国家发展计划委员会宏观经济研究院、中国国际信托投资公司国际研究所、中国证券市场研究中心研发部、中国社会科学院经济研究所、中国人民银行金融研究所、清华大学中国经济研究中心、北京天则经济研究所、国家信息中心，如图 8-5 所示。

图 8-5　中国经济信息网界面

### 3．道琼斯财经资讯教育平台

道琼斯财经资讯教育平台是总部设在美国纽约的世界著名财经信息服务商道琼斯通讯社和我国的新华在线联手制作的中、英文全球财经资讯平台。可以为读者提供全球最新的财经动态及国际权威财经评论，内容来自道琼斯通讯社，涉及全球五大洲各类经济、金融、期货、股票信息，尽可能的报道一切有可能影响经济的经济事件、政治事件、社会事件。

此平台是专门为国内高等院校及社科研究机构的教学研究制作的，英汉对照，可以使读者在第一时间准确地了解全球最新的财经动态及国际权威财经评论的同时，学习到纯正的英语。还可以根据学校的教学需要，制定个性化的栏目。

通过道琼斯全球资讯平台，新华在线在国内高等院校中举办每年一次的道琼斯财经英语之旅竞赛。

经济类的数据库或资源网站还有全球技经贸信息网、高校财经数据库、中国商务在线、经济文献数据库及本书第 6 章介绍过的国务院发展研究中心信息网、中国资讯行数据库等，此处不再一一详细介绍。

# 8.4  法律、条约资料的检索

法律是人类文明和智慧的结晶，是人类规范自己以实现良好社会秩序的手段。作为一门学问，它积累了前人的经验和思想，形成了一个知识领域。熟悉法律、条约资料的检索，不仅有助于法律类专业人士的学习，也可以帮助一般人更快地获取法律、法规的信息情况。以下是几种查找法律、法规、条约资料的途径。

## 8.4.1  利用工具书检索

### 1．国内法律、条约资料的检索

《中国法律年鉴》，1987 年创刊，由中国法学会主管主办，中国法律年鉴社出版发行。该年鉴是中国立法、司法、法学教育与研究等相关法律领域最具权威的综合性年鉴，目前已出版至 2014 年卷。2002 开始出版英文版。

《中国大百科全书·法学》，1984 年出版，《中国大百科全书》总编辑委员会主编，中国大百科全书出版社出版。是我国最权威的法学工具书之一，对法学的个分支学科作了较为详尽的介绍，列出了当时的法学研究新成果。该书提供了从分类、笔画、外文及内容分析角度的检索途径。（参阅本书 7.1）

《中国法律图书总目》，沈国锋主编，1991 年中国政法大学出版社出版 1911 年至 1991 年版。收录了 1911 年至 1990 年国内公开出版发行的法律图书共 28000 多种，及 1911 年以前刊行的有关司法、法律方面的古籍共 1900 余种，中国香港特别行政区和新中国成立以后我国台湾省出版的法律图书 2900 余种。2002 年，法律出版社出版 1999 年至 2000 年版，该版收集了 1999～2000 两个年度国内出版的全部法律类图书信息。

《中华人民共和国法律全书》（第 3 版），国务院法制办公室编，中国法制出版社，2013 年出版，该书收录我国目前所有现行有效的法律文本共 242 件，并附有有关法律问题的决定，全面展现了我国以宪法为核心，以法律为主干的七个法律部门的立法成果。

《中华人民共和国法律法规全书》，（三卷本），国务院法制办公室编，中国法制出版社 2014 年出版，分为综合卷、经济卷、行政法卷 3 卷，包括国家法、民商法、行政法、经济法、社会法、刑法、程序法等 7 大类。法律条文加注条旨，书信附有汉语拼音索引，是一部实用的法律工具书。

《中外旧约章汇编》，王铁崖主编，1957~1962 年生活·读书·新知三联书店出版，全三册。该书收录自中国开始对外订立条约起到中华人民共和国成立（1949）为止，中国对外订立的所有条约、章程、合同、协定等，反映了清及民国时期与国外签订的许多不平等条约内容。

《中华人民共和国条约集》，（1~58 集）中华人民共和国外交部条约法律司编著，自 1957 年开始先后由法律出版社、人民出版社、世界知识出版社出版，其中第 1 集收录 1949~1951 年间我国政府及政府各部门与外国签订的条约性文件，包括双边条约和多边条约。至 2013 年由世界知识出版社出版第 58 集，收录 2011 年我国政府及政府各部门与外国或国际组织签订的条约性文件 90 项，条约按亚洲、非洲、欧洲、美洲、大洋洲顺序排列。

**2．国外法律、条约的检索**

《牛津法律大辞典》，戴维·M.沃克（英·David M.Walkker）著，李双元等翻译，2003 年法律出版社出版。该辞书是我国翻译的第一部大型西方法律辞典。辞典收词 8400 余条，涉及范围广、释义简明，内容覆盖法学理论、法律哲学、法律制度、法律史、法律思想、刑事法、民商法、国际法、法学流派和法学家以及与法律有关的政治学、社会学、经济学等诸多学科领域。可用拼音检索。

《法学在版书目》（Law Books in Print），R.L.布克华儿特主编，1990 年格兰维尔公司出版。该书收录全世界英文版法律图书资料及相关文献，包括辞典、百科全书、年鉴、手册、综述、专论、文集、教科书、法规判例、目录、索引、文摘等多项内容。此外，该书目条目著录完整。

《世界各国法律大典》，吴新平主编。1993 年中国社会科学出版社出版社出版。是一部超大型的系列法律汇编，已出版的《美国法典》按 1988 年英文版全文翻译，按刑法行政法卷、商业贸易法海关法卷、财政法金融法卷、建设法农业法卷、交通法邮政法环境法卷、教育法知识产权法卷、卫生法福利法卷、外交法国防法卷、军事法卷、司法法刑法卷、1998 年以后的年度补充本等共 10 余卷分类。

《法律期刊索引》（Index to Legal Periodicals），威尔逊（H.W.Wilson）主编，Wilson 公司发行。该索引收录美国、新西兰等国出版发行的六百多种法律期刊。有主题、著者索引和案例表，1940 年后增加书评索引。

《条约汇编一览表》（List of Treaty Collections），联合国法律事务所（United nations.Office of Legal Affairs）编纂，1956 年出版。该汇编是一本注解书目，共 174 页，收录 18 世纪以来所出现的条约出版物 700 多种。分为综合条约集、专题条约集、各国条约集三大类。条目采用原书名，且附加英语评注。

《条约与相关文件汇编手册》（Mannual of Collections Treanties and of Collections Relating to Treaties），1922 年哈佛大学出版，1966 年 Burt Franklin 出版公司重印。该手册是一部查找历史上的条约出版物的重要指南，其中列举了 3468 种条约汇编和相关材料汇编，按国家、专题、国际行政材料和综合汇编分类编排，采用英语法语对照形式。

## 8.4.2 网络资源检索

**1．中国人大网**

《中国人大网》（www.npc.gov.cn），是由全国人大常委会办公厅主办的全国人大常委会门户网站，2005 年 2 月正式开通。该网站提供中文版和英文版两个版本，并开设物权法草案征求意见窗口，就全国人大常委会个税减除费用标准听证会征集公众报名，对新闻发布会、听证会和常委会会议重要报告及法律草案说明进行网上图文直播。涉及法律的内容主要包括宪法、立法工作、法律草案征求意见、法律法规数据库等。网页如图 8-6 所示。

图 8-6　中国人大网

法律法规数据库分为法律法规司法解释和地方性法规规章两大类，主要收录了法律及有关问题的决定、中共中央、国务院法规及文件、司法解释及文件、部委规章及文件，以及除特别行政区和台湾省以外的全国各省、市、自治区的法规规章内容。该数据库可以通过颁布日期、实施日期、时效性、文件编号、发文号、颁布单位、主题分类、标题、正文、显示篇数和逻辑关系多种方式检索。如图 8-7 所示。

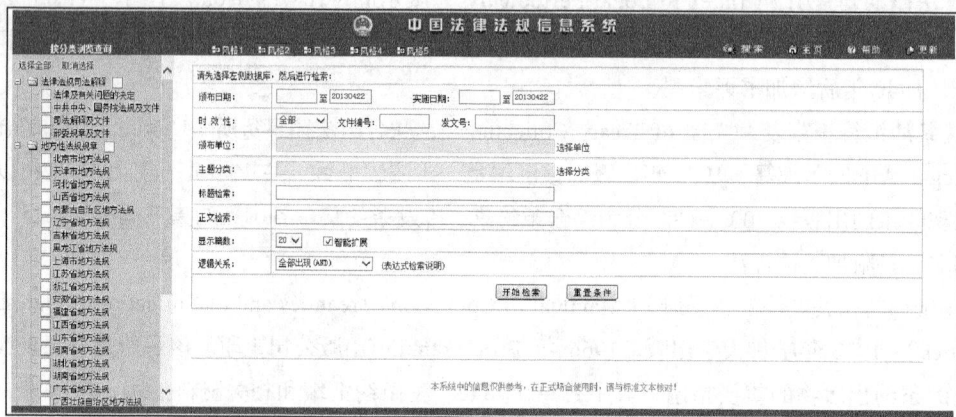

图 8-7　中国人大网法律法规数据库

### 2．北大法律信息网

《北大法律信息网》，又称《中国法律检索系统》（www.chinalawinfo.com），是北大英华公司和北大法制信息中心共同创办的法律综合型网站，1995 年开通，是中国第一套法律查询软件。该网的特色栏目主要有两大部分：法学在线和北大法宝。网站首页如图 8-8 所示。

法学在线是北大法律信息网在原有的法学文献栏目基础上，于 2009 年推出"促进学术成果的交流、打造法律学人思想家园"栏目，该栏目收录了 3000 多位法律学人不同时期的法学文章，总数达 30 000 余篇。法学在线不仅可以按最新文章、最热文章、时评语与随笔、论著与书评、域外法学、外文专区版块进行浏览，还可以限定标题、作者、全文、关键词、作者单位等字段进行检索，同时提供免费阅读、下载、打印全文和评论文章等服务，如图 8-9 所示。

图 8-8　北大法律信息网主页

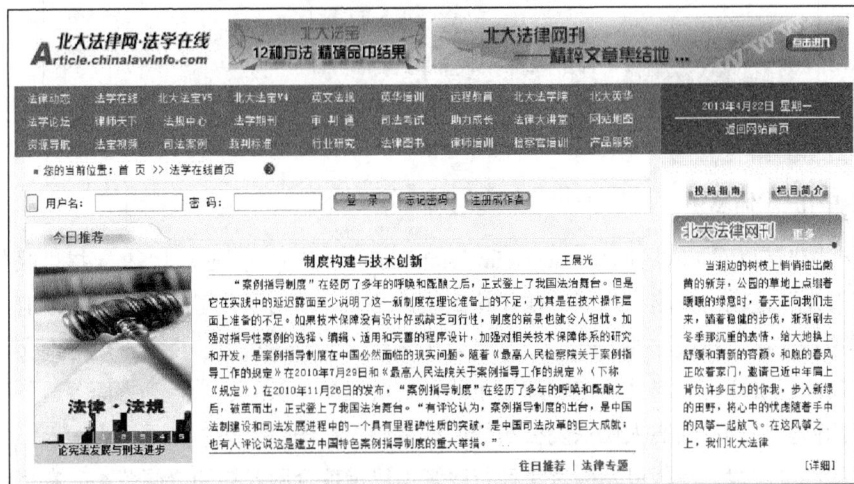

图 8-9　北大法律信息网·法学在线界面

北大法宝是 1995 年由北京大学法制信息中心与北大英华科技有限公司联合推出的智能型法律信息一站式检索平台。该网设有"法律法规""司法案例""法学期刊""专题参考""英文译本"五大检索系统。"法律法规检索系统"中收录了自 1949 年起至今的法律法规，包括中央法规司法解释、地方法规规章、合同与文书范本、中国港澳台法律法规、中外条约、外国法律法规、法律动态、立法背景资料等，内容更新速度较快；"司法案例检索系统"中收录了我国大陆法院的各类案例，包括案例与裁判文书、案例报道、审判参考、实务专题等，且根据用户需求提供全方位检索、导航功能；"法学期刊检索系统"中收录了国内法学类核心期刊全文和目录、法律集刊全文和目录等大量法学期刊内容；"专题参考检索系统"中涵盖裁判标准、实务专题、法学文献、法律年鉴、法学教程等方面内容，是为满足专业人员对审判实践工作经验的学习而创建的检索系统；"英文译本检索系统"中提供中国法律法规的英文译本，包括法律法规(Laws & Regulations)、案例(Cases)、中外税收协定(Tax Treaties)、公报(Gazettes)、法律新闻(Legal News)、法学期刊(Journals)等，内容涉及行政、民事、刑事、经济、知识产权和海事等多个领域，并且所有英文译本均与中文法律文本相对照，可同时同步进行中英文双版本浏览。

此外，北大法宝还具有法规条文和相关案例等信息之间的"法条联想 Clink"功能，可以直接印证法规案例中引用的法律法规和司法解释及其条款，还可链接到本法规或某一条相关的所有法律、法规、司法解释、条文释义、法学期刊、案例和裁判文书，让用户方便地查到法条，帮助用户进一步理解、研究、利用法条，创造立体化的法律信息展现体系，这项功能是该网站的特色功能，如图 8-10 所示。

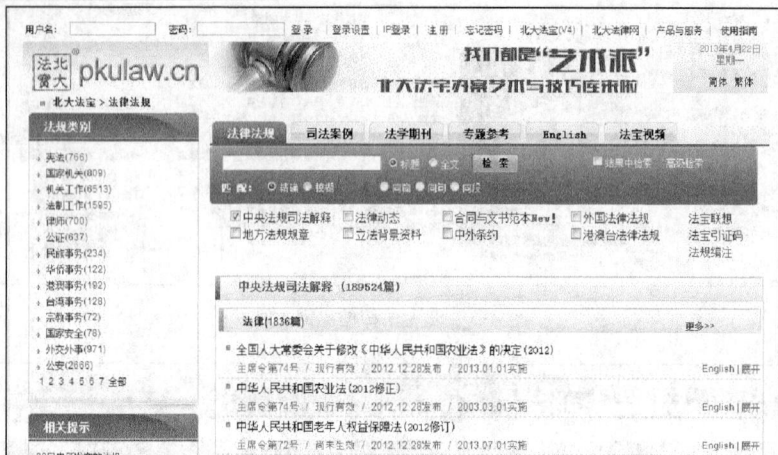

图 8-10　北大法宝界面

### 3．中国法律信息网

《中国法律信息网》(法律之星 www.law-star.com)，1986 年开通，1999 年提供服务，北京中天公司开发，是国内知名度较高的法律检索软件之一。该网涵盖了中央和地方政府批准和颁布的各类现行法律、行政法规、部门规章、司法解释、地方性法规、规章、规范性文件；中国与各国签订的经济协定、科技协定和双边条约；有关贸易、保险、金融等方面多边条约、国际公约、国际商业惯例；最高人民法院公布的典型案例、司法裁判文书；香港立法局、台湾立法机构制定的经济法律、法规以及国家工商行政管理局示范合同式样和合同范本、常用文书范本和格式文书等 39 万多篇。且每天以 200～300 篇的法规更新速度增加产品的法规内容，保证了与立法的同步。主页如图 8-11 所示。

### 4．国信中国法律网

《国信中国法律网》(www.ceilaw.com.cn)，1999 年开发，国家信息中心信息部主办的网上法规信息查询服务系统。该网站内容包括新法规联机查询、国家法规数据库、法律理论专刊、人民法院报特辑、律师事务所名录五个部分。

新法规联机查询：每月公布一期新的法规目录，内含当月收集的法律法规的名称、简介和法规正文等，并随时补充新的法规。每篇法规都有各自的编号，以便查询。共有最新的 18 期法规目录供用户查询。其法规的收集范围包括全国人大法律、国务院行政法规、最高人民法院和最高人民检察院司法解释、国务院各部委规章、各地人大法规和地方政府规章等。

图 8-11　中国法律信息网主页

国家法规数据库：内容包括自 1949 年新中国成立以来全国人大法律、国务院行政法规、最高人民法院和最高人民检察院司法解释、国务院各部委规章、各地人大法规和政府规章、我国签定的国际条约和公约等。总计约 10 万篇法规、5 亿汉字。用户可以通过标题词、正文关键词颁布日期和内容分类等多种方式检索法规正文。

法律理论专刊：由国家信息中心聘请法律界专家和专业工作者为公众关心的法律问题进行的解释和评论。并对新颁布的法律、法规及规章做全面、系统的介绍。

人民法院报特辑：由国家信息中心法规信息处与《人民法院报》编辑部合办，收录《人民法院报》上部分优秀文章。

律师事务所名录：可以通过律师事务所名称、地区、业务范围等查询网上律师事务所的有关信息，为网络客户和上网律师建立联系。

该网站目前采用网员制方式提供服务。非网员用户仅可以查询法规名称简介等，网员用户可以下载法规正文，且以周为单位更新法规内容，如图 8-12 所示。

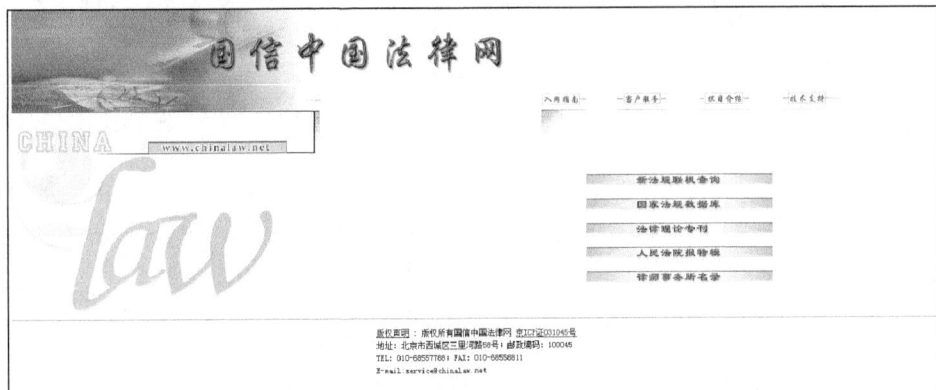

图 8-12　国信中国法律网主页

## 5．法制网

法制网（《法制日报》网络版，www.legaldaily.com.cn），2005 年 6 月创办，由法制日报社主办，前身是 1999 年上线的法制日报网络版。该网站是中国法制类媒体龙头、中央政法委机关报《法制日报》旗下的国家主要新闻网站。目前，法制网拥有新闻中心、高层动态、司法行政、政法综治、法律服务、举报监督、论坛博客等 20 多个一级频道，近百个二级频道，日更新量近千条，网站页面日均单击量超过千万次，已经成为中国政法界最具权威性的信息发布平台之一。主页如图 8-13 所示。

图 8-13　法制网主页

# 思考题

1. 查找人名及人物传记资料可利用哪些工具书？
2. 简述国内法律、法规网络资源的检索与利用。
3. 简述中国经济信息网的主要栏目特色。

# 第 9 章　专题检索（下）

## 9.1　艺术类信息资源的检索

艺术信息资源是指经过人们组织、加工，可以存取并能够满足人类精神需求的各种艺术信息的集合，其主要特点是：除文字信息外，音频、视频等多媒体信息占有相当比重，本节将对常用的艺术类数据库、网站及艺术类工具书的使用予以简要介绍。

### 9.1.1　数字化信息资源的利用

#### 1.　库克音乐数据库

库克音乐数据库又称库客（KUKE）数字音乐图书馆（www.kuke.com）（见图 9-1），2006 年 9 月正式建成发布，是国内著名的数字音乐图书馆，拥有拿索斯（Naxos）、马可波罗（MarcoPolo）、瑞士唱片公司（AVC）、德国唱片公司（Countdown）、中国唱片总公司（CRC）等国内外著名唱片公司的授权。目前已收藏了世界上绝大部分古典音乐，以及世界各国独具特色的民族风情音乐、爵士音乐、电影音乐、新世纪音乐等多种音乐类型，并配备有丰富的文字资料介绍。共汇聚了中世纪到近现代 9000 多位艺术家、100 多种乐器的音乐作品，曲目达到近百万首。

KUKE 的特色资源——"英语读物"，由英国 BBC 广播电台、美国 ABC 广播电台当红主播朗读，将古典音乐与儿童文学、诗歌名著、小说、历史传记等完美结合，目前已收藏了近千部作品，在形式上很受读者欢迎，是优质的英语视听课课件，目前被国内很多院校开设的英语视听课所使用。

古典音乐电子杂志《ARIA-阿丽雅》（月刊），以古典音乐为索引，从音乐人物、音乐故事、音乐地理、乐器、曲风等全方位、多视角充分展示古典音乐的魅力，让读者在不经意间走入古典音乐的世界。目前已被众多高校作为音乐欣赏课课件使用。

读者可以通过该数据库的各级列表页，查找所需要的曲目，同时也可以使用数据库提供的搜索功能进行快速查找。库克数据库的各级频道页面都设有推荐栏目，各被图书馆可根据学校的专业设置及读者使用倾向读者推荐不同风格的音乐作品供读者欣赏。

数据库所提供的音乐格式为 wma 格式，读者使用时应予注意。另外由于该数据库所提供的下载次数有一定限制，其下载密码一般由购置该数据库的各学校图书馆掌握，读者如有下载需要，可到所在学校图书馆索取。

图 9-1　库克数字音乐图书馆首页

### 2．方正艺术博物馆

方正艺术博物馆是北京方正阿帕比技术有限公司制作的数字化艺术资源库，于 1998 年 3 月启动，应用方正 Apabi 研制的读图系统在方正阿帕比数字资源平台上广泛收集、展示从文明的发端到今天世界各国各类精品艺术图片，是大规模的在线艺术品鉴赏平台。

目前该艺术博物馆有以下 16 个资源库：中国美术馆、中国书法馆、中国民间美术馆、中国红色艺术馆、世界美术馆、中国出土器精品馆、中国老照片馆、中国古代设计馆、中国近现代平面设计馆、中国历代服饰馆、中国珍贵古籍插图馆、中国经典画谱馆、世界经典平面设计馆、世界经典摄影馆、世界经典商标馆、世界经典标识馆。每个资源库下又分若干子馆。提供标题、主题关键词、编号、作者、作者简介、朝代、内容说明等项目，可进行简单检索、高级检索。在图片详细信息页面可以进行缩放图片、缩略图导航、将图片发送 E-mail、全屏展示、高精度展示等一系列操作。

如查找书法作品可利用图书馆主页中的"电子资源导航"；然后单击中文数据库中的"方正艺术博物馆"；再单击链接，进入艺术博物馆页面，博物馆有 13 788 幅书法，可以从分馆（包括楷书、行书、草书、篆书、隶书、篆刻、楹联、手札等）、名家、出土地、馆藏地、时代等检索条目查找；还有 8375 幅经典画谱，可以从分馆（包括山水、花鸟、人物、草虫、蔬果、走兽、仙佛、仕女等）、专题、时代查找。

### 3．北京市高校特色资源网

北京市高校特色资源网（www.sres.biedu.cn）是北京市教委为给北京市高校师生和广大市民提供丰富多彩的信息资源服务，2005 年启动的北京高校特色资源建设项目。该项目以信息技术为手段，通过网络传播具有浓郁艺术色彩的特色资源，研究、挖掘、整理了大批具有中国文化传统特色的艺术类资源，通过生动的视频资料、图片、造型、文字等予以展示。现已建成 135 个涵盖电影、音乐、舞蹈、艺术设计等领域的主题资源包，整合图片 95 万张、音视频 4.1 万个、网页设计 8 万个、文字 1913 万字，初步形成了北京高校特色教育资源体系。

北京地区的部属和市属艺术类院校及具有相关专业的其他院校大多参与了该项目的资源建设工作，他们以所在院校图书馆为依托，利用图书馆的丰富资源和现代化设备，制作并长期向网站提供系统的特色资源，其中许多资源包与专门的艺术类院校或普通院校的艺术类专业的教学、科研工作密切相关，如北京舞蹈学院提供的《国际标准舞教学技法》《芭蕾舞剧目图片库》，北京电影学院提供的《现代影视制作工艺》《新媒体艺术在线资源库》，中央音乐学院提供的《视唱练耳示范教学资源》《中国民族器乐经典曲目集萃》，北京工业大学提供的《现代艺术设计——包装设计》《现代展示设计信息库建设》《标志与视觉识别系统设计信息库》，北京印刷学院提供的《动画造型艺术资源包》等。

这些以视频、音频资料为主的资源内容丰富，时间跨度长，且不断增加新的内容，能为艺术类高校或普通高校艺术类专业教师和学生提供大量的相关信息和直观的教学参考资料。

访问该网站可登录《北京市高校特色资源网》，如图 9-2 所示，如利用其具体资源包需进行登录注册。

图 9-2　北京市高校特色资源网页面

### 4．北京市文化信息资源共享工程

北京市文化信息资源共享工程（www.bjgxgc.cn）建设于 2002 年，至 2006 年，北京市文化信息资源共享工程网站开通，通过互联网向市民提供共享文化信息资源资源服务；利用有线电视广播网的模式开发了"北京市文化信息资源共享工程内容传输平台"，现已经实现视频直播、客户端实时收看、局域网检索、用户分组管理等功能。2010 年北京市基于"北京市文化共享工程内容传输平台"及"北京市文化共享工程网站"，开始建设"北京市多媒体信息综合服务平台"，其目标是整合同类信息资源服务系统，实现异地发布、跨平台检索，为市民提供一站式信息服务。主页如图 9-3 所示。

目前北京市文化资源共享工程在线服务数字资源已经达到 17TB，包括动态信息、首图讲坛、影视在线、实用讲座、戏曲舞台、农业视频、少儿视频、音频资源、精品文化资源库等板块。与艺术直接相关的板块中，影视在线收录国外著名的影视作品百余部，戏曲舞台板块收集专门录制的音乐会、相声小品表演、京剧、文艺汇演等节目数百台。《精品文化资源库》板块包括中国园林艺术（见图 9-4）、中国古琴艺术、中国壁画、中国国画、中国漫画、中国舞蹈艺术、中国电影艺术、中国地方戏曲等子库，使用者可根据需要进行点播欣赏或检索相关信息。

图 9-3　北京市文化信息资源共享服务平台首页

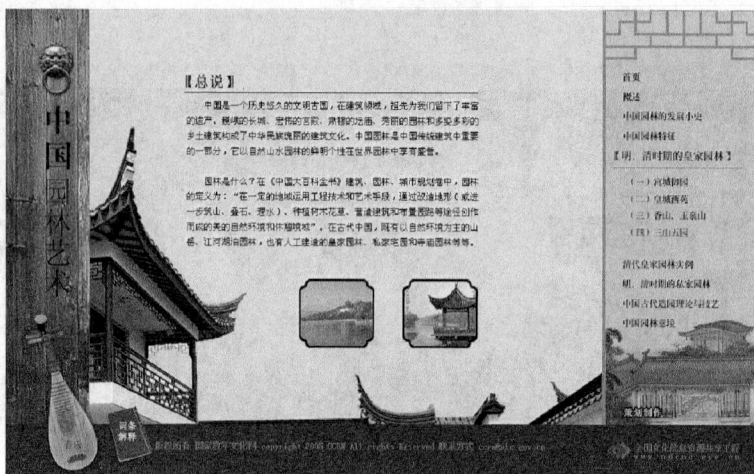

图 9-4　北京市文化信息资源共享服务平台的《精品文化资源库》中国园林艺术页面

除以上所介绍的数据库以外，查找艺术类视频资源还可以利用《万方视频知识服务系统》等，可参考本书有关章节，此处不再详述。

## 9.1.2　纸质文献的利用

利用艺术类的辞典、百科全书、年鉴等可以检索到许多相关资源，下面简要介绍。

### 1．辞典的利用

《中国戏曲表演艺术辞典》，余汉东著，中国戏剧出版社 2006 年出版，该书是一部全系统介绍中国戏曲表演艺术知识及其训练方法的工具书，所收名词、术语 1500 余条，随文配有 1300 余幅图片，图文并茂是本书的特点。

《新格罗夫音乐与音乐家辞典（第 2 版）》（The new grove dictionary of music and musicins），英国音乐评论家斯坦利·萨迪编著，湖南文艺出版社 2012 年引进出版，该书中国引进版共 29 卷（包括附录、索引各 1 卷），29000 余个条目，其内容涵盖了世界各国，特别是西方音乐文化的方方面面，附有 5000 多幅图片，被称为"世界音乐文化百科全书"，为中国读者了解世界音乐文化提供了丰富的资料。

**2．年鉴、百科全书的利用**

《中国艺术年鉴》（2011 年卷）由中国艺术研究院编撰，文化艺术出版社 2013 年出版，该书共 2 卷，按惯用的艺术门类划分方式并结合年鉴的编辑体例将全书分为总类、戏曲、话剧、音乐、舞蹈、曲艺，电影电视剧等 15 个分卷，共有 1190 个条目，作品图 300 余幅，全面展现了 2011 年中国艺术发展概况。

《中国美术百科全书》，邵大箴及《中国美术百科全书》编辑委员会编，人民美术出版社 2009 年出版，是我国出版的最为完备的美术百科全书。该书包括综类、建筑、石窟、雕塑、壁画、中国画、油画、版画、书法、篆刻、工艺美术、设计和民间美术各门类，内容涉及我国历代美术发展过程中的思潮、流派、人物、作品、论著、技巧、收藏等方面，为读者提供一部走向中国艺术宝库的简明指南。

相关的艺术类工具书还有许多，如《世界艺术百科全书》《中国艺术百科全书》《中国摄影艺术年鉴》《中国当代艺术年鉴》《中国电影年鉴》等，此处不再一一详述。

# 9.2　旅游信息、酒店管理信息资源检索

随着我国国民经济的发展和人民生活水平的不断提高，我国的旅游业不论是旅游业界人才的培养、旅游景点的开发建设、游客的数量都有了飞跃式的发展，进行旅游学与酒店管理学的学习与研究，从事旅游管理工作，或者是自己在国内外旅游，都需要获取大量相关信息，下面分为纸质文献的利用和数字化资源的利用两方面予以介绍。

## 9.2.1　纸质文献的利用

关于旅游信息和酒店管理信息的查找，可以使用地名辞典、旅游指南等工具书，还可以利用专门介绍世界各地旅游名胜和酒店管理类的书籍、期刊，等等，以下择要予以介绍。

**1．工具书类**

《中国名胜词典》，国家文物事业管理局主编，上海辞书出版社出版。1981 年出版第一版，至 2003 年出版第三版。收录全国重点风景名胜区和各省重要的风景区、游览区、世界遗产和有旅游价值的全国重点文物保护单位与各省重要的文物保护单位、全国重要的革命纪念地和博物馆、展览馆、有名的山水湖泉、亭台楼阁、宫殿寺庙、园林洞窟和具有一定特色的现代建筑，共计 5000 条。名胜古迹以收录今名、全名为主，具有较大影响的别名、简称、旧名也部分酌情录入。该词典按省市排列，每一市县内的名胜古迹按笔画顺序编排，书末另附全部词条的笔画索引。

《中国旅游大辞典》邵琪伟主编，上海辞书出版社 2012 年出版，是我国首部大型综合旅游工具书，共收录 27 个门类的词目 3086 条，均按汉语拼音音序排列，后附词目分类目录及词目外文索引。

《北京旅游手册》，2010 年北京出版社编辑出版。该手册内容包括北京概况、天安门广场、公园、名胜、古迹、博物馆、展览馆、特种工艺品、北京艺坛、文娱体育活动场所、商店、市场、书店、饭店、餐厅、饭庄、旅行社、银行、通信、交通等几大类内容。且书后附有介绍中

国主要旅行、游览城市和地区、气候和衣着等内容。

《世界名胜词典》，新华社国际资料编辑组编，1986 年新华出版社出版。该指南收录除中国以外的世界各国及地区的名胜古迹、首都、首府和重要城市等内容，共计 3000 余条。

《世界旅游概览》，沈受君主编，1982 年中国旅游出版社出版。该书简明扼要地介绍了世界旅游业的发展概况，旅游业在国民经济中的重要地位，以及一些国家为发展旅游业所采取的措施等方面内容。此外，还包括一些国家最受欢迎的游览胜地和活动项目等。

### 2．期刊类

《旅游天地》，是中国创刊最早、面向全国发行的专业旅游杂志，由上海文艺出版总社主管、上海故事会文化传媒有限公司主办，该期刊介绍最时尚的资讯信息，最实用的旅行计划，最迷人的风景。

《旅游学刊》，原名《旅游论坛》，1986 年创刊，次年改用现名。是由北京联合大学旅游学院主办、北京市教委会主管的国内外公开发行的旅游科学研究和旅游行业业务探讨的专业性中文核心期刊。该期刊所刊发的论文基本上是我国旅游研究的前沿问题、重点问题、难点问题和热点问题，基本上反映了我国旅游研究和旅游业发展的走势。

### 3．教材类

《旅游文献信息检索》，魏振枢主编，2005 年 6 月化学工业出版社出版。该书是针对旅游或经济类专业工作者使用和参考的图书。共分七章，主要内容有文献基础知识、常见旅游专业文献资料、科技论文的写作、旅游法律法规、标准文献及检索、ISO 9000 质量认证体系在餐饮服务行业中的应用、计算机信息检索基础等。

《中国旅游文化》，王勇等编著，2009 年大连理工大学出版社出版。该书是新世纪高职高专教材编审委员会组编的旅游与酒店管理类课程规划教材之一，内容主要包括旅游山水文化、旅游建筑文化、旅游园林文化、旅游宗教文化、旅游民俗文化、旅游饮食文化、中医文化、旅游与中国文学艺术、旅游与工艺美术文化、武术文化等。

《旅游经济学》，刘涵、刘田主编，2012 年对外经济贸易大学出版社出版。本书分为旅游经济学概述、旅游产品及开发、旅游需求、旅游供给、旅游消费等 10 个项目，每项目下又分若干学习单元，以思考题、案例解析、实训题等形式使读者全面掌握旅游经济学的内涵。

《酒店管理》（第 2 版），郑向敏编著，2010 年清华大学出版社出版。该书在内容编排上既按酒店管理专业教科书传统的编写方法，对酒店管理概况、基础理论与方法、质量管理等酒店管理的基本内容采用专章形式进行全面、详尽的分析与论述，又根据管理系统学派的思想，把现代酒店管理中的组织管理、计划管理等内容按系统管理和控制的方法进行分析和评价。同时，结合现代酒店的发展，增加了酒店资源管理、服务管理、安全管理和酒店投资筹划与筹备管理等内容。

《酒店管理概论》，陈明主编，2011 年旅游教育出版社出版，分为酒店业概述、酒店管理理论、酒店组织与制度管理、酒店主要职能部门管理、酒店质量管理、酒店信息管理、酒店主要接待部门管理、酒店营销管理、酒店后勤保障管理、危机管理等 10 章论述酒店管理工作。书后附有习题。

## 9.2.2　网络资源检索

### 1．中国旅游网

中国旅游网（www.slyala.com），2003 年 7 月创立，总部位于北京，是目前中国最大的旅游门户网站之一。开设了包括中国所有省份的景点、地图、攻略、住宿、交通、美食、娱乐、购物、参团等多个专业频道，对中国各地的旅游资讯进行详实报道，如图 9-5 所示。

图 9-5　中国旅游网主页

## 2．九游网

九游网（www.9tour.cn），2005 年 10 月正式上线，2012 年 12 月新版上线，是北京久游科技有限公司旗下网站，中国目前在线旅行服务提供商之一。网站提供全球近 3 万个景区，上千座旅游城市近期的旅游资讯，为旅行者制定旅游计划提供参考。所有资讯分快速导航、游记攻略、当季热门、九游问答、酒店预订等几大类，如图 9-6 所示。

图 9-6　九游网主页

## 3．中国旅游信息港

中国旅游信息港（www.travel169.com），2005 年 10 月成立，由郑州鹏程计算机技术有限公司开发的专业化旅游门户网站。2009 年第二次改版。网站信息包括：旅游资讯、旅游景区、旅游线路、机票预定、酒店预定、旅游企业、旅游人才、旅游教育、旅游文化、旅游信息化、旅游论坛、旅游博客十二大专题频道，汇集吃、住、行、游、购、娱六大旅游要素；同时收集了全国旅游机构、旅游院校、科研机构、旅游企业、旅游景区、旅行社、旅游酒店三万余家，分布在全国各省、市、自治区。该网可以通过商品、资讯、图片、景区、酒店、旅行社、交通、线路、问答、询价、报价、游记、博客、论坛等途径进行搜索，同时还可以对旅游线路、酒店预定、机票预定、供求信息、合作信息、招聘信息、求职信息进行分类检索，网站主页如图 9-7 所示。

图 9-7　中国旅游信息港主页

### 4.中国旅游人才网

《中国旅游人才网》（www.fourjob.net），2002 年成立，2005 年改版，总部设于深圳，是国内目前规模较大的酒店、旅游人才专业网站。专门针对酒店、餐饮、旅行社提供专业的人才招聘服务，为旅游酒店企业和个人搭建求职招聘、人才交流的互动平台。目前已有包括众多五星级酒店在内的 1500 余家旅游酒店企业通过该网进行人才招聘，投送的专业人才简历达到 60 万份。主页如图 9-8 所示。

图 9-8　中国旅游人才网主页

### 5.迈点——酒店业门户网站

《迈点——酒店业门户网站》（www.meadin.com），2009 年上线，网站主要内容有酒店行业资讯、资料提供、数据研究、社区交流互动、品牌策划推广等方面，是专门为酒店业界人士提供资讯、资料、人脉、黄页等涵盖全行业的信息服务的门户网站。网站主页如图 9-9 所示。

图 9-9　迈点网主页

### 6. 洛桑旅游酒店管理论坛

洛桑旅游酒店管理论坛（www.luosangbbs.com），是一家从事旅游管理酒店经验交流和资料分享业务的网站。该网站设置旅游管理酒店管理专业知识制度培训资料、旅游新闻资讯、开放交流平台，是为酒店管理者和大众旅游消费者构建的一个交流学习、获取相关资讯的第三方开放平台。内容涵盖：信息资讯、交流平台、学习交流区、特色美食区、招聘供求信息五个大类。其中信息资讯拥有大量关于前厅/客房管理、餐饮厨房管理、康体娱乐管理、公关销售管理、人力/办公管理、财务采购管理、安全保卫管理、设备维护管理、经济型酒店经营管理、宾馆酒店筹建策划等酒店管理方面的资料。论坛主页如图 9-10 所示。

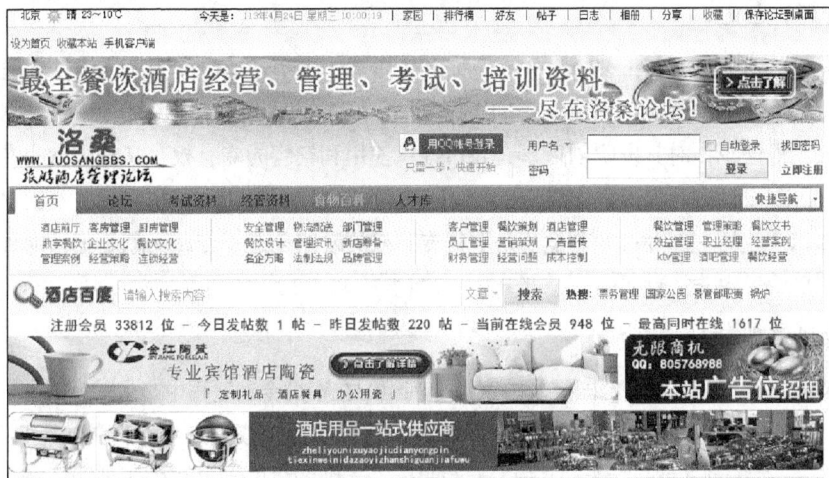

图 9-10　洛桑旅游酒店管理论坛

### 7. 职业餐饮网

职业餐饮网（www.canyin168.com），2006 年创立，是专门针对职业餐饮人开设的行业网站。内容涵盖餐饮资讯、餐饮管理、酒店、美食、资料下载、厨师、专题、招聘等 14 个栏目。其中酒店栏目包括酒店新闻、酒店管理、酒店培训、酒店人物、酒店数据、行业分析六个大类，如图 9-11 所示。

图 9-11 职业餐饮网——酒店页面

# 9.3 专利文献信息检索

专利文献是专利制度的产物，随着技术的进步和人们知识产权保护意识的加强，对专利文献的检索与利用对于学习、研究及生产活动愈加重要。本节将对各类印刷型专利文献及专利信息网站的检索与利用予以介绍。有关专利权的介绍请参阅本书 12.3.2。

## 9.3.1 专利及专利文献概述

### 1. 专利的定义

专利是"专利权"（Patent Right）的简称，是指某一发明创造由发明人或设计人向专利主管部门提出申请，经审查批准授予在一定年限内享有独占该发明创造的权利，并在法律上受到保护，任何人不得侵犯，对其发明创造享有独占性、使用和销售的专有权，又分为发明专利、实用新型专利和外观设计专利。专利包含三层含义：专利权、专利发明和专利文献。专利权也就是专利，属于知识产权的一部分；专利发明是取得专利权的发明创造；专利文献是记录专利的载体，也是专利信息检索中非常重要的一个部分。（参阅本书 12.3.2）

### 2. 专利文献

专利文献是实行专利制度的国家及国家性专利组织在审批专利过程中产生的官方文件及其出版物的总称。又分为一次专利文献，二次专利文献和专利分类资料。其中一次专利文献是指各种形式的专利说明书。二次专利文献是指专利文摘、专利题录、专利索引等专利局官方出版物。专利分类资料是指专利分类表等。专利文献主要是指申请说明书、专利说明书、专利局公报、专利文摘、专利分类表、专利主题词表以及申请专利时提交的请求书、权利要求书和有关证书，等等。

（1）专利说明书

专利说明书是专利技术通过发明说明书加以公开的文献，是专利文献的主体，也是专利检索的主要对象。各国出版的专利说明书有：发明专利说明书、实用新型专利说明书、增补专利说明书、再公告专利说明书等等，按法律分又有：申请说明书、公开说明书、审定说明书和专利说明书（经批准）。专利说明书主要由著录项目、摘要、说明书正文、附图和权利要求书等部分组成。（参阅本书 12.3）

（2）专利公报

专利公报是各国专利局或国际专利组织报导专利审清审核状况及相关法律、法规信息的定期出版物，多为周刊或半月刊。我国专利局于 1985 年开始按发明类型出版 3 种专利公报。

（3）专利索引

专利索引是以专利说明书的某一著名项目为依据编制的检索目录。《中国专利索引》《世界专利索引》等。

（4）国际专利分类表（IPC）

国际专利分类表（International Patent Classification），简称 IPC，是专门为专利文献设立的分类表，该分类表是根据 1971 年签订的《国际专利分类斯特拉斯堡协定》编制的。目前，除美国、英国、日本外，主要工业发达国家德国、意大利等国全部采用国际专利分类表，是世界范围内唯一通用的国际专利分类标准。IPC 第一版于 1968 年 9 月 1 日生效，以后定期修订。我国从 1985 年 4 月 1 日开始采用了国际专利分类表。

IPC 按等级形式划分，将技术内容按部（section）、分部（subsection）、大类(class)、小类（subclass）、大组（maingroup）、小组（subgroup）逐级分类，采用字母数字混合编排方式，后附关键词索引。

IPC 共分为 8 个大部。部的类号由 A 至 H 的大写字母标明，具体如表 9-1 所示。

表 9-1　IPC 的部和分部

| 部 | 部　名 | 分　部　名 |
|---|---|---|
| A | 人类生活必需 | 农业；食品烟草；个人或家用物品；保健、救生、娱乐 |
| B | 作业；运输 | 分离、混合；成型；印刷；交通运输；微观结构技术、超微技术 |
| C | 化学；冶金 | 化学；冶金；组合技术 |
| D | 纺织；造纸 | 纺织或未列入其他类的柔性材料；造纸 |
| E | 固定建筑物 | 建筑；土层或岩石的钻进、采矿 |
| F | 机械工程；照明；加热；武器；爆破 | 发动机或泵；一般工程；照明、加热；武器、爆破 |
| G | 物理 | 仪器；核子学 |
| H | 电学 | |

下面举一个利用 IPC 的样例，例如：碟形弹簧，分类号为 F16F1/08，如表 9-2 所示。

表 9-2　IPC 的样例

| F | 机械工程；照明，加热；武器；爆破 | 部 |
|---|---|---|
| | 一般工程 | 分部 |
| F16 | 工程元件或部件 | 大类 |
| F16F | 弹簧、减震器、减振装置 | 小类 |
| F16F1/00 | 弹簧 | 大组 |
| F16F1/02 | 由低内摩擦的钢或其他材料制造的盘簧、扭簧等 | 一级小组 |
| F16F1/04 | 盘簧 | 二级分组 |
| F16F1/08 | 弹簧圈基本成锥形 | 三级分组 |

## 9.3.2 印刷型专利文献的检索与利用

下面介绍利用专利分类资料和二次专利文献（专利索引、专利公报等），从不同检索途径查找一次专利文献（各种专利说明书）的方法。

**1．分类检索途径**

（1）分类检索：课题→IPC 分类表→相关类号→《中国专利索引》中的 IPC 分类年度→IPC 类号和专利号→各种专利公报摘要→专利说明书。

（2）关键词检索：课题→IPC 中关键词索引→相关类号→每期专利公报的 IPC 索引→IPC 类号→专利公报摘要→专利号→专利说明书。

**2．申请人或专利权人检索途径**

课题→已知申请人或专利权人→每期专利公报中的申请人/专利权人索引→《中国专利索引》中的申请人/专利权人索引号→IPC 类号和专利号→各种专利公报摘要→专利号 →专利说明书。

**3．申请号检索途径**

课题→已知申请号、公开号、公告号或专利→每期专利公报申请中的申请号、公开号、专利号索引→《中国专利索引》中的申请号、公开号、专利号索引→IPC 类号和专利号→各种专利公报摘要→专利号 →专利说明书。

## 9.3.3 专利信息网站的利用

**1．中国知识产权网**

中国知识产权网（www.cnipr.com），1999 年 6 月创立，由中国知识产权出版社创建维护的知识产权信息与服务网站，提供中国专利信息和外国专利信息检索。该网可以实现中外专利混合检索（在原平台基础上，检索功能新增跨语言检索、语义检索、相似性检索、公司代码检索、相关概念推荐等）、行业分类导航检索、IPC 分类导航检索、中国专利法律状态检索、中国药物专利检索。检索方式除了表格检索、逻辑检索外，还提供二次检索、过滤检索、同义词检索等辅助检索手段。免费用户只能下载专利文摘，注册用户可下载说明书全文。检索页面如图 9-12 所示。

图 9-12 中国知识产权网专利学院页面

**2．中国专利信息网**

中国专利信息网（http://www.patent.com.cn），1997 年 10 月创立，是国家知识产权局专利检索咨询中心旗下的专利信息网络平台，是国内较早提供专利信息服务的网站。网站具有中国专利文摘检索、中国专利英文文摘检索，以及中文专利全文下载功能，并采用会员制管理方式向社会公众提供网上检索、网站咨询，以及检索技术、邮件管理等服务。在检索前，首先要注册登录，通过"专利检索"栏紧蹙专利检索页面，检索方式有简单检索、菜单检索和逻辑组配检索三种方式，还可以在查询结果页面中通过"进阶检索"继续查找信息。如图 9-13 所示。

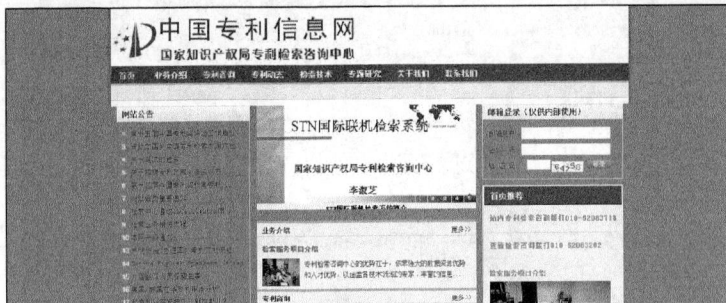

图 9-13　中国专利信息网页面

### 3．中国人民共和国知识产权网

中华人民共和国国家知识产权局网（www.sipo.gov.cn），是我国诸多专利网中能免费检索中国专利全文的网站之一，提供检索发明和实用新型专利、外观设计专利，还可以浏览到各种说明书全文及外观设计图形。该网站的检索方式有简单检索、高级检索和国际专利分类表（IPC）检索。分别如图 9-14、图 9-15、图 9-16 所示。

图 9-14　中华人民共和国国家知识产权局网简单检索页面

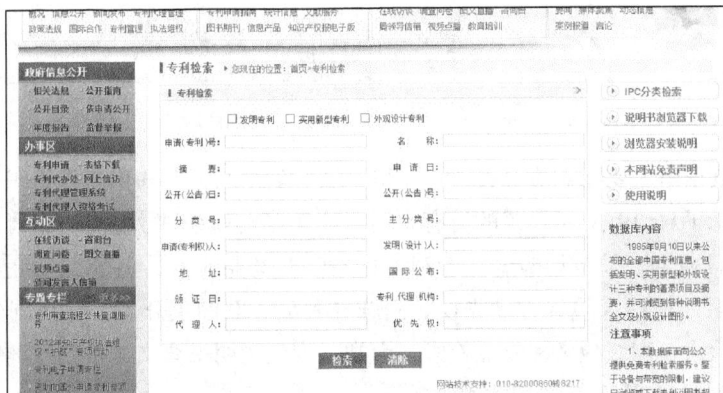

图 9-15　中华人民共和国国家知识产权局网高级检索页面

图 9-16 中华人民共和国国家知识产权局网 IPC 检索页面

### 4．CNKI 中国专利全文数据库

CNKI 中国知网（www.cnki.net），中国知网数据库中包含中国专利全文数据库和国外专利数据库，从 CNKI 分类栏目中选择"更多"，即可见进入这两个专利数据库的入口类目。中国专利数据库中收录了 1985 年 9 月以来的所有专利，包含发明专利、实用新型专利、外观设计专利三个子库，涵盖了中国最新的专利发明。检索方式有申请号检索、申请日检索、公开号检索、公开日检索、专利名称检索、摘要检索、分类号检索、申请人检索、发明人检索、地址、专利代理机构、代理优先权等十几种方式，并可获得专利说明书全文。检索页面如图 9-17 所示。

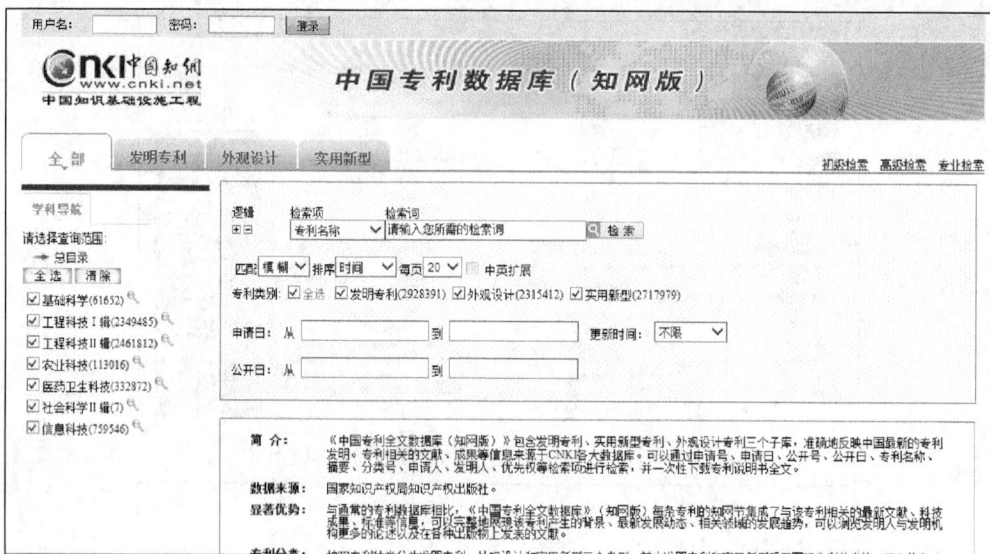

图 9-17 中国专利数据库检索页面

国外专利数据库主要涵盖美、英、日、德、法、瑞士及世界知识产权组织和欧洲专利局的专利，共收录了自 1978 年以来的所有专利。检索方式有专利号检索、申请号检索、申请日检索、公开日检索、关键词检索、专利名称检索、摘要检索、主分类号检索、分类号检索、申请人检索、发明人检索、优先权、同族专利项、欧洲主分类、欧洲副分类等几种方式，分为简单检索、高级检索和专业检索三大类。专利说明书全文连接到欧洲专利局网站。数据库页面如图 9-18 所示。（参阅本书 5.2）

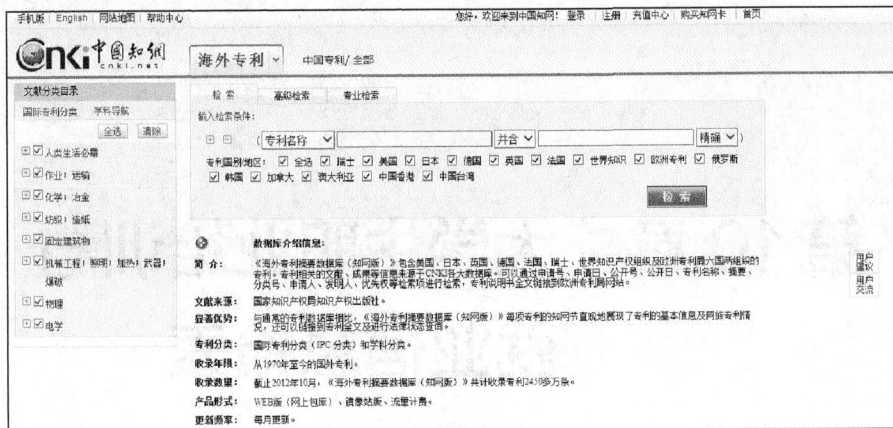

图 9-18　国外专利数据库检索页面

### 5．世界知识产权网站

世界知识产权组织网站（www.egou2.com，英文网站为 www.wipo.inf），该网站提供了可供检索的网上免费数据库，通过该数据库可以检索专利合作条约（PCT）申请公开、工业品外观设计、商标和版权的相关数据。检索方式有 Simple search（简单检索）、Advanced search（高级检索）、Sructured search（结构检索）、Browsed by Week（浏览每周更新的专利）四种方法，通过按键"options（选择）"可实现四种方式的转换。专利检索页面如图 9-19 所示。

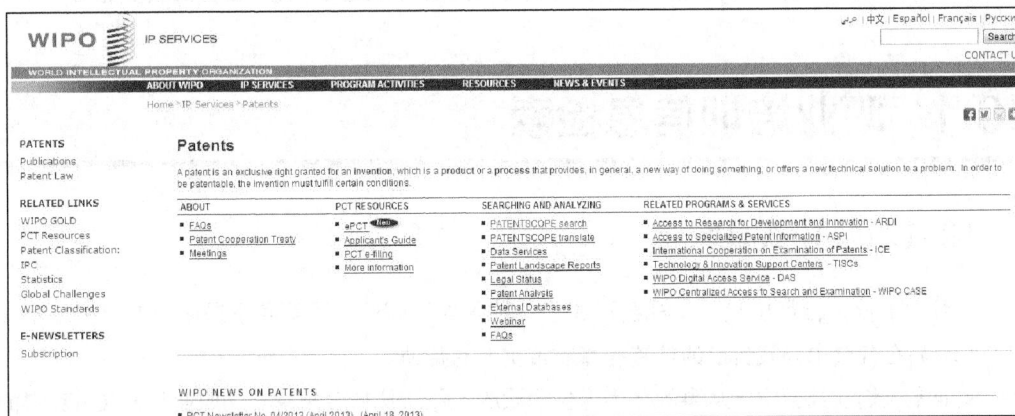

图 9-19　世界知识产权组织专利检索页面

# 思考题

1．简述北京市高校特色资源网的主要内容及使用方法。

2．简述北京市文化信息资源共享工程的主要内容。

3．简述专利文献的检索途径。

4．列举常见的旅游信息网站，指出其特色及主要功能。

# 第10章　大学生职业培训与就业信息检索

近年来，大学生就业难问题成为全社会关注的热点问题。本章结合大学生就业工作实际经验，分析了造成大学生就业难的原因，并提出了若干对策建议。在此基础上，主要从职业培训信息检索、各类职业资格考试信息检索、就业信息检索三个方面进行阐述。通过对行业分类、就业政策的了解、就业技能的培养、就业信息的收集、专业数据库的使用等方面进行讲解，希望读者能够通过本章的学习，更好地掌握就业的相关知识和技巧，提升自身的就业能力。

## 10.1　职业培训信息检索

### 10.1.1　什么是职业

三百六十行，行行出状元。社会形成了各种各样的职业，了解和掌握职业的有关基本知识，对今后在社会中寻找自己的位置有着非常重要的帮助。

职业是人们在社会中所从事的作为谋生手段的工作。从社会角度看，职业是劳动者获得的社会角色，劳动者为社会承担一定的义务和责任，并获得相应的报酬。从国民经济活动所需要的人力资源角度来看，职业是指不同性质、不同内容、不同形式、不同操作的专门劳动岗位。

劳动和社会保障部等部门联合编制的《中华人民共和国职业分类大典》将我国职业归为 8 个大类，66 个中类，413 个小类，1838 个细类（职业）。

第一大类：国家机关、党群组织、企业、事业单位负责人，其中包括 5 个中类，16 个小类，25 个细类。

第二大类：专业技术人员，其中包括 14 个中类，115 个小类，379 个细类。

第三大类：办事人员和有关人员，其中包括 4 个中类，12 个小类，45 个细类。

第四大类：商业、服务业人员，其中包括 8 个中类，43 个小类，147 个细类。

第五大类：农、林、牧、渔、水利业生产人员，其中包括 6 个中类，30 个小类，121 个细类。

第六大类：生产、运输设备操作人员及有关人员，其中包括 27 个中类，195 个小类，1119 个细类。

第七大类：军人，其中包括 1 个中类，1 个小类，1 个细类。

第八大类：不便分类的其他从业人员，其中包括 1 个中类，1 个小类，1 个细类。

由于层出不穷的新职业正在不断刷新着职业的数量和种类，劳动和社会保障部会根据社会的发展在原有基础上定期对职业分类进行更新完善。

## 10.1.2　职业的选择

好高骛远，是大学生选择职业的大忌，每一位毕业生择业前应认真考虑，你就业的核心竞争力在哪里？你的职业应该如何定位？只有明白这些，才有可能少走弯路，获取成功。

许多毕业生并不完全了解社会，不了解各类职业的特点，受到各种因素的影响，很难确定自己的位置。但是，只要你按照以下两个方面去思考，就会让问题变得清楚一些。

（1）要考虑自己的技能、经验和专业，这也是社会的要求；

（2）要考虑自己的个性特点、工作的性质、地点、共事的人群及他人的期望。

## 10.1.3　职业生涯规划

### 1．职业生涯规划概述

美国哈佛大学的研究资料表明，能为自己做出明确职业生涯规划的人大约只占到 5%的比例，但当职业生涯结束时，这 5%的人所获得净资产比其他没有做过明确生涯规划的那 95%的人净资产的总和还要多。一个人没有职业生涯规划，对自己的目标不清晰，就很难在事业上有较高的成就。

职业生涯规划是指一个人从职业学习到职业劳动结束的这一人生历程，是追求自我实现的重要人生阶段，对人生价值起着决定性作用。狭义的职业生涯概念：始于工作之前的专门的职业学习和训练，终止于完全结束或退出职业工作。广义的职业生涯概念：从出生到完全结束职业工作为止。

职业生涯规划是由早期职业辅导运动发展而来，职业辅导起源于 20 世纪中叶的美国，舒伯发展了金斯伯格等人的理论，提出个人生涯发展的五个时期，即成长、探索、建立、维持和衰退，标志着职业辅导转变为生涯辅导。随着生涯辅导运动的推进，1971 年美国联邦教育署署长 Marland 博士正式提出以"生涯教育"概念为标志的美国生涯教育运动。提出"所有的教育都是生涯教育"。在国外，有人将职业生涯规划分为五个阶段：一是职业准备阶段；二是进入组织（学校）阶段；三是职业生涯初期阶段；四是职业生涯中期阶段；五是职业生涯后期阶段。大学生正处在生活探索期和职业生涯建立期的转换阶段，主要的发展任务是通过职业生涯探索，明确发展方向，完成具体职业计划和准备。

目前，在我国许多大学开设了与大学生职业生涯规划相关的课程或是专题讲座，网络上相关内容亦不少见，但不少同学还没有真正理解职业生涯规划的确切含义，对职业生涯规划的重要意义认识不足，不了解职业生涯规划的程序，缺乏进行规划的具体技巧。这都会导致职业生涯规划的应有作用不能充分发挥。大学生的职业生涯规划设计的目的绝不仅是帮助个人按照自己的资历条件找到一份合适的工作，更重要的是帮助个人真正地了解自己，根据主客观条件设计出合理且可行的职业生涯发展方向。好的计划是成功的开始，古语讲的凡事"预则立，不预则废"就是这个道理。

### 2．大学生职业意识培养

职业意识是职业素质构成的要件，是职业活动的基础和前提，对特定的职业行为起着支配和调控作用。职业素质包括诸多要素：从纵向看，任何职业素质的获得都必须以职业意识为前提和纽带；从横向看，它既包括与某一特定职业相关的专业知识和技能，也包含人们对职业劳动的认识、评价、情感和态度等心理成分，即职业意识。职业意识的培养是职业教育的重要内容，是沟通教育与职业的桥梁，是提高劳动者素质和促进人的全面发展的重要切入点。

着力提高大学生的职业意识，是"以人为本"教育观的集中体现，当前实施的素质教育，强调的是人的全面发展，更加注重人格教育。"以人为本"的核心是充分发挥人在自然、社会中的主导作用，着眼于人的综合素质的提高。

我国大学生职业生涯规划的研究与实践目前还处于刚起步阶段。大学生应该提前了解就业形势，了解专业行业实际就业情况。在自我认知方面应该培养职业兴趣能力，扩大择业面。大学生在入学前就要对所学专业有一个理性的认识，入学后不要因为课程少而过度放松，应该在进入高年级后随时关注学校就业指导相关讲座及课程，对自己想要或者适合从事的职业有一个提前的认识。

市场经济的发展使用人单位更加注重从业人员的整体素质，大学生要想更好地适应就业制度改革，在职场中取得优势，应至少具备以下四个方面的职业意识修养：敬业乐业的奉献意识和满腔热诚的服务意识是职业意识的核心；积极进取的竞争意识和开拓创新的改革意识是职业意识的内涵；诚实守信的做人意识和厉行节约的创业意识是职业意识的基础；和谐相容的协作意识和耳聪目明的信息意识是职业意识的综合表现。

**3．职业生涯规划模式**

许多职业咨询机构和心理专家进行职业咨询和职业规划时常常采用的一种方法是所谓"5W"的归零思考的模式，从自己是谁开始，如果能成功回答完五个问题，你就有最后的答案了。

（1）Who am I?（我是谁？）

毕业生应该对自己有一个客观真实地认识，将自己的专业、家庭情况、年龄、性别及性格优缺点等，并按其重要性进行排序。

（2）What will I do?（我想做什么？）

这是毕业生自己职业发展的一个心理趋向检查。每个人在不同阶段兴趣和目标并不完全一致，随着年龄的增长，会逐渐确定下来，并最终锁定自己的终生理想。

（3）What can I do?（我会做什么？）

这是对自己的职业能力和潜力的全面总结。一个人的职业发展空间的大小主要取决于他的能力和潜力。

（4）What dose the situation allow me to do?（环境支持或允许我做什么？）

把自己所处的地区、家庭、单位、学校、社会关系等各种环境和因素考虑进去。

（5）What is the plan of my career and life?（我的职业与生活规划是什么？）

明晰了前面四个问题，就会从各个问题的答案中找到对实现职业目标有利和不利的条件，逐步确定最终职业生涯目标。

# 10.1.4　职业培训信息检索及职业培训数据库的利用

**1．职业培训信息检索概述**

目前职业培训行业发展很快，但其网站在搜索引擎中自然检索结果可见度仍较低。主要在于用户检索行为的分散性，很难让一个网站利用众多的关键词检索时都能在自然检索结果中获得好的可见度。从职业培训行业方面来讲，职业培训行业需要考虑如何利用搜索引擎广告在获得潜在用户，同时达到抵御竞争者威胁的目的。从使用单位来讲，需要考虑如何去引导读者利用职业培训数据库。

职业培训行业用户搜索的关键词可以归纳为 5 类：区域检索、精确检索、机构名称检索、通用词汇检索，以及信息资讯等其他搜索。由于职业培训行业具有典型的地域特征和分散性特征，读者在使用过程中若要提高检索命中率，就需要掌握一定的检索技巧。

（1）用户搜索关键词分类方法

① 区域检索。将城市名字加搜索项目作为关键词，如"北京资格认证""南京职业培训"等，这些均可归纳为区域搜索，反映的是用户希望了解某个城市的某项培训信息。区域搜索是职业培训类用户检索最常见的方式之一。

② 精确检索。这里定义的精确检索是相对区域检索和通用词汇检索而言的，并非可以精确到"北京××培训学校××培训课程"这样的检索，事实上这样精确检索的数量是很少的，只要符合下列两种情况，这里均被视作精确检索：地区+业务细分，例如上海计算机培训、北京英语培训学校（相应的区域搜索词汇是"北京电脑培训"、通用"北京培训学校"）；精确的业务名称，无论是否有地区信息，例如"软件测试工程师培训"等，因为这些业务可能不限于某些区域性，可能是网上培训课程，或者其他全国性培训。

③ 机构名称检索。用培训机构、培训学校名称进行检索。

④ 通用词汇检索。通过搜索引擎检索的用户有一个特点是通用检索量最大，但用户通用词汇检索的目的性可能最不明确，例如"会计培训班"，这也表明许多用户对于精确检索获取信息的方式并不明确。

⑤ 其他检索。少数用户检索目的是为了获取某些资讯或者是某项业务相关网站信息，并非为了了解相关业务，这些搜索词汇被列入"其他"。

（2）教育行业用户搜索行为特征归纳

① 用户通过搜索引擎获取教育培训服务信息所采取的关键词是分散的，这些关键词可以归纳为五类。其中，区域检索占一半左右、精确检索和通用词汇检索各占 15%左右、其余为品牌/机构名称检索及其他检索。

② 用户大多以"地名+培训机构"以及"培训名称+培训机构"等方式搜索相关的培训机构，采用这两种检索方式的关键词均为 30%左右，两者合计达到 60%，同样，以这两种方式检索"培训学校"相关信息的关键词比例为 68%。

③ 用户采用精确检索的关键词比例为 15%左右，表明教育行业适合精确检索且为大多数用户所了解的词汇较少，或者用户对于精确搜索的方式了解得不多（仅靠精确搜索的关键词推广难以获得足够多的用户）。

④ 在某些细分领域，如驾驶员培训、烹饪培训等，用户对培训学校的培训课程等核心业务之外的延伸信息检索较多，在这些领域如何通过一般的关键词分析获得目标用户是比较复杂的。

**2．职业培训数据库的使用**

下面介绍两种职业培训信息检索及职业培训数据库的使用。

（1）职业全能培训库

"职业全能培训库"是北京爱迪科森教育科技公司开发的以就业为导向的综合性的媒体教育培训平台，该平台 2012 年出新版，以大学生职业规划理论为设计理念，集课程学习、职业资讯、学习评估、网上考试、互动社区、职业速配、系统管理等功能为一体，并与全面的通用职业资格考试和技能培训课程相结合，让使用者能体验数字化时代的学习方式。

"职业全能培训库"将所有应用功能按照大学生求职的习惯和个人职业发展的规律划分为四大模块，即：自我认知，了解社会，明确方向，促进发展。用户可以从职业测评、职场解读、求职技能、热门活动、名师课堂、模拟考试、大学公开课、学习社区八大内容版块，来实现使用需求。

① 职业生涯测评

以科学的测评手段揭示深层职业潜质，从职业性格特征、职业倾向、职业价值观和职业成熟度四方面综合提高用户的自我认知，为其奠定职业规划基础。通过 MBTI 职业性格特征测评、Edgar.H.Schein 职业价值观测评、Holland 职业兴趣等多种测试多维角度重新认识自我。如图 10-1 所示。

**报告阅读说明**

人的行为倾向没有"好"与"差"之分，但针对不同的岗位需求，却有"适合"与"不适合"的区别。因此，被测者需要根据自己的行为倾向， 来分析自己最适合的空间与领域，与目前所从事的事情、学习的内容进行综合分析。

行为倾向只是一种可能性，要清楚自己最适合做什么，还需要好好考虑自己的能力。而在自己行为倾向上训练能力时，效率最高。因此， 该报告可以指导被测者下一步需要努力的方向。

人的心理特征是极其复杂的，测评只能通过一定的理论与方法对被测者的心理特征，在一定的信心（信度与效度：75%～95%）水平进行推测。因此，所有的测评都达不到100%准确，因此需要被测者根据自己的现实情况做出恰当的分析与取舍。

如果测评报告与被测者的实际特征有一些出入，那么还有以下可能性：

◆回想一下自己的答题状态，是否有心情不佳。

◆看看报告是自己"期望成为"的样子，还是现在真实的样子。

◆从周围人的角度来审视一下自己。

**测评结果**

**性格类型**：

ESFJ 型的人通过直接的行动和合作积极地以真实、实际的方法帮助别人。这类人友好、富有同情心和责任感。ESFJ 型的人把这类人同别人的关系放在十分重要的位置，所以这类人往往具有和睦的人际关系，并且通过很大的努力以获得和维持这种关系。事实上，这类人常常理想化自己欣赏的人或物。ESFJ 型的人往往对自己以及自己的成绩十分欣赏，因而这类人对于批评或者别人的漠视很敏感。通常这类人很果断，表达自己的坚定的主张，乐于事情能很快得到解决。 ESFJ 型的人很现实，这类人讲求实际、实事求是和安排有序。这类人参与并能记住重要的事情和细节，乐于别人也能对自己的事情很确信。这类人在自己的个人经历或在这类人所信赖之人的经验之上制定计划或得出见解。这类人知道并参与周围的物质世界，并喜欢具有主动性和创造性。ESFJ 型的人十分小心谨慎，也非常传统化，因而这类人能恪守自己的责任与承诺。这类人支持现存制度，往往是委员会或组织机构中积极主动和乐于合作 的成员，这类人重视并能保持很好的社交关系。这类人不辞劳苦地帮助他人，尤其在遇到困难或取得成功时，这类人都很积极活跃。

**适合领域**：无明显领域特征

**适合职业**：办公室行政或管理人员、秘书、总经理助理、项目经理、客户服务部人员、采购和物流管理人员等内科医生及其他各类医生、牙科医生、护士、健康护理指导师、饮食学、营养学专家、小学教师（班主任）、学校管理者等 银行、酒店、大型企业客户服务代表、客户经理、公共关系部主任、商场经理、餐饮业业主和管理人员等。

性格是一个人比较稳定的特征，它可以影响人的做事方式、交友方式、工作方式、成就方式，所以清楚地了解自己的性格倾向，就可以早早让自己站在最适合自己的起点上，早早锁定一个更成功的未来。

*相信您对自己有了一个直观的认识，请单击进入职业解读进行职业方面的提高

图 10-1  MBTI测评报告结果展示

② 职场解读

解读大学毕业生集中就业的 60 余个热门行业、2000 余家著名企业、上万个热点岗位，如图 10-2、图 10-3 所示。

| 行业分析　职位解读 | |
| --- | --- |
| IT 类： | 计算机硬件、计算机软件、互联网、电子商务、芯片、电子技术、半导体、集成电路、网络设备 |
| | **想了解这些公司吗？** 诺基亚（Nokia）　瑞萨电子　百度　方正科技集团　IBM |
| 通信、能源类： | 通信设备、移动通信、电信运营、增值服务、石油、化工、生物、钢铁、电力、能源、煤炭 |
| | **这些公司属于哪个行业？** 华为　中国电信　中国石油集团　联想　中国国家电网公司 |
| 机械制造类： | 机械、电气设备、自动化、重工、轻工、汽车、仪器仪表、电器、家电、电子 |
| | **这些公司最近有什么动态？** 徐工集团　宝马　西门子　美的集团　ABB（中国）有限公司 |
| 服务类： | 制药医疗、交通运输、物流、零售、服装、家具、贸易、旅游、公关媒体、文化影视、酒店会展 |
| | **这些公司有哪些具体岗位？** 新华社　华谊兄弟传媒集团　全友家私有限公司　苏泊尔　联合利华 |
| 其他： | 建设、房地产和工程建设、农林牧渔、养殖、教育、国家机关、高校、研究所、事业单位 |
| | **这些公司具体的岗位职责是什么？** 财政部　清华大学　中科院　SOHO(中国)　北京建工集团 |

图 10-2　职场解读

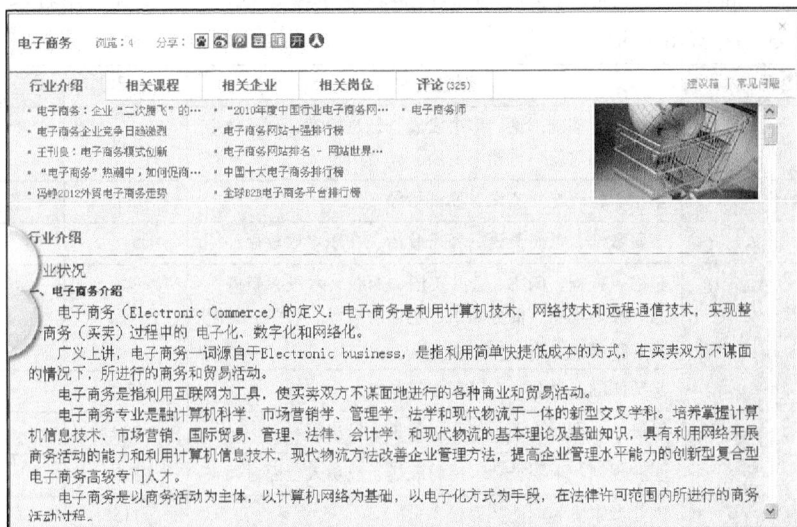

图 10-3　页面弹窗

③ 求职技能

充分结合测评结果与自我定位方向，结合行业、企业、岗位的实际需要，进行简历撰写、面试、笔试、网络申报等方面的综合性指导，提高个性化求职技能，内容如图 10-4 所示。

图 10-4　求职技能

④ 名师课堂

设置 9 个子库 400 余门课程，涉及各职业考试 90 余种，计 15000 多学时的海量内容。邀请社会、企业、高校相关专家、教师，全面讲解就业求职过程，以求提高使用者求职力和职场力，如图 10-5、图 10-6 所示。

| 类别名称 | 课程名称 | 分课时 | 子库课时 |
|---|---|---|---|
| 图书馆员课程 | 图书馆学基础理论、藏书发展、信息检索、高校数字图书馆的建设、古籍书发展、读者服务 | 138 | 138 |
| 公务员考试数据库 | 申论、行政能力测试、面试指导 | 68 | 68 |
| 研究生考试数据库 | 考研数学、考研英语、考研政治、在职申硕攻硕 | 518 | 518 |
| 外语学习数据库 | 雅思、托福、GRE、公共英语、四级、六级、新概念、英语单项、商务英语、笔译与口译、日语、德语、法语、韩语、俄语等 | 4928 | 4928 |
| 职业考试数据库 | 学历职称、财会类、工程建筑类等 | 5769 | 5769 |
| 司法考试数据库 | 民法、民事诉讼法、刑法、刑事诉讼法等 | 539 | 539 |
| 就业培训 | 职业规划、求职技巧、招聘现场、成功人士面对面 | 513 | 513 |
| 创业指导数据库 | 创业者素质等创业类课程 | 115 | 115 |
| 计算机技能 | 图形艺术设计、网页设计、Flash 技术与应用等 | 511 | 511 |
| 合计 | 400门课 | 15098课时 | |

图 10-5　课程类目

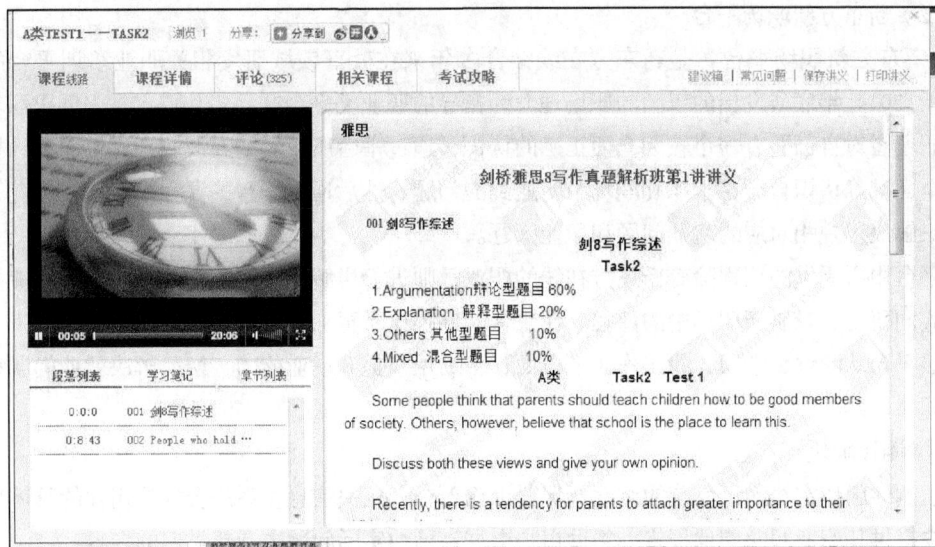

图 10-6　课程播放弹窗页面

⑤ 模拟考试

围绕各类考试大纲最新要求，结合历年真题特点与变动趋势，邀请相关专家编写近百种考试的五千余份高仿真模拟试题收录于数据库中。

⑥ 学习社区

使用者之间可利用学习社区交流学习心得，互相推荐精彩课程和优秀教师，关注最新动态。

⑦ 热门活动

每月邀请一位最具影响力的知名人物参与热门活动，作客国内某一高等学府，与广大学子面对面交流热点职场话题，答疑解惑。

⑧ 大学公开课

选择全球著名高等学府中较受欢迎的公开课，可进行快速连线，聆听名校名师的精彩课程，如图 10-7 所示。

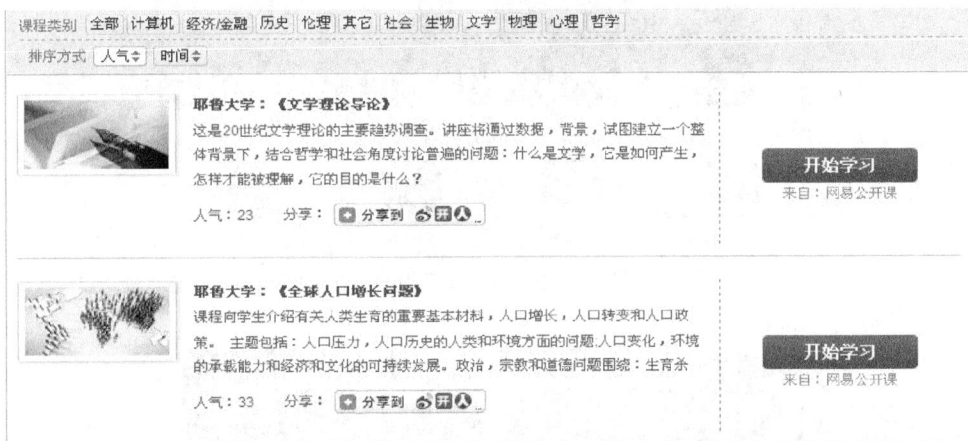

图 10-7　大学公开课

（2）新东方新职场平台

《新东方新职场平台》是新东方在线结合多年来在教育领域研发相关职业培训平台的经验，于 2014 年底研发出的以新的职场理念为指导的职业类平台产品。其特点是强调求职者和初入职场者对自己要有一个较为全面正确的认识，通过平台所设置的在线测评系统与测评报告系统全面准确认识自己在求职和职场中所遇到的问题，然后通过平台的课程推荐系统推荐相关课程来解决用户相对应的就业问题和职业问题。

平台中所提供的课程除有新东方在线的职业教师进行讲解外，还联合了国内其他职业类机构，共同研发、录制新职场中的课程，使平台的课程体系更加完善。

该平台从测评、学习、找工作 3 个方面，帮助用户提升就业能力，继而解决就业问题和职业问题。

① 测评版块

在测评版块在线测评系统的测评选课器中输入个人相关信息，系统会根据用户的具体情况给用户提供其职业倾向测评报告，帮助用户根据自己的实际问题去选择学习的内容。

② 学习版块

用户可以通过自主学习和智能学习两种方式来进行相关的课程学习。

平台根据求职者和初入职场者等不同人群的不同需求，开发了不同的课程，分为：职前准备阶段、职场探索阶段、职场建立阶段、职场冲刺阶段，利用平台的课程推荐系统，为不同的用户群匹配不同的课程；同样类型的用户，根据测评结果不同，匹配不同的课程。首先提高求职者的软性素质，然后针对职场中某些领域需要的从业资格认证考试进行学习。

③ 找工作版块

与国内职业发展平台——智联招聘进行合作，提供各种就业线索，帮助用户根据自己的实际情况，寻找适合自己的就业机会（见图 10-8）。

图 10-8　新东方新职场平台界面

# 10.2 职业资格考试信息检索

## 10.2.1 职业资格考试兴起的背景

我国《劳动法》规定，职业资格证书是反映劳动者具备特定职业所需要的专门知识和技能的任职资格凭证。职业资格考试证书是目前很多行业的一道门槛，有时比文凭更重要，而许多国家级的职业资格考试因其通过率较低，具有较高的含金量。如何让大学生在毕业前或毕业后尽早通过职业资格考试取得相关证书，是高校教学中必须考虑的内容。

目前，就业率是衡量一个学校一个专业办得成功与否最重要的指标之一。许多地方院校在毕业生数量多、竞争激烈的环境中，采取把职业资格考试内容融入本科教学中的方式，以培养学生的基本职业技能。当前和今后一个时期，我国高校面临较大的就业压力，而通过在校本科教学有针对性地融入职业资格考试内容的训练，可以有效地促进学生根据经济发展和市场需求，提高自身素质，为自主择业提供便利。

地方院校相当部分属教学型院校，服务地方的性质决定其在人才培养模式上不能全部套用科研型和教学科研型的模式，需根据自身特点和市场需求重构教学内容，满足服务地方的要求。地方院校的学生对所学的课程讲求实用，作为地方院校的教育工作者，应按因材施教的教学原理，满足学生的要求，在人才培养模式中融入学生感兴趣又实用的相关职业资格考试的内容。

现在很多用人单位反映高校开设的课程不实用，与该单位的工作实际相差甚远，而职业资格考试的内容往往与实务操作紧密结合，这就造成了职业资格考试的内容与大学教学内容衔接不紧密的现象，其后果是：学校培养的学生用人单位不欢迎，降低了学校的可信度。

高校与职业资格考试两者都是以考试作为证书的获得手段，但国家学历文凭制度的起点是学科分类和学科教育标准，按学科的标准和要求督导教与学，其终点是学历文凭证书；而国家资格证书制度的起点是职业分类和职业技能标准，通过考试落实职业技能标准，国家职业资格证书是其终点，二者起点标准的不同决定其在市场对劳动力供求调节作用的不同，也形成了对教育供求调节的差异。

## 10.2.2 职业资格考试概述

### 1. 职业资格证书制度

职业资格证书制度是劳动就业制度的一项重要内容，也是一种特殊形式的国家考试制度。它是指按照国家制定的职业技能标准或任职资格条件，通过政府认定的考核鉴定机构，对劳动者的技能水平或职业资格进行科学规范的评价和鉴定，对合格者授予相应的国家职业资格证书。

### 2. 职业资格证书的作用

职业资格证书是表明劳动者具有从事某一职业所必备的学识和技能的证明。它是劳动者求职、任职、开业的资格凭证，是用人单位招聘、录用劳动者的主要依据，也是境外就业、对外劳务合作人员办理技能水平公证的有效证件。

### 3．实施职业资格证书制度的法律依据

《劳动法》第八章第六十九条规定："国家确定职业分类，对规定的职业制定职业技能标准，实行职业资格证书制度，由经过政府批准的考核鉴定机构负责对劳动者实施职业技能考核鉴定"。《职业教育法》第一章第八条明确指出："实施职业教育应当根据实际需要，同国家制定的职业分类和职业等级标准相适应，实行学历文凭、培训证书和职业资格证书制度"。这些法规确定了国家推行职业资格证书制度和开展职业技能鉴定的法律依据。

### 4．国家推行职业资格证书制度的意义

开展职业技能鉴定，推行职业资格证书制度，是落实党中央、国务院提出的"科教兴国"战略方针的重要举措，也是我国人力资源开发的一项战略措施。这对于提高劳动者素质，促进劳动力市场的建设以及深化国有企业改革，促进经济发展都具有重要意义。

### 5．职业资格证书办理程序

根据国家有关规定，办理职业资格证书的程序为：职业技能鉴定所（站）将考核合格人员名单报经当地职业技能鉴定指导中心审核，再报经同级劳动保障行政部门或行业部门劳动保障工作机构批准后，由职业技能鉴定指导中心按照国家规定的证书编码方案和填写格式要求统一办理证书，加盖职业技能鉴定机构专用印章，经同级劳动保障行政部门或行业部门劳动保障工作机构验印后，由职业技能鉴定所（站）送交本人。

### 6．国家对实行就业准入的具体规定

职业介绍机构要在显著位置公告实行就业准入的职业范围；各地印制的求职登记表中要有登记职业资格证书的栏目；用人单位招聘广告栏中也应有相应职业资格要求。职业介绍机构的工作人员在工作过程中，对国家规定实行就业准入的职业，应要求求职者出示职业资格证书并进行查验，凭证推荐就业；用人单位要凭证招聘用工。

从事就业准入职业的新生劳动力，就业前必须经过一到三年的职业培训，并取得职业资格证书；对招收未取得相应职业资格证书人员的用人单位，劳动监察机构应依法查处，并责令其改正；对从事个体工商经营的人员，要取得职业资格证书后工商部门才办理开业手续。

### 7．国家职业资格证书等级

我国职业资格证书分为五个等级：初级（五级）、中级（四级）、高级（三级）、技师（二级）和高级技师（一级）。

（1）国家职业资格五级

初级技能：能够运用基本技能独立完成本职业的常规工作。

（2）国家职业资格四级

中级技能：能够熟练运用基本技能独立完成本职业的常规工作；并在特定情况下，能够运用专门技能完成较为复杂的工作；能够与他人进行合作。

（3）国家职业资格三级

高级技能：能够熟练运用基本技能和专门技能完成较为复杂的工作；包括完成部分非常规性工作；能够独立处理工作中出现的问题；能指导他人进行工作或协助培训一般操作人员。

（4）国家职业资格二级（技师）

能够熟练运用基本技能和专门技能完成较为复杂的、非常规性的工作；掌握本职业的关键

操作技能技术；能够独立处理和解决技术或工艺问题；在操作技能技术方面有创新；能组织指导他人进行工作；能培训一般操作人员；具有一定的管理能力。

（5）国家职业资格一级（高级技师）

能够熟练运用基本技能和特殊技能在本职业的各个领域完成复杂的、非常规性的工作；熟练掌握本职业的关键操作技能技术；能够独立处理和解决高难度的技术或工艺问题；在技术攻关、工艺革新和技术改革方面有创新；能组织开展技术改造、技术革新和进行专业技术培训；具有管理能力。

随着国家职业资格证书制度的推行，用人单位会对具有资格证书的求职者更加青睐。

## 10.2.3　职业资格考试类数据库的利用

### 1．高校图书馆在学生就业资格考试问题上应起的作用

近年来我国高校连年扩招，应届大学毕业生的就业压力越来越大。面对这种情况，许多学生把相当一部分精力投入到了考取各种资格证书或认证证书之上。图书馆是学生自主学习资源的主要提供基地，大学生对各个学科方面的习题需求越来越多，但图书馆内有限的纸质资源远远满足不了学生的需求，具体表现如下。

图书馆各种考试练习书籍借阅率高、污损严重、虽一再增加该类书籍的购置量，最终还是无法满足学生的正常学习使用。

图书馆虽引进了各种电子图书，但是无法满足广大学生进行考前集中模拟练习和强化学习的需求。

在这种情况下，由图书馆适当引进各种考试类数据库，既节省了空间，又可以提高读者的学习效率。对图书馆而言，使用数据库产品低成本高质量，安装存储方便，有效缓解空间资源紧缺；资源更新及时，管理便捷；对学生而言，这些功能完善、具有海量资源信息的数据库能帮助学生实现有针对性，有计划的考前练习，增加其获得相关证书的几率。

### 2．银符考试题库

目前市场上该类数字化资源主要有银符考试题库 B12、维普考试题库、起点考试网等数据库。下面以"银符考试题库 B12"做示例讲解。

"银符考试题库 B12"是银符公司针对高校专门设计开发的新一代多资源在线考试系统。它以各种考试数据资源为主体，以银符多媒体库和银符资讯网为辅助，采用先进的技术，将传统的模式与先进的网络应用相结合，在在线考试及网络考试软件的设计和研发上具有一定实用性。

（1）产品功能

"银符考试题库 B12"支持在线答题、在线评分、在线解析、在线语音播放、在线打印、图片放大多种功能。此外，银符咨询网及时发布各类考试最新考试快讯、考试动态、考试技巧，学生可通过银符资讯网了解考试资讯、进行学习交流，还可就平台相关问题进行在线咨询与建议反馈。"银符考试题库 B12"共涵盖十大考试专辑、280 大类二级考试科目、近 900 种考试资源、8 万余套试卷、800 余万道试题。该题库紧扣国家资格类考试大纲，考题选取了大量的模拟考题和历年真题，用户可以在线答题，在线评分，交卷后有答案解析，适合进行考前的模拟练习。

（2）"银符考试模拟题库 B12"功能结构图（见图 10-9）

（3）功能模块介绍及操作

① 题库首页。在银符考试题库平台上我们可以根据需要选择合适的模拟平台进行相关信息的查询及试题的测试，下面介绍"银符考试模拟题库 B12"的操作步骤，主页面如图 10-10 所示。

使用者请在"用户名注册"栏中注册为用户。单击如图 10-10 所示页面中的"会员资料"栏的"注册"，其中带"*"的标注栏为必填项目。为了顺利完成注册，避免和其他用户名重复，设有自动提醒功能，如果有名字重复，系统会提示您该用户名已经存在，请重新填写用户名，如图 10-11 所示。

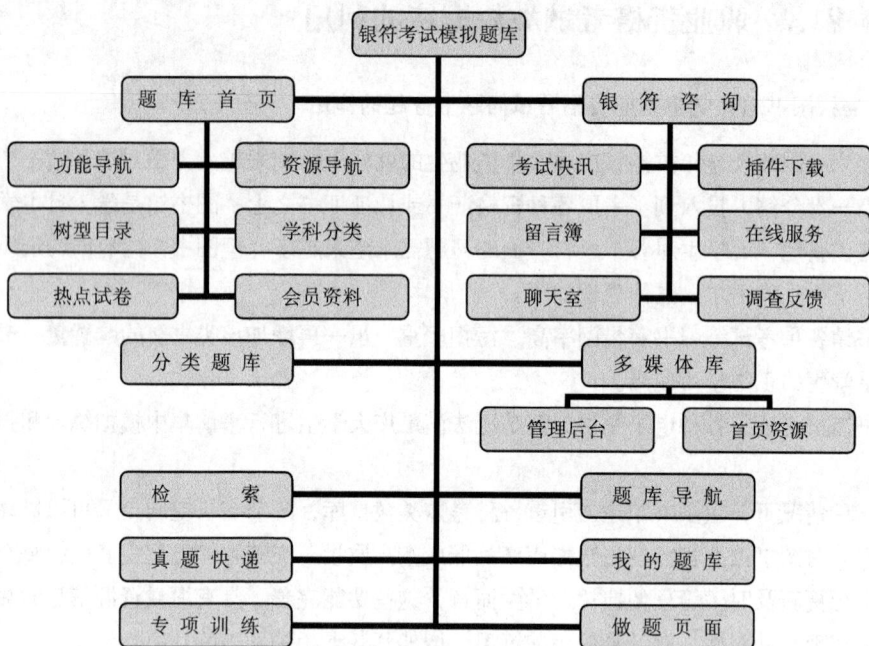

图 10-9 "银符考试模拟题库 B12"功能结构图

图 10-10 主页面

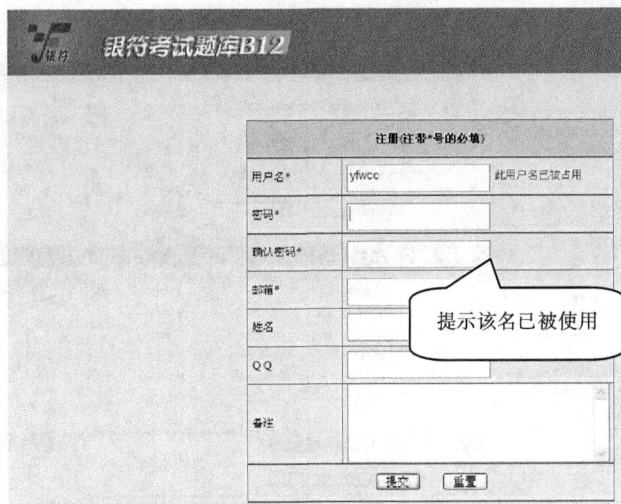

图 10-11 查看用户名是否存在

模拟题库总览及试题链接，可直接选择需要类型的试卷单击答题，实现在线答题、评分、解析、保存、打印、下载等功能。单击树型结构下的目录，如果前面带"+"说明它下面还有子目录，各个试卷在对应的分类目录下，可以在树型结构中选择需要的试卷测试或通过"学科分类模块"中选择需要的试卷，在树形结构中可以方便快捷地找到自己需要的试卷。树形结构如图 10-12 所示。

图 10-12 树型结构

在首页右下角和左下角分别是"热点试卷"和统计信息栏，里面有最新信息的公布。如果有感兴趣的文章信息，单击该文章便可查看该信息，同时也可以单击统计信息，可以查看同时在线人数以及每个科目有多少套试卷，如图 10-13 所示。

学科分类模块：题库内各类考试的试题集合。选择不同分类试卷单击答题，实现在线答题、评分、解析、保存、打印等功能。学科分类模块如图 10-14 所示。

在学科分类模块中有各个等级或相应的分类，在其中相应模块中选择自己所需的试卷。其中有的试卷标注"全部解析"，表明该试卷的答案详细解析后台都已经上传，"部分解析"表明该试卷部分答案已经上传，"无解析"说明管理后台暂时还未将此试卷的答案上传。

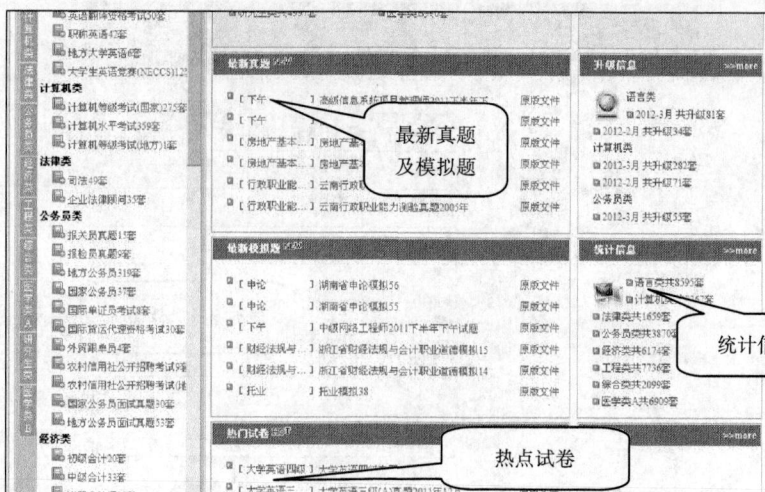

图 10-13　热点试卷和统计信息显示

图 10-14　学科分类模块

如果我们选择"大学英语四级"这个分类中的试卷，可以在此栏中查看是否有我们需要的试卷，单击进入试卷或试卷名称就可以直接做题，如图 10-15 所示。

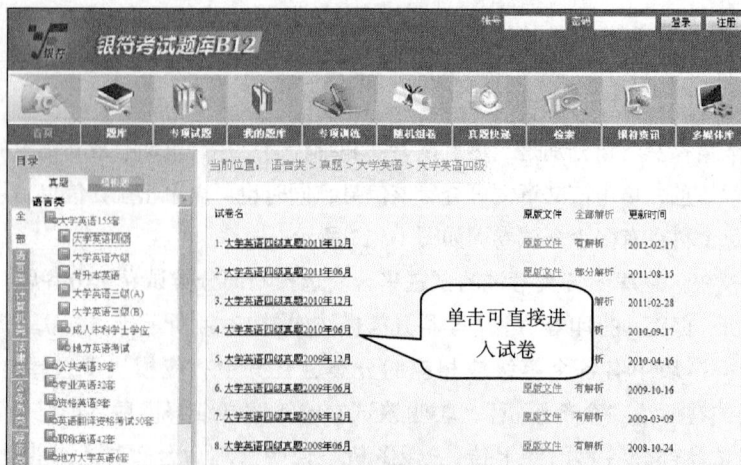

图 10-15　查找所需试卷

我们找到所需试卷，直接单击便可显示该试卷的全部内容。在进入选择的试卷后可以选择需要的答卷时间，如果不选，则默认时间为 90～150 分钟不等，系统会为你自动计时，如图 10-16所示。

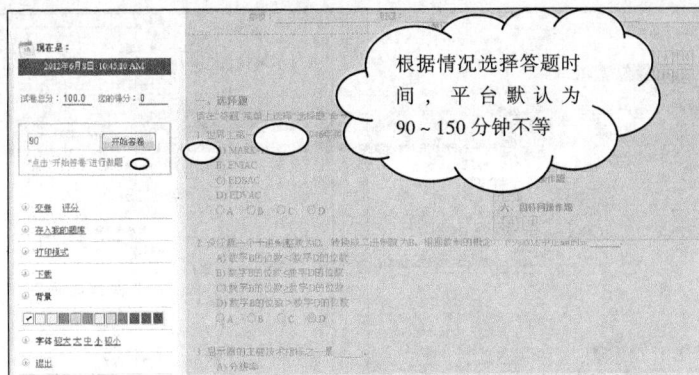

图 10-16　默认时间

当用户进入该试卷后未选择"开始答卷"时试卷处于参看状态，如图 10-16 所示中各个试题的答案选项按钮均为灰色代表不可使用，您在此还不能进行测试，需要用户在选择好测试时间后单击"开始答卷"方可做题。系统会为您自动计时。如图 10-17 所示为答卷状态，可以和上图对比参看二者的不同。

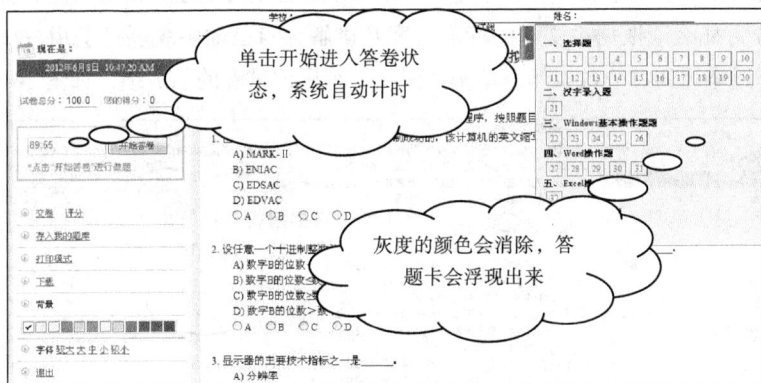

图 10-17　开始答卷

在试卷中选择题只需在正确答案的序号上单击即可。答卷方法如图 10-18 所示。

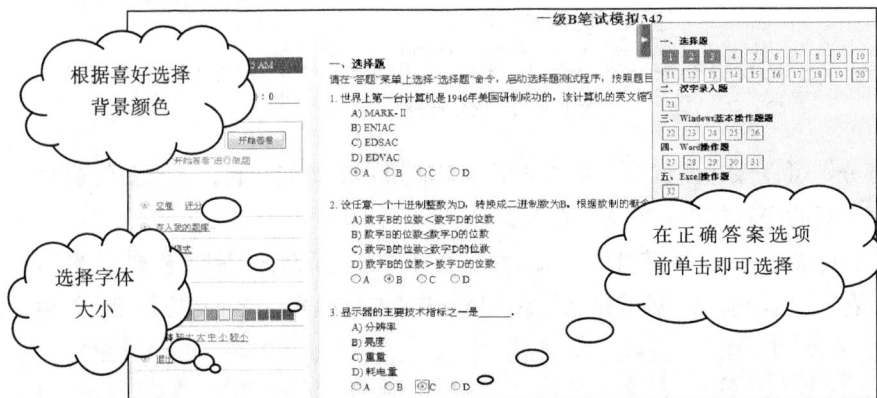

图 10-18　答卷方法

如果用户在规定的时间内未答完试卷，系统会自动交卷。如果在规定的时间里答完试卷可以单击"交卷"，该平台会自动调出存储在数据库中的该试卷的答案为您评分，同时给出客观题的得分和习题的详细讲解。如图 10-19 所示。

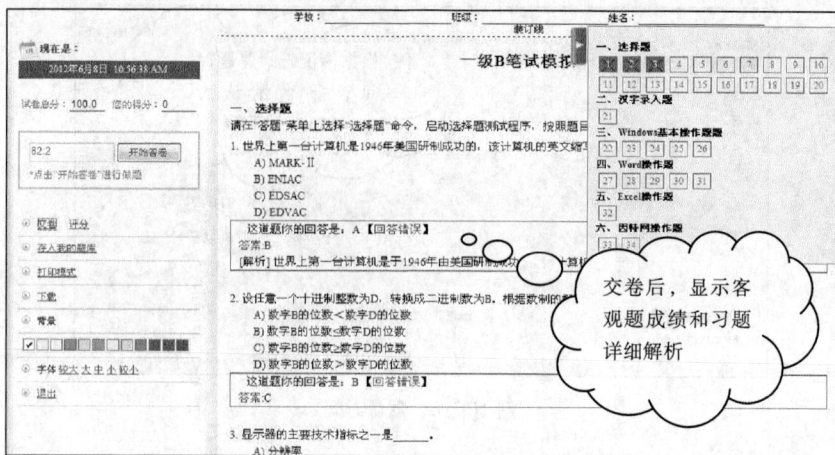

图 10-19　系统打分及答案详解

因为有的试卷有主观题的成分，所以系统无法判评主观题的具体分数，需要用户根据标准答案及解析为自己的主观题打分，在单击交卷后系统给出的是客观题的总成绩，如果该试卷有主观题的成分，那么请根据主观题的标准答案及讲解为自己的主观题打上用户认为合适的分数，但不能超过本题的总分数，然后单击"评分"得出该试卷的总成绩，如图 10-20 所示。

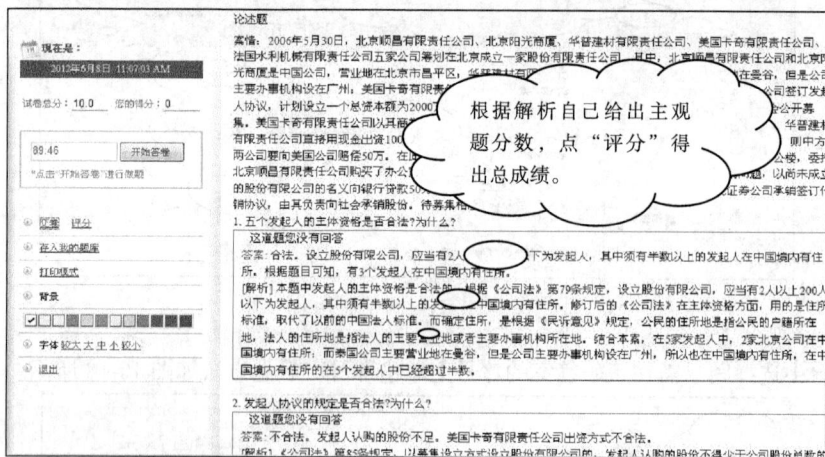

图 10-20　试卷评分

单击"评分"可以保存该试卷，系统会根据您的用户名将该试卷存入"我的题库"之中，以便用户以后的查看使用。单击"存入我的题库"按钮便可，如图 10-21 所示。

当选择好一套试卷后需要将其打印出来，可以选择试卷左下角的"打印模式"，默认的是"答题模式"，单击"打印模式"后试卷上会显示为当前为打印模式，便可选择打印机打印，如图 10-22 所示。

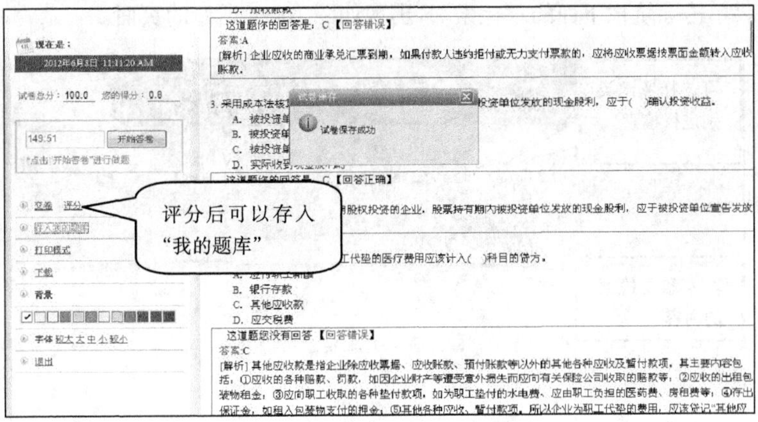

图 10-21 存入"我的题库"演示

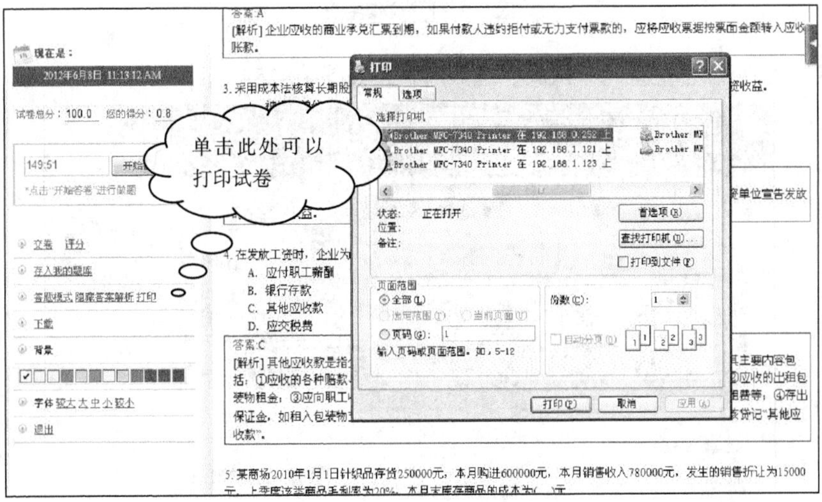

图 10-22 打印试卷

② 分类试题。分类试题是经过用户反馈,近年新增加的试题集合,以学科为角度为用户提供服务,细化分解试卷试题,以考试点为基础提供练习,页面如图 10-23 所示。

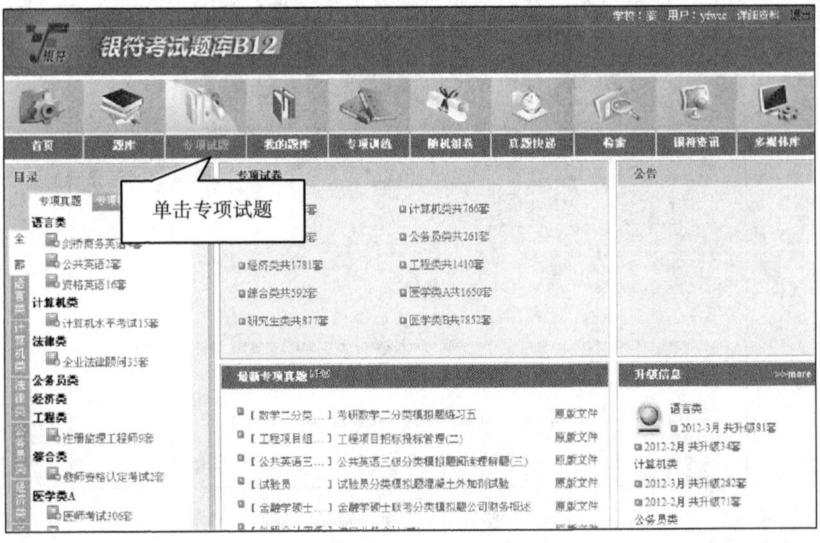

图 10-23 专项试题页面

③ 检索。单击导航栏下面的"检索"，出现如图 10-24 所示的页面。

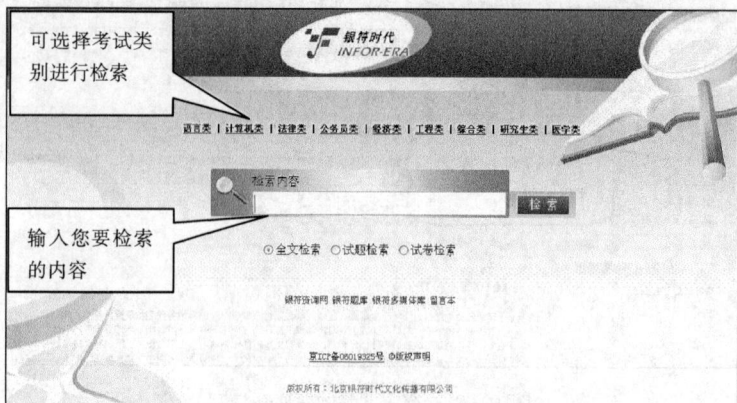

图 10-24　检索主页面

全文检索：可综合检索题、试卷、题目内容，如图 10-25 所示。

图 10-25　全文检索

试题检索：可直接检索试题内容，对照试题或试题答案，如图 10-26 所示。

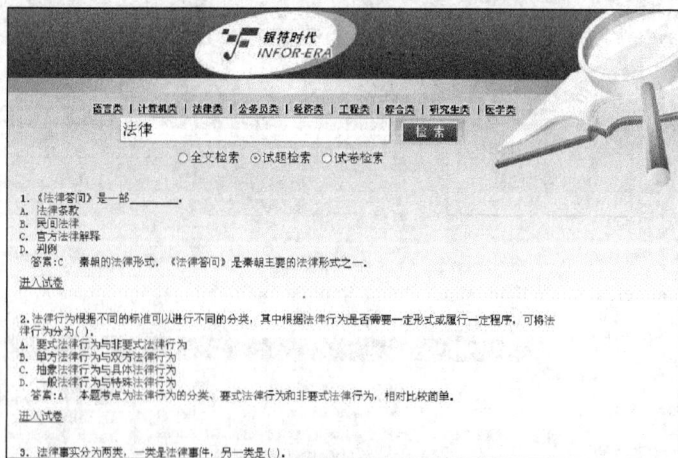

图 10-26　试题检索

试卷检索：可检索试卷名称对照试卷，如图 10-27 所示。

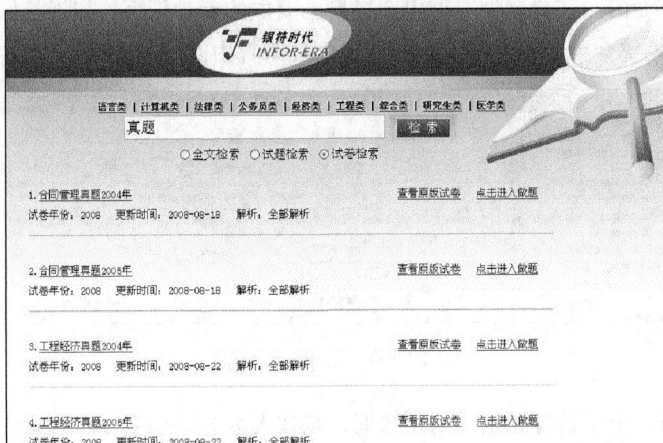

图 10-27　试卷检索

④ 真题快递。根据用户反馈考试快递功能，将会随时更新国家规定容许公布的真题，科目范围限于本题库内已有收录的科目，题目将以图片文件的形式出现在此单元中。随不同的升级时间录入到题库内正式提供给用户使用，如图 10-28 所示。

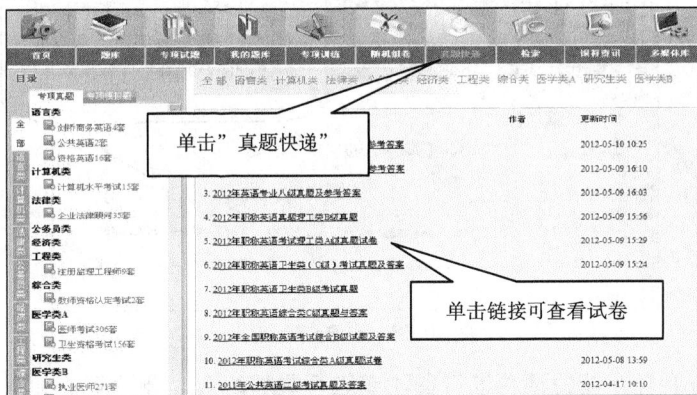

图 10-28　真题快递

⑤ 专项练习。选择"专项训练"在选择学科，例如"英语"在"专项练习"生成器中就会有英语所包含的科目供选，如图 10-29 所示。

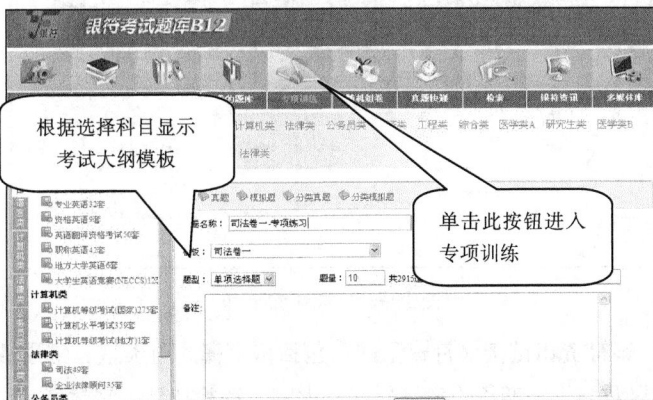

图 10-29　专项训练

在我们选择的"公共英语一级"的模板中有两部分题型，一个是"听力部分"，另一个是"图片判断"，在下面的"选择题型"框中选择自己要做的专项训练。如果我们选择"填空题"单击"提交"，则系统会为我们在题库中调出公共英语听力部分组成试卷，如图10-30所示。

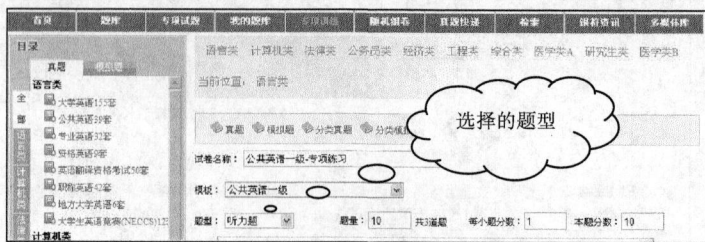

图 10-30　选择试卷类型

在此功能中有三个"选择题型"的复选框，是按大纲的结构来分的，有的大纲分的目录较多，还有下级目录，所以有三个"选择题型"，如果没有下级目录，则在"选择题型"中只能使用到大纲中规定的目录下。

⑥ 我的题库。我的题库主要存储的是自己做过或自己选中的试卷。单击导航栏中的"我的题库"进入，如图10-31所示。

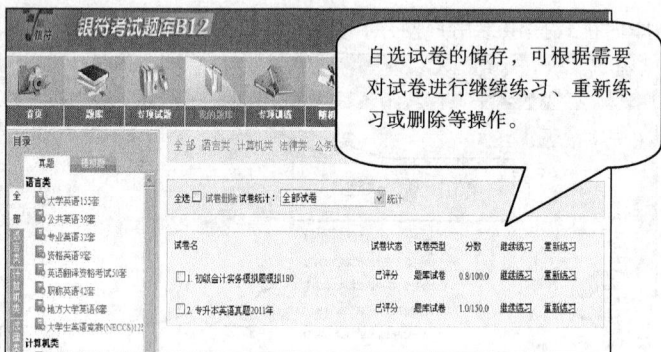

图 10-31　自选试卷储存

可以根据需要对存储的试卷进行备注或进行重新练习、删除等。如果进行"重新练习"，系统会根据用户名为您调出该试卷让您重新练习。

"我的题库"设有成绩统计系统，同学们可以非常直观地了解到近期学习情况，如图 10-32所示。

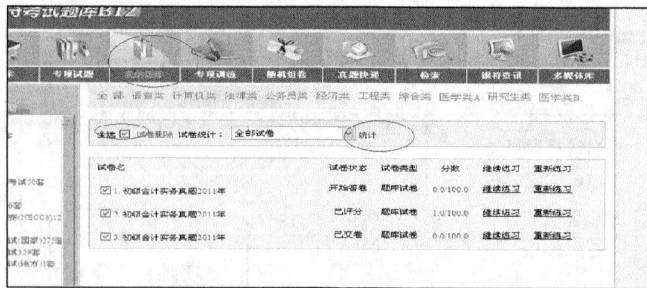

图 10-32　成绩统计图

⑦ 银符资讯。银符资讯链接银符资讯网。包括留言簿、聊天室、常用插件下载、在线咨询服务、调查反馈以及为大家准备的考试新闻、大纲、经验技巧，掌握最及时的考试讯息。单击导航栏中的银符咨询按钮进入银符资讯网，如图10-33所示。

图 10-33 银符咨询

银符资讯网主页面如图 10-34 所示。

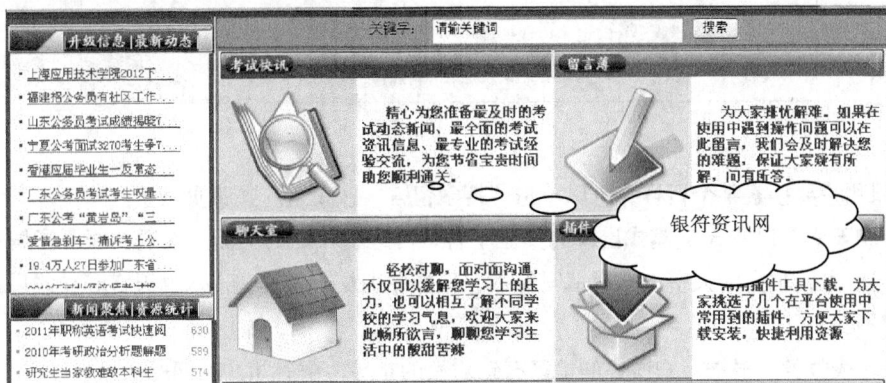

图 10-34 银符资讯主页

考试快讯为用户准备了较为及时的考试动态新闻考试资讯信息和专业的考试经验交流，单击"考试快讯"进入考试快讯栏目，如图 10-35 所示。

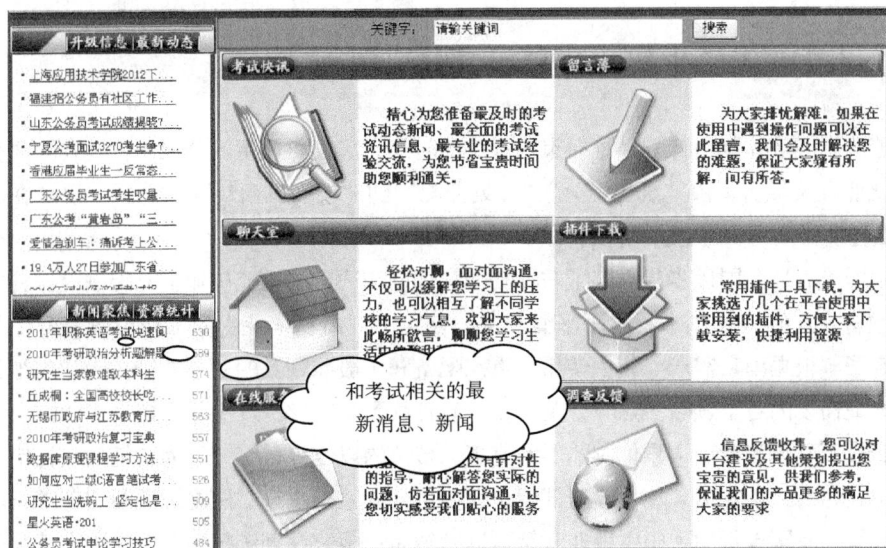

图 10-35 考试快讯

⑧ 留言簿。留言簿是用户和管理员之间的交流平台。可以在此模块中实现写留言、搜索留言、查看留言等功能。管理员会及时的解决用户提出的问题及意见。单击"最新留言"便可进入此专栏，可以看到留言信息，如图 10-36 所示。

如果用户要发表留言可以单击"写留言"按照留言栏上的要求填写信息，进行提交，管理员会在查看到您的留言后及时解决您所提出的问题。

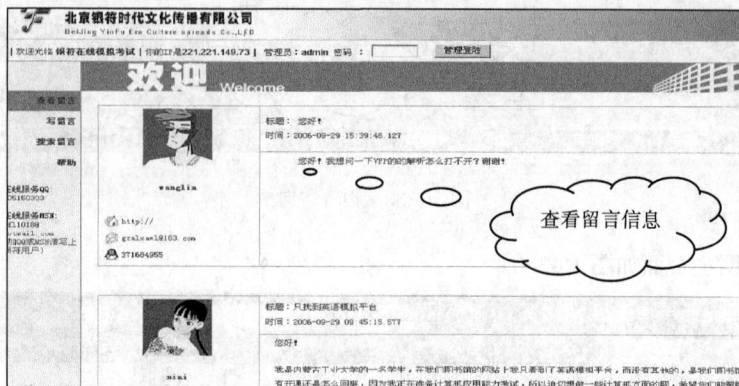

图 10-36　留言簿

如果用户要搜索某个留言，可以单击"搜索留言"按钮进入搜索页搜索。

⑨ 聊天室。以聊天室模式出现的交流平台，可进行相互的交流、沟通，相互了解不同学校的学习气氛，单击聊天室，然后填写昵称、选择性别及进入方式进入聊天室和在线用户进行交流。

⑩ 在线服务。根据用户所在的地区有针对性的指导，解答用户的问题。

# 10.3　就业信息检索

## 10.3.1　大学生就业政策和就业法规

随着我国经济体制由计划经济向市场经济的转换，高校毕业生的分配制度也在随之变化，大学生就业政策经历了由"统包统分""计划分配"到"供需见面、双向选择"以及在一定范围内"自主择业"等几个发展阶段。

新中国成立后我国逐步建立起了与计划经济体制相适应的高校毕业生分配制度。针对我国经济、教育发展和人才供求状况不平衡现象，确定了"高校毕业生的工作由政府分配"的原则，制定了"根据国家需求，集中使用，重点配备和一般照顾"的基本方针，大学生被集中使用于国家最需要的各个领域。这一分配制度一直延续到 20 世纪 80 年代中期。

随着改革开放和劳动人事体制的不断完善，传统的以"统包统分"为特征的高校毕业生分配制度也在经历一场变革。相关政府部门也逐步出台一系列政策、法规，不断完善现行的毕业生就业政策。我国现行的大学生就业政策可以归纳为：国家计划统招毕业生在国家政策规定的时间和范围内一般通过供需见面、双向选择、自主择业的方式落实就业单位；逐步实现"建立市场导向、政府调控、学校推荐、学生与用人单位双向选择"的就业机制；定向和委托培养的毕业生按合同就业。

目前依据《中华人民共和国劳动法》《中华人民共和国高等教育法》、国家教育部颁发的《全国普通高等学校毕业生就业管理规定》、国办〔2002〕19 号文件以及国家和地方的有关法律法规、方针政策，高校毕业生按培养方式实现就业。国家教育部每年都会就做好毕业生就业工作颁发通知。各地区就业主管部门、各高校依据这些文件的规定，从实际情况出发，也会制定一些就业政策以及相应的实施办法。毕业生在就业时，一定要了解这些规定，以便正确地选择合适的工作单位，避免在就业过程中走弯路。

## 10.3.2 大学生就业形势

我国自 2003 年大学扩招后，大学毕业生的数量逐年大幅度上升，与之相伴的是大学生初次就业率的下降，从供需角度看，大学生就业能力是影响就业的重要因素。受到经济全球化与知识经济的冲击，以及劳动市场急剧变化的影响，现在的大学生在开始就业时，必须具备能够满足新经济要求的核心就业能力才能成功发展。

**1．影响大学生就业能力提升的因素**

（1）高校教育培养目标

作为劳动力市场的供给方，大学需要建立起与市场的密切联系，了解市场需要及其变化，根据用人单位对学生能力的需求确定高等教育的培养。然而很多高校还未建立企业联系机制，忽视与企业的有效沟通，难以按照市场对大学生的能力需求确定清晰的培养目标。同时，企业方传导的能力需求信息也对高等教育培养有很大影响，一般而言，企业各个职位的任职资格与能力需求应建立在科学的工作分析基础上。但我国还有相当多的企业缺乏科学的人力资源管理理念，对职位所需能力缺少明确标准，造成劳动力市场就业能力信息的相对紊乱。

（2）高等教育发展定位

高等学校应有较明确发展定位，结合自身情况创办研究型大学或应用性大学，培养符合社会发展需求的人才。20 世纪 90 年代以来， 我国高等教育往大众化方向迅速发展。一方面，一些高等学校定位不明，一味追求发展研究型大学，忽视劳动力市场需求更大的是应用型技能人才这一事实。另一方面，就师资队伍而言，发展速度相对落后于办学规模。在欧、美一些国家的应用型大学，教师来源多元化，并注重强调教师实际工作经验的背景要求，而我国许多大学，教师有相当部分来自毕业不久的博士或硕士研究生，缺乏实践经验，教学方法与教学内容无法满足人才培养的目标要求。

（3）就业服务

调查显示，大学生获取招聘信息的主要渠道中位列第一的是校园招聘信息，说明现在大学生就业活动的中心还是在学校，大学提供就业服务的质量对就业能力的影响非常大。但大学生对此的满意度并不是很高，很满意或比较满意的只有 25 %，不太或很不满意的比例达 21.5%。

除了大学生就业服务机构不健全、经费不足、轻视职业规划与指导等方面原因，高校就业服务机构人员的专业化水平较低也是目前存在的问题。我国高校就业服务人员职责集中在发布就业信息、进行就业咨询和指导等方面，忽视了职业开发、咨询与评价等服务内容。因此，很难根据学生发展各阶段的不同特征帮助他们正确认识职业和自己，选择适合于自己的职业。

**2．提高大学生就业能力的途径**

（1）有关部门应充分重视大学生就业能力开发对经济和社会发展的价值，构建高校毕业生就业能力开发体系。首先，要健全社会公共职业训练平台，对即将走向社会的大学毕业生实施职业训练，使其获得对职业领域的适当了解，提升就业与发展所需的相关能力。其次，要建立与劳动力市场需求衔接的职业标准体系，规范与完善相关的社会职业培训体系，提高职业培训质量。再次，应采用相关政策激励社会各界积极参与大学生就业能力开发体系的建立，以扩大高校在毕业生就业能力开发方面的可利用资源。

（2）用人单位应积极参与提升大学生就业能力培养，提高其就业能力。这不仅关系到用人单位的人力资源成本和效益，同时参与大学生就业能力培养也应是用人单位的社会责任。国外用人单位参与提升大学生就业能力过程的积极探索为我们提供了有益的借鉴。

例如英国大学的三明治年项目，学生在校学习期间，通常是在第三年到企业带薪工作一年并将工作结果记入学分。大学生在企业所从事的工作使他们能够把课堂上学到知识用到现实工作中，并在现实工作中又进一步加深其对所学知识的理解和掌握。企业提供的三明治年项目使大学生的知识、技能、能力和态度有了很大的进步。此外，英国、美国和加拿大等国的一些企业或雇主参与高校的专业设置和课程设计，并根据实际需要不断完善课程内容，保持课程内容与行业发展需求衔接，提升大学毕业生的可雇用性。

（3）高校应加大以提升大学生就业能力为基本导向的人才培养机制改革，主动适应就业市场对人才的需求。高等教育的发展已经进入与社会需求紧密衔接的时代，高校的专业课程设置、人才培养机制应保持对就业市场中的人才需求的灵敏反应和积极应答。

近几年来，不少高校就业指导部门改变以往单纯的信息发布和只针对毕业生的就业指导，开始发展引导学生做好职业生涯规划的新型教育。这种教育，从刚入校的低年级学生就开始实行。同时，社会人力资源服务机构开始介入高校教育，知名企业的人力资源负责人进入高校开展职业规划培训，通过讲座、培训、测试、比赛等丰富的形式帮助学生找到适合自己的职业生涯目标及其实现方案。

（4）大学生应坚定信心，把握提升就业能力的机会，增强提升就业能力的主动性。政府、社会和学校的努力是提升大学生就业能力的外在条件，大学生自身的状况是提升就业能力内在的关键因素。大学生需要做的不是消极地等待，而是要把握和利用一切提升就业能力的机会，不断增强自身的就业能力，主动参与就业市场的竞争。

## 10.3.3　求职技巧

从校园到职场，每个人都要经历无法回避的求职过程，每一位求职的毕业生都希望自己能赢得招聘单位的青睐。求职是有方法的，掌握一定的求职技巧能够帮助你抓住机会，以最快的速度找到自己理想的职业。

当今信息时代，谁能够以最快捷的方式占有准确、有效的信息，谁就掌握了成功的机遇，大学毕业生的求职择业也是如此。求职择业是一项系统综合的工作，每一个求职者都应该根据自我的实际情况和用人单位的具体要求，充分做好信息准备，掌握必要的求职技能，迎接挑战。

**1．就业信息分类**

信息是现代科学的一个重要概念，包括宏观就业政策、社会对人才的需求、未来行业的发展趋势、社会就业、人口资源等。我们所理解的就业信息一般有以下几类。

（1）政策信息。政策信息即有关就业的方针、政策、规划等方面的信息，既包括国家关于就业方面的大政方针、法律法规，也包括各省、市、自治区及地方的有关就业方面的具体政策。政策信息会随着市场的变化而改变，随着我国高等教育从精英教育向大众教育转变，毕业生就业已经从昔日的卖方市场转向今天的买方市场。

（2）社会需求信息。社会需求信息指各级、各类用人单位对毕业生需求的情况，主要包括用人单位对毕业生的学历层次、专业、性别、人数以及所需人才的具体要求等。这是对广大毕业生求职最为直接有效的信息，具有较强的针对性。毕业生应重视这方面的信息的收集。

（3）用人单位信息。用人单位信息指具有用人单位内部特点的信息，主要包括用人单位的所有制性质、隶属关系、规模、发展前景、经营范围和种类、福利待遇等。用人单位信息可以从该单位的介绍资料中获得，也可以从该单位的主管部门处获得。总的来说，对用人单位的了解多一点，求职成功的几率也就大一些。

（4）媒体信息。媒体信息是指通过各种正式公开发行、发布的媒介载体获取的信息。如有关报纸杂志、电视广播、网络发布的就业信息等。特别是网络，因其信息更新速度快、信息量大，受到广大毕业生的青睐。但是，应该注意的是，网上的就业信息往往鱼龙混杂，应注意鉴别。

（5）专门数据库。专门数据库是指由专业公司推出的汇集个行业就业信息、就业指导、就业培训等内容的专门信息检索数据库。该类数据库具有很强的专业性，内容比较广泛，可信度很高。如本章第 1 节所介绍的"职业全能培训库""新东方新职场平台"等数据库均具有求职、就业信息的检索功能，此处不再详述。

### 2．就业信息的获取途径

（1）学校主管部门。高校的毕业生就业指导部门，是高校毕业生就业工作的管理服务部门。在毕业生就业过程中，会及时向学生发布有关信息需求，进行就业指导，让毕业生了解有关就业政策及社会需求状况，同时提供咨询服务。学校就业指导部门是毕业生获取就业信息的主要渠道，它的准确性、可靠性都有明显的优势。

（2）各地人才交流中心。此类部门的主要任务是收集、发布人才供需信息，办理人才交流登记，组织毕业生与企业的见面会、招聘会等，为毕业生与用人单位双方提供直接见面、洽谈的机会。

（3）网络、媒体。在传媒业高度发展的今天，广播、电视、报纸、杂志、网络等新闻媒体都受到了招聘机构和求职者的青睐。毕业生就业问题受到了新闻媒体的广泛关注，成为社会的热点，这些媒体发布的相关信息成为毕业生收集就业信息、了解社会需求的一种可靠途径。

（4）实践、实习。学校的社会实践和教学实习等活动，与学生所学的专业知识紧密联系，有利于毕业生开阔眼界，而社会实践、毕业实习是大学生自我开发信息的重要途径。毕业生可以通过实习直接掌握准确、可靠的就业信息，了解企业对毕业生的具体要求，并在实践过程中找到自身不足，及时进行弥补，同时也能在第一时间了解用人单位的动态以及其发展前景。在实践、实习过程中通过自己的努力获得用人单位的好评，实现就业的目的。

（5）专门数据库系统。通过由专业的就业数据库系统，根据自身专业特点和兴趣爱好，检索用人单位的信息和人才需求，有针对性地做出选择。

# 思考题

1. 简述我国现行的职业分类体系。
2. 简述职业生涯规划"5W"思考模式，并根据自身情况，设计一份个人职业生涯规划。
3. 简述国家职业资格划分等级？
4. 简述影响大学生就业能力提升的因素及提高大学生就业能力的途径。
5. 简述就业信息分类及就业信息的获取途径。

6. 熟练掌握银符考试库、职业全能培训库等相关数据库的使用方法。

# 参考文献

［1］张莹. 如何进行职业生涯规划与管理. [M]. 北京：北京大学出版社，2004.

［2］高海生. 新编大学生就业指导教程. [M]. 北京：北京交通大学出版社，2005.

［3］李备. 哈佛创业成功学. [M]. 西安：陕西旅游出版社，2001.

［4］劳动和社会保障部培训就业司. 中国就业培训指导中心. [M]. 就业技能的基础指导. 北京：中国劳动社会保障出版社，2003.

［5］劳动和社会保障部培训就业司. 中国就业培训指导中心. [M]. 创业技能的基础指导. 北京：中国劳动社会保障出版社，2003.

［6］劳动和社会保障部培训就业司. 中国就业培训指导中心. [M]. 职业意识的基础指导. 北京：中国劳动社会保障出版社，2003.

［7］劳动和社会保障部培训就业司. 中国就业培训指导中心. [M]. 职业与就业政策指导. 北京：中国劳动社会保障出版社，2003.

［8］严建修. 青年求职百问百答. [M]. 北京：纺织工业出版社，2004.

［9］孙长缨. 提升大学生就业能力的思考. [J]. 中国高教研究. 2007：87-88.

［10］晋晖. 中国大学生初次就业率 70%. 高出教育部官员预期. [N]. 第一财经日报，2005-11-17.

［11］李颖. 大学生就业能力对就业质量的影响 [J]. 高教探索，2005（2）.

［12］王霆. 国外就业能力框架和模型研究发展综述 [J]. 求实，2006（4）.

［13］李洁. 国外企业培养和提升大学毕业生就业能力探究 [J]. 管理现代化，2006（2）.

［14］杨桂青. 职业考试把脉职业教育 [N]. 中国教育报，2002-09-11.

［15］毛波军. 建立社会化的职业资格证书制度体系 [J]. 职业技术教育（教科版），2006（4）：27-29.

［16］陈宇. 我国职业资格证书制度的回顾与前瞻 [J]. 教育与职业，2004（1）.

# 第 11 章 学位论文与其他论文的写作

论文写作是大学生在校期间都必须面对的程序，包括毕业（学位）论文、学术论文和科研课题的撰写。本章从不同类型论文的内涵、基本特征、基本类型及架构等方面介绍了论文写作的基本要领。同时阐述了论文选题及其选题原则、收集并研究相关资料、学术论文的结构、编写写作提纲等方面的内容，并根据大学生的现实需求，阐述了有关学术论文投稿及科研课题申报的相关知识，为在校大学生学习与科研提供一定的帮助。

## 11.1 学位论文概述

### 11.1.1 学位论文的类型

学位论文是高等院校及科研机构即将完成学业的在校生为获得学位资格而撰写的学术性研究论文，是学位制度的产物。学位论文是表明作者从事科学研究取得创造性结果或有了新见解，并以此为内容撰写而成。英国习惯称为 Thesis，美国称之为 Dissertation。一般又可分为学士论文、硕士论文、博士论文。

学士论文应能表明作者已经掌握大学阶段本专业的基础理论、专门知识和基本技能，对课题研究有自己一定的独立见解，并具备了从事科学研究工作或专门技术工作的初步能力。

硕士论文应能反映作者广泛而深入地掌握专业基础知识，具有独立进行科研的能力，对所研究的题目有新的独立见解，论文具有一定的深度和较好的科学价值，学位获得者具备基础的独立研究能力。

博士论文应能表明作者对所学专业的理论知识有相当深入的理解和思考，同时具有相当水平的独立学科研究能力，能在导师的指导下，准确把握和驾驭本专业潜在的研究方向，开辟新的研究领域，提出独创性的见解和有价值的科研成果。

## 11.1.2 学位论文的特点

（1）强制性

学位论文是高等学校、科研机构的毕业生为获得各级学位所必须撰写的论文。

（2）出版形式特殊性

学位论文的目的只是供审查答辩使用，一般都不通过出版社正式出版，而是以打印版或电子版的形式储存在规定的收藏地点。

（3）内容具有独创性

学位论文水平一般具有独创性，探讨的课题比较专深。

（4）数量大

随着科学技术的迅速发展，学位教育越来越受到各国的重视，每年要产生大量的各级、各类学位论文。

## 11.1.3 学位论文与一般学术论文的区别

学位论文是为了申请到学位而公开发表的报告。一般有比较严格的字数和格式要求，内容也比较多，尤其是其中的论点、论据逻辑层次也比一般论文复杂。依照学士论文、硕士论文、博士论文难度逐渐增加。这种论文需要导师审核，还需要组织专家答辩。代表的是作者的学位水平和学术素养。只能是个人撰写，不能与他人合作，同时标明指导老师的姓名。

学术论文是发表在杂志或学术会议上阐明自己学术观点的文章。根据会议或者学术期刊的要求确定题目，然后提出论文的观点。并对自己的观点进行论证。一般理工科论文需要进行实验并对实验数据进行总结、推导，建立必要的数学模型等，并得出相应的结论。最后是对论文内容进行归纳、总结，得出和论文题目相符合的结论。学术论文一般经过期刊责任编辑或会务组专家审核后即可发表，代表的是作者的学术水平和研究深度，可以自己单独撰写，也可以与他人合作发表。

学位论文一般不公开出版，仅是向校方提供。我国的学位论文一般均由授予学位的学校图书馆或教务部门收藏，要获得国内的学位论文通常可通过馆际互借、原文传递关系复制取得。近年来一些学术数据库开始重视学位论文的收集，由于学士论文的数量较多，人们对其需求少，因此，通常的学位论文检索仅指硕士论文和博士论文。如《万方知识服务系统》与《CNKI》等均设有专门的博、硕论文库。国家法定学位论文收藏单位包括中国国家图书馆和中国科技信息研究所，他们集中收藏了大量的社科和科技方面的学位论文。

## 11.1.4 国内外学位论文检索工具

（1）《国际学位论文文摘》（Dissertation Abstracts International，DAI）

DAI 创刊于 1966 年 7 月，其前身为 Microfilm Abstracts，创刊于 1938 年 7 月，月刊，由美国大学缩微品出版公司（UMI）出版，是目前世界上检索学位论文使用最广泛的一种检索工具。目前该刊有 3 个分册：A 辑是人文与社会科学；B 辑是科学与工程；C 辑是欧洲学位论文。该刊主要报道美国、加拿大等国家 500 余所大学的博士论文。

（2）《NDLTD 学位论文库》（Networked Digital Library of Theses and Dissertations）

NDLTD 是由美国国家自然科学基金支持的一个网上学位论文共建共享项目。目前全球有 170 余家图书馆、7 个图书馆联盟、20 多个专业研究所加入了 NDLTD，其中包括我国的上海交通大学。登录网站后可以免费查询 NDLTD 联盟中所有成员机构的电子版硕博论文，可以免费获得论文的题录和详细摘要，有相当部分的论文可以得到全文。

（3）《CALIS 高校学位论文数据库》

《CALIS 高校学位论文数据库》是由 CALIS（中国高等教育文献资源保障体系）全国工程文献中心（清华大学图书馆）牵头组织，全国 80 余所高校共建的文献索引数据库。主要收录硕博论文。该数据库免费提供元数据检索和提供浏览论文前 16 页，也可以通过馆际互借或原文传递获取全文。

（4）《中国学位论文全文数据库》

《中国学位论文全文数据库》由中国科技信息研究所提供，万方数据股份有限公司加工建库。收录 780 余所高校及科研机构的硕博论文全文。可以通过各高校购置的万方知识服务系统获得。（参阅本书 5.2.2）

（5）《中国优秀博士硕士学位论文数据库》

《中国优秀博士硕士学位论文数据库》是 CNKI（中国知网）系列数据库之一。（参阅本书 5.2.1）

（6）《中国学位论文通报》

《中国学位论文通报》是我国自然科学类学位论文的权威检索工具。1985 年创刊，由中国科学技术情报研究所编辑，科学技术文献出版社出版发行。现为双月刊。文摘和题录款目按照《中国图书资料分类法》分类号的顺序编排。检索者可按照分类途径查找所需文献，按馆藏索取号向中国科学技术情报研究所借阅。

### 11.1.5 学位论文写作的意义

大学生在毕业前所撰写的学位论文，是对其四年学习成果最直接的反映和考核，也是提高教学质量的重要环节。大学生进行学位论文写作的意义在于：第一，考察在校学习期间所掌握知识的融会贯通；第二，培养独立思考的习惯和能力；第三，提高独立从事研究工作的能力；第四，提高发现问题、分析问题、解决问题的能力。

# 11.2 学位论文的选题与资料收集

## 11.2.1 选题中的信息行为

选题，就是选择研究的课题或者写作的论题，是在占有大量资料的基础上，确定研究的方向和目标。选题是论文撰写成败的关键，它实际上就是确定"写什么"的问题，亦即确定科学研究的方向。如果"写什么"都不明确，那么"怎么写"就无从谈起。

学位论文题目的确定，应该有一定的国内外文献资料基础或者实践基础，以确保研究与论证的顺利进行和论文的顺利完成。一般来说，在进行选题时，要进行一次大范围的二次文献资料的调研，需要深入了解本专业、学科的前沿信息及研究状况，广泛涉猎该学科和领域发表的论文与专著等，找到自己感兴趣有可能在该领域有新的有价值的发现或独到见解时，确定自己的选题方向。大学生进行科学研究的基础，首先是占有大量相关文献资料，然后从中找出自己需要的文献资料，这就需求我们不断提高自身的信息素养，增强文献信息资源的检索、分析、利用能力。以确保能在最短的时间内找到自己所需要的资料。

### 1．资料收集的范围

撰写论文必须详尽地占有资料，撰写一篇万字左右的论文，可能要收集到几万甚至几十万字的资料。资料是论文写作的基础，没有资料，研究无从着手，观点无法成立，详尽地占有如下五个方面的资料是论文写作之前的一项重要的工作。

（1）第一手资料

第一手资料包括与论题直接有关的文字材料、数字材料(包括图表)，比如：统计材料、典型案例、经验总结等，还包括自己在实践中取得的感性材料。这是论文中提出论点、主张的基本依据。对第一手资料要注意其时效性、真实性、典型性、新颖性和准确性。

（2）他人的研究成果

这是指国内外对有关该课题学术研究的最新动态。撰写论文不是凭空进行的，而是在他人研究成果的基础上进行的，对于他人已经解决了的问题就可以不必再花力气重复进行研究，但可以以此作为出发点，从中得到有益的启发、借鉴和指导。对于他人未解决的，或解决不圆满的问题，则可以在他人研究的基础上再继续研究和探索。

（3）边缘学科的材料

目前，人类的知识体系呈现出大分化大融合的状态，传统学科的鸿沟分界逐渐被打破了，出现了大量的分支学科及边缘学科。努力掌握边缘学科的材料，对于所要进行的学科研究，课题研究大有好处。它可以使我们研究的视野更开阔，分析的方法更多样。

（4）相关领域权威人士的有关论述，有关政策文献等

相关领域权威人士的有关论述具有一定权威性，对准确有力地阐述论点大有益处。至于党和政府的有关方针、政策既体现了社会主义现代化的实践经验，又能反映出现实工作中面临的多种问题，因此，研究一切现实问题都必须了解和占有这方面的材料，否则会出现与党和政府的方针、政策不一致的言论，使论文出现方向性偏差。

（5）背景材料

收集和研究背景材料，这有助于开阔思路，提高论文的质量。例如，要研究马克思的商品经济理论，不能只研究他的著作，还应该收集他当时所处的社会、政治、经济等背景材料，从而取得深入的研究成果。

### 2．资料的收集、整理

收集资料的方法很多，常用的主要有以下方法。

（1）文献检索法

文献检索是信息收集的基础，对于传统的印刷型文献可以使用目录、文摘、索引、年鉴、手册、百科全书等工具书进行检索；数字化文献信息资源包括光盘、数据库及网络资源等，可借助相关设备获取。图书馆、档案馆、情报所和一些专业化的信息中心存储的信

息数量多、系统性强，是获取信息的重要来源。目前，这些机构普遍采用电子化的信息存储和检索手段，为采集信息提供了便利。

（2）社会调查法

社会调查法是有目的、有计划的收集有关研究对象社会现实状况或历史状况材料的方法，是专题研究中常用的基本研究方法，它综合运用历史研究法、观察研究法等方法以及谈话、问卷、个案研究、测验或实验等方式，对有关社会现象进行有计划的、系统的了解，并对调查收集到的大量资料进行分析、综合、比较、归纳，在调查过程中，要注意培养自己的观察分析能力，随时将主观感受等资料记录下来，加以分析归纳，以为己用。

（3）关注大众传媒

在信息化社会，大众传播媒体是公众获得各种信息的主要渠道，也是采集信息的重要途径。

① 传统媒体。有报纸、期刊、广播、电视，从中可获得多类信息，如：国内外大事、党和国家的方针、政策、科学文化的发展状况、经济、社会新闻等。这些传播媒体包含着大量有重要参考价值的信息。

② 网络信息源。计算机和互联网的出现，为信息采集工作提供了更为便捷的渠道。互联网上直接有关的信息源包括各大网站发布的信息、搜索引擎等。网络信息源比较繁杂，关键是要善于提炼，去伪存真，做好信息的梳理工作。

其他信息收集的方法还包括问卷调查法、个人采访法、视听阅读法等，但目前阶段对大学生来说，通过计算机和手工进行的文献信息检索，仍是最主要的文献信息收集方法。

### 3．资料的分析、利用

对收集到的资料进行整理的过程实质上是资料的辨析过程，应做好以下几方面工作。

（1）辨析资料的适用性

选择资料的依据，只能是作者所要阐明的中心论点。选择什么资料，要根据这个中心论点决定。论文的中心论点一经确定之后，它就是统率一切的主旨，资料必须服从于中心论点的需要。不能把一些不能充分说明问题的资料搬来作牵强附会的解释，也不能将所有资料统统塞进文章里，扩大了篇幅，中心反而不突出。

（2）辨析资料的全面性

所选资料所涉及的研究成果，应在该领域内相对全面，如果缺少了某一方面的材料，论文的论述也往往不圆满、不全面，会出现偏颇、漏洞，或由于证据不足难以自圆其说。

（3）辨析资料的真实性

资料真实与否直接关系着论文的成败。只有从真实可靠的资料中才能引出科学的结论，在这方面：首先，要尊重客观实际，避免先入为主的思想，选择资料不能夹杂个人的好恶与偏见；其次，选择资料要有根有据，第一手资料要有出处，第二手资料一定要与原始文献认真核对，以求得最大的准确性；再次，对资料来源要加以辨别，弄清原作者的政治态度、生活背景、写作意图，并加以客观的分析评价，社会科学方面的资料更应该注意这一点。

（4）辨析资料是否新颖

新颖的资料包括两方面的含义：一方面是指近期才出现的新事物、新思想、新发现，另一方面是指近期产生的资料。

（5）辨析资料的典型性

资料的典型性就是指这类资料对于它所证实的理性认识来说具有充分的代表性。

## 11.2.2　学位论文的选题

学位论文的选题首先要符合专业培养目标，要与所学专业相关；其次，选题要有理论和现实的意义，使其论文形成后既有理论支撑，同时要对现实有所促进；再次，选题要注意一些有价值的课题，比如本专业的研究空白、存在争议的研究课题，或者从一个新的视角来研究本专业的老问题、与研究领域有关的当前热点问题、新问题、亲自参与实践调查的课题等；第四，选题要结合考虑资料的利用。能找到比较充分的资料来源对于作者写作论文有重要的帮助；最后，选题宜小不宜大。题目范围过大容易导致内容空泛，难于驾驭。

### 1．选题的依据

（1）指导老师提供的题目范围；

（2）个人知识结构与兴趣爱好；

（3）当前本专业的研究热点；

（4）权威刊物近期发表的相关论文。

### 2．选题的原则和要求

（1）注重选题的实用价值，选择具有现实意义的题目

① 理论联系实际，注重现实意义。

② 要注重选题的理论价值。

（2）勤于思考，锐意求新

① 从观点、题目到材料直至论证方法全是新的。

② 以新的材料论证旧的课题，从而提出新的或部分新的观点、看法。

③ 以新的视角或新的研究方法研究旧的课题，从而得出全部或部分新观点。

④ 对已有的观点、材料、研究方法提出质疑，虽然没有提出自己新的看法，但能够启发人们重新思考问题。

以上四个方面只要做到其中一点，就可以认为文章的选题有一定的新意。

（3）遵循可行性原则

选题要充分考虑自身的知识储备、学科发展的现实状况、资料占有是否全面、完成时间等因素，由小到大，循序渐进。避免好高骛远、眼高手低等情况的出现。

## 11.2.3　选题的方法

在选题的方向确定以后，还要经过一定的调查和研究，来进一步确定选题的范围，以至最后选定具体题目。下面介绍两种常见的选题方法。

### 1．浏览捕捉法

浏览捕捉法是快速、全面地阅读、浏览已占有的文献资料，在比较中来寻找、确定自己研究课题的方法。浏览，一般是在资料占有达到一定数量时集中一段时间进行，这样便于对资料作集中的比较和鉴别，不同视角、不同观点的都应了解，不能看了一些资料，有了一点看法，

就到此为止，急于动笔。也不能"先入为主"，以自己头脑中原有的观点或看了第一篇资料后得到的看法去决定取舍。而应客观地对所有资料的作认真的分析思考。反复思考之后，必然会有所发现，这是搞科学研究的人时常会碰到的情形。浏览捕捉法一般可按以下步骤进行。

（1）广泛地浏览收集资料。在浏览中要注意勤作笔录，随时记下资料的纲目，记下资料中对自己影响最深刻的观点、论据、论证方法等，记下脑海中涌现的点滴体会。

（2）根据阅读所得到的内容，进行分类、排列、组合，从中寻找问题、发现问题，材料可按纲目分类。如系统介绍有关问题研究发展概况的资料；对同一问题几种不同观点的资料；对某一问题研究最新的成果等。

（3）将自己在研究中的体会与资料分别加以比较，找出哪些体会在资料中没有或部分没有；哪些体会虽然资料已有，但自己对此有不同看法；哪些体会和资料是基本一致的；哪些体会是在资料基础上的深化和发挥等。经过几番深思熟虑，就容易萌生自己的想法。把这种想法及时捕捉住，再作进一步的思考，选题的目标也就会渐渐明确起来。

**2．追溯验证法**

这是一种先有拟想，然后再通过阅读资料加以验证来确定选题的方法。这种选题方法必须先有一定的想法，即根据自己平时的积累，初步确定准备研究的方向、题目或选题范围。但这种想法是否真正可行，心中没有太大的把握，故还需按照拟想的研究方向，跟踪追溯。追溯可从以下几方面考虑。

（1）看自己的"拟想"是否对别人的观点有补充作用，自己的"拟想"别人没有论及或者论及得较少。如果得到肯定的答复，再具体分析一下主客观条件，只要通过努力，能够对这一题目作出比较圆满的回答，则可以把"拟想"确定下来，作为毕业论文的题目。

（2）如果自己的"拟想"虽然别人还没有谈到，但自己尚缺乏足够的论点来加以论证，考虑到写作时间的限制，那就应该中止，再作重新构思。

（3）看"拟想"是否与别人重复。如果自己的想法与别人完全一样，就应马上改变"拟想"，再作考虑；如果自己的想法只是部分的与别人的研究成果重复，就应再缩小范围，在非重复方面深入研究。

（4）要善于捕捉一闪之念，深入研究。在阅读文献资料或调查研究中，有时会突然产生一些思想火花，尽管这种想法很简单、但千万不可轻易放弃。因为这种思想火花往往是在对某一问题作了大量研究之后的理性升华，如果能及时捕捉，并顺势追溯下去，最终形成自己的观点，还是很有价值的。

追溯验证的选题方法，是以主观的"拟想"为出发点，沿着一定方向对已有研究成果步步紧跟，一追到底，从中获得"一己之见"的方法。但这种主观的"拟想"绝不是"凭空想象"，必须以客观事实、客观需要等作为依据。

## 11.2.4　选题失败的原因

以下几方面原因可导致选题失败，在选题时应予以注意：选题概念不清楚、缺乏数据资料、分析方法不当、对题目没有兴趣、题目过大导致无法全面论述等。

### 11.2.5　选题的意义

正确而又合适的选题，对撰写学位论文具有重要意义。通过选题，可以大体看出作者的研究方向和学术水平。

**1．选题能够决定学位论文的价值和效用**

学位论文的成果与价值，最终当然要由文章的最后完成和客观效用来评定。但选题对其有重要作用。选题不仅仅是给文章定个题目和简单地规定个范围，选择学位论文题目的过程，就是初步进行科学研究的过程，需要经过作者多方思索、互相比较、反复推敲、精心策划。题目一经选定，也就表明作者头脑里已经大致形成了论文的轮廓。因为在确定题目之前，作者总是先大量地接触、收集、整理和研究资料，从对资料的分析、选择中确定自己的研究方向，直到定下题目。在这一研究过程中，客观事物或资料中所反映的对象与作者的思维不断发生冲撞，产生共鸣。使作者产生了思想上的升华和认识上的飞跃。这种飞跃必然包含着自己的独到见解，或者是对已有结论的深化，或者是对不同观点的反驳等。总之，这种升华和飞跃对于将要着手撰写的毕业论文来讲，是重要的思想基础。

**2．选题可以规划文章的研究方向和规模，弥补知识储备的不足**

我们在研究客观资料的过程中，随着资料的积累，思维的渐进深入，会产生各种各样尚处于分散状态的想法，一时难以确定它们对论文主题用处之大小。因此，对它们必须有一个选择、鉴别、归纳的过程。从对个别事物的个别认识上升到对一般事物的共性认识，从对象的具体分析中寻找彼此间的差异和联系，形成属于自己的观点。正是通过从个别到一般，分析与综合，归纳与演绎相结合的逻辑思维过程，使写作方向在作者的头脑中产生并逐渐明晰，学位论文的论证角度以及大体的规模也初步有了一个轮廓。

选题还有利于弥补知识储备不足的缺陷，撰写学位论文，是先打基础后搞科研，大学生在打基础阶段，学习知识需要广博一些，在搞研究阶段，钻研资料应当集中一些。而选题则是广博和集中的有机结合。在选题过程中，研究方向逐渐明确，最后要紧紧抓住论题开展研究工作。对于初写论文的人来说，在知识储备不足的情况下，对准研究目标，直接进入研究过程，就可以根据研究的需要来补充、收集有关的资料，有针对性地弥补知识储备的不足。这样一来，选题的过程，也成了学习新知识，拓宽知识面，加深对问题理解的好时机。

**3．合适的选题可以保证写作的顺利进行，提高研究能力**

对于大学生来说，撰写学位论文并不是一件轻松的事。如果论文的题目过大或过难，就难以完成写作任务；反之，题目过于容易，又不能较好地锻炼科学研究的能力，达不到撰写毕业论文的目的。因此，选择一个难易大小合适的题目，可以保证写作的顺利进行。选题有利于提高研究能力。通过选题，能对所研究的问题由感性认识上升到理性认识，加以条理使其初步系统化，对该项研究产生更大的信心。

选题是研究工作实践的第一步，选题需要积极思考，需要具备一定的研究能力，在开始选题到确定题目的过程中，从事学术研究的各种能力都可以得到初步的锻炼提高。选题前，需要对某一学科的专业知识下一番钻研的工夫，需要学会收集、整理、查阅资料等项研究工作的方法。选题中，要对已学的专业知识反复认真地思考，并从一个角度、一个侧面深化对问题的认识，从而使自己的归纳和演绎、分析和综合、判断和推理、联想和发挥等方面的思维能力和研究能力得到锻炼和提高。

学位论文的选题是在教师的指导下进行的，有的同学自己不作独立思考，完全依赖教师给出题目；有的同学缺乏研究分析，不假思索，拿过题目就写。这些做法都是不正确的，不利于作者主观能动性的调动与发挥。撰写毕业论文不经过选题这一具有重要意义的研究过程，对文章的观点、论据及论证方法认识不足，勉强提笔来写，会感到困难很大。

# 11.3　学位论文的写作方法

## 11.3.1　提纲和初稿的撰写

学位论文属于以说理论证为特征的论说文。与文艺作品和叙事文不同，它重在逻辑推理，分析概括。因此，它要求观点鲜明、论据可靠、论证充分、文字简练、语法规范，不宜过多使用形象语言，尤其不能以情感代替论证。

当完成学位论文开题工作后，我们的资料收集也达到了一定程度，对这些资料的分析整理达到一定的水平，产生了具有创新意义的主题思想，并根据对这一思想的论证，将经过分析、整理的资料做了某种大致的安排，这时我们就可以开始撰写学位论文初稿了。

### 1．提纲的撰写

在开始论文写作之前，应拟定一个提纲，可以帮助我们理清思路，使自己对论文的整体构架有较为清晰的认识，以确定如何下笔，并根据实际情况安排调整写作时间。提纲主要包括中心论点隶属的各分论点，以及分论点以下的各层主要论点的论据材料和基本论证方法等，以便围绕主题思想恰当的组织、安排材料，使主题和内容能够以完美的形式表现出来。这样，全文的逻辑结果便一目了然，可以帮助自己树立论文的整体概念，知道如何谋篇布局，如何使用所收集到的相关资料。

要写出一份完整的提纲，为我们的论文撰写提供总体的指导思想，就必须掌握提纲的写作方法。

（1）从格式上讲，提纲常见的编写方式包括：纵观式、递进式、并列式。

（2）从内容上讲，提纲常见的编写方式包括：①标题式提纲，是指以简短的语句或词组构成的标题形式，扼要的提示论点，编排论文目次。这种写法简单明了，是应用最为广泛的作法。②提要式提纲，是指把提纲中每一内容的要点用一句或几句话概括，对论文全部内容作粗线条的描述。提纲里的每个句子都是正文中某一段落的基础。

写作过程中，提纲的顺序并非绝对不可变更。如在写作过程中，确实发现问题，可以做简单地调整，这是很正常的现象，但频繁改动或者大面积地修改，一般来说不可取。提纲可详可简，而且详简本身也有程度上的差别。提纲可以一次写成，也可以分两步走或几步走，先拟个最简要的，再经过反复斟酌，不断完善提纲。

拟定、评估、修改提纲时，首先要认真考虑的关键问题是它的逻辑性，关系到论文能否更鲜明地突出主题，突出新思想，使论文内容更具说服力。评判学位论文的标准主要在于它的论点是否新颖、有深度，其次在于论文主题思想是否得到很好的论证，而论证的力量主要表现在论文的逻辑结构中。因此，在一定意义上提纲的优劣直接决定着论文的质量。对于初学论文写作的大学生，由于驾驭材料的能力和熟练程度不高，应尽可能地编写内容详细一点的提纲。

### 2．论文初稿

初稿的写作是论文形成过程中最艰苦的阶段，是作者思想认识不断深化的过程。初稿写作的目的是要把作者所有想写的内容全部表达出来，是对全部数据、资料进行详细的分析、归类。从初稿的写作过程中，作者还可以及时发现前期研究工作有无不足或错误。

初稿写作的方法包括以下几点。

（1）按提纲顺序分段进行：根据作者拟定的提纲，按照一定的顺序，如论文的结构顺序或内容顺序等，逐一展开论述。

（2）按思考的成熟程度分部分进行：即作者从最先考虑成熟的内容开始动笔，先完成此段内容的写作，其余内容在考虑成熟或进一步研究后再行写作。

由于每个人的思维方法和方式、构思、写作习惯等方面的不同，初稿的写作方法并不是对任何作者都适用。一般的论文写作方法也只有通过作者的具体实践，并与自身思维方式相结合才能产生较好的写作效果。

初稿的撰写应该按照提纲的步骤，一部分一部分地完成。在写作中要注意以下几点。

（1）上下文衔接，论文主要论点的前后呼应，特别是针对自己提出的新观点，力求写清写透，逻辑清楚，论证有力。

（2）要把自己准备好的材料和撰写内容全部写进去，写作初稿可以比规定的篇幅长一些，内容也可以略多一些。不必在意篇幅过长、内容重复，重要的是做到宁多勿缺。

（3）行文要符合论文规范，论点、论据、论证等内容应项目齐全、纲目分明、逻辑清晰、详略得当。同时，初稿中的符号、单位、图表、公式的书写也要符合规范要求。

## 11.3.2　修改和定稿

### 1．修改论文

修改论文是多次反复修改完成的再创造过程。修改是对论文初稿所述内容不断加深认识，对表达形式不断优化、选择，直至定稿的过程。俗话说"好文章是改出来的"，这句话说明了修改在论文形成全过程中的重要作用。

论文修改的目的是使论文能更准确地阐述研究成果。作者通过征求导师及其他有关人员的意见后，对初稿的不足之处大致有所了解，对如何着手修改也有一定的认识。论文修改的方法一般有以下几种：着眼整体，通篇考虑；逐步推敲，精雕细琢；虚心请教，请人帮助；暂时搁置，日后修改。其中，先把原稿暂时搁置起来，让紧张的头脑放松一下，然后再改是一个比较有效的方法。论文修改过程中应从多个角度去仔细审查，严加剖析，无情挑剔，也许会出现意想不到的结果。就论文修改范围而言，包括以下几个方面。

（1）论文主题思想，尤其是论文中提出的新观点，是否突出；

（2）论证关系是否严密，逻辑层次是否分明；

（3）论据材料选用是否恰当，来源是否真实、可靠；

（4）语言文字是否通顺，有无错别字和语法错误；

（5）论文格式是否符合规范，图表、注释等特殊语言是否编排有序。

总之，一篇论文的修改，不仅仅是在语言修辞等细节上挑毛病，更重要的是对全文论点、论据进行的反复锤炼和推敲，使论文臻于完美。

#### 2．论文的定稿

（1）定稿的要求

论文的定稿应该满足以下要求：观点正确，富有新意；论证方法合理，论据材料充分，论述层次清楚；语言具有说服力，语法运用准确。学术论文一般都有字数规定，不是篇幅越长越好，在完成论文总体框架的修改后，需要对论文做进一步的提炼、精简。对初稿内容进行适当压缩、合理取舍，力求使论文达到科学性、规范性、可读性的统一。

（2）引证注释的完善

引证注释，包括参考文献，是论文不可或缺的组成部分，一篇好的论文必须具备规范的引证注释及参考文献的著录。无论是直接引用还是间接引用，都要逐一注明出处。引证注释及参考文献的价值表现在：①体现对原著者付出劳动的尊重；②体现作者占有论据材料的充足、可靠，同时体现作者学术研究态度的认真、严谨；③体现作者所研究学科内容的科学性和前沿性；④便于读者简便、快捷地了解相关的原始文献资料。

在具备了完整的引证注释和参考文献后，整篇论文才算完成。对于大学生来说，论文写作是一个不断学习和积累的过程，通过实践、总结、再实践、再总结，就能逐步提高论文写作水平，写出令人满意的好文章。

## 11.3.3　学位论文格式规范

一篇合格的学位论文还应当遵循和体现以下三个方面的规范，按照一定的格式进行整体结构和形式上的编排。

（1）国务院颁行的学位条例和本校对学位论文管理的各项具体规范；

（2）学术著述的一般规范；

（3）所有正式出版物应共同遵循的文字印刷国家标准。

学位论文的格式可体现出论文作者的学术修养和科研态度。上述规范，不仅是通行的习惯做法，而且许多规范是由国家新闻出版总署规定的，论文评阅人、答辩委员和读者会很自然地把学位论文的格式看作评价学位论文质量的一个重要方面。作为接受学位教育的学生应当在自己的论文中自觉地遵守这些规范。

学位论文的宏观结构包括前置部分、主体部分和附属部分三个部分。前置部分：封面、题名页（著作权声明和授权使用声明等内容）、摘要（或称"内容提要"）、关键词、学科分类号、前言、目录；主体部分：导论、本论、结论、注释（如果是尾注，可以放在这里。但是，学位论文提倡脚注）；附属部分：涉及论文的图表或者资料统计附录（可以不列举）、参考文献、后记（跋）、个人科研成果简表（提倡列举）。具体规定按照国家标准《GB/T 7713-1987 科技学术报告、学位论文和学术论文的编写格式》执行。另外有的学校也自行规定了学位论文编写格式，在此不另作阐述，必要时导师可以根据本校规定对学生详细讲解。

### 11.3.4 答辩阶段的准备工作

答辩是对已经完成的毕业论文、毕业设计的审核和检验。最主要的是答辩委员会对学生论文或设计优劣的审核和检验。答辩时，主持答辩的老师必然会围绕作者论文中提出的观点、主题来提问，要求学生回答。所以，学生在参加论文答辩前应该做好相关资料的准备工作，包括：构思提纲、修改提纲、初稿、修改稿、参考文献等。答辩之前，学生应对自己论文或设计重新加以审视和回顾，掌握大量与论文相关的文献资料，清楚、具体、完整地了解自己阐述的观点，做到胸有成竹。在答辩之前，学生也可以自己模拟答辩，事先罗列出答辩时老师可能会提出的问题，并整理记录，写成发言提纲，在答辩时才能做到临阵不乱。

# 11.4  学术论文的写作与投稿

学术论文又称科技论文或研究论文，是指某一学术课题在实践性、理论性上具有新的科研成果或创新见解和知识的科学记录；或是某种已知原理应用于实践中取得新的进展的科学总结，用以提供学术会议上宣读、交流或讨论；或在学术刊物上发表；或做其他用途的书面文件。其形式主要包括期刊论文、会议论文、专题述评和可行性报告等。大学生在校学习期间，除必须完成学位论文外，为提高学习效果，还经常会在老师指导下或独立撰写与自己专业相关的学术论文。其写作过程和撰写方法与学位论文写作流程大致相同，在此不再阐述，本节主要讲述与之相关的学术规范、学术道德、期刊种类、投稿等方面的内容。

## 11.4.1  学术规范

学术规范，是指学术共同体内形成的进行学术活动的基本伦理道德规范，或者根据学术发展规律制定的有关学术活动的基本准则。它涉及学术研究的全过程，学术活动的各方面：包括学术道德、学术研究、学术评审、学术批评、学术管理各方面的规范。也有学者对学术规范作出了横向概括，认为包括两方面的含义：一是学术研究中的具体规则，如文献的合理使用规则，引证标注规则，立论阐述的逻辑规则等，二是高层次的规范，如学术制度规范、学风规范等。下面主要就学术道德规范、学术引文规范、学术法律规范方面做简要介绍。

**1．学术道德规范**

学术道德规范是学术规范的核心部分，是对学术工作者从思想修养和职业道德方面提出的要求，也是进行科研活动、撰写学术论文必须遵守的原则。根据教育部《关于加强学术道德建设的若干意见》的精神，在进行科研活动、撰写学术论文时应遵循以下原则。

（1）增强献身科教、服务社会的历史使命感和社会责任感

广大教师、教育工作者和学生应该正确对待学术研究中的名和利，将个人的事业发展与国家、民族的发展需要结合起来，反对沽名钓誉、急功近利、损人利己等不良风气。

（2）坚持实事求是的科学精神和严谨的治学态度

要模范遵守学术研究的基本规范，以知识创新和技术创新，作为科学研究的直接目标和动

力。在学术研究工作和学习中要坚持严肃认真、严谨细致、一丝不苟的科学态度，反对投机取巧、盲目追求数量的浮躁作风和行为。

（3）树立法制观念，保护知识产权、尊重他人劳动和权益

要加强法制观念，按照有关规定引用和应用他人的研究成果，不剽窃、抄袭他人成果，不在未参与工作的研究成果中署名，反对以任何不正当手段谋取利益的行为。

（4）认真履行职责，维护学术评价的客观公正

认真负责地参与学术评价，正确运用学术权力，在参与各种评审、鉴定、答辩和评奖等活动中，要坚持客观公正的评价标准，坚持按章办事，不徇私情，自觉抵制不良社会风气的影响和干扰。

（5）为人师表、言传身教，加强对青年学生进行学术道德教育

要向青年学生积极倡导求真务实的学术作风，以身作则，引导学生树立良好的学术道德，帮助学生养成恪守学术规范的习惯。

### 2．学术引文规范

（1）学术规范与学术引文规范

学术规范是 20 世纪 90 年代中国学术界关注的一个焦点问题，其意义将在今后的学术文化工程的建设中进一步凸显出来。为了对人文社会科学研究工作中的学风建设和学术活动给予规范性的指导，教育部于 2004 年制定颁布了《高等学校哲学社会科学研究学术规范(试行)》（以下简称《学术规范》），该规范分为 7 个部分，其中第三部分即为《学术引文规范》，可见学术引文规范在整个学术规范中的重要地位。

（2）引文规范

参照教育部颁发的《学术规范》中有关学术引文的规定，并结合学术论文撰写过程中对引文的习惯性处理方式，引文应注意以下几点。

① 不能引而不用、不选而引

引文应该是作者阅读过且对自己研究的观点、材料、论据、统计数字等有启发和帮助的文献，不能伪引（引而不用）。

② 不能用而不引

凡直接引用别人的观点、论据、成果等，必须在文中标注，并在文后参考文献中注明出处、页码，不能用而不引。

③ 引文以正式发表或审核过的文献为主

引文一般为正式发表的、具有自主版权的文献，以便读者查考和尊重版权。

④ 引用最优文献

当收集到某个专题的相关资料较多时，要善于选择，应选择引用那些最早、最新、最具权威、最优代表性的参考文献；引用文献有多个版本时，其内容大同小异，应注意引用恰当的版本，有时要引用修订本、最新本，有时则要引用最初本，应该根据研究情况而定。

⑤ 忠实原著，不能断章取义

引文应以原始文献和第一手资料为原则，尽量避免转引文献，如确需转引二手资料，应在文中指出，并在参考文献中注明原始文献和转引文献。

⑥ 引用电子文献、网络资料应慎重

在引用电子文献时，应对其进行评估，选择引用权威的作者、编者、学术机构的有价值的

电子资源。

## 11.4.2 如何界定核心期刊、一级期刊、优秀期刊及其他学术期刊

学术期刊是传播学术信息的一种重要载体，是高等院校教学、科研人员交流知识信息的媒介。一所高等院校教学、科研人员在各类学习期刊上发表论文的数量和质量，代表了该校整体的学术水平。为提高高等院校教学、科研人员和学生在国内外各级期刊上发表论文的几率，本节特对期刊价值、级别的评价和我们经常接触到的"核心期刊""一级期刊"、"优秀期刊"等概念的确切含义以及它们之间的相互关系作一说明。

**1. 概念及其含义**

（1）国家级刊物

一般说来，国家级期刊，是指由党中央、国务院及所属各部门，或中国科学院、中国社会科学院、各民主党派和全国性人民团体主办的期刊及国家一级专业学会主办的会刊。

（2）省级刊物

省级期刊，即由各省、自治区、直辖市及其所属部、委办、厅、局主办的期刊以及由各本、专科院校主办的学报(刊)。

（3）CN 类刊物

CN 类刊物是指在我国境内注册、国内公开发行的刊物。该类刊物的刊号均标注有英文字母 CN，即国内统一刊号，人们习惯称之为 CN 类刊物。

（4）ISSN 类刊物

ISSN 类刊物是指在我国境内外注册，国内、外公开发行的刊物。该类刊物的刊号前标注有英文字母 ISSN，表示为国际标准连续出版物号（International Standard Serial Number）。现在国内绝大多数期刊的刊号由 CN 和 ISSN 共同组成。（参阅本书 1.1.2）

（5）核心期刊

核心期刊是指刊载与某一学科（或专业）相关信息较多、水平较高，能够反映该学科最新成果和前沿动态，受到专业读者特别关注的期刊。用文献计量学的方法，对某一学科（专业）的所有期刊进行统计分析，从中筛选出该学科（专业）的核心期刊。

"核心期刊"在这里是个统称，包括以其他各种称谓表示的期刊分级，如重点期刊、一流期刊、一级期刊、权威期刊、A 类 B 类期刊等。这类分级主要在学术期刊中进行，供学术研究机构、高等院校使用。

对我国内地出版的期刊中核心期刊的认定，目前国内比较权威的有以下几种版本。

中国科技信息研究所（简称中信所）每年出一次的《中国科技期刊引证报告》（限理工科期刊）。该报告以 1300 多种中、外文科技类期刊作为统计源，报告的内容是对这些期刊进行多项指标的统计与分析，其中最重要的是按类进行"影响因子"排名。

北京大学图书馆与北京高校图书馆期刊工作研究会联合编辑，北京大学出版社 1996 年开始出版的《中文核心期刊要目总览》，收录包括社会科学和自然科学等各种学科类别的中文期刊，其中对核心期刊的认定通过五项指标综合评估。该书至 2011 年已出第六版，其第七版将于 2015 年问世。

"中国科学引文数据库"（限于理工科期刊)。它是由中国科学院文献情报中心建立的，分

为核心库和扩展库。核心库中所收录的来源期刊经过严格的评选，被公认为各学科领域中具有权威性和代表性的核心期刊。

《中国人文社会科学核心期刊要览》。它是中国社会科学院文献计量与科学评价研究中心的一项长期研究成果，并以"要览"的形式公开出版，其最新版本（2013年版）已由社会科学文献出版社正式出版。

（6）一级期刊

一级期刊一般应是同行专家公认的，由国家有关部委或国家一级学会（协会）主办并具有较大影响的核心期刊；除以上刊物所刊载的学术论文外，被 SCI、EI（光盘版）、ISTP、CSIC、SSCI、A＆HCI、ISSHP 检索收录的学术论文，以及全文发表在《人民日报》和《光明日报》学术版，或被《人大复印资料》和《新华文摘》转载的学术论文，均可被视为一级期刊论文。由于国家对哪些期刊属于一级期刊没有明确的规定，因而在取舍标准上产生了分歧，近年来，"一级期刊"及相对应的"二级期刊"的概念在学术界已逐步淡化。

（7）优秀期刊

优秀期刊指某一学科、某一行业、某一地区或某一时间段内质量比较高的期刊，它可以用来评价期刊的内容质量，也可以用来评价期刊的形式质量，如编辑、出版、装帧、发行等。应该予以注意的是，近年来所出版的期刊中有相当部分标有"优秀期刊"字样，有一些的确优秀，但也有一部分出于广告宣传的目的，水分很大。

**2．核心期刊、一级期刊、优秀期刊的相互关系及使用范围界定**

就概念范围而言，"核心期刊"是一个既有理论研究、又有实践成果，被广泛接受的比较规范和成熟的概念，就内涵来讲，它实际上包含了"一级期刊"和"优秀期刊"的内容。一种某学科的一级期刊，必定是该学科的核心期刊，就其内容质量来说也必定是该学科领域的优秀期刊。就评价对象而言，核心期刊、一级期刊只评价期刊的内容质量，只有学术性期刊才有核心期刊和一级期刊之说。优秀期刊则不同，除了评价内容质量外，还用来评价编辑质量、装帧印刷水平、发行量、出版时效等。就内容特点而言，核心期刊的特点是学科性、代表性、兼容性，某一学科的核心期刊代表了该学科领域的学术水平，不同学科有不同的核心期刊，一个学科的核心期刊放到另一学科就不一定是核心期刊，反之亦然。但也有的核心期刊横跨两个或多个学科。

优秀期刊的认定范围则具有一定的随意性，有行业、学科、地域性优秀期刊等，不同范围之间没有可比性。就发展趋势而言，"一级期刊"是个逐步淡化的概念。随着"核心期刊"概念的逐渐被认同，最终会取代"一级期刊"而成为评价期刊学术水平的唯一标准。随着《中文核心期刊要目总览》等认定核心期刊的出版物被社会各界广泛参考、使用，核心期刊的概念已走出图书情报领域，被其他各行业所认识和接受。

## 11.4.3 学术论文投稿指南

大多数学术论文都是通过学术期刊发表的。论文只有发表了，才有被学术界认可的机会和转化为社会生产力的可能。高等院校在校学生发表学术论文是创新和竞争精神的体现，它反映了大学生通过专业学习和科研活动所具备的科研能力和学术水平。

学术论文投稿前首先要明确自己准备投稿的报刊的办刊宗旨，了解其主要内容、风格和体例，然后，可以根据自己论文的方向，在投稿时有针对性地选择。其次要认真撰写论文的内容提要，内容提要就像是你的论文的简历，应该用最简练的语言说服编辑和读者阅读你的论文，清楚地表述你想要研究的问题，你的方法，你的结论，你在哪些方面做出了创新等。

目前期刊投稿方式主要包括以下几种。

### 1．纸本文稿式

纸本文稿式是指期刊编辑部接收作者投寄的纸质打印型稿件。这是最为传统的投稿方式。优点是①安全可靠，不易丢失；②符合传统阅读习惯；③版面清晰，不易出现稿件变形乱码等现象。缺点是投稿周期较长，修改不便。

### 2．电子邮件式

电子邮件式是指通过网络，利用电子邮箱来投递文稿的投稿方式。其优点是①方便、快捷；②节省了作者文稿打印、邮寄等多种费用；③方便了编辑利用计算机归档和排版。缺点是网络不稳定，容易丢失稿件。

### 3．网络投稿式

网络投稿式是指作者利用期刊网站主页上的"远程期刊管理系统"来上传稿件的投稿方式。这种方式运用了现代化的网络传输技术，依靠其处理平台作者既可轻松投稿又可随时查询审稿进程，方便高效。

每种期刊的投稿方式都不同，有的仅限一种投稿方式，有的是多种方式并存，作者在投稿前可以查询该期刊的投稿方式，以便做出选择。

当然，提高稿件的录用率关键还是靠过硬的论文质量。可以从研究的广度、深度、方式、方法、资料数据的完整与可信程度、论文的逻辑推理与结论等方面来自我判断论文的质量。

# 11.5　科研课题选题与申报

经济全球化时代，各国都加大了对科技和教育的投入。近年来，我国每年对教育和科研经费的投入逐渐增加。本节主要阐述科研课题申报的相关程序，同时对目前课题申报程序中存在的问题予以分析。

科研是科学理论研究和技术应用研究的总称。科学理论研究是为了探索、揭示自然界的事物发生的原因、本质和规律的科学认识活动。技术的含义是指人们在认识和改造自然的过程中，经过研究而获得的经验、技能和技艺。它除了工具和机器之外，还包括制作方法和工艺流程及技术思想等。

科研课题其实就是有具体的目标和要求并限时完成的科研任务。大致可以分为两类。

### 1．纵向课题

纵向课题是各级政府及所属部、委、局布置的科研任务，在政府网站上定期发布。其中主要包括国家级及省部级自然科学基金和社会科学基金项目，各省、直辖市及国务院各部委发布的其它科研任务等。全国各有关高校、科研院所的相关人员都可以申请。

**2．横向课题**

横向课题主要是企、事业单位为了解决在其实际管理、运营中遇到的问题，所提出的研究任务。可由其自行组织人力或者委托相关教学科研部门来完成。

## 11.5.1　科研课题申报的流程

**1．做好科研选题工作**

（1）需要性原则：国家经济建设和社会发展的需要，本学科和本职工作中需要解决的关键问题，科研者本人需要提高学术地位和申报职称。

（2）创新性原则：前人或他人未曾研究过，或有研究尚未解决，或出现新问题需解决，或原有的不能满足新需求要进一步提高的。

（3）先进性原则：起点高、选题新、方法先进、技术现代化。

（4）科学性原则：以事实为依据，不要主观臆想；要有独特见解，一般不能与科学规律相矛盾；具体反映申报者科研思路的清晰度和深刻性。

（5）可行性原则：申报者资历与科研能力；有一定的前期工作；课题组成员组合合理；工作条件和时间有保证；一般在研课题不超过 2 项。

（6）效益性原则：具有经济或社会效益的可预见性成果。

**2．熟悉科研课题申报常识科研类型及其特点**

（1）基础研究：为获得关于现象和可以观察事实基本理论的新知识而进行的实验性或理论性研究。

特点：未知因素多，探索性强，研究周期长，对研究手段要求比较高。其成果以科学论文为主要形式，常成为普遍的原则、理论和定律。

（2）应用研究：为确定基础研究成果可能的用途而采取新方法的研究，即把基础技术理论知识物化为生产技术的可能。

特点：研究周期一般较基础研究短，成功率比较高。其成果形式以科学论文、专著、原理性模型或发明专利为主。

（3）开发研究：利用从基础研究、应用研究和实际经验所获得的现有知识，为产生新的产品、材料和装置，建立新的工艺、设计、流程和系统而进行的创造性活动。

特点：研究所需经费较多，并受生产或试用条件的制约。成果形式是专利、专有技术、原始样机等。

## 11.5.2　申请审批课题程序

（1）个人立项填表

（2）单位审查申报

（3）资助部门受理

（4）形式审查

（5）专家评审（函评、会评）

（6）批准发文

### 11.5.3 掌握填写申请书的技巧

填写科研课题立项申请书应简单明确：写明准备研究什么，为什么要研究，怎样研究，要达到什么结果，现在已做了什么，能否完成研究任务等。要求做到题意新颖、效益明确、研究方向符合、完成可能性大、申请资金适度、手续完善。

**1．首页与简表**

主要内容：项目名称、选择申报学科、项目负责人及项目组成员情况、项目摘要等。

**2．立题依据**

项目的研究意义，国内外研究现状分析，强调项目的可行性和重要性，提出项目解决的问题与可达到的目标，并附主要参考文献及出处。

**3．研究方案**

包括研究目标、研究内容、拟解决的关键问题；拟采取的研究方法、技术路线、实验方案及可行性分析；充分反映项目的特色和创新点；年度研究计划及预期进展、预期研究成果等。

**4．研究基础**

申请者水平和专长，以往研究积累；课题组主要成员的学历、研究工作简历、已发表与本课题有关的主要论著和成果；已经具备的实验条件，尚缺少的实验条件和拟解决的途径等。

**5．经费预算**

要求按科研业务费、实验材料费、仪器设备费、实验室改装费、协作费、项目组织实施费填报。不同基金的资助强度不一，要按照规定的额度范围申请经费。申请者要了解所申报基金的资助额度，提出适度的经费申请；申请经费开支预算要合理、符合规定。一般情况下，土建工程费、出国考察费、购买大型仪器设备费用等均不属于资助范围。

**6．填表要求**

认真阅读有关文件，申报课题符合资助范围和有关政策规定，申请书语言规范、表述准确、书写工整、栏目齐全、内容详尽、手续齐备。具体应做到如下几点：

（1）要按申请书具体要求和依据提纲撰写；忌答非所问、简单模糊、表述零乱。

（2）要用计算机打印，表格整洁清晰、内容语句通顺；切忌语句不通、错字连篇。

（3）申报课题要落实责任制，做到申请者负责，单位监督保证手续完备。包括：申请者签名及课题组成员签名；合作单位签署同意合作意见并盖公章；单位填写保证课题完成条件及同意否。

（4）申报意见要盖公章并负责人签章等。

### 11.5.4 课题的结题工作

科研课题的结题，是科研过程中的最后一环，也是最关键的一环。结题，就是某一课题研究任务基本完成后，对研究成果与相关工作进行总结，形成课题研究报告和结题报告，向课题的主管部门提交研究成果与成果形成的说明，取得课题管理者的认可，为成果的推广应用做好准备，从而将这项课题研究告一段落。课题结题时一般需要经过以下几步。

### 1．分析结题条件

结题是课题研究的一项终结性的重要工作，没有完成课题研究任务是不能结题的。因此，结题前必须对课题研究进行一次检查。检查的基本要求是，以研究计划、方案为依据，坚持实事求是的原则，依靠课题组的成员进行全面、客观的检查。

检查的主要内容有以下几方面。

（1）课题研究的目的要求是否全部达到。

（2）课题研究各阶段、各方面的工作、活动是否全面落实。

（3）课题研究的成果质量，水平是否达到预期的目标。

（4）课题研究的各项资料是否齐全。

### 2．整理研究资料

课题研究中收集和形成的各种资料，是课题研究过程与结果的反映，是对课题研究工作进行全面总结的重要依据。结题工作往往是从整理材料开始的。整理材料的基本要求是真实、可靠、全面。整理的主要方法有以下三点。

（1）鉴别。对课题研究领域的各种材料，要集中起来进行清理，对其可靠性及价值进行鉴别，筛去其中不可靠、不必要的材料。

（2）分类。要区分研究参考材料与结题材料，明确结题材料的范围。研究参考材料是在研究过程中收集的、与课题研究相关的材料，包括指导性材料、比较研究材料、参考借鉴材料等，大都是他人的现成的间接的材料。结题材料则是课题组研究活动的产品及其形成的有关材料，

（3）编目。对各种研究材料、经过鉴别、分类处理后，填写材料类别、编号、名称、来源，编写目录，便于查阅。

### 3．撰写结题报告

结题报告有时也分为课题研究报告和课题工作总结报告。

### 4．准备结题所需材料

### 5．提交结题申请书、课题结题鉴定书自然项部分，如课题有需要变动的重大事项，还需要提前写申请备案，通过后方可生效。

### 6．提交结题材料，专家组组织审阅结题材料

### 7．召开结题论证会

（1）课题负责人介绍课题立项背景、实施过程、完成情况、已取得的成果及存在的问题。

（2）如有必要，专家组也可以进行听课或到有关科室查阅核实有关数据，也可以召开小型教师、学生座谈会等。

（3）要求课题组就课题研究的有关问题进行质疑答辩。

（4）在完成答辩会后，专家组召开会议，进一步讨论对课题成果的评价。

（5）专家组全体成员进行集体讨论，形成一致意见后，撰写对课题的书面鉴定结论。

### 11.5.5 在校大学生开展科研活动的意义

科研工作不仅仅是专门的科研人员的任务，在校大学生在老师指导下开展相关课题的科研活动，对提高大学生的综合素质有着重要意义。

**1．扩大知识面，追踪学术最新成果**

通过课外科研活动，能够不断积累知识，扩大知识面，接触学术最新成果。

**2．培养创新素质，提高科研能力**

通过组织科研小组，参加科研活动，培养大学生的创新意识与团队精神，提高科研能力。

**3．促进基础知识与专业知识的学习**

在参加科研活动的过程中，大学生不仅进行着思考创新，同时也对基础知识和专业知识进行温习和重新的认识。

**4．增强校园学术氛围**

有利于营造朝气蓬勃的大学校园文化，增强校园学术氛围，形成相互促进和良性竞争的优秀学风。

**5．有助于毕业论文的完成**

通过平时的科研活动，为毕业时撰写毕业论文、进行毕业设计积累经验与素材。

# 思考题

1. 了解学位论文的特点，掌握国内外学位论文检索工具的使用方法。
2. 了解大学生进行论文写作的意义及其选题方法。
3. 根据自身相关专业，利用数据库收集一些相关的文献资料，并分析总结当前专业发展的前沿信息。
4. 利用课堂知识及其他渠道的信息，结合自身专业知识，拟定一份学位论文大纲。
5. 掌握核心期刊的涵义及相关认定工具，并尝试进行学术论文的创作。
6. 熟悉科研课题选题、研究的技巧，以学习小组的模式，进行科研课题研究模拟训练。

# 参考文献

［1］张积玉. 学术论文写作导论 [M]. 西安:陕西人民教育出版社，1994. 343-348. 257-342.

［2］毛曦，李培坤. 高校文科学报学术质量评估漫议 [J]. 唐都学刊，1993（3）：90-96.

［3］曾粤兴. 规范决定质量——学位论文基本结构与写作规范与述评 [J]. 洛阳：河南省政法管理干部学院学报，2008（3）：188-192.

［4］王荫庭. 谈谈学位论文的写作 [J]. 南京:南京政治学院学报，1998（5）：29-33.

［5］周新年，沈嵘枫. 学术论文写作流程与写作技巧 [J]. 吉林农业科技学院学报，2012：67-70.

［6］谭世明. 研究生开题报告与学位论文写作 [J]. 高校论坛，2010.

［7］林崇德，任定成，胡智锋. 怎样写好学位论文 [N]. 光明日报，2007-05-23.

［8］张艳霞. 关于提高学术论文录用率的几点意见 [J]. 中国编辑，2012.

［9］向飒. 进入中文核心期刊应关注的评价指标和途径. 科技与出版，2011（12）：110-112.

［10］苏定冯. 科研论文的撰写与发表 [J]. 第二军医大学学报，2005，26（5）：961-964.

［11］陈建华. 提高论文投稿被录用率的方法. [J]. 学报编辑论丛，2009:176-177.

［12］庞恩旭. 我国核心期刊的现状分析与研究

［13］庄守经等. 中文核心期刊要目总览（1992年版）[M]. 北京：北京大学出版社，1992.

［14］朱强等. 中文核心期刊要目总览（2011年版）[M]. 北京：北京大学出版社，2011.

［15］叶继元. 核心期刊概论 [M] 南京：南京大学出版社，1995.

［16］杨玉圣，叶继元. 高校学术活动规范管理 [M]. 北京：华夏教育出版社，2006.5.

［17］何倩. 高校科研课题选题的原则与方法 [J]. 文史博览（理论）2008：55-56.

［18］强选萍. 论科研课题的立项选题 [J]. 科研管理2006（4）：35-37.

# 第 12 章　信息产权保护

如前所述，21 世纪是知识经济和信息时代，知识和信息已成为推动社会和经济发展的主要动力，充分有效地开发利用信息资源已成为在现代社会获得竞争优势的关键因素。为了鼓励人们创造热情，促进知识和信息的生产、传播和使用，将知识和信息作为人类的无形财产以确立产权的形式加以保护已成为发展趋势。大学生作为知识创新的生力军和未来信息产权的拥有者，应该对信息产权及信息产权的保护有一定的了解与认识，应加强在校大学生的信息产权教育，规范他们的信息行为，促使他们合理、合法地利用信息资源。

## 12.1　信息产权的概念及信息产权的保护

信息产权源于知识产权。随着科学技术的进步，原有的知识产权制度已无法满足实际需要，不能对一些新兴的智力成果予以保护，因此，社会各界普遍呼吁在知识产权制度的基础上建立信息产权制度。

### 12.1.1　知识产权的概念和特征

知识产权作为一种无形财产，是指公民、法人、非法人单位对自己的创造性智力活动成果依法享有的民事权利和其他科技成果权的总称（《民法通则》）。目前世界上绝大多数国家都有知识产权制度，尽管表现形式不同，但作为知识产权保护对象的客体却大同小异。所以国际上有关知识产权保护的国际公约，如《保护工业产权巴黎公约》《伯尔尼保护文学艺术作品公约》《世界版权公约》和《成立世界知识产权组织公约》等对知识产权的规定，得到了世界各国的广泛承认，具有世界范围的代表性。我国于 1980 年成为世界知识产权组织成员国，并加入了《巴黎公约》等 10 个有关知识产权保护的公约。根据世界知识产权组织下的定义，知识产权包括：关于文学艺术和科学作品的权利；关于表演艺术家演出、录音和广播的权利；关于人们努力在一切领域的发明权利；关于科学发现的权利；关于外观设计的权利；关于制止不正当竞争的权利以及在工业、科学、文学或艺术领域里一切其他来自智力活动的权利。

知识产权不是一般性的权利，它具有独特的特征，具体如下。

（1）知识产权的客体是一种无形的财产，是一种创造性智力劳动产品。智力成果所包含的价值不能直接用数量和金钱计算，但是智力成果所转化的经济效益确是可以用价值来衡量的。比如，某种先进的工作方法运用在生产中可以减少多少劳动时间和劳动强度，或提高多少劳动效率是可以准确计算出来的。因此，知识产权又被称为无形财产权或精神产权。

（2）知识产权具有双重内容，一重是人身权，一重是财产权。作为一种人身权利，知识产权与知识产权人的人身紧密相连，不可分离。这种人身权利，只能属于智力成果的创造人，其他人不能享有。它既不能转让也不能被继承。但作为一种财产权，知识产权则可以与主体相分离，可以被转让、许可他人使用和被继承。

（3）知识产权必须经过国家主管机关依法直接确认才能产生。

（4）知识产权是一种专有权利。作为知识产权客体的智力成果，必须具有独创性。尤其是发明专利，对创造性的要求很高。智力成果创造极难，往往要付出大量艰苦的脑力劳动才能产生。法律规定智力成果的荣誉权以及基于创造性劳动所获得的财产权专属于创造人，从而排除了他人具有同样权利的可能性。因此，对某一智力成果的专有权只能授予一次。

（5）知识产权具有地域性。知识产权的地域性指的是一国授予的知识产权只能在该国领域内有效，如果该智力成果想要在其他国家受到保护，就必须按照该国的有关规定进行申请，经审查批准或登记注册后才能成为该国的知识产权，在该国得到保护。

（6）知识产权具有时间性。各国法律都对专利权、商标权、著作权规定了一定的期限，期限届满，这些知识产权就失去效力，该智力成果进入公有领域，任何人都可以自由使用而不受限制，不付报酬。

## 12.1.2　信息产权的由来及内涵

### 1. 信息产权产生的背景

（1）技术条件。知识经济时代信息产业迅猛发展，信息技术具有无所不在、极强的渗透力。信息技术中的软件技术，能使各个领域的新知识、新技术用电子文件的方式保存，从而使信息的扩散达到一个前所未有的程度。由于知识和信息充当着生产和活动的枢纽，因而信息技术具有影响全局的特点，它能够直接地影响社会这个大系统全局的工作效率。

（2）社会条件。信息资源的产生是以科研和开发为先导的，需要人们智力、物质、资金等多方面的投入，而信息的生产则是将这些创造性的脑力劳动成果固化下来，可以为许多人同时拥有和利用。如果信息市场不受产权法律约束，一旦生产者将信息出售给第一个消费者，这个消费者就可以多次复制和传播，如盗版侵权和购买盗版作品，这种情况必然会打击信息生产者的生产积极性。由于大量的具有独创性的信息一般掌握在私人手中，如果法律对这些信息不设立产权制度加以保护，那么其拥有者就不会轻易将之公开或转让，从而大大限制这些信息产品的推广和利用。所以为了有效地激发人们的创造热情，促进信息的广泛传播和利用，应建立信息产权制度，用法律对此加以规范和保护。

（3）知识产权制度的不足。知识产权从诞生之初便与技术密不可分，西方的工业革命使保护创新和智力成果成为一种社会需要，技术全方位渗透于知识产权之中，但是技术迅猛发展的负面效应影响了人、社会、自然三者之间的和谐状态，致使知识产权的消极作用日渐显现。同时，由于现代化进程的加快，发达国家为实现利益的最大化，知识产权被各国政策强制干预，导致了知识产权内涵与外延的扩张。

面对知识产权日益复杂的形势，国际上出现了三种思潮，一是知识产权怀疑论，该理论对知识产权制度进行质疑，认为知识产权保护对社会、经济、文化、教育的正常发展等产生了阻碍效应；二是限制知识产权扩张理论，主张限制甚至废除知识产权；三是知识产权改造理论，认为现在的知识产权制度难以适应现实社会的客观需要，应当对现行知识产权制度进行改造。怀疑论并不能从根本上解决问题，彻底废除知识产权的主张并不现实，而针对具体情况改造现行制度，从而适应社会发展的需要，应该是可行且有效的办法。

### 2．信息产权的内涵

信息产权是信息产品法律化的表现。它是一种无形财产权，可以看作是人们对于他们创造性的脑力劳动成果所享有的权利，即信息所有者基于其信息产品享有的特定性质的人身权和财产权。它包括知识产权及其相关信息权利，以及其他非知识性信息权利。设立信息产权的目的与设立知识产权的目的是相同的，即通过在一定的范围内赋予所有者具有排他性的权利，来鼓励和促使权利人推广利用其智力成果，从而既能鼓励人们进行知识和信息的创新，又能广泛传播智力成果，促进社会和技术的进步。

信息产权有以下特征。

（1）排他性。没有法律授予的排他性权利，信息生产者的积极性就会受挫，信息产品转让也无从谈起。排他性是信息产权保护无形财产信息的首要前提，主要指权利人对该信息产品具有垄断性权利，有权控制该产品的传播和利用，除明文规定的公共利益和合理利用以外，任何人不得享有、复制、使用、转让该产品，或以其他方式利用该产品获取物质利益。

（2）限制性。信息产权的排他性保护的是权利人的利益，其限制性反映的则是社会公共利益的要求。保护合理的信息权利需要给信息所有者以垄断权，但这么做的结果是他们为了自身利益，可能采取抬高价格、长期保密等措施长期垄断该产品而使社会公众不能无偿使用，在客观上阻碍该产品的传播和利用。为满足公众对信息的需求，信息产权必须对信息权利加以限制，以协调知识产权的排他性和信息产品的社会性之间的矛盾。它要解决的问题就是如何通过赋予信息所有者以有限制的信息垄断权，鼓励信息的生产、推广和利用，现行法律中已规定了诸如知识产权的时间性、商业秘密限制的原则等条款，信息产权对此也应有所规定。

（3）全球性。信息没有国界之分。21世纪是全球化知识经济时代，国际互联网的出现，为信息产品的全球性传播和利用提供了极为便利的条件。其结果是一方面信息产品的广泛传播和利用更加迅速和便利，其所有者的权利和所能取得的物质利益空间得到了极大的拓展；另一方面世界范围的侵权问题也变得日益突出。这就要求信息权利的保护必须在全球范围内统一进行，信息产权法从一开始就必须考虑世界各国的现行法律体制和政治经济背景。

## 12.1.3　知识产权与信息产权的关系

信息产权包括知识产权，同时还包括超出知识产权保护范围的其他信息权利。目前，保护信息这种无形财产的产权制度主要是知识产权制度。知识产权制度自其产生以来不断得到完善和发展，其保护范围也随着社会和科技的发展而不断扩大。如今，广义的知识产权主要包括工业产权（专利权、商标权、货源标记、厂商名称和制止不正当竞争权）、版权、计算机软件、集成电路图设计、生物技术和技术秘密等。知识产权又称作智力成果权，但事实上它保护的只是符合特定要求的智力成果。比如，专利权的保护对象是产品、方法或其改进所提出的新的技术方案，但其中的发明和实用新型必须具备新颖性、创造性和实用性，外观设计必须具备新颖性和独创性，否则不予确认专利权；同样，符合商标法保护条件的是具有显著特征，且不属于禁止使用范围的文字、图形或者其组合；正如人们所公认的，知识是"人类在改造客观世界的实践中所获得的认识与经验的总结"，一切知识或知识产品都是信息加工的产物，即信息包括知识和其他非知识性信息。

目前还有许多作为人类脑力劳动成果的信息产品没有纳入知识产权法的保护范围。特别是随着科技的发展，许多新科技成果很难直接成为知识产权的客体。为维护法律公正，必须设立外延比知识产权更广的信息产权，或者扩展知识产权的保护范围，以至有学者认为知识产权法其实可以称作"信息保护法"。

## 12.1.4 信息产权的保护

信息产权保护的是信息产品，其之所以应当受到产权法的保护，首先，是因为作为创造性脑力劳动的成果，凝聚着生产者的智慧与艰辛，因而具有一定的价值。其次，脑力劳动作为一种复杂劳动，集中体现在知识和信息产品的生产上。信息化将改变传统的生产方式，而生产方式的改变决定了价值内涵和体现价值的劳动方式也会相应产生变化。本质上知识经济是以一个新的生产力形式（技术密集型）替代旧的生产力形式（劳动密集型）。随着劳动力结构从产业型转变为智力型，知识和信息的生产在价值创造过程中独立出来，成为单独的生产部门——信息产业，知识和信息创造的价值不再内化在劳动力等价格中，而变得独立化和市场化。这就相应地要求法律对信息产品进行保护。再次，当信息资源日益成为人们争夺的重点时，信息的占有对市场参与者来说变得至关重要，信息生产对社会、经济和科技的发展构成巨大的推动力量。但是随着科技的迅猛发展，信息产品生产的复杂性和难度不断增大，一种信息产品从创造到应用的成本和市场风险也不断增加，而信息的复制和传播则越来越容易，这就使得对信息产品的保护显得更加重要。

随着经济、科技的发展和社会信息化程度的提高，不仅信息进入市场流通成为商品，而且不断扩大的信息市场逐渐成为经济活动中不可或缺的组成部分，信息收集与加工、信息咨询、信息网络业以及信息软件的开发和研制等成为重要的产业群，信息产品的商业属性愈发浓重，在这种情况下，人们势必要对其给予法律保护，规范人们对信息产品的占有、利用和转让，使这些活动在法律容许的范围内有序地进行，以维护社会和经济的正常秩序和产品所有人的正当利益，促进信息产品的开发、推广和利用。

信息产权所保护的信息产品必须具有一定的创造性或新颖性。现实中存在着大量个人或团体拥有的具有独占性质的信息，这些信息往往使拥有者在竞争等方面处于优势地位。由于信息的时效性很强，这些由个人或团体拥有的信息往往随着时间的推移进入公共领域，成为人人都可以无偿利用的公共信息。在现实生活中，私人信息和公共信息都是不可缺少的。以市场为例，没有公共信息，市场就没有运作的基础。没有私人信息，市场就可能没有交易。私人信息和公共信息的根本区别在于公共信息是本行业内大多数人都知悉的信息，而私人信息则属于可以不予公开的信息。基于设立信息产权的目的，信息产权只保护具有新颖性的私人信息，公共信息则不属其保护范围。同样，创造性也应是信息产权保护的前提，即该产品必须是生产者创造性的脑力劳动的成果。从现行的知识产权法来看，不同种类的信息产品对创造性的程度要求是不同的。如专利法要求申请专利的发明与申请日以前的现有技术相比，具有突出的实质性特点和显著的进步；商业秘密要求商业信息能给权利人带来现实或潜在的竞争优势；而版权法只要求作品具有独创性，即是作者自己独立创作的智力成果等。

# 12.2 信息产权与信息伦理、信息文化

## 12.2.1 信息伦理

### 1．信息伦理产生的背景

随着信息技术在人们的工作和生活中渗透得越来越深，在提高效率和质量的同时也产生了较大的负面因素。面对人们在信息活动中遇到的各种问题，信息伦理可用来规范人们的信息行为，作为信息政策与信息法律的补充。它一般采用非强制性手段对信息活动加以指导，其重要意义与作用已经引起人们的高度重视。

20 世纪 70 年代末到 80 年代初，西方学术界开始对信息伦理进行研究。目前国内外许多学者认为，信息伦理学的研究起源于对计算机伦理学的研究。20 世纪 70 年代，美国的曼纳教授首先发明并使用了"计算机伦理学"这个术语。1986 年，美国管理信息科学专家梅森提出信息时代四个主要的伦理议题：信息隐私权（privacy）、信息准确性（accuracy）、信息产权（property）以及信息资源存取权（accessibility），被称为信息伦理的 PAPA。信息隐私权是指个人拥有隐私之权利及防止侵犯别人的隐私；信息准确性是指人们享有拥有准确信息的权利以及确保信息提供者有义务提供准确的信息；信息产权是指信息生产者享有对自己所生产和开发的信息产品的产权；信息资源存取权是指人们享有获取所应该获取的信息的权利。到 20 世纪 90 年代，信息伦理学的研究冲破了计算机伦理学的范畴，将研究的对象确定为信息领域的伦理问题，直接使用了"信息伦理学"这个术语。

### 2．信息伦理的概念

信息伦理，是指涉及信息开发、信息传播、信息的管理和利用等方面的伦理要求、伦理准则、伦理规约，以及在此基础上形成的新型的伦理关系，它贯穿于整个信息活动过程。信息伦理是信息技术的价值制导，它为信息技术的运用设定完善的价值坐标。

### 3．信息伦理的特点

信息伦理受其所规范的对象及其非强制性、社会文化的多元性影响，呈现出与信息政策和法律不同的特点。

（1）信息伦理具有开放、多元性。信息社会本身就是一个开放的大系统，信息伦理是与整个信息社会紧密联系的，在互动发展中指导和规范人们的行为。开放的信息社会也是一个多元的社会，它的多元性为人们道德选择和道德判断提供了多种选择和评价标准。人们通过选择，将其内化为自己的行为规范和准则，从而形成稳定的价值观和伦理精神。

（2）信息伦理具有普遍、共享性。普遍性和共享性是信息最显著的特点，使得信息资源可以为人们所共同分享。近些年来，随着国际政治、经济、文化交流的不断加强，信息在世界的流动不断加剧。受各国不同的文化影响，国际信息交流一定程度上受到了不同的信息伦理与道德影响。因此，我们要寻求不同伦理文化之间的同一性和普遍性，达到信息伦理与信息的普遍

性、共享性相一致、相适应的目的。

（3）信息伦理具有自主、自律性。传统的伦理比较重视他律，就是依靠人的外界压力迫使个人约束自己的行为。而在信息化程度高的网络时代，网络交流出现了自由、非限制、匿名等特点，传统的道德、舆论压力变得有些力不从心，于是自律就显得非常重要了。因此，信息伦理更注重道德自律，注重遵守共同的道义原则。

**4. 信息伦理的构建**

信息伦理在信息社会人们的信息行为过程中显得十分重要，因此，信息伦理的构建问题引起了人们的广泛关注和讨论。从目前情况来看，信息伦理的构建主要从以下几个方面入手。

（1）提高公民的信息伦理意识。信息伦理是依靠个体的内心信念来进行制约的，为此首先应从提高公民的伦理意识入手，树立起正确的信息伦理观。人作为网络信息活动的主体，还应遵循适度自由原则、良心制导原则与集体主义原则。

（2）制定清晰的信息伦理准则。虽然信息伦理主要诉诸于个体的自律，但自律是在他律的指导下逐渐形成的，如果缺乏清晰的伦理准则，那么大多数个体在面对各种行为选择时会茫然不知所措，只有提供了伦理准则，个体才能比较容易地做出是非评判。明晰的伦理准则将使个体有法可依，进而逐步将这种外在的准则化为自己内在的自觉的道德意识。

（3）超前预示各类信息伦理问题。信息领域是一个全新的快速发展的领域，各种各样的新的伦理问题将会层出不穷，应对新的信息伦理问题进行深入研究，超前预示某些可能出现的伦理难题，这样就可以变被动为主动，以有效地防范部分信息安全问题。

（4）进行信息立法互补信息伦理。信息伦理只是一种软性的社会控制手段，它的实施依赖于人们的自觉性，因此在针对各类信息犯罪时，信息伦理规范便显得软弱无力。只有将那些成熟的、共性的伦理规范适时地转化为法律法规，才能构筑信息安全的有效防线。

（5）不同文化背景的信息伦理整合。世界各国具有不同的文化背景，各国所建立的适合本国国情的信息伦理是不完全一样的。各种文化背景下的信息伦理各有所长，我们要注意将本国信息伦理与其他国家的信息伦理整合，取人之长、补己之短。随着世界文化、经济融合步伐的加快，信息伦理一定也会形成一个多元化的伦理世界。

## 12.2.2　信息文化

人类生存在一个日益信息化、数字化、网络化的环境中，信息化、数字化和网络化的生存成为人们的一种重要的生活方式。信息技术和信息文化正在从根本上改变社会形态、社会规范以及人们的生活方式和思想观念。近些年来，计算机技术、通信技术、网络技术的发展，博客、飞信、微博、微信等人际间交往方式的广泛应用，使得社会文化的各个方面发生了重大变化，包括社会的物质文化、精神文化、制度文化、行为文化，都显露出新的不同以往的特质，一种新型的社会文化形态——信息文化正在形成。

长期以来，人们对社会信息化和信息社会的研究，更多的是从信息技术的应用和信息经济的发展水平角度出发的。随着社会信息化进程的加快，人们认识到单纯从技术和经济角度无法全面把握信息社会的发展与前景，将信息文化作为衡量信息社会发展程度的一项重要指标逐渐为人们所重视。信息文化的概念约在 20 世纪 70、80 年代逐渐形成。其来源有二：一是未来学家对信息社会文化的研究；二是企业管理信息系统（MIS）和信息资源管理（IRM）研究中的概念，它研究企业采用计算机系统进行管理后，形成的新型企业文化与传统企业文化之间的区别。"信息文化"概念主要用于分析信息化社会中，信息对政治、经济、文化等方面的影响。

信息技术的进步，促进了社会发展，也对社会的各个方面造成了一些负面影响，引发了人文科学家对信息技术与文化的批判，某些人甚至认为信息技术的发展将危及人类的生存。信息文化的研究可以使人们认识到信息科学技术同人类历史上的每一项科学技术一样具有两面性，问题的关键是如何利用其促使社会进步，同时警惕技术滥用造成的社会危害。信息社会的飞速发展，也使得许多社会成员产生无所适从的感觉，造成心理上的巨大冲击，一些人面对这种冲击应采取反对信息社会主流文化的态度，给信息社会的正常发展带来危害。信息文化研究通过对信息社会及其文化的历史定位，肯定信息文化发展的大方向，从而使社会成员自觉融入信息社会的主流文化之中。信息社会及其文化是人类文化史发展的延续，信息文化包含着人类文化的逻辑发展。从文化角度研究信息社会的发展，认真梳理信息文化建设及其相关理论，理性地预测信息社会的未来发展趋势是十分必要的。

### 12.2.3　信息产权与信息伦理和信息文化

信息产权是通过立法的形式予以保证的，即信息产权法律、法规。信息法律是在调整信息活动中产生的各种社会关系的法律规范的总称，其调整对象是在信息活动中产生的各种社会关系。

信息法律与信息伦理同为调整信息活动的规范，两者彼此渗透、相辅相成。信息法律源于一定的信息伦理规则，因两者有着调整社会信息活动的共同目的，两者间存在着良性互动。一般来讲，伦理道德调整的范围比法律调整的范围广，几乎覆盖社会生活的每一个领域。因此，信息伦理完全有可能以社会谴责、舆论力量等为约束形式形成道德氛围，对法律无法涉及的信息行为予以控制和规范。另一方面，信息伦理本身的软弱无法阻止和惩罚那些在信息领域破坏它的行为，必须通过信息立法，依靠国家强制力进行威慑。信息伦理在与信息法律内在的互动机制中得到强化和保障，巩固了其对社会的规范调控作用。

但两者又存在着实质差异，差异的本质是自治与他治的问题。信息伦理在一定条件下会实现法律化，信息伦理法律化的过程，是信息伦理规则上升成为具有国家意志性的信息法律规范，从而具有普遍约束力的过程。信息伦理作为一种心理文化，并非先天当然存在，而是在社会发展过程中、在信息活动中逐步建立起来的。在这一过程中，那些有着基本和重要意义的伦理规范被保留和继承下来，并随着社会的发展不断做出修正，而一些不能适应新时期要求的伦理规则，则被忽视或放弃。

信息法律和信息伦理是信息文化内涵中不可或缺的部分，正是有了信息法律和信息伦理的存在，信息文化才得以最终成形并具有长久的生命力。

## 12.3　知识产权法律体系的构成

知识产权包括著作权（或称版权）与工业产权两部分。工业产权又主要包括专利权和商标权，此外还包括服务标记、厂商名称、货源标记或原产地名称以及制止不正当竞争等。这里所说的工业不仅包括狭义的工业，而且包括农业、商业等各个产业部门。

## 12.3.1 著作权

著作权,又称版权,是指基于文学艺术和科学作品依法产生的权利。通常有狭义和广义之分。狭义的著作权是指各类作品的作者依法享有的权利;广义的著作权还包括艺术表演者、录音录像制品制作者和广播电视节目的制作者依法享有的权利。在法律称谓上,通常叫作著作邻接权或者称作与著作权有关的权利。我国全国人大常委会于 1990 年 9 月公布了《中华人民共和国著作权法》(以下简称《著作权法》),2010 年进行修订并且再次公布实施。

### 1.著作权的内容

著作权的内容包括人身权和财产权两个方面。

(1)著作人身权

著作人身权是指作者对其作品享有的以人身利益为内容的权利,主要包括署名权、发表权、保护作品完整权以及修改和收回作品的权利,等等。我国在著作权法中规定著作人身权是一种永久性的绝对权利,既不可以转让,也不能剥夺,也没有时间限制。作者去世以后,由其继承人(不论著作财产权属谁)继续行使或保证其不受侵犯。在没有继承人的情况下,可依法由指定的主管机关行使或保护其不受侵犯。

(2)著作财产权

著作财产权是指作者享有的以各种形式利用其作品而获得物质利益的权利。它既可以由作者本人享有,也可以依法转让、继承或赠与,由他人享有。著作财产权是一种有期限的产权,期限届满,著作财产权消灭,作品就成为公共财产,任何人都可以不付报酬的加以利用了。目前,著作财产权主要有以下几项内容:复制权、发行权、出租权、展览权、表演权、放映权、广播权、信息网络传播权、摄制权、改编权、翻译权、汇编权、注释权与整理权等。

(3)著作权的主体和客体

在我国,著作权的主体可以是公民(自然人)也可以是法人。此外,国家在一定情况下也可以成为著作权的主体。著作权的客体是指著作权人依法对之享有著作权的文学、艺术和科学作品。各国著作权法普遍规定,能够成为著作权客体的作品必须具备两个条件:第一,作品必须是作者的原作,而不是从另一部作品抄袭来的;第二,作品必须以客观形式表现出来,包括物质形式和非物质的形式,如手稿、图画、乐谱、演讲等,以便使他人能够直接看到、听到或触到。如果只是作者头脑中的创作思想活动,则不能成为著作权的客体。著作权的客体一般包括以下几类:①文字作品;②口述作品;③音乐、戏剧、曲艺、舞蹈、杂技艺术作品;④美术、建筑作品;⑤实用艺术作品;⑥摄影作品;⑦电影等视听作品;⑧工程设计图、产品设计图、地图、示意图等图形作品和模型作品;⑨民间文学艺术作品。

著作权法的保护对象是广泛的,但是,有些作品虽然具备作品的形式,但不具备作品的本质属性;或出于国家政策的考虑,不适于作为著作权法的保护对象,不能成为著作权的客体,包括:①依法禁止出版、传播的作品;②法律、法规,国家机关的决议、决定、命令和其他具有立法、行政、司法性质的文件,官方正式译文,时事新闻,历法、通用数表、公式等。

### 2.著作权的取得

我国著作权法采用自动保护原则。作品一经产生,不论整体还是局部,只要足以构成作品即产生著作权,既不要求登记,也不要求发表,也无须在复制物上加注著作权标记。

### 3．著作权的期限

著作权是一种有时间限制的权利。在保护期内，著作权人的著作权受法律保护，超出保护期，作品进入公共领域，不再受到著作权法的保护。我国《著作权法》规定：公民的作品，其发表权和著作财产权的保护期为作者终生及其死亡后五十年，截止于作者死亡后第五十年的 12 月 31 日。

### 4．著作权的利用和转移

著作权作为一种财产权，著作权人可以通过对各类权利行使获得财产收益，也可以通过转让、继承等方式转移著作财产权。

### 5．著作权的限制

知识共享与权利的独占是一对矛盾，为了协调著作权人的利益和社会公众的利益，需要对著作权作必要的限制。这种限制，主要针对著作权中的财产权。著作权的限制包括著作权法普遍规定的对著作权的"合理使用""法定许可使用"和"强制许可使用"制度。

### 6．著作权的保护

根据著作权法的规定，实施侵犯著作权的行为应当承担相应的责任。我国法律对侵犯著作权行为规定了民事责任、行政责任和刑事责任制度。

## 12.3.2　专利权

### 1．专利法概述

在知识产权法律中，专利法占有极为重要的地位。其目的在于保护发明创造，以促进科学技术的发展和进步。专利制度是保护技术方案的最为重要的法律手段。随着生产力水平的提高，依靠技术创造的财富在社会总财富中所占的比例也逐渐提高，人们开始意识到技术的重要性。1474 年威尼斯城邦元老院颁布了世界上第一部专利法。专利制度从萌芽到为各国所接受仅经历了四百年的时间。如今，全球经济的一体化对于知识产权法律制度提出了新的要求，各国在专利法方面的协调已经成为知识产权领域极为重要的一个问题，世界知识产权组织正着手制定有关专利协调的条约。我国第一部专利法于 1984 年 3 月在第六届全国人民代表大会常务委员会第四次会议上获得通过，1985 年 4 月 1 日起实施，至 2008 年进行第三次修订，其实施细则最近一次修订于 2010 年，加上其配套的各项规定，我国有关专利的法律法规日臻完善。

专利制度的特征可以概括为两点：一是以法律的手段实现对技术实施的垄断，二是以书面的方式实现对技术信息的公开。

从专利法所赋予的垄断性权利内容看，专利法所规定的垄断绝非对技术的全面垄断，而仅限定在对技术的营利性实施方面。首先，专利法鼓励或有助于技术信息的广泛传播，各国的专利制度中都有相应的公告程序，通过公告程序公众可以自由地了解专利技术的全部内容。据世界知识产权组织统计，全世界一年的发明创造有 95%左右可以在专利文献中找到。其次，专利制度绝不禁止新技术的研究开发。专利人的权利仅限制于禁止他人为营利目的而实施专利技术，他人在专利技术的基础上从事改进发明或者为科学研究而实施专利技术的，专利法并不禁止。技术的公开是专利制度最主要的特征之一。各国专利法都要求申请专利的发明创造必须清楚、完整地公开其申请专利的全部细节，否则该申请将因公开不充分而被驳回。任何从事技术开发的人员在开发某个技术项目之前，可以通过专利文献了解到全世界范围在该技术领域的最新动向，从而提出更为先进的设计方案，以避免社会财富的浪费。

专利的公开性不仅表现在技术信息的公开，还表现在专利权利内容的公开。各国专利法在要求申请人公开其申请专利的技术细节的同时，还要求申请人明确划定保护的范围，即专利权利要求书。

授予技术成果权利人以专有权和促进技术信息尽早地公之于众，是专利法的两个直接功能。如果一个国家对于发明创造不予保护，任何人都可以随意使用他人的发明创造，而不给予发明人以一定的回报，那么也就不会再有人愿意去从事发明创造活动了。这对于国家的文明进步是非常不利的。但如果毫无节制地赋予专利权人以绝对的权利，将会导致有人凭借其垄断地位滥用其权利。这同样不利于国家或社会的文明进步。现代专利法是一架平衡各方利益的天平，各国应根据本国国情制定适合的专利法规，以使天平保持平衡。

### 2．专利权的对象

专利权保护的对象即被授予专利权的对象，一般地讲应当是人类的发明创造。但并非所有的发明创造都可以作为专利权的保护对象。我国专利法保护的对象有发明专利、实用新型专利和外观设计专利。

（1）发明和发明专利

发明是指人类在利用自然、改造自然的过程中所创造出的具有积极意义并表现为技术形式的新的智力成果。发明具有多种不同的分类划分标准，但在专利法上最为常见、也是最为基本的一种分类是将发明分为产品发明和方法发明。通常，专利法所指的产品发明，可以是一个独立、完整的产品，也可以是一台设备或仪器中的零部件。其内容主要包括：制造品，如机器、设备以及各种用品；材料，如化学物质、组合物等；具有新用途的产品。而专利法所指的方法发明可以是一系列步骤构成的一个完整过程，也可以是一个步骤。它主要包括：制造方法，即制造特定产品的方法；以及其他方法，如测量方法、分析方法、通信方法等；产品的新用途等。

（2）实用新型

所谓实用新型是指对产品的形状、构造或者形状和构造的结合所提出的适于实用的新的技术方案。实用新型专利与发明专利最大的共同之处在于都属于技术方案，因此在保护方式上完全相同。但两者之间仍然存在诸多差异。第一，实用新型专利与发明专利的保护范围不同。申请实用新型专利的主体只能是产品；而申请发明专利的主体既可以是产品，也可以是方法。第二，在我国并非所有的产品都属于实用新型专利的保护范围。申请实用新型专利的产品必须有确定的形状及固定的构造。第三，实用新型专利的创造性要求较之发明专利低。建立实用新型保护制度的目的之一，就是保护那些创造性高度尚达不到发明专利要求的简单的小发明创造。由于对实用新型在授予专利的条件方面相对于发明专利降低了要求，因而其保护水平也相应地有所降低，如保护期比发明专利要短。第四，实用新型专利的审查程序比发明专利简便。

（3）外观设计

外观设计也被称作工业品外观设计，或者简称为工业设计。它是指关于产品的形状、图案、色彩或者其结合所提出的富有美感并适于工业应用的新设计。外观设计的特点有：首先，外观设计必须以产品为依托。其次，外观设计以产品的形状、图案和颜色等为构成要素，以视觉美感为目的，而不去追求实用功能。但是，美感是客观事物在人类主观上的一种反映，因而，不同的人在针对同一事物的审美活动中所产生的美感是有差异的。只要外观设计可以为公众接受、不违背社会公德或者公共秩序，便可以认为这种外观设计是具有美感的。再次，外观设计必须适合于工业应用。这里的所谓工业应用就是指该外观设计可以通过工业手段大量复制。

### 3．专利权产生的条件

发明创造能否被授予专利，取决于它是否满足专利法的有关规定。一般来讲，授予专利的条件可以分为实质条件和形式条件。

（1）专利权产生的实质条件

实质条件又可以细分为消极条件和积极条件。

消极条件就是从反面去规定哪些发明创造不具备专利性，从而不能被授予专利；而积极条件则是从正面去阐述具备怎样条件的发明才能被授予专利。

以下各项为不能被授予专利的消极条件：①违背法律和社会公共秩序的发明创造；②科学发现；③智力活动的规则和方法；④疾病诊断和治疗方法；⑤动物和植物品种；⑥用原子核变换方法获得的物质；⑦其他不授予专利的技术领域。

积极条件具体体现为：新颖性、创造性和实用性，即通常所说的专利"三性"。

① 新颖性是授予专利最基本的积极条件之一，也是必要条件。申请专利的技术不能与已有技术中的内容一模一样，专利法授予发明创造专利权的目的之一在于鼓励人们从事发明创造活动。如果专利法对那些已经不新的技术也加以保护，则起不到鼓励发明创造的目的。新颖性的判断的实质是判断一项技术在某一特定时间之前是否已经公开。

② 创造性是在新颖性的基础上对申请专利的发明创造提出的更进一步的要求。如果说新颖性的关键在于"前所未有"，那么创造性的核心则在于"实质特点"。我国《专利法》第二十二条第三款规定："创造性，是指与现有技术相比，该发明具有突出的实质性特点和显著的进步，该实用新型具有实质性的特点和进步。"在这里，现有技术与新颖性中的定义完全相同，指申请日以前在国内外为公众所知的技术。所谓发明创造的"实质性特点"，是指发明创造与现有技术相比具有的本质性的区别特征，并且这种区别性的特征应当是技术性的，通常也就是该发明创造发明点之所在。而所谓"进步"则是指发明创造与现有技术的水平相比必须有所提高，创造性的判断和审查是一件非常复杂和困难的工作，因此各国专利局在对专利申请案进行审查时，都将创造性审查程序置于最后，而先期对实用性、新颖性进行审查。

③ 实用性是指一项发明创造能够在产业上进行制造或者使用，并且能够产生积极的效果。

（2）专利权产生的形式条件

专利权不是一种自然权利，至少应当经过申请人提出申请、主管当局审查之后才能产生。一项发明创造完成之后是否提出专利申请、如何提出专利申请。一般而言，首先应当考虑的问题是是否应采用专利方式来寻求保护。从发明人的立场看，专利权的保护期限、专利的公开制度以及授予专利的若干条件都是不利的一面。因此，一项发明创造如果确有可能以保密的方式加以保护，即不会因为实施该项发明创造而泄密，也可选择以技术秘密的方式来加以保护。

### 4．专利权的内容

（1）专利权的内容

专利权的内容包括：第一，专利权人享有实施其专利技术的独占性权利。第二，专利权人有禁止他人实施其专利技术的权利；第三，专利权人有处分其专利的权利。专利权的处分包含专利权人可以将其专利权转让给他人或者放弃其专利权等。

（2）专利权的效力

专利权的效力可以概括为对"实施"行为的控制能力。原则上专利法上的实施包括对专利产品的制造、使用、销售、进口以及以销售为目的的展示、出租、占有、派送；对于专利方法，包括使用专利方法或者销售、使用、进口用专利方法获得的产品，以及以销售为目的的展示、出租、派送、占有用专利方法获得的产品。从商品流通的角度看，专利实施包括了整个流通领域的每一个环节。专利权人在任何一个环节发现了非法实施其专利的行为都可以从法律上予以追究。

（3）专利权人的义务

专利权人在享有权利的同时，依法还应当承担相应的义务。专利权人在获得专利权时，应当向专利局缴纳专利年费。拒不承担这一义务的，其专利权将自动终止。公开发明创造也是专利权人的一项基本义务。依照专利法，获得专利权的发明创造必须以专利说明书的形式将受保护的技术方案予以公布。

（4）专利权的限制

我国现行专利法对于发明专利权的保护期规定为 20 年，自专利申请之日起计算。对实用新型和外观设计专利权的保护期为自专利申请之日起 10 年。此外，还有首次销售、善意侵权、先行实施、临时过境、非营利实施、为行政审批而实施等方面的限制。

**5．专利权的保护**

关于专利权的保护，最为关键的问题在于如何判断侵权行为。要准确判断侵权行为必须考察专利局在批准该专利申请时对该专利权范围的限定。依照法律，权利范围具体体现在专利文件中的权利要求书上。专利纠纷，除了侵权纠纷外，还有因专利授权等而产生的行政纠纷、因专利权属或专利许可、转让而生的民事纠纷、因假冒专利等犯罪行为所产生之刑事纠纷等，都可依照法律程序予以解决。

（以上专利权的论述可参阅本书 9.3）

## 12.3.3 商标权

商标权亦是知识产权的重要组成部分，我国于 1963 年公布《商标管理条例》，1982 年 8 月由全国人大常委会通过《中华人民共和国商标法》，并于 1993 年、2001 年、2013 年进行过 3 次修订。

**1．商标的概念和特征**

商标，简单地说就是商品的标志。商标具有以下特征：第一，商标是商品或服务的标志，它依附于商品或服务而存在。第二，商标是区别商品来源的标记。第三，任何文字、图形或其组合不与特定的商品或服务相联系，也就不成为商标。

**2．商标的使用和注册**

按照我国《商标法》的规定，商标的使用和注册需要有一定的条件，而这些条件按性质可分为消极条件和积极条件，消极条件又可分为绝对禁止条件和相对禁止条件。

绝对禁止条件包括：

（1）维护我国国家尊严和尊重他国及国际组织的规定。①同中华人民共和国的国家名称、国旗、国徽、军旗、勋章相同或近似的，以及同中央国家机关的名称、标志、所在地特定地点的名称或者标志性建筑物的名称、图形相同的。②同外国的国家名称、国旗、国徽、军旗相同或近似的。③同政府间国际组织的名称、旗帜、徽记相同或近似的。④与表明实施控制、予以保证的官方标志、检验印记相同和近似的。⑤同"红新月""红十字"的标志、名称相同或近似的。

（2）禁止具有不良社会影响的标志作商标的规定：①带有民族歧视的；②有害于社会主义道德风尚或者有其他不良影响的。

（3）关于地名作商标的禁止规定：县级以上行政区划的地名或者公众知晓的外国地名，不得作为商标，但是，地名具有其他含义的除外；已经注册的使用地名的商标继续有效。

（4）三维标志的禁用条件：《商标法》第十二条规定："以三维标志申请注册商标的，仅由商品自身的性质产生的形状、为获得技术效果而需有的商品形状或者使商品具有实质性价值的形状，不得注册。"

（5）禁止使用他人的驰名商标。2001年修改商标法增加了保护驰名商标的内容，明确规定禁止以复制、摹仿、翻译的方式使用他人的驰名商标。

（6）不得损害被代理（表）人的商标权益。

（7）禁止使用虚假地理标志。

相对禁止条件包括：

（1）仅有本商品的通用名称、图形、型号的。

（2）仅仅直接表示商品的质量，主要原料、功能、用途、质量、数量以及其他特点的。

（3）缺乏显著特征的标志。

积极条件包括：

（1）商标的显著性。在于商标是否是新创的、是否具有个性。

（2）商标不得与他人的商标混同。

### 3．商标权的内容

商标权的内容是指商标所有人依法对其商标所享有的占有、使用、收益和处分的权利。具体包括：

（1）专有使用权。专有使用权是指商标权人在核定使用的商品上专有使用核准的注册商标的权利。专有使用注册商标是商标权的最重要内容，也是商标权人注册商标的主要目的。

（2）禁止权。商标所有人在享有专有使用其注册商标权利的同时，还享有禁止他人使用其注册商标的权利。

（3）转让商标的权利。

（4）许可他人使用商标的权利。

### 4．商标权的主体及其义务

商标权的主体是指依法享有商标权的人。在我国，只有依照法定程序注册商标才能取得商标权。所以商标权人亦称注册商标所有人。商标权主体包括法人和自然人以及其他法律实体。

商标权人的义务包括：

（1）不得擅自改变注册商标；

（2）不得自行改变注册商标的注册人名义、地址或者其他注册事项；

（3）不得自行转让注册商标；

（4）注册商标必须使用的义务；

（5）使用商标注册标记。商标注册标记是用以表明被标记的商标已经注册。《商标法实施条例》第三十七条规定："注册标记包括注或®。使用注册标记，应当标注在商标的右上角或者右下角。"

### 5．商标权的取得

我国商标权取得的原则：

（1）确定商标权的原则——注册原则。商标权通过注册取得，不管商标是否经申请人使用，只要符合商标法的规定，经商标局核准注册，申请人便取得商标权。

（2）自愿注册原则。自愿注册原则又称任意注册原则，是指商标所有人自行决定是否申请商标注册，欲取得商标权的应提出注册申请，不注册的商标也可以使用，但商标所有人不享有商标权。

（3）以使用在先为补充的申请在先原则。

（4）优先权原则。优先权原则是《巴黎公约》所确立的对工业产权国际保护的重要原则之一。它主要体现在工业产权保护的申请程序上。优先权是指任何一个巴黎公约成员国国民向任何一个公约成员国就工业产权保护第一次提出正式申请后的一定时间内，专利和实用新型为12个月，商标与外观设计为6个月，再向其他成员国提出申请时，该成员国应当将该申请人的第一次申请日视为在该国提出申请的日期，即优先权日。

### 6．商标权的限制

注册商标的期限：我国现行《商标法》第三十九条规定："注册商标的有效期为十年，自核准注册之日起计算。"在第四十条又规定了注册商标的续展。注册商标的续展，是指延长注册商标有效期的法律程序。续展注册的有效期为10年，而且可以无次数限制地续展下去，从而使商标权成为一种相对的永久权。

注册商标无效，是指已经核准注册的商标，因违反商标法有关核准注册条件的规定，而最终被撤销。注册不当商标主要包括以下方面：

（1）违反商标法一般禁止性或限制性条款或以欺骗等不正当手段取得注册的注册不当；

（2）损害他人合法权益的注册不当。

### 7．驰名商标及其保护

驰名商标通常是指那些在市场享有较高声誉、为相关公众所熟知，并且有较强竞争力的商标。对驰名商标的保护主要体现在以下几个方面。

（1）对未注册的驰名商标予以保护。未注册的驰名商标可以按"使用原则"予以保护。

（2）放宽驰名商标注册的显著性条件。

（3）扩大驰名商标的保护范围。

（4）驰名商标所有人享有特别期限的排他权。

**8．注册商标专用权的保护**

侵犯商标权的行为的表现形式主要有：

（1）未经注册商标所有人许可，在同一种商品或者类似商品上使用与注册商标相同或者近似的商标的行为；

（2）销售侵犯商标专用权的商品的行为；

（3）伪造、擅自制造他人注册商标标识或者销售这种标识的行为；

（4）未经商标注册人同意，更换其注册商标并将该更换商标的商品又投入市场的；

（5）给他人的商标专用权造成其他损害的。侵犯商标权应承担相应的法律责任，分为行政责任、民事责任和刑事责任。

### 12.3.4　反不正当竞争法

不正当竞争是一个范围极广的概念，它泛指在工商业活动中违反诚实信用及公平竞争原则的一切商业行为。不正当竞争的概念有狭义和广义之分。狭义的不正当竞争是指经营者以假冒、虚伪表示、侵犯商业秘密等不正当手段进行竞争的行为；广义的不正当竞争还包括垄断和限制竞争等行为。不正当竞争行为的主体是具有特定含义的行为人或经营者，这种行为是一种侵权行为以及扰乱社会经济秩序的行为。

反不正当竞争法是调整经营者之间、经营者与消费者之间因不正当竞争行为而产生的社会关系的法律规范的总称。它是规范经营者的竞争行为，维护市场竞争秩序的基本法律，我国于 1993 年 9 月由全国人大常委会通过了《中华人民共和国反不正当竞争法》。

反不正当竞争法和知识产权法有着密切的关系：第一，从制止不正当竞争的目标来看，知识产权法属于广义的反不正当竞争法的范畴；第二，从调整范围来看，反不正当竞争法与知识产权法对某些行为共同予以规范；第三，从保护知识产权的作用来看，反不正当竞争法又是知识产权法的重要组成部分，对知识产权制度起着重要的补充作用。

假冒行为、引人误解的虚假宣传行为、商业诋毁行为以及侵犯商业秘密行为是严重危害公平竞争的市场秩序的典型的不正当竞争行为。它们所侵害的对象为经营者的商业信誉或者其他无形的财产权。因而，它们属于与知识产权有关的不正当竞争行为。

不正当竞争行为的法律责任包括民事责任、行政责任和刑事责任。行为人违反反不正当竞争法的规定，给被侵害的经营者造成损害，应当承担民事责任。责任方式主要为损害赔偿。反不正当竞争法对不正当竞争行为的行政责任做出了具体的规定。除商业诋毁行为以外，其他几类与知识产权有关的不正当竞争行为均须承担行政责任。反不正当竞争法原则性地规定了追究有关不正当竞争行为的刑事责任，刑法对多种不正当竞争行为的刑事责任作出了规定。

# 12.4　网络环境下信息资源的保护及合理使用

网络的出现和普及对人类的生产和生活产生了极广泛而深远的影响。特别在信息处理方面，它不仅大大提高了人们获取、加工、存储、转换和传输信息的效率，延伸和扩展了人们的信息能力，加快了信息的生产、传播和消费，同时也在电子信息的安全和产权保护问题上对现行的政策和法律提出了严峻的挑战。

信息技术的发展使电子信息成为人们保护和利用的主要对象。电子信息的复制和传递速度快、费用低，而且传播渠道极为丰富，如果没有健全的法律制度保护，其生产者和所有者必然会对其投入市场的信息产品失去控制。一些人利用网上信息资源庞杂、无序以及网络超越地域限制的特点，随意侵犯他人的信息产权。由于现行的知识产权制度有地域性特征，往往是某个国家的行政机关依据本国法律授予的，一般来说只在该国境内才有效。但现代信息技术，尤其是国际互联网淡化了国界，使得信息产权侵权问题调查和处理起来极其困难，侵犯信息产权的行为比比皆是。而且新技术的发展使许多新事物新问题无法归类，不能归入法律保护范围，给不法分子以可乘之机。当信息技术创新和产业化的速度越来越快，规模越来越大时，要求信息产权对电子信息，如软件、数据库、域名、网络作品等进行规范和保护的呼声也越来越高。

近年来，我国在网络域名注册管理、计算机信息安全、国际互联网管理等方面制定了一系列法律法规，对于网络信息环境的有序化、法制化起到很好的作用。但在网络信息的知识产权保护方面还有待加强。虽然著作权法在修改后专门增加了信息网络传播权这一新的著作权权能，国务院于 2006 年颁布了《信息网络传播权保护条例》（2013 年修订），但网络环境下需要保护的信息产权范围还很广，许多新技术条件下产生的信息传播方式亟需立法予以保护。

大学生作为信息资源的重要使用者、传播者和创造者，其在创新学习和创业的过程中，都不可避免地会遇到各类信息产权问题。因此，具备相应的信息产权意识、信息产权知识以及信息产权应用能力也就成为即将走向社会的大学生必不可少的基本素质之一。大学生信息产权素质的提升，就是要求大学生不仅要有高度的信息产权意识，还需要具有合理的信息产权知识结构，在知识创新过程中能够最大限度地获取法律的保护和自觉养成尊重他人信息产权的习惯。培养健康向上的信息意识和信息行为，加强自身的信息素养，有助于大学生自身的长远发展，也是社会发展的必然要求。

# 思考题

1. 信息产权的内涵是什么？它与知识产权的关系？
2. 简述知识产权法律体系的构成。
3. 大学生如何在规范自己信息行为的同时合理利用信息资源？

# 参考文献

［1］孙璐. 知识产权对信息产权的孕育及扩展[J]. 知识产权，2008（2）.

［2］董焱. 信息文化论：数字化生存状态冷思考[M]. 北京：北京图书馆出版社，2003.

［3］陆秀红. 新信息文化论[D]. 北京：中国人民大学出版社，2004.

［4］赖茂生. 信息资源管理教程[M]. 北京：清华大学出版社，2006.

［5］张广钦. 信息管理教程[M]. 北京：北京大学出版社，2005.

［6］刘春田. 知识产权法[M]. 北京：中国人民大学出版社，2009.

［7］蒋瑞雪. 信息产权与知识产权的比较[J]. 安庆：安庆师范学院学报，2008（11）.

［8］夏洁，陶林梅. 浅谈网络环境下图书馆信息资源的合理使用[J]，镇江：江苏大学学报，2002（4）.